소통하는 박물관

백종아 · 김의진 · 한정희 · 윤병화 · 김성래
조원섭 · 김아란 · 김윤수 · 공주영 · 양애란

MUSEOLOGY

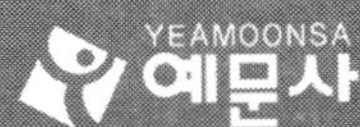

YEAMOONSA
예문사

┃ 머리말 ┃

〈소통하는 박물관〉을 펴내면서

1909년 순종황제가 제실박물관을 개관할 당시 백성과 함께 즐기겠다는 취지에서 **여민해락(與民偕樂)**이라는 말을 남겼다. 이후 2009년 우리나라 박물관 100주년 기념행사에서 특별전의 제목이 되었다. 이 말은 박물관이라는 공간이 처음부터 백성을 중심으로 하는 민본사상이 내재되어 있는 공간임을 보여준다.

이처럼 박물관의 가장 중요한 요소는 아름다운 공간, 귀한 자료, 뛰어난 전문인력보다도 결국은 그것을 즐기고 공유할 관람객임을 다시 한번 깊이 인식해야 한다. 그리고 이러한 인식의 토대 위에 어떻게 하면 관람객들의 관심과 흥미를 유발하고, 그들이 박물관이라는 공간 안에서 다른 곳에서는 맛볼 수 없는 문화적 자극과 즐거움, 그리고 만족을 누리도록 할 수 있을까에 대한 논의가 더욱 활발하게 이루어져야 할 것이다. 다시 한번 강조하지만 일반 대중과 더불어 호흡하고 그들과 변화하고 성장할 때 박물관의 가치는 더욱 높아질 수 있다.

이런 시대적 상황을 고려하여 이번에 국내 박물관학자들과 함께 기획하여 〈소통하는 박물관〉이라는 책을 출간하게 되었다. 책의 내용 구성은 박물관 교육, 박물관 전시, 박물관 전문인력, 박물관 소통 등으로 이루어져 있다. 21세기 박물관이 관람객과 소통하는 방법에 대한 전반적인 대안을 제시하는 것을 목적으로 하였는바, 이 분야 전공 학생들과 관련 분야 종사자들에게 유익한 참고자료가 되기를 바란다.

함께 집필을 담당해 주신 백종아 선생, 김의진 선생, 한정희 선생, 김성래 선생, 조원섭 선생, 김아란 선생, 김윤수 선생, 양애란 선생, 공주영 선생, 세경대학교 박물관큐레이터과 학생들의 노고에 감사의 마음을 전한다.

끝으로 어려운 시장여건에도 불구하고 출판을 해주신 도서출판 예문사와 편집부 직원들께도 감사의 말씀을 전한다.

2013년 1월

윤병화

차례

1부_박물관 교육

01

미국 박물관 가족 프로그램

백종아

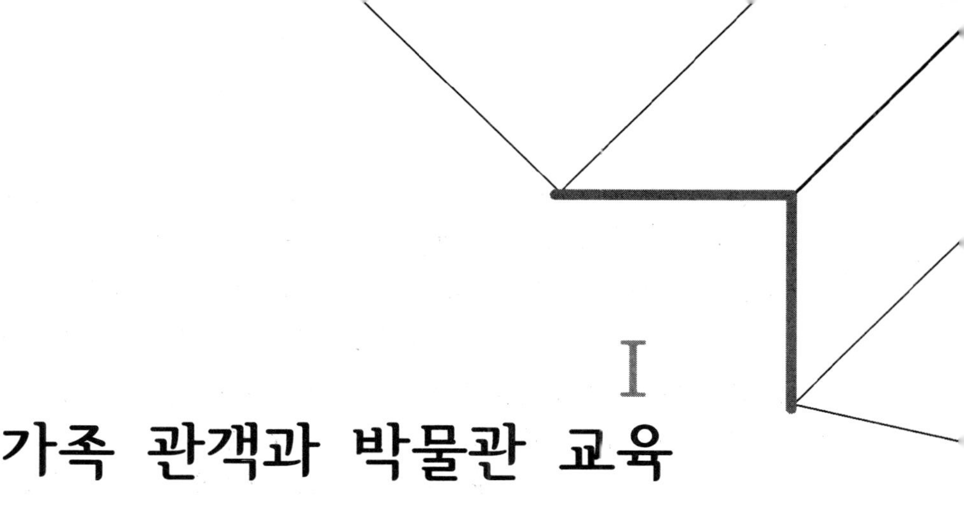

가족 관객과 박물관 교육

가족은 사전적 정의로 볼 때 "혈연이나 법에 의하여 맺어지며, 생활을 함께하는 공동체"로 규정할 수 있지만, 시대적·문화적 배경에 따라 다양한 형태와 의미를 가지기 때문에 한마디로 정의하기는 어렵다. 전통적인 정의에 의하면 가족은 개인들이 태어나고 그들이 최초로 의지하는 교육 집단이며, 육체적이고 정신적인 보호를 위해 직접적인 친척관계에 의해 제공되는 최우선적인 사회집단이다. 그러나 현대 사회에서는 다양한 형태의 가족이 등장함으로써 가족을 단순히 혈연으로 맺어진 집단으로 정의할 수 없게 되었다. 입양을 포함한 법적인 공동체, 계부모 가족, 편부모 가족, 동성애 부부 가족 등 가족의 여러 모습을 보면 오늘날 가족의 정의와 범위의 복잡성을 알 수 있다. 따라서 가족의 정의에 대해서는 다양한 관점이 있을 수 있다.

사회학자들은 가족과 사회의 '조화'에 가장 큰 관심을 갖는다. '가족'은 '부부'를 기초로 생성되며 '사회 경제적 발달'과 부응하며 발달한다. 즉 사회의 급격한 발달과 그 사회 속에서 최소의 단위로 위기에 처한 인간이 정체성을 보호받는 수단으로 본다. 사회학적 관점에서 가족은 경쟁 사회에서 하나의 부속품이 되어 있는 사람들에게 인간다움을 제공하고 인간의 생태학적인 존재를 지탱해 주는 중요한 장소이다. 가족학적 관점에서는 가족을 전체로서 강조하는 '가정'의 개념으로 제시하며, 사회 내에서의 가족의 위치뿐만 아니라, 그 구성원들이 가족 전체와 서로에 대해 어떻게 지각하고 있는지를 밝히고 제한다. 경제학적 관점에서의 가족은 합리적인 공동체로 최소한의 비용으로 산출을 극대화하려고 노력하는 최소 이기적 단위라고 정의한다. 한편 심리학적 관점에서는 가족의 행동을 사회 심리학적 측면에서 과학적으로 연구한다. 그 결과 도출해 낸 정의는, 가족은 사회화가 이루어지는 곳이며 가족 안에서 형성된 사회화는 이후 개인의 행동패턴을 좌우한다고 본다.

가족을 다각적인 측면으로 살펴본 바에 의하면 가족은 개인과 사회를 조화시키는 적응 단위라는 공통된 개념을 찾아볼 수 있다. 즉, 가족은 개인의 성장과 발달에 대한 욕구와 함께 정서적·사회적 통합의 욕구를 충족시켜야 한다. 가족은 인간의 생존에 필요한 보편적 기능을 수행하고 나아가 사회의 보편적 제도로까지 확산되어 인간에게 기본적 기능에서 가장 고도의 기능까지 함께 제공하는 중요한 단위로 볼 수 있는 것이다.

한편, 가족의 개념 변화 중 가장 큰 것은 가족을 규정하는 범위이며, 오늘날 가족의 범위는 1인 가계에서 혈연관계가 없는 친구까지 포함할 정도로 포괄적으로 인식되고 있다. 한 예로, 1996년에 이루어진 한 설문조사에서는 '생존이나 동거에 관계없이 자기 자신의 가족이라고 생각하는 사람들을 모두 말씀해 주십시오.'라는 지시문의 응답결과 부모, 조부모, 친형제·자매, 부모의 형제, 자녀, 배우자, 손자·녀, 의붓 형제·자매·자녀, 친구, 사촌의 순서로 나타났다. 확대가족원들은 핵가족원들보다도 가족의 범위를 더 넓게 인식하는 경향이 있다. 이러한 결과는 우리 사회의 구성원들이 가족원에 대한 범주를 자신의 인식 및 경험과 밀접히 연계하여 인식하는 경향을 드러내며, 개인마다 각자 다른 기준으로 가족의 범주를 정의 내리고 있음을 보여준다.

가족의 범주와 정의의 변화와 함께 가족의 역할과 기능, 그리고 가족 구성원 간의 관계도 변화하고 있다. 과거의 가족은 경제적으로 자급자족의 단위였다. 농경사회에서 가족이 소비와 생산의 중심이 되었기 때문인데 이러한 조건은 가부장제를 확립하는 데 기여하였고 가부장제에서 개인의 이해는 가족 전체의 통일성에 무시되어 왔다. 즉 가부장제 가족은 가족 내 구성원 간의 일방적이고 수직적인 관계가 형성되게 한 요인이 되었고 가족 간의 대화와 여가는 필요하지 않았다.

산업화에 따라 핵가족화되면서 가족의 관계는 보다 평등한 수평적 기능이 강조되었다. 산업화 이전에도 핵가족은 존재하였으나 부부 중심의 가족 형태로 변화된 주요 원인은 경제의 산업화였다. 토지 경제의 개념이 약화된 산업사회에서는 지리적 이동을 유도하였고 결국 결혼과 동시에 타 지역에서 새 가족을 형성하는 부부의 독립성이 보장되었다. 이 과정에서 가족의 통일성은 약해지고 개인이 부상하게 된다. 즉, 근대사회의 가족은 '개인의 결합(Association of Individuals)'으로 정의 내려진다.

가족의 정의가 변함에 따라 가족 개인들은 자신의 감정을 나눌 사람, 친밀한 관계를 지속적으로 유지할 수 있는 가족 구성원이 필요하게 되었고, 부모는 자녀들에게 친밀감과 안정감을 주어 당당한 사회의 성원으로 만드는 역할을 맡았다. 그러나 가족 구성원의 발달 과정에서 충분한 친밀화와 안정화가 이루어지지 못하면 가족 해체의 문제가 생기고 이는 대표적으로 청소년 일탈과 범죄의 형태로 나타나게 된다. 이러한 상황에서는 가족이 함께 즐기는 문화활동이 활발하게 사회로부터 제공되어야 한다. 가정문화활동의 의미는 단순히 가족이 문화예술 행위를 함께하는 것이 아니다. 문화활동을 통해서 서로를 이해하게 되는 상호작용이다. 이러한 문화활동의 부재와 대화단절로 인해 현대 사회의 가족은 정체성의 위기에 처해 있다. 함께 활동함으로써 이해의 정도를 조정하는 과정이 필요하다.

사회의 변화에 따라 박물관도 변화된 관객의 요구에 부응하는 장소가 되었고, 이제 박물관 교육프로그램은 사회적 측면에서도 고려되어야 한다. 박물관은 가족의 교육적·정서적 기능과 심리적 결속력을 촉진하는 프로그램을 제공함으로써 사회적 요구를 충족시킬 수 있다. 인간 사회에서 갈등의 존재라는 것은 보편적인 현상이다. 특히 성과 연령으로 층화된 가족 내의 불편함은 언제나 존재하므로 어느 시대, 어느 가족 형태에서든지 갈등은 필연적으로 존재한다. 가족이 함께 보내는 시간과 서로의 생각을 이야기하는 대화를 통해 가정 문제가 원인이 되는 사회적 일탈을 해결할 수 있는데, 박물관 가족프로그램은 가족에게 여가와 취미를 즐기는 시간을 제공하고 공통 관심사에 대한 대화의 장을 제공한다는 의미에서 그 필요성을 찾을 수 있다.

사회학 연구에서 가족 구성원의 사회적 일탈과 범죄의 이유 중 하나로 여가시간의 증대를 든다. 물론 경제적 어려움, 부모의 이혼, 어린 시절의 학대 등 외부적 요인도 많겠지만, 사회학에서 바라보는 가족학적 접근에서 볼 때 여가시간 즉, 활동이나 취미를 하지 않는 완전한 혼자만의 시간(Spare Time)이 증대되는 반면 가족 구성원 간의 대화 부족으로 개인이 정서적으로 의지할 데가 없을 때 사회적 범죄가 증대된다고 보고되었다. 가족들의 문제를 연구한 결과 건강과 경제적 문제 다음으로 대화부족, 자녀의 성격과 행동을 관찰할 시간의 부족, 자녀의 정서적 지원 방치, 세대차이, 여가와 취미의 공통점을 찾지 못하는 데서 비롯되는 문제가 많다는 결론을 얻었다. 가족은 정신적·물질적 자원을 소유하고 있고 이러한 자원을 가족 구성원 간에 도움으로써 그 기능을 다하게 된다. 이러한 지원이 제대로 이루어지지 않을 때 부모의 마음은 미안함으로 표출되고 부모의 영향력은 감정적 차원 이상으로 발휘되지 못한다. 이때에 가정에서 발휘되는 제도와 부모의 힘은 무시되며 자녀들은 일탈하게 된다. 이러한 상황의 해결책은 사회구조적인 차원에서 정책적인 모색으로 접근하는 것이 바람직하다. 사회적으로 가족이 함께 참여해서 여가를 보내며 대화할 수 있는 프로그램이 가족들을 위해서 제공되는 것이 요청된다. 정체성을 잃은 가족들이 사회적으로 외면받지 않고 보호받을 수 있는 가족프로그램을 다양한 방식으로 제공해 주는 것이 바람직하다고 하겠다.

박물관의 입장에서 가족프로그램이 갖는 의미와 중요성은 무엇보다도 박물관의 관객을 구성하는 면면을 보면 쉽게 이해할 수 있다. 박물관 관객의 다수를 차지하는 것이 바로 가족 단위 관람객이다. 한 예로 1970년대에 영국박물관(British Museum)에서 이루어진 연구를 보면 박물관을 방문하는 관객 가운데 학교 그룹을 제외한 관람객의 70%가 그룹 단위의 방문자이고 이 가운데 60%가 가족이었다는 조사결과가 있다. 국내의 경우 덕수궁 미술관에서 관람객을 조사한 연구에서, 가족이나 친지와 함께 미술관을 방문한 관람객은 전체의 약 25%로 친구 및 동료를 동반한 관람객(57.4%) 다음으로 많은 부분을 차지했다. 린 디어킹(Lynn Dierking)이 박물관이 어떠한 전시나 프로그램을 발전시키고 싶다면 먼저 가족을 초대하고 그들에 대해 조사하기를 권유할 정도로 가족 관객은 중요한 위치에 있다. 또한 가족들은 박물관을 방문할 때 함께 방문한 경험을 공유하고 기념하기 위해 상당수가 기프트숍(Gift Shop)을 이용하므로 수익 면에서도 박물관의 중요한 소비자라고 볼 수 있다.

교육적 부분에서도 가족프로그램이 제공되어야 할 이유를 찾을 수 있다. 가족은 박물관 방문에 있어 그 어떤 그룹보다도 학습적인 동기가 높고 학습 효과가 우수하다. 가족 단위로 박물관을 방문할 때 부모들은 여가선용과 교육적 체험을 동시에 기대하며, 나름대로 다양한 방식으로 학습을 위한 시도를 한다. 이러한 상황에 있는 가족에게 박물관은 별도의 교육 프로그램이나 서비스를 제공해야 한다.

박물관은 주요 관객층이 되는 가족의 입장에서 박물과나 프로그램을 바라보는 관점의 전환이 필요하다. 박물관을 찾는 관람객 중에 넓은 의미에서 가족의 구성원이 아닌 사람은 없다. 따라서 박물관이 관람객을 양적·질적으로 증대시키고 보다 폭넓은 시민에게 친근하게 다가갈 수 있는 효과적인 방법의 하나는 가족 관람객의 요구에 부응하는 다양한 프로그램을 제공하는 일일 것이다.

가족의 박물관 방문 동기와 이들의 행태적 특징은 다수의 실증적 연구를 통해 밝혀진 바 있다. 가족 단위 관람객에 대한 연구는 박물관 외에도 수족관, 동물원, 과학센터 등 다양한 유형의 박물관에서 이루어져 왔는데, 이들을 살펴봄으로써 가족관객의 특성과 요구를 이해하고 가족들에게 제공되는 프로그램의 개발에 있어 고려되어야 할 요소를 추출해 볼 수 있다.

첫째, 가족은 언어나 문자보다는 오브제를 통해 자연스럽게 학습하는 것을 선호한다. 가족들은 박물관에 방문할 때 특정한 지식을 습득하려는 의도보다 오브제를 직접 대한다는 기대가 크고, 따라서 개념적 지식이나 정보에 의존하기보다 오브제의 직접적인 체험을 통해 학습하는 행태를 보인다. 이러한 특성은 여러 연구에서 나타난다. 한 수족관에서 가족 관람객은 물고기를 관찰하면서 알아볼 수 있는 무늬에서 교감을 받고 대화를 시작한다. 이와 같이 가족들이 주목하는 내용은 추상적인 것보다는 구체적인 것임을 알 수 있다. 마찬가지로 샌프란시스코에 있는 로렌스 과학관에서 가족 관람객을 연구한 바 있는 주디 다이어몬드(Judy Diamond)에 의하면 가족의 특징 중 하나는 전시 팸플릿을 주의 깊게 읽지 않는다. 동선에 혼선이 생기거나 작품에 대한 이해가 어렵다고 느낄 때 서로간의 토론을 위해 비로서 팸플릿이나 레이블 등 언어적인 정보를 참고하기 시작한다.

둘째, 가족은 타 집단에 비해 학습의 동기와 효과가 크다. 전시를 관람할 때 가족의 두 가지 학습 유형을 발견할 수 있다. 하나는 전시 안내나 워크숍 등 기관에서 제공하는 프로그램에 참여하는 형태와 별도의 프로그램을 이용하지 않고 자율적으로 시간을 보낸다. 그러나 어떤 경우이든 결국은 학습한다는 것이다. 즉 학습을 계획했던 계획하지 않았든 가족에게 있어서 박물관이라는 장소는 좋은 교육의 장소가 된다. 디어킹의 언급대로 휴일 아침 일찍 일어나서 '오늘은 수족관에 가서 물고기를 공부하자'고 제안하는 부모는 거의 없다. 그럼에도 불구하고, 한 박물관에서 가족들을 인터뷰한 결과 많은 부모들은 '박물관은 자녀들이 배우는데 참 좋은 곳'이라는 반응을 보였으며, 한 번 박물관에서 가족프로그램에 참여한 경험이 있는 부모들은 이후에 자녀를 위한 교육적 활동을 선택할 때 자발적으로 박물관을 선택한다. 즉 가족은 함께 참여하는 행위 자체로 교육적 의미가 있고 그만큼 미술관은 가족에게 훌륭한 학습의 장소가 된다.

셋째, 가족그룹은 전시물을 중심으로 과거의 구체적인 경험과 연관된 대화를 많이 나눈다. 이는 다른 그룹에 비해 가족은 구성원 간에 공유하고 있는 경험이 많고, 대화 방식과 생활 방식이 비슷하기 때문이다. 예를 들어 샌프란시스코의 스테인하트 수족관(Steinhart Aquarium)을 방문한 가족들의 행동과 관심사에 대한 연구를 보면, 가족들은 현재의 경험과 과거 기억의 관점으로 전시물들에 대해 대화한다. 이러한 대화는 가족 구성원들 간에 공유된 경험과 이해를 확인하고 확대하는 기회를 제공한다.

넷째, 가족 그룹은 연령, 성, 역할 등에 있어서 다른 어느 집단보다도 복합적으로 구성되어 있기 때문에 구성원들 간의 개별적 특성과 상호작용 유형에 있어 차별성을 보여준다. 가족은 각자의 뚜렷한 개성을 지닌 그룹이므로 상호 관계가 복잡하다. 이러한 특성을 고려하여 어머니와, 딸, 아버지와 딸, 어머니와 아들, 아버지와 아들의 상호작용의 차이를 분석한 연구가 있다. 이 실험에서 어머니들은 전시에 관한 대화보다는 자녀들의 행동에 더 많은 관심을 갖는다. 즉, 자녀들의 사회적 규범과 예절에 관심을 보인다. 예를 들어 신발 끈을 묶거나 옷매무시를 정리해 주고 화장실을 갈 때 자녀들을 돕는 등 전시 관람을 간접적으로 돕는 역할을 한다. 반면 아버지는 전시에 함께 참여하여 대화하는 직접적인 일에 집중하는 경향을 보인다. 즉, 전시를 선택하거나 전시에 관한 대화를 주도함에 있어서는 아버지의 역할이 두드러진다. 이는 어머니와 아버지의 가족 내에서의 역할이 구분됨을 보여준다.

또한 교육 수준에 따른 가족 행동의 차이도 중요한 의미를 지닌다. 보런(Borun)은 박물관에 도착한 가족들의 행동을 분류하고 녹음하여 '계급조직시스템(Class Organization System)'을 개발하였다. 그의 연구에 의하면 고등교육을 받은 가족그룹과 교육 수준이 낮은 가족은 뚜렷한 차이를 보인다는 것이다. 고등교육을 받은 가족 그룹은 그렇지 않은 가족보다 더 자주 질문하고 대답하며 설명하고 읽는다. 즉, 학습은 개인적으로 발생하는 일이지만, 학습의 경험은 가족 안에서 다른 구성원으로부터 받은 영향에 의해 향상되고 결정지어진다.

다섯째, 가족 그룹의 박물관 방문은 상호 교감과 결속을 강화하는 사회적 체험이다. 박물관에서 어린이들은 전시와 프로그램에 참여하는 동안 가족 및 타인과의 어울림을 통해 사회적 규범과 예절을 배우며, 이러한 상호작용은 전시실에서는 물론 별도의 교육 프로그램이나 이벤트에 참여할 때에도 발생한다. 어린 시절 박물관을 방문한 경험이 있는 사람들의 기억을 분석한 존 포크(John H. Falk)와 린 디어킹(Lynn D. Dierking)은 박물관 방문이라는 일시적 경험이 한 개인에게 사회적, 신체적으로 의미가 큰 경험으로서 장기간 기억된다고 하였다. 특히 어린 시절 가족과 함께 박물관을 방문한 경우 성인이 되어서 방문했을 때보다 상대적으로 더욱 큰 전시와의 상호교감을 얻었으며 그 기억은 긍정적이라고 한다.

여섯째, 가족 그룹은 박물관에서 전시 관람에 관계된 행동이 아닌 다른 활동을 함께하는데 상대적으로 더 많은 시간을 보낸다. 가족들은 전시를 관람할 때 쇼핑하듯 쉬지 않고 걸으면서 관람한다. 가족은 전시나 프로그램 자체를 오래 즐기지 않으며, 전시와 프로그램에 참여하는 동안 대화하거나 식사하는 등 함께 행동하는 것 자체에 더욱 비중을 둔다. 특히 부모들은 자녀들이 배고파하고 화장실을 찾는 등의 장소에 맞지 않는 부적당한 행위를 돕고 이해하는 데 더 많은 시간을 할애하는 경향을 보인다.

버클리에 위치한 로렌스 과학 홀(Berkeley Lawrence Hall of Science)에서 가족 관람객을 연구한 내용은 가족 방문객의 이러한 행동적 특성을 잘 보여준다. 이러한 연구 결과를 보면, 가족들은 박물관에서 평균 2시간 동안 머물렀지만 전체 작품의 18% 정도에서만 3분 이상 머문다. 그 외의 작품에서는 45초 이내의 빠른 속도로 스쳐지나갔다. 특히 가족들은 만질 수 있거나 관련된 재미있는 활동을 할 수 있는 작품에서는 7~8분 정도 소요하고, 도슨트와 함께 질문하고 대답하는 자유로운 대화가 이루어지는 상황에서는 22분 동안 작품에 머물렀다. 그리고 가족들은 박물관에 머무는 시간의 4분의 3 가량을 건물 밖 야외에서 보냈다. 즉 가족들은 전시 관람 자체보다 박물관에서 이루어지는 대화와 활동을 선호한다.

이러한 가족 행동 특성에 대한 연구는 가족프로그램을 개발하는 데 의미 있는 정보를 제공해 준다. 예를 들어 함께 대화하고 시간을 보내는 데 큰 의미를 두고 있는 가족들의 행동적 특징에서 전시장과 공작실보다 가족에게 필요한 것이 무엇인지 고민하게 한다. 박물관 관람이 가족 간의 상호 결속력과 이해를 강화하기 위한 사회적 행위라는 점에서 가족 간의 상호작용을 촉진할 수 있는 요소는 가족프로그램에 있어 매우 중요하다고 하겠다.

Ⅱ 박물관 가족프로그램의 성격

박물관 가족프로그램 조사를 통해 조사 대상이 된 박물관들이 가족프로그램의 성격을 어떻게 규정하고 있는지 분석하였다.

넓은 의미에서 가족프로그램은 모두 교육적인 성격을 지닌다고 할 수 있으나 대부분의 박물관들은 가족프로그램을 실제로 교육(Education)의 범주에 제한하여 전형적인 형식만을 추구하지는 않는다. 가족프로그램은 교육과 오락의 양자적 성격을 함께 가지고 있다. 프로그램이 포함하는 성격은 대부분 이렇게 혼합적이지만 그 방향성을 구분하자면 크게 교육적 성격과 오락의 개념을 강조한 자율적인 여가활동의 성격으로 나뉨을 알 수 있다.

먼저 학습의 목표를 강조하여 계획된 일정과 내용으로 진행되는 프로그램을 교육적 성격이 강한 프로그램으로 구분할 수 있다. 교육이 강조되는 것으로서 일반적으로 교육서비스(Education Service), 가족활동(Family Activities), 학습(Learning)의 범주 안에 가족프로그램을 분류한 박물관에서 찾아볼 수 있다. 이러한 프로그램들은 학교교육에 상응할 만한 교육적 내용과 형식을 갖추고 있으나 교육적 성격이 강하다고 하여 반드시 이론 강의 위주로 수업이 이루어지는 것이 아니라 전시, 감상, 전시 설명, 온라인 학습, 실기 작업 등 다양한 매체와 활동을 통해 스스로 학습하는 방식을 채택한다.

유희적 프로그램의 기획 관점은 가족프로그램을 가족을 위한 여가 활용의 장소 및 프로그램 제공의 의미로 볼 수 있었다. 이러한 성격을 갖는 프로그램은 대부분 Event, Special Event, Festival 이라는 제목을 사용한다. 가족프로그램을 유희적 여가활동의 행사 차원에서 보고 다양한 각도에서 내용과 주제를 개발한다. 이러한 관점에서 출발한 가족프로그램은 교육프로그램의 일환이라기보다는 재미와 흥미를 유도하여 궁극적으로 가족이 함께 미술관에서 즐거운 시간을 보내도록 하는 성격을 띤다.

따라서, 박물관 가족프로그램은 개설의 목적이 놀이, 워크숍, 강의 및 강좌, 전시 등의 형태를 통한 학습적 요소를 강조하는 교육적 프로그램과 가족을 위한 여가 선용의 장소를 제공한다는 취지에서 기획되어 가족이 박물관에 친숙함을 느끼도록 하는 공연, 영화, 이벤트 등 유희적 프로그램으로 구분할 수 있다. 그러나 오늘날 가족프로그램은 교육적 프로그램과 유희적 프로그램을 동시에 제공하는 성향을 가지고 있어서 그 구분이 모호해져 가고 있다. 따라서 가족프로그램은 교육적 목적을 포함하면서 재미와 흥미를 유도하여 가족이 함께 즐거운 시간을 보내는 목적을 동시에 갖게 된다.

Ⅲ

박물관 가족프로그램의 유형

박물관에서 제공하고 있는 가족프로그램을 분석해 보면, 몇 가지 주요 유형으로 나눌 수가 있다. 가족 전시(Family Exhibition), 가족 영화(Family Film), 가족 워크숍(Family Workshop), 가족 전시투어(Family Tour), 가족 대상의 공연(Family Festival) 등의 유형으로 구분된다. 이러한 프로그램들은 대부분 실기 중심이거나 감상과 실기의 병행, 이론과 실기의 병행, 이론과 실기와 감상을 병행하는 형식이다. 강의만 제공하는 이론 중심의 프로그램은 거의 찾아보기 힘들고, 전시를 활용하거나 소장품이 수록된 책, 슬라이드를 교재로 감상교육과 놀이, 이야기 들려주기·등의 활동(Activities)을 통한 접근방식을 채택하는 것이 일반적이다.

가족 전시(Family Exhibition)는 가족 단위 관객을 대상으로 하는 전시이거나 유명한 집안의 기증으로 이루어지는 특별전 형태인데 여기에서는 전자만을 가족프로그램 대상으로 정했다. 대부분의 박물관에서는 전시기간 동안 가족이 함께 참여할 수 있는 워크숍, 강연, 영화, 가족 축제 등의 프로그램을 함께 개설한다. 전시 안내를 위한 도슨트를 제공하고 팸플릿을 자체적으로 개발하여 질문을 던져서 가족 간의 대화를 유도하고 활동과 놀이를 할 수 있도록 유도한다. 혹은 전시 자체가 가족 참여적 요소를 갖기도 한다. 시애틀 미술관이나 시카고 미술관의 경우, 전시 작품 자체를 만지고 전시장 안에서 다양한 활동과 놀이를 허락한다.

가족 워크숍(Family Workshop)은 자녀들이 부모와 함께 미술재료나 주변에서 구하기 쉬운 다양한 재료를 가지고 실기 작업을 하는 것으로 일반적으로 가장 많이 개설하고 있는 프로그램의 유형이다. 작업은 제작 중심으로 이루어지는데, 일반적으로 실기 활동이 중점적으로 이루어지기도 하고 실기를 마치고 이를 평가하면서 마무리하기도 한다. 혹은 전시 감상과 이론을 기초로 미술 실기 표현의 동기를 유발한 뒤 실기수업을 가족프로그램의 마지막

시간에 편성하는 경우도 있다.

가족 전시투어(Family Tour)는 박물관의 도슨트 혹은 안내소에 준비되어 있는 셀프가이드, 오디오 가이드 등 가족 단위 관람객을 위해 특별제작된 자료를 통해 전시된 작품을 설명한다. 가족 안내는 가족들에게 일방적으로 설명하는 방식보다는 심도 있는 작품의 설명과 어린이와 노인을 포함한 가족들의 수준과 흥미에 맞도록 스스로 작품감상할 수 있도록 한다. 따라서 오디오 가이드에 의한 설명일 경우 어린이들이 좋아하는 연예인 혹은 만화 영화의 성우가 녹음하여 친근감과 흥미를 주기도 한다. 또한 어린이들의 흥미를 유도하기 위해서 설명 중간에 음향효과를 넣어 동화책을 듣는 기분이 들게 한다. 도슨트가 직접 설명할 경우, 도슨트는 어린이들에게 질문과 놀이, 활동을 제안하여 전시에 대한 흥미를 유도한다.

가족 영화(Family Film) 역시 박물관들이 흔히 제공하는 프로그램으로, 가족이 함께 볼 수 있는 내용의 영화, 다큐멘터리, 만화영화, 미술에 관련된 영화나 박물관과 연관 있는 영화를 가족들이 함께 볼 수 있는 주말과 공휴일의 저녁 시간에 상영한다. 상영은 박물관 건물 안과 옥외를 활용하거나 박물관이 아닌 다른 장소와 연계상영하기도 한다. 박물관 이외의 장소로는 마을의 공원, 공연장, 영화관을 이용하는 사례가 있다. 영화만을 상영하기도 하고 다른 서비스를 제공하기도 한다. 예를 들어, 마을 공원에서 열리는 박물관 가족 소풍(Family Picnic) 프로그램 중간에 쉬면서 영화 감상 프로그램을 넣거나 영화를 야외에서 상영하여 잔디 위에서 가족단위로 모여 앉아 식사를 하면서 관람할 수 있게 한다.

가족을 위한 공연은 대규모의 공연이 아니라, 가족 관람객이 전문적 지식을 갖고 있지 않아도 부담 없이 즐길 수 있는 수준이다. 박물관의 공연은 대중의 사회 문화적 욕구를 충족시켜 주는 또 하나의 접근방법이 된다. 공연은 다양한 예술장르를 접할 수 있는 기회를 준다는 의미에서 가족에게 제공된다. 가족들이 박물관에서 제작한 소품을 공연자들이 직접 입고 공연을 하는 경우도 있고, 어린이들이 제작한 작품을 가지고 발레 공연을 한 후 어린이들의 가족들에게 깜짝 선물로 증정하는 공연도 있다. 조금 큰 규모의 연극, 밴드와 가수의 초청공연, 무용, 오페라, 뮤지컬 등이 있다. 이때에도 박물관에서 제공한 공연인 만큼 문화적 주제에서 벗어나지 않는데, 허쉬혼 박물관의 가족 축제인 〈이태리 문화의 이해〉의 경우 이태리 오페라를 경험할 수 있도록 축제 안에 공연프로그램을 포함시킨다. 가족공연은 영화와 마찬가지로 박물관 안과 밖에서 개설된다. 박물관 내에서의 공연은 일반적 공연과는 달리 극장이라는 공간에 제약받지 않고 다양한 공간을 공연장으로 활용함으로써 가족과 공연단이 함께 호흡할 수 있고 가족이 공연에 친밀감을 느낄 수 있다.

가족 대상의 공연(Family Festival)은 박물관에서는 전시만을 한다는 대중의 고정관념에서 벗어나 가족에게 다가가는 프로그램이다. 프로그램의 주요 목적이 가족에게 휴식과 유희의 장을 제공하고 박물관에 친밀함을 느끼게 하는 것인 만큼 축제라 하더라고 주제와 내용이 박물관의 전시물과 무관하지 않다. 그러나 다른 프로그램에 비해 먹기, 마시기, 춤추기, 마술과 같은 다양한 쇼, 게임 등의 이벤트와 음악을 통해 여흥을 돋우는 내용이 주를 이루고 전시 감상과 강의, 실기 작업이 일부 제공된다. 예술을 어려워하거나 전혀 취미가 없는 가족도 예술장르를 반드시 이해하고 학습해야 한다는 부담 없이 박물관에서 가족들과 즐거운 시간을 보낼 수 있도록 하는 프로그램이다. 가족축제는 두 종류로 나누어 볼 수 있는데 전시를 활용하는 축제와 전시와 특별히 연관이 없는 축제이다. 전시와 연관된 축제는 전시 시간을 연장하여 개설하고, 전시와 연관 없는 축제는 주로 주말이나 공휴일에 개설한다. 전시와 연관된 축제는 전시장을 그대로 축제의 장소로 사용함으로써 자연스럽게 감상을 유도할 수 있다. 전시와 상관없는 축제일 경우 축제를 즐기는 가운데 만들기, 놀이, 쇼를 통해 박물관에 친근감을 느끼게 한다.

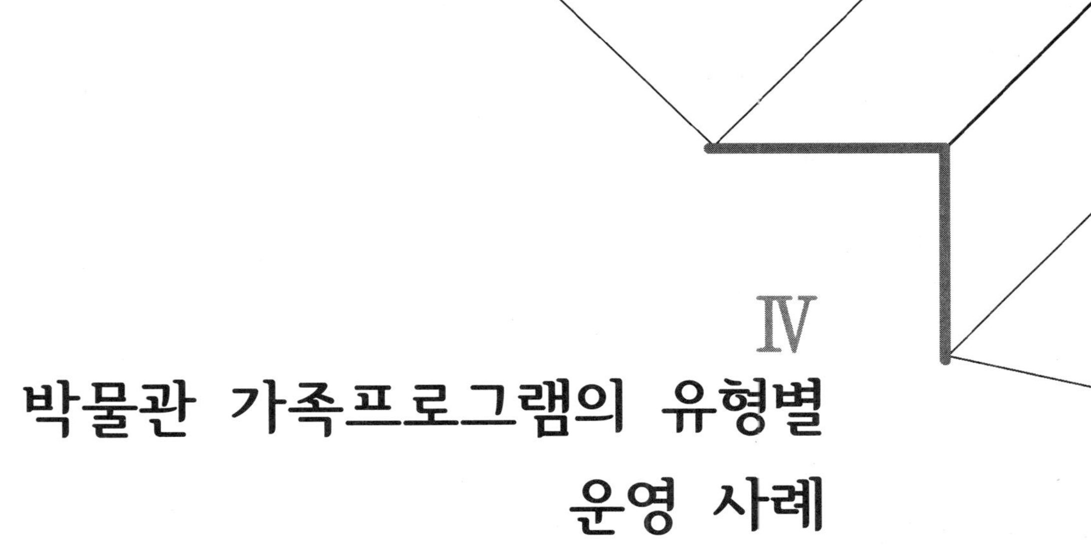

IV

박물관 가족프로그램의 유형별 운영 사례

1. 가족전시

(1) 〈세계여행 A Trip Around the World〉 시카고미술관

연령 제한이 없는 시카고 미술관의 세계 여행은 일본, 한국, 벨기에, 프랑스, 슬로바키아 등 세계 여러 국가의 동화책 삽화가 주제가 되는 전시이다. 전시의 주제를 어린이의 수준에 맞게 제공하여 전시에 대한 어린이들의 흥미를 유도한다. 가족을 위한 전시장 Family Room에서 미술관 개관시간 중 입장 가능하고 무료이다.

(2) 〈터치 갤러리 Touch Gallery〉 시카고미술관

장애인 가족들과 일반 가족들을 대상으로 하는 터치 갤러리는 갤러리에 전시된 작품을 만져볼 수 있는 프로그램으로 작품의 형태, 표면의 질감, 온도, 감촉을 발견하게 된다. 특별히 이 프로그램은 '카톨릭자원봉사협회'와 연결하여 장애인의 전시 관람과 그들의 가족이 프로그램에 참여할 수 있도록 돕는다. 작품의 손상을 막기 위해 페인트 대신 왁스(wax)로 특별 제작한 작품을 전시하고, 큰 글씨와 점자 두 가지로 된 명제표를 붙인다. '갤러리 10번'이란 이 방에 들어가기 전에 어린이들은 손을 씻어야 하고, 방에 들어가서는 작품의 위치를 이동시키지 않는 범위에서 자유롭게 만질 수 있다. 다섯 개의 조각품이 있는 이 방에서 어린이들은 작품을 만져서 얼굴표정, 액세서리, 입고 있는 의상스타일을 알아낸다. 시각장애인 관람객을 위해 특별히 직원이 서비스를 제공하는데, 관객이 전시를 대하고 느낀 점을 점자로 적어 기록해 준다. 미술관 개관시간 중 입장할 수 있으며 입장료 무료이다.

(3) 〈가족전시 Family Exhibition〉 보스톤미술관

연령 제한이 없는 보스톤 미술관의 가족 전시는 워크숍 프로그램의 일부로 개설되었다. 어린이의 감상 능력을 배양하고 워크숍을 통해 미술에 대한 이해와 흥미를 유도한다. 워크숍 프로그램 주제가 바뀌면 전시 주제도 바뀐다. 가족프로그램의 일환으로 운영되므로 가족을 위한 공간에 전시를 개설하기도 하고 프로그램 구성에 따라 전시를 워크숍으로 바꾸기도 하는 중 일반적 규칙에 의해 규정지어진 것은 없다. 전시 관람 후에 갤러리에서 실기활동을 함께할 수 있도록 제공하고 있다.

한 예로 2002년 10월 3일 전시는 〈세계 여러 나라〉라는 주제로 전시가 열렸다. 이전에 전시되었던 가족전시로는 〈미국의 과거와 현재〉, 〈고대 이집트와 미국〉, 〈고대 그리스와 로마〉, 〈프랑스의 회화〉 등이 개설되었다. 전시실과 실기실, 야외에서 진행되고 매달 첫 번째 일요일 11시에서 4시까지 두 달 동안 개설되었다. 이 프로그램은 가족 워크숍 프로그램이 개설되는 동안 제공되었던 전시로, 가족 워크숍의 필요에 따라 개설된 것이다. 두 달만 전시를 하였고, 이후로는 전시를 개설하지 않고 다시 워크숍만 진행하였다. 이 미술관에서는 이와 같이 가족 워크숍과 함께 연관된 전시를 함께 개설하기도 한다. 예약이 필요 없고 입장료는 한 가족 단위로 유료이다. 가족 구성원의 인원이 많거나 적거나 일정한 가격인데 성인 1인의 입장료와 비슷하게 책정한다.

2. 가족 워크숍

(1) 〈이집트에 있는 미국 리서치 센터 American Research Center in Egypt, Northwest Chapter〉 시애틀미술관

6세에서 10세의 어린이들과 부모를 위한 프로그램이다. 전시 감상과 이론 수업을 포함하지 않고 가족이 연극 놀이를 통해 창의적 사고와 활동을 하도록 돕는 프로그램이다. 스튜디오는 이집트의 사막으로 꾸며졌고 참가자들은 이집트의 새로운 집을 꾸미는 정원사로 고용되어 온 상황으로 설정된다. 프로그램 진행자는 미술관 직원으로 이웃 주민의 역할을 맡아 이 집에 대해 안내해 준다. 정원사는 자유롭게 집과 정원을 창조하고 꾸밀 수 있다. 장소는 미술관 안의 노드스트롬 예술 스튜디오(Nordstrom

Art Studio)로 이 곳에서는 이러한 종류의 가족프로그램 개설의 장소로 사용된다. 오전 9시부터 오후 12시까지의 프로그램과 오후2시부터 5시까지 프로그램 중 선택할 수 있다.

(2) 〈페스티벌 드 로스 아티스타스 Festival De Los Artistas〉 시애틀미술관

연령의 제한이 없는 Festival De Los Artistas는 가족 전시와 함께 진행되는 워크숍 프로그램이다. 전시실은 전통적인 멕시코 시장으로 꾸며져서 전시 관람 중 어린이와 부모들은 멕시코 문화의 특징을 발견하고 배울 수 있다. 어린이들은 전시장 내의 시장에서 멕시코 전통의 옷, 음악, 신문, 장난감 상점들을 방문한 이후에 영감을 받아 만들고 싶은 것을 만든다. 주제 제한 없이 자유롭게 재료를 사용할 수 있고 만든 후에는 전시장에 다시 기부할 수 있다. 기부하는 기간은 전시 중간 약 2주 동안이다. 미술관의 일반 전시실과 실기실에서 진행되었고, 전시와 워크숍 모두 두 달 동안 개설하였고 전시가 개설되는 동안에만 진행하였다.

(3) 〈예술 속 이야기들 Stories in Art〉 워싱턴국립박물관

4세부터 8세까지의 어린이가 성인과 함께 참여하여 이야기를 듣고 대화하고 이것을 실기로 표현해 보는 프로그램이다. 어린이들에게 들려주는 이야기는 새로운 창작 동화로 미술수업과 자연스럽게 연관될 수 있도록 한다. 이러한 이야기 들려주기 방식의 수업은 다른 박물관에서도 찾아볼 수 있으나 이야기를 창작한다는 점에서 기존의 타 박물관 가족프로그램 내용과 차별화된다. 이야기를 듣고 상상해 보는 시간에 어린이들은 가족의 특별한 심벌(Symbol)이 무엇인지 생각하게 되고 가족을 기쁘게 하는 타인을 배려하는 마음을 배우게 된다. 이야기의 내용이 개설 때마다 바뀌는데 이전의 주제 중에 'Olivia'와 'A Chair for Mom'이 있었다.

'Olivia'의 책 내용은 올리비아라는 어린이가 미술관에서 관람하고 격은 이야기이다. 이 책을 동화 구연가가 읽어주고, 올리비아가 어떤 작품을 가장 좋아했을지 어린이들이 상상하게 한 다음 그것을 부모와 함께 직접 만들어 본다.

또 다른 이야기 '엄마를 위한 의자 A chair for Mom'은 주디라는 어린이의 집에 작은 불이 나서 엄마가 가장 아끼는 물건이 탔다. 이때 주인공 어린이는 탄 물건을 만들어 선물해서 엄마를 기쁘게 했다. 불에 탄 물건이 무엇인지 어린이가 상상하도록 하고 각자가 생각해낸 물건을 공작하는 시간이다.

미술관 서(西)관의 실기실에서 진행되며, 한 달에 1회, 일요일에 개설되었던 강좌로 1회 참여할 수 있는 강좌이다. 시간은 일정하게 정해져 있지 않아 개설 때마다 다소 바뀐다. 약 한 달 전에 인터넷과 브로슈어에 개설시간이 공지된다. 입장료는 무료이다.

(4) 〈특별 가족프로그램 Special Family Program〉 뉴욕현대미술관

뉴욕현대미술관은 지역 단체들과 연계하여 하나의 프로그램을 개발하고 인근지역 가족들에게 미술관의 다양한 전시와 프로그램을 소개하는 기회를 제공한다. 부모들과 어린이에게 미술관을 관람시키고 이웃의 다른 가족들과 함께 그 경험을 나눌 수 있도록 한다. 이 프로그램은 두 개의 지역사회 문화기관(Mindbuilders와 The Jamaica Arts Center)과 미술관이 협력하여 가족에게 제공될 수 있는 다양한 내용을 모색하기 위해 기획한 것이다. 프로그램 기획 과정에 가족이 직접 관여하지는 않지만 열 가족 정도가 이 프로그램의 예비 시행에 참여하였다. 이 프로그램은 미술관 외에 연구에 참여한 두 기관에서도 진행되며, 이 프로그램은 스페인어를 쓰는 가족들의 제안으로 스페인어로도 제공되었다.

(5) 〈특별 가족프로그램 Special Family Program〉 휘트니미술관

휘트니미술관은 가정과 지역 프로그램으로 '미술가와 집 없는 사람과의 협력' 프로그램과 '가족프로그램'을 운영한다. 휘트니미술관은 최근 들어 뉴욕 지역과 페어필드 카운티를 대상으로 가족과 지역단체들과 활발한 관련을 맺고 있다. 휘트니미술관의 미술가와 집 없는 사람과의 협력 프로그램은 구호소에 사는 어린이들과 어머니들을 위하여 제공된다. 이 가족들은 매주 뉴욕시와 관련된 전시를 관람하고 휘트니 미술관의 필립모리스 갤러리를 방문한다. 이때 5세에서 8세의 취학 전 어린이들에게 춤과 연극, 각종 실기 활동 등을 제공한다.

(6) 〈호박과 땅콩 Pumpkins and Nuts〉 그랜드래피즈미술관

초등학생과 가족이 입장할 수 있는 프로그램으로 일상적으로 접하는 음식과 단어, 문화에 대한 호기심을 발견하는 것을 목적으로 개설되었다. 일상생활에서 사용되는 단어와 일상적으로 접해본 땅콩, 후추, 콩 등 음식물을 이용하여 창작을 하고 뮤지션을 게스트로 초청하여 기타 연주 감상과 반주에 맞춰 음악활동하는 시간을 갖는다. 미술관 실기실에서 두 달 동안 매주 토요일 오전 11시부터 1시까지 진행되었다. 회원의 가족과 비회원 가족으로 구분하여 입장료를 받았으며 기업의 후원을 받는 프로그램으로 가족당 1달러로 매우 저렴하였다. 이 미술관의 모든 프로그램은 개인이나 기업, 또는 공공기금으로부터 재정 후원을 받고 있는데 대부분의 가족프로그램은 어린이 대상 사업을 하는 기업으로부터 후원을 받는다.

(7) 〈가족 워크숍　Family Workshop〉 시카고 미술관

4세부터 6세 어린이와 동반 성인 한 명이 참여 하는 '유아 가족반'과 7세부터 12세의 어린이와 동반 성인 한 명이 참여하는 '초등학생 가족반'이 있다. 예술가가 직접 참여하는 프로그램은 아니지만, 한 예술가의 예술 세계와 그의 작품이 미술사에 끼친 영향을 배우고 직접 실기해볼 수 있는 프로그램이다. 스페인의 현대 예술가 'Juan Munoz'의 작품에 대한 감상 시간을 가진 후 찰흙으로 공작을 한다. 매우 특징적인 것은 워크숍 한 달 전쯤에 부모들만 따로 모여 프로그램 진행 중에 어린이를 어떻게 돕고 무엇을 제공해야 할지 외부 강사에게 설명을 듣고, 미술관 교육 담당자와 갤러리를 둘러보는 시간을 갖는 것이다. 미술관 공작실에서 진행된다. 워크숍 참가비는 무료이고 미술관의 입장료만 지불한다.

(8) 〈이미지 이야기　Image Story〉 시카고미술관

7~12세 어린이들이 그들의 부모나 조부모와 함께 참가할 수 있다. 전시기간 중 매주 일요일 1시에 개설되고 끝나는 시간은 정해져 있지 않다. 어린이들에게 인기가 높은 컴퓨터를 소재로 흥미를 유발하여 미술을 친근하게 느끼게 하고 감상과 놀이를 통해 미술에 대한 흥미를 유도하는 프로그램이다. 이 프로그램은 전시 감상과 게임을 함께 제공하는데, 먼저 전시를 감상한다. 이 전시는 가족전시를 목적으로 개설된 것은 아니고 어린이와 청소년, 가족을 위해 폭넓게 개설된 전시로 전시를 가족 워크숍에 활용한 좋은 예이다. 16C부터 19C까지의 조각을 포함한 명작을 감상하면서 이 명작들 속에 등장하는 이야기를 들려준 후, 이와 관련이 있는 컴퓨터 게임을 즐긴다. 이 게임은 미술관 자체 제작물은 아니지만 워크숍 주제와 관련 있는 프로그램을 선택했다. 프로그램이 끝나면 어린이들은 가장 흥미로웠던 작품에 관한 자신의 이야기를 노트에 적어본다. 집에 돌아갈 때 뮤지엄숍에서 관심 있는 게임 프로그램을 살 수 있다. 미술관 실기실과 전시실에서 진행되고 가족전이 개설될 때마다 주제를 바꾸어 개설한

다. 전시가 개설되어 있는 동안 개설되며 '이미지 이야기'전은 4개월간 진행되었다. 시간은 일요일 2시부터 4시까지다.

(9) 〈예술발달 Improve Art〉 허쉬혼박물관

5~11세의 어린이와 가족이 참석할 수 있고 일부를 제외하고는 예약할 필요가 없다. 작품 감상과 워크숍을 함께 제공하는 이 프로그램은 일상에서 발견할 수 있는 소재로 다양한 주제에 접근한다. 미술관에서의 활동을 통해 다른 분야의 지식을 전달하고 어린이의 정서와 창의력을 풍부하게 키워주려는 의도로 제작된 프로그램이다. 워싱턴에 위치한 허쉬혼박물관의 가족을 위한 공작교실 'Improve Art'는 한 달에 한 번씩 새 프로그램을 제공했다. 제목도 프로그램마다 다른데, '놀라운 얼굴들(Fabulous Faces)', '가을의 리듬(Autumn Rhythms)', '팝 홀리데이스(Pop Holidays)'와 같이 재미있는 제목을 붙였다. '놀라운 얼굴들'은 갤러리의 초상화를 감상한 후 찰흙으로 자신의 얼굴을 만들어본다. '가을의 리듬'과 같은 프로그램은 작가들이 그들의 작품 속에서 계절을 어떻게 표현했는지 배우고 나뭇잎의 같은 계절적 소재 외에 자연적 소재로 표현하는 가면을 만든다. '팝 홀리데이스'는 팝 아트 전시를 감상하고 형태, 색, 주제가 시사하는 것들에 대해 배운 후, 각자 만들고 싶은 장식품을 조각하고 조립한다. 전시실, 실기실과 미술관 마당에서 진행하는데 주제에 따라 장소가 가변적이다. 매주 목요일 오후 4시부터 6시까지 두 시간 진행되고 무료이다.

(10) 〈가족 워크숍 Family Workshop〉 게티미술관

게티미술관 워크숍 프로그램은 제목을 따로 붙이지 않고 'Family Workshop'이라고 통칭 하는데, '주중 워크숍'과 '주말 워크숍'이 있다. 산 위에 자리 잡고 있는 미술관의 특성상 가족들이 주말에 야외소풍의 개념으로 많이 찾기 때문에 이러한 가족들에게 유익한 시간을 제공하기 위해 워크숍을 개설하였다. '주중 프로그램'은 놀이와 갤러리 투어를 함께 제공하고 있는데, 워크숍 시작 전에 한 시간 동안 미술관 투어를 하고 공작수업에 들어간다. 프로그램에 참여하는 가족은 스페인어와 영어 두 가지 언어수업방식을 선택할 수 있다. '주말 프로그램'은 일주일마다 내용이 바뀌는데, 한 해 가을에는 색종이와 연필 외의 다양한 미술도구를 이용하여 종이 위에 그리고 붙이는 공작을 하였다. '주중 프로그램'과 '주말 프로그램' 모두 미술관 정원과 전시실, 공작실을 이용한다. 항시 가변적인데, 내용에 따라 야외에서 진행하거나 전시가 열리는 미술관 안에서 공작을 한다. '주중 워크숍'은 여름에만 개설되며 날마다 개설된다. 가족들은 여름기간 동안, 참여하고 싶은 날 하루를 정해 방문하면 된다. '주말 프로그램'은 일정한 시간에 개설하지 않기 때문에, 가족들은 방문하기 전에 전화나 인터넷으로 시간을 확인하고 방문해야 한다. 어떤 주는 오전 11시에 시작하여 오후 2시까지 4시간 동안 진행하고 어떤 주는 오후 2시에 시작해서 6시에 끝난다. 게티 미술관의 모든 가족프로그램은 당일 접수, 당일 참가가 가능하다. 프로그램 시작 시간 삼십 분 전에 줄을 서서 신청해야 하고 참가비용은 무료이다.

(11) 〈가족 워크숍 Family Workshop〉 보스톤미술관

일반적으로 4~6세 어린이와 7~11세까지의 어린이를 구분하여 워크숍을 진행한다. 4~6세 아동을 위한 워크숍은 1학기와 2학기로 나뉘고 각 학기는 5주이다. 두 프로그램 모두 어른 한 명과 어린이 한 명을 대상으로 하고 1시간 30분 동안 운영된다. 보스톤미술관의 워크숍은 같은 주제를 가지고 어린이의 연령에 따라 반을 따로 편성한다.

모든 프로그램이 학기마다 주제가 바뀌는데 어느 해 4~6세반 1학기의 주제는 '경이로운 미스터리 투어(Wonderful Mistery Tour)로 아시아 미술을 발견하는 프로그램이었다. 2학기에는 미술작품에서 보여주는 따뜻한 가정, 우애, 사랑을 주제로 한다. 4~6세반 1학기 수업내용은 중국, 일본, 한국, 동남아시아의 예술작품을 통해 색다른 여행을 한다. 작품을 통해 동양의 풍경을 탐험하고 아시아의 멋있는 사람들을 만남으로써 그들의 일상생활과 삶에 대해 배운다. 이론과 감상 수업이 끝나면 실기를 한다. 실기 수업은 수미에(Sumie) 붓을 이용한 회화, 조각, 직조 등을 포함한다. 2학기 수업은 미술가들이 이야기를 창조하고 감정을 표현하기 위해서 자세, 얼굴 표정과 색을 어떻게 사용하였는지 학습한다. 실기실에서 어린이들은 그들의 사랑과 우정에 대한 이야기를 고안하면서 그림 그리기, 입체작품의 공작을 한다.

7~11세 반은 전시를 활용하는데, 전시되는 작품은 주제와 관련 있는 것으로, 주제는 개설 때마다 바뀐다. 예를 들어 주제가 '아프리카의 마스크'이면 전시되는 작품들도 이러한 것들이 되고 주제가 '놀라운 장소에서 자신을 그려보기'이면 전시된 작품 또한 장소적 특수성을 표현한 작품이 된다. 전시는 소장품을 활용하며 활등은 어린이와 어른이 함께할 수 있도록 교육부 직원들에 의해 고안된다. 이 프로그램은 갤러리에서 전시를 통해 이루어지며 독창적인 연극, 이야기하기, 각종 미술 활동으로 이어진다. 전시 감상을 통해 가족들은 느낀 점을 토론하고 토론을 통해 그리고 만드는 활동을

한다. 토론의 경우 강사는 주제 안에서 의도대로 자연스럽게 이야기를 진행한다. 전시실과 실기실에서 진행된다.

(12) 〈가족 워크숍 Family Workshop〉 워싱턴국립박물관

일요일마다 개설되는 강좌로 한 프로그램이 끝나면 주제와 대상연령이 바뀌어 새로운 프로그램, 새로운 강사로 바뀐다. 5~6세 어린이들에게는 놀이형식의 프로그램을 제공하고, 7~10세 어린이들에게는 미술의 이해와 공작을 함께 제공하여 연령별로 습득할 수 있는 수준대로 제공된다. 9~10세의 어린이들은 작가와 미술관 직원 2인이 한 반에 투입되어 이론과 실기가 함께 운영될 수 있도록 돕는다. 연령이 높은 반으로 갈수록 강사 인원이 많아진다. 5~6세의 어린이들에게는 가이드와 가족이 공부한 그림과 이야기를 통해 어린이들은 상상하고 그리고 싶은 그림을 그린다. 어린이들이 나름대로 자신의 그림을 설명하면 부모는 글씨를 받아쓰는 역할을 맡아 자녀의 예술 책을 창조해준다. 7~10세의 어린이의 경우 갤러리 투어와 토론을 한 후, 미술공작을 하면서 조각에 대한 이해심을 키우는 실기 중심으로 이루어지고, 9~10세반은 풍경화를 보면서 미술과 작가에 관한 이야기를 듣고 어린이와 가족들이 방문했던 경험이 있는 장소의 풍경화를 부모와 함께 그려본다. 워크숍에 필요한 재료는 모두 미술관에서 제공한다. 미술관 전시실과 실기실에서 진행되고 한 달에 2회에서 3회 정도 토요일에 개설하고 개설시간은 개설 때마다 바뀐다. 예를 들어 이번 주 토요일에 9~10세반이 오전 8시 30분에 시작하여 10시 30분에 끝났지만, 다음 주 토요일에는 오후 12시 30분에 시작하여 2시 30분에 끝난다. 수업시간은 2시간이고 참가비는 무료이다.

3. 가족 전시 투어

(1) 〈가족 갤러리 프로그램 Family Gallery Program〉 뉴욕현대미술관

5~10세의 어린이와 그들의 부모를 위한 프로그램이다. 부모와 자녀들이 특별히 훈련된 강사들에 의해 미술관의 갤러리를 관람하는 것으로, 전시투어 개설 때마다(전시는 그대로이지만) 투어의 제목과 주제가 바뀐다. 제목은 두 달에 한 번씩 바뀌고, 두 달 동안 진행되는 프로그램 안에 다시 소주제가 있다.

가족들은 보물찾기, 이야기하기, 계산하기, 기억하기, 역할놀이와 제목 만들기 등을 통해 함께 활동하면서 전시에 대해 배운다. 또한 어린이들의 미술 감상을 위한 가이드로 선, 색, 면, 재미있는 이야기, 이웃과 지역들이 소개되어 있는 '어린이들의 책'이 미술관 내에 비치되어 있다. 필요한 가족들은 이 책을 통해 전시 설명의 진행을 따라갈 수 있다. 한 전시가 보통 두 달 가량 지속된다. 미술관 개관 전 한 시간 가량 매주 두 번째, 네 번째 토요일 아침 10시부터 11시까지 한 시간 동안 진행된다. 참가비는 비회원가족과 회원가족으로 구분하여 받고, 참가 신청은 예약 필요 없이 아침 9시 30분부터 1층 안내데스크에서 한다.

(2) 〈4세들을 위한 안내 Tours for Fours〉 뉴욕현대미술관

4세 어린이와 부모들을 위한 갤러리투어로, 갤러리 순회를 하는 과정에서 토론, 그리기, 조각하기 활동을 함께한다. 토요일 아침에 부모와 어린이들이 미술관 강사들과 갤러리 토론을 통하여 갤러리를 관람한다. 이때 보물찾기, 이야기하기, 기억하기, 역할놀이, 제목 만들기 등의 활동을 한다. 주로 음악, 속도, 그림 등을 주제로 대부분 동시대 예술을 다룬다. 매주 토요일 10시부터 45분 동안 진행된다. 입장은 인터넷 예약으로 이루어지며 무료이다.

(3) 〈가족 전시 안내 Family Guide〉 워싱턴국립박물관

워싱턴국립박물관의 전시와 관련된 가족프로그램은 전시기간에만 개설하는 일반적인 방식으로 운영한다. 반적인 방, 신화전이 개설될 때 가족들에게 제공 가족가족 전시 안내가 따로 전시기간에 운영된다. 이 프로그램은 연령 제한이 없으며 신화를 통한 연계 교육으로 학습이 이루어진다. 고대 그리스와 로마를 주제로 묘사한 16C - 운영C의 회화와 조각을 탐색한다. 도덕적 이야기에 대한 미술가의 묘사, 그전적인 신과 여신에 대한 상징, 문학 자료, 미술 양식을 살펴본다. 주제는 이집트, 프랑스, 미국 등 다양한 나라로 바뀐다. 입장할 때 안내데스크에 문의하면 바로 도슨트의 안내를 받을 수 있다.

(4) 〈엽서 투어 Postcard Tours〉 워싱턴국립박물관

워싱턴국립박물관의 가족 전시 안내는 '엽서'를 통해 이루어진다. 엽서 투어는 가족을 위해 제작된 엽서 놀이를 통해 갤러리를 돌아보는 활동이다. 동관 입구에 위치한 박물관 안내소에서 시작하는 이 놀이에서, 어린이들은 걷기도 하고 말하기도 하고 꽥꽥 거리며 오리 흉내를 내는 놀이도 하면서 서관까지 간다. 연령제한과 엽서 구입비는 무료이다. 미술관 순회가 끝나면 엽서를 제자리에 갖다 놓는다.

(5) 〈가족 오디오 투어 Family Audio Tour〉 구겐하임미술관

구겐하임미술관의 가족 오디오 투어는 대상을 일반인과 가족으로 구분하지 않는다. 유료로 일반인과 가족 모두 이용료가 같고 시간제한은 없다. 어린이도 함께 즐길 수 있도록 쉽고 재미있게 설명하며 특히 모든 가족이 다 알 수 있는 유명 배우나 스타의 목소리로 녹음하여 들려주는 것이 특징이다.

(6) 〈가족 전시 안내 Family Guide & Postcard Tour〉 게티미술관

게티미술관의 가족 전시설명은 인력을 통한 전시 설명, 오디오 설명(Family Audio Guide)과 엽서투어(Postcard Tour)가 있는데, 따로 제목을 붙이지 않고 있다. 엽서투어는 가족들이 도슨트나 오디오 가이드의 도움 없이 스스로 작품과 미술관 정원, 건축물을 탐사할 수 있다. 이 엽서에는 미술관에 관한 여러 가지 궁금한 점에 대한 설명이 있고, 가족들이 예술품을 스스로 찾고 예술을 배울 수 있게 작성되었다. 가족의 방(family room)에서 구할 수 있으며 무료이다. 가족 오디오 가이드는 음악과 음향 효과가 설명과 함께 나와 재미있게 전시를 둘러볼 수 있게 구성하였다.

4. 가족 영화

(1) 〈무료 가족영화 Free Family Film〉 시애틀미술관

이 미술관의 가족영화 프로그램 중 특이한 것은 매달 첫째 주 토요일은 미술관에서 가족들이 미술 공작을 할 수 있고 이때에 가족영화를 함께 상영한다. 실내와 야외에서 상영하며, 장소를 때에 따라 바꾸기도 한다. 한 달에 1회 매달 첫 번째 토요일 1시 30분에 상영한다. 모든 연령의 어린이 참여가 가능하다.

(2) 〈가족영화 Family Film〉 뉴욕현대미술관

미술관의 담당자는 미술관의 갤러리에서 영상을 소개하고 토론을 유도하며 연계적 활동을 제안한다. 소개되는 영상은 단순한 애니메이션, 다큐멘터리 등 고전적 단편영화에서 판타지 영화까지 다양한 장르를 보여준다. 가족영화 상영 프로그램은 단지 영화를 보여주는 것이 아니라, 라이브 연기 등 다양한 공연도 함께 제공하고 미술관 담당자는 미술관의 갤러리에서 영상을 소개하고 토론을 유도하며 연계적 활동을 제안한다. 때에 따라 야외에서 진행되기도 하는데 이때에는 가족이라는 대상의 특수성을 감안해 어린이 동반의 분위기에 맞게 소풍의 개념으로 이루어진다. 미술관과 그 도시의 공원이 연계하여 공원을 배경으로 영화상영 전까지 레스토랑의 음식과 클래식 음악을 제공받으며 소풍을 즐길 수 있다. 가족영화를 상영하는 달도 있고 하지 않는 달도 있는 등 개설 날짜가 불규칙적이다. 상영 시간이 일정하지 않고, 계절별로 일몰 경으로 시간을 정하여 시즌마다 시간이 유동적이고 연령제한은 없다.

(3) 〈어린이 영화 Children's Film Program〉 워싱턴국립박물관

가족프로그램으로 제공되고 있지만 반드시 어른과 동행할 필요는 없다. 상영되는 영화는 세계 각국에서 제작한 만화영화, 동물영화로 구성되어 있다. 매 회마다 다른 영화를 상영하고 연령제한은 거의 없다. 영화를 보러 온 어린이와 가족들에게 전시와 프로그램에 대한 안내를 해서 전시 관람객 확보를 위한 홍보도 진행한다. 동관 오디토리움(East Building Auditorium)에서 매달 첫 번째 토요일 오전 11시에 한 시간 정도 상영한다. 상영되는 영화에 따라 연령제한이 다르지만 보통 5세나 6세 이상으로 최저 연령 제한을 둔다.

5. 가족 축제 및 이벤트

(1) 〈마샬운동장 가족축제 Marshall Field's Family Festival〉 시카고미술관

'Marshall Field's Family Festival'이라는 가족 축제는 시카고미술관에서 정기적으로 개설되는 가족 축제로 개설할 때마다 제목이 바뀐다. 그러나 축제의 대제인 '마샬회사의 가족축제'는 고정적으로 가족들에게 제공되고 있다. 개설 때마다 시간이 바뀌지만 보통 반 일로 개설되며 10시나 11시쯤 늦은 오전에 시작하여 점심시간을 포함하고 오후

3시나 4시 사이쯤에 끝난다. 크래프트 교육 센터(the Craft Education Center)에서 진행된다.

가족은 축제로 즐길 수 있지만 프로그램 안에 일정한 시간을 정하여 놓고 갤러리 투어, 워크숍, 공연, 퍼포먼스 등을 제공하는 것이 특징이다. 프로그램의 제목답게 Marshall Field사가 후원한다.

(2) 〈가족의 날 Family Day〉 허쉬혼박물관

하루 종일 열리고 따라서 하루 동안 가족들은 박물관을 마음대로 사용할 수 있다. 꾸준히 개설되지만 매 년 개설되지는 않는다. 미술관 전시실과 정원에서 개설된다. 허쉬혼박물관의 가족축제는 인근의 가족을 위해 이벤트를 개설하는 것이 목적이다. 이러한 접근 방식은 지역 구성원과의 친밀도를 향상시키는 방식 가운데 하나로 볼 수 있다.

(3) 〈가족축제 Family Festival〉 포틀랜드미술관

이 미술관은 한 달에 1회 가족 이벤트가 하나씩 개설되는데, 가족들은 예술가를 직접 만나보고 그의 설명과 퍼포먼스를 관람할 수 있다. 관람 후 가족들은 야외에서 식사와 만들기를 한다. 이벤트가 한 달에 한 개씩으로 많은 편이고 제공되는 축제나 이벤트 가운데 연중 3개 정도가 무료이고 나머지는 유료로 제공된다. 프로그램의 성격에 따라 무료와 유료를 비슷한 비율로 제공한다. 미술관 회원인 경우 할인의 폭이 크고 비회원도 부담 없이 즐길 수 있는 정도의 가격이다.

(4) 〈가족 축제 Family Festival〉 샌디에고미술관

1년에 4회, 하루 반일 정도 주말과 휴일에 개설된다. 보통 점심시간인 오후 12시부터 오후 4시까지 4시간 진행하는데 시간은 정해진 규정 없이 개설 때마다 바뀐다. 미술관 전시실과 체험실에서 함께 운영한다. 가족프로그램이 모두 이벤트이고 무료인 것이 특징인 샌디에고미술관은 이벤트 외의 다른 가족프로그램은 제공하고 있지 않다. 모든 프로그램은 '샘프러 에너지', '그래머시 공원', '사무엘 뉴 하우스' 등 공공단체로부터 돌아가면서 후원을 받아 진행한다. 조사 결과 재정적 후원보다는 프로그램 진행에 필요한 자료와 장소, 작품을 제공받는다. 개설 때마다 제목이 바뀌고 보통 1년에 열린 가족 이벤트의 계획이 미리 짜여져 있다. 보통 가족 이벤트는 가족들이 워크숍을 하고 다양한 스타일과 기술로 작품을 완성하는 다양한 작가들의 작업 과정을 관찰할 수 있다. 워크숍과 작가의 작품 활동 관찰과 함께 공연과 전시 감상, 전시 순회를 함께 제공한다.

(5) 〈가족의 날 Family Day〉 샌프란시스코현대미술관

워크숍과 축제를 함께 접목한 이벤트로 가족들이 함께 즐길 수 있는 장소를 제공한다는 의미에서 개설된 프로그램이다. 하루 동안 프로그램이 진행되며 가족들은 이 프로그램에 참여함으로써 미술관이 여가선용의 장소임을 인식할 수 있게 된다. 강사가 제안하는 여러 가지 주제로 공작 활동을 하고 도슨트의 안내에 따라 전시 관람과 갤러리 투어, 음악, 퍼포먼스를 즐길 수 있다. 미술관 전시실과 실기실에서 진행한다. 여름과(6월) 가을(9월 혹은 10월), 1년에 2회 개설되는 가족 워크숍으로 오전 11시부터 오후 4시까지 개설된다. 10세 어린이와 동반 성인을 위한 프로그램으로 형제들도 참석할 수 있다. 10세 어린이와 형제들은 무료이고 성인 회원은 무료, 비회원은 유료이다.

6. 가정에서 즐기는 온라인 교육

(1) 〈NGA 키즈 NGA Kids〉 워싱턴국립박물관

멀티미디어 온라인(On‒line) 프로그램 '워싱턴국립박물관의 어린이들'은 모든 연령의 어린이가 참가할 수 있다. 스피커를 통해 음악과 설명이 나오며, 스피커 음성이 제안하는 대로 따라하면서 클릭한다. 이 프로그램은 이론과 실기를 함께 제공한다.

첫 번째, 이론은 조각작품이 주제가 된다. 조각작품의 소재가 될 수 있는 재료들을 설명하고 이러한 소재들을 이용해 완성된 조각품을 보고 조각품을 창조한 작가에 대해 배운다.

두 번째, 실기 프로그램에서는 19C의 회화 작품을 통해 작품에 사용된 붓과 이 붓을 가지고 작가가 어떻게 사물을 표현했는지 설명한다. 설명이 모두 끝나면 집에서 직접 해볼 수 있는 만들기와 놀이를 몇 가지 제안한다. 또 다른 실기프로그램은 인디언이 묘사된 작품 속에서 털, 헝겊, 종이를 찾아내 클릭하는 놀이이다. 이 찾기 놀이를 통해 어린이는 작품을 세밀히 관찰할 수 있고 좀 더 오랜 시간 동안 감상에 몰입할 수 있다. 뿐만 아니라 작품 속에 등장하는 주변 사물에 대해 새롭게 바라볼 수 있다. 놀이를 성공적으로 마치면 작품 속에서 주인공으로 등장했던 인디언을 프린트로 뽑을 수 있다. '인디언의 얼굴에 여러 가지 무늬를 넣어 용감한 인디언을 만들어 보라'는 지시문이 나오는 색칠공부도 제공한다.

(2) 〈아트 사파리 Art Safari〉 뉴욕현대미술관

아트 사파리는 미술관 홈페이지를 통해 참여할 수 있는 프로그램으로 미술관의 소장품을 활용하여 어린이들이 감상을 즐길 수 있도록 한 프로그램이다. 어린이들은 작품 속에 등장하는 동물들을 관찰한 후 인터넷상에서 자유롭게 묘사할 수 있다. 그림에 관련된 자신의 상상 속 이야기를 작문할 수 있도록 프로그램을 제공한다. 또한 컴퓨터로 그린 작품을 미술관에 보내면 선별하여 한 달 간 온라인상에 전시해 주어 참여도를 높이고 어린이의 미술에 대한 흥미를 유도한다.

(3) 〈어린이들을 위한 마티스 Matisse for Kids〉 볼티모어미술관

가정에서 어린이들이 즐길 수 있는 온라인 교육으로 '헨리 마티스'를 주제로 한다. 이 프로그램은 작가 '헨리 마티스(Henry Matisse)'를 주제로 하는데 제목도 작가 이름 그대로 사용하였다. 온라인으로 접속하고 스피커를 켜면 작품의 주제와 맞는 음악이 나오고 재료를 클릭하면 재료의 느낌과 사용 방법이 화면에 나오고 헨리 마티스의 특징적인 기법으로 완성한 작품들을 소개한다. 어린이와 부모가 집에서도 쉽게 미술과 접할 수 있는 기회를 제공한다. 글을 모르는 어린이에게는 부모가 읽어주는 설명이 있고, 부모의 도움 없이도 음성 안내를 받을 수 있게 해놓았다.

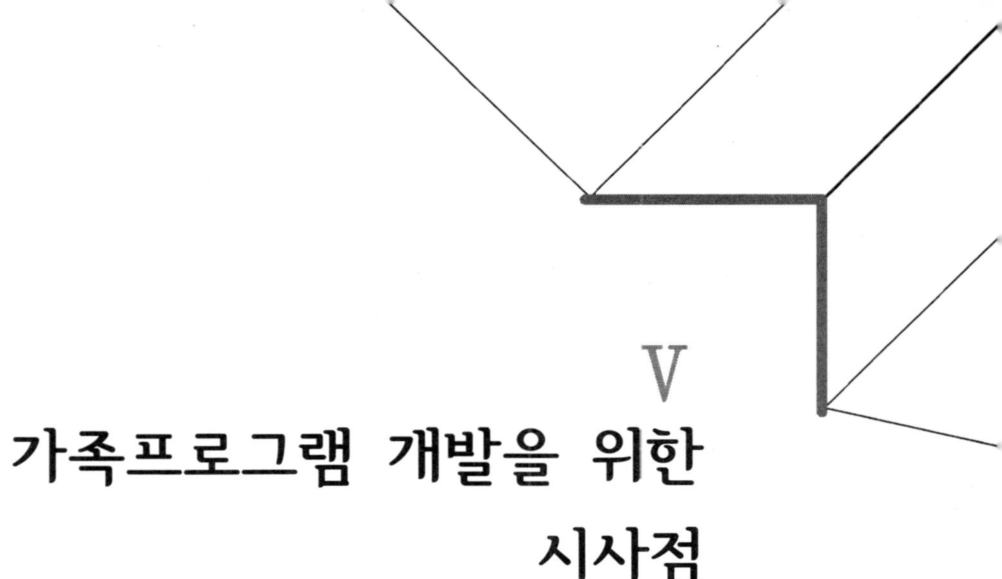

V

가족프로그램 개발을 위한 시사점

1. 가족을 위한 공간의 다양성

박물관 교육에서 가장 올바른 지침서라는 것은 없다. 타 박물관에서 이전에 행했던 가족프로그램과 가족교육정책의 성공사례 가운데 현재의 우리 상황에서 받아들일 수 있는 것을 채택하는 방식도 효과적인 프로그램 개발 또는 개선의 방법이다. 따라서 본 장에서는 앞장에서 가족프로그램의 유형을 분석하고 유형별 사례들을 살펴본 결과를 바탕으로, 박물관 가족프로그램의 내용과 형식면에서의 시사점을 제시하고자 한다.

가족프로그램이 운영되는 장소를 보면 다양한 공간이 활용되었음을 발견할 수 있다. 외국의 상당수 박물관의 가족프로그램은 스튜디오의 활동에서 벗어나 전시공간과 외부공간을 적극 활용하여 박물관 정원이나 기타 공간에서 연극, 음악회 등의 행사를 연다. 구체적으로 전시장 외에 작가의 작업실, 박물관의 마당, 마을의 공원, 박물관 커피숍, 레스토랑, 가까운 공연장을 활용한다. 해외 박물관 가족프로그램은 다양한 장소에서 다양한 가족프로그램을 제공한다.

뉴욕현대미술관의 워크숍 'Water Marks'는 2회로 나누어 진행하는데 첫 번째 시간에는 미술관의 실기실에서 미국과 세계 예술가들이 사용한 수성 물감을 소재로 여덟 가지 표현 방식을 배운다. 두 번째 시간에는 프로그램에 적합한 전시가 있는 다른 곳의 미술관을 방문하여 전시를 관람하고 전(前) 시간의 실기수업과 전시 관람 내용을 바탕으로 미술 이론을 학습한다. 특히, 일회성 이벤트나 영화 관람 같은 경우 미술관 밖에서 진행되는 것을 자주 발견할 수 있는데, 뉴욕현대미술관의 경우 9월 한 달 동안 매주 토요일에 열리는

'Family Film'이 인근에 위치한 소크라테스 동상 공원에서 진행되었다. 휘트니 미술관의 정기 워크숍은 주제에 따라 각 후원사의 강당에서 이루어졌다.

박물관을 벗어나지 않는 범위에서도 공간의 특수성을 이용한 프로그램이 있는데, 그랜드 래피즈 박물관의 '예술가와 작업실(Artists and Workroom)'이 그것이다. 작가의 작업실을 직접 탐방하지는 않지만 주제에 따라 미술관 실기실을 작가의 작업실과 똑같이 꾸미고 이곳에서 작가가 어떠한 생각을 하였으며 어떠한 작품을 완성했는지를 이해하는 프로그램이다.

이같이 프로그램의 성격에 맞는 타(他) 장소의 활용성을 다양화함으로써, 미술관의 가족 교육 내용을 풍부하게 하고 있다. 장소의 폭넓은 선택을 다양한 활동을 가능하게 하고, 이는 가족 관람객에게 프로그램에 대한 접근성과 흥미를 높여주는 요인이 될 수 있을 것이다.

그러나, 현실적으로 가족프로그램을 위해 가족이 활동할 수 있는 공간을 따로 마련하는 것은 어려운 일이다. 박물관 건물의 물리적인 제약과 운영예산의 부족, 이 공간을 관리할 전문인력과 서비스 인력이 부족한 실정이고 여기서 제공되어야 할 프로그램이 아직 활성화되지 않은 것도 이유이다. 따라서 가족 실기실은 일반 프로그램과 함께 사용되는 경우가 많다. 그럼에도 불구하고 조사 결과, 가족을 위한 프로그램과 서비스를 제공하기 위한 별도의 공간이 마련되어 있는 해외 박물관이 상당수 있었다. 가족을 위한 독립적인 공간이 있다면 가족들을 위한 프로그램은 항시 제공되고 가족들은 이 방에서 끊임없는 체험과 예술에 관한 아이디어를 생각할 수 있다. 그리고 언제든 박물관을 방문할 때 '방문하여 찾을 곳'이 마련되어 있으므로 가족들은 박물관에 대한 친근감과 편안함을 가질 수 있다.

가족을 위한 공간을 계획함에 있어 공간의 용도를 고려해야 하는데, 우선 이 공간은 부모와 자녀가 함께 작업을 할 수 있는 활발한 실습 공간이 될 수 있다. 취학 전 아동들에게는 예술에 관한 친근감과 경험을 제공하고, 취학 후 아동은 부모가 방과 후 자녀의 작업을 관찰함으로써 자녀의 행동과 사고 및 학습 수준을 이해할 수 있다.

그렇다면 가족은 이 공간을 언제, 어떻게 사용하고, 이 공간 안에서 무엇을 하나? 부모들은 자녀 교육의 연속선상에서 박물관을 찾고 가족프로그램에 참여한다. 가족프로그램은 근본적으로 교육적 측면을 고려하여 참가하게 되며 가족프로그램은 단지 부모와 함께 참여하는 대상을 제한할 뿐이다. 일부 부모들은 프로그램에 참가하기 전에 박물관을 방문하여 자녀와 함께 활동할 장소를 답사하거나 사전 정보 받기를 원한다. 열악한 미술재료와 가변적이고 좁은 공간에 자녀를 보내는 것은 불안하다. 부모입장에서 교육실이 제대로 갖추어진 장소에서 자녀들을 교육받게 하고 싶어 하는 것은 당연하다. 가족프로그램에 있어서 기획자인 우리들이 잊어서는 안 될 사항은, 모든 부모들은 자녀들을 배움(Education)과 즐김(Play 혹은 Activities) 양 측면을 모두 만족시켜줄 수 있는 쾌적하고 안정된 환경의 배움터를 원한다는 것이다. 대부분 이러한 공간은 'Family Room', 'Children's Room', 'Family Place', 'Family Rest Room'이라고 하는데 워크숍 등 가족프로그램이 진행되거나 가족들의 휴식 및 오리엔테이션 공간으로 사용되는 등 원활한 프로그램 진행을 돕는 공간으로 사용된다.

보스톤 박물관에는 'Children's Room'이 있는데 사전예약이 필요 없고 당일 접수하여 입장한다. 6~12세 어린이를 위한 이 방에서는 소장품을 감상하고 다양한 미술 재료를 활용함으로써 미술에 대해 배우고 다양한 미술관 활동과 탐험을 한다. 주제는 한 달에 한 번씩 바뀐다. 이 방에서 어린이들은 슬라이드, 연극, 시와 음악을 통하여 박물관의 소장품에 대한 탐구를 하고 워크숍을 한다. 워크숍은 조각, 선 디자인, 그리기, 꼴라쥬, 이야기하기, 섬유를 소재로 한 체험활동 등 매달 제공된 주제에 따라 활동한다. 보스톤 박물관의 가족을 위한 또 다른 'Family Place'에서는 강사 없이 가족 스스로가 다양한 활동을 할 수 있도록 셀프 가이드가 비치되어 있다. 가족들은 셀프가이드의 안내에 따라 퍼즐 맞추기, 게임, 그림 그리기 등 다양한 활동을 한다. 활동의 주제는 왕과 왕비, 신들과 여신들, 동물들과 풍경 등 다양하다.

게티 미술관의 'Family Rest Room'은 가족들이 부담 없이 휴식할 수 있는 공간이다. 가족이 자율적으로 간단한 활동에 참여할 수 있고 전시 관람에 필요한 자료들을 비치해서 휴식과 활동, 정보를 제공받을 수 있다. 방안에 접이식 테이블 등 어린이 동반 가족의 편의를 위한 여러 가지 물품을 비치해 놓았고 어린이들이 자유롭게 활동할 수 있는 때리는 벽, 발로 구르는 바닥이 있으며, 재료상자에 들어 있는 재료를 자유롭게 활용하여 작품을 만들 수 있다. 이 휴게실에는 가족을 위한 도우미가 있어서 가족들의 활동을 돕는다.

또한 가족들이 매점이나 집에서 가져온 음식으로 식사할 때 미술관 잔디와 카페를 제공하고 있다. 가족이 잔디에서 피크닉 시간을 가질 때 미술관은 야외 간이 테이블을 제공해 준다. 유아와 함께 워크숍에 참여한 가족을 위해 우윳병을 대여해 주는 등 가족을 위한 각종 서비스를 제공함으로써 미술관 활동을 간접적으로 지원한다.

그랜드래피즈 박물관의 'Children's Garden'은 어린이가 자유롭게 전시를 관람하고 대형 모형 작품을 만질 수 있다. 이곳에서 가족들은 휴식과 놀이를 즐긴다.

가족 관람객의 행동과 활동은 다른 집단과는 구분된다. 부모들은 자녀들을 보살피면서 프로그램에 참여해야 하는 어려움이 있다. 박물관에 도착하여 이러한 어려움에 직면한 어린 자녀들을 둔 부모는 전시 관람과 프로그램 참여를 포기한다. 가족 중에는 참여하는 어린이의 영유아 동생이 있을 수 있고 노인이나 장애인을 포함한 가족도 있다. 가족들이 박물관에서 편한 마음으로 활동에 참여할 수 있는 별도의 공간을 제공함으로써 가족프로그램의 참여율을 높일 수 있다. 가족이 전시를 둘러보는 중간에 앉아서 쉴 수 있는 공간을 마련하거나 배고픔을 못 참는 어린이와 유아 등 모든 연령을 챙겨야 하는 부모가 쉴 수 있는 휴식처, 어른보다 집중력이 짧은 어린이를 위한 놀이터, 어른들에 비해 많이 걷지 못하는 유아들을 위해 가족 관람객의 주차장은 전시장 미술관 가까운 곳에 배정하는 등 다양한 방식으로 가족을 위한 장소가 제공된다면 가족들은 박물관 방문을 긍정적으로 받아들일 것이다.

2. 가족프로그램의 시간·대상·인원·재원형성의 형태

가족프로그램 운영의 시간은 크게 기간으로 나누어 학기 중 프로그램과 방학 프로그램, 주말과 주중프로그램으로 구분할 수 있었고 가족프로그램의 경우 그 특성상 주중보다 주말에 많이 편성되어 있다.

이 외에 학기와 방학에 구애받지 않고 임의로 개설되는 프로그램이 있다. 허쉬혼박물관의 Improve Art는 매년 7월부터 12월에 개설되었고, 시카고 미술관의 'Marshall Field's Family Festival'은 한 달에 1회 정도 방학과 학기 중에 개설되었다. 메트로폴리탄 미술관의 전시투어와 가족영화는 방학과 학기를 구분하지 않고 매주 토요일과 일요일에 개설된다.

가족프로그램을 일반인들이 관람하는 오전 10시부터 오후 5시로 한정하는 것은 가족들에게는 부담이다. 보다 가족들에게 친숙한 프로그램을 제공하기 위해서는 실제로 가족들이 방문할 수 있는 입장 시간대의 조정이 필요하다. 일반인들 관람시간대가 가족프로그램 개설 시간과 동일할 경우, 어린이 학교수업과 부모의 직장시간 때문에 장애를 느낀다. 이와 같이 각기 다른 상황과 입장을 가지고 있는 가족들을 위해서 현실적인 시간대의 편성이 가족 참여도를 높일 수 있다.

박물관 가족프로그램에서 대상과 인원을 어떻게 한정하여 운영하고 있는지 살펴보면, 일반적으로 워크숍 프로그램에 있어서 동반 성인의 자격과 어린이의 연령을 나누어 구별한다. 특별히 가족 축제 및 온라인 프로그램, 가족 영화 등은 어린이의 연령에 제한이 없는 프로그램이 다수이다.

사례조사에서 본 바와 같이 해외 박물관 가족프로그램에 있어 특이한 점은 동반 성인의 자격이다. 프로그램 대상을 부모–자녀에 한정하지 않고, '성인 친구들(Adult Friends)'로 명시하여 부모 외에 조부모, 보모, 친척, 이웃, 성인 형제·자매로까지 대상을 확대하였다. 이는 동반 대상의 자격을 폭넓게 제한하여 변화된 현대사회의 가족 구성원의 개념에 부응하고 있음을 알 수 있다. 이혼율의 증가, 노령화 급증, 가족의 해체 등이 가장 눈에 띄는 사회적 변화 요소이므로 가족프로그램의 대상을 부모–자녀로 한정하는 것은 무리가 있다. 가족의 기능이 많은 변화를 겪은 현대사회에서 가족이라고 여기는 사람 중 조부모는 부모 다음의 우선순위이며, 조부모와 별거하여 사는 경우라 할지라도 서로 밀접한 관계를 갖고 영향을 미치며 협력하며 살아간다. 한 조사결과 노인세대는 동거하지 않는 손자와 손녀에 대하여 절반 이상이 가족으로 인식한다고 응답하였다. 따라서 이러한 현대인의 인식을 수용하여 가족프로그램의 대상 범위를 적용하고 제공하는 것이 필요하다.

가족프로그램의 접수방식은 전화 및 인터넷 예약접수와 당일접수로 구분하여 운영되고 있다. 조사 결과 해외의 참여방식은 당일 방문 접수 후 프로그램에 참가하는 비교적 간단한 절차를 채택한다. 일반적으로 해외는 선약 개념이 통용되기에 참가방식 또한 예약제로 운영될 것 같지만, 당일접수방식으로 가족이 참여하는 경우도 많았다. 이는 프로그램과 관객에 대한 충분한 사전계획과 연구가 뒷받침되기 때문으로 본다. 가족 워크숍과 전시뿐만 아니라 가족전시설명 안내도 잦은 간격의 전시설명 프로그램과 충분한 인력 확보가 되어 있다.

뉴욕현대미술관의 워크숍(Family Fun), 전시 안내(Tours for Fours), 허쉬혼박물관의 워크숍(Pop Holidays)과 포틀랜드미술관의 워크숍(Family Art in the Afternoon)은 예약제를 도입했다. 전시와 실기를 병행하는 허쉬혼박물관의 워크숍(Pop Holidays)은 인터넷 예약 접수로 운영되고 있다. 포틀랜드미술관의 워크숍(Family Art in the Afternoon)도 사전 접수를 하지 않으면 참가할 수 없다.

사전예약 프로그램은 참여를 보장받을 수 있고 사전 인원파악이 가능한 반면, 비계획적 방문자들에게는 불편한 경험이 될 수 있다. 당일 접수는 프로그램 개설 이전에 참여인원을 파악하고 가변적 인원을 수용할 수 있는 공간과 강사의 투입 등을 신중하게 고려하도록 한다.

당일 접수는 불편이 적은 장점을 가지고 있지만, 프로그램을 계획할 때 진행상황을 충분히 고려하지 않을 경우, 참가 인원이 예상보다 많거나 부족한 경우가 발생할 수 있다. 이러한 경우, 방문한 가족이 프로그램에 참여할 수 없거나 줄을 서서 기다려야 하는 번거로움이 발생할 수 있다. 사전예약제는 복잡한 접수방식을 최소화하고 간단한 시스템을 구축하여서 프로그램 참여방식을 용이하도록 한다.

제시카 J. 루크의 연구에 의하면 가족들이 여가를 보낼 자료를 수집할 때, 인근 도서관을 이용하는 경우보다 인터넷의 자료를 찾아보는 것을 더 선호하는 것으로 나타났다. 이러한 가족의 특성을 볼 때, 인터넷 접수방식을 채택하는 것은 가족 관객에게 다가가는 좋은 방법이 된다. 따라서 국내 가족프로그램에 인터넷 예약제를 도입하는 것은 관람객 참여율을 높이는 방법 중 하나라고 본다. 예약제와 당일 접수의 장단점을 파악하고 고르게 안배하여 프로그램에 적용·운영할 필요가 있다.

입장료는 가족의 박물관 방문동기에 영향을 미치는 무시할 수 없는 부분이다. 이는 무료 입장제를 도입한 영국국립박물관들이 관람객 유치 측면에서 거둔 성공사례에서 입증된 바 있고 특히 빅토리아 알버트 박물관 방문객 수의 증가는 가장 두드러졌는데, 유료에서 무료로 전환한 이후 무려 111%의 관람객 증가율을 가져왔다. 런던 서부지역인 사우스 켄싱턴의 박물관도 이와 비슷한 증가세를 보여 과학박물관과 자연사박물관이 각각 100%와 83%의 증가율을 보였다.

가족들에게 제공되는 프로그램이 가족들의 만족을 충족시켜 주지 못한다면 저렴한 입장료 자체로도 프로그램의 활성화를 가져올 수 있다고는 보지 않는다. 그러나 저렴한 입장료는 방문객 증가에 상당 부분 기여하기 때문에, 이러한 관점에서 입장료는 고찰하고 연구할 사항이다. 일반인들이 참가하기에 부담스러운 비용은 박물관의 관객 유치에 장애 요인이 될 수 있으므로 관객들에게 친숙한 프로그램 참여 환경을 제공하기 위해서는 최대한 저렴하고 효과적인 입장료 정책을 고려해야 한다. 이러한 의미에서 현재 운영되고 있는 프로그램의 참가비가 실제로 일반인들이 참가할 수 있는 가격대인지 살펴보아야 한다.

조사 대상 박물관의 경우 대부분 입장료는 취학 전후를 기준으로 만 6세 이상과 미만으로 구분하고 박물관 회원과 비회원으로 구분하여 책정하고 있다. 박물관 회원은 대부분의 프로그램이 무료로 제공되고 비회원은 한 가족당 영화 관람료보다 약간 저렴하였고, 6세 이하의 어린이는 대부분의 박물관이 무료다.

해외 미술관 가족프로그램의 재원 가운데 외부의 후원금을 유치하는 경우가 있다. 국내 대부분의 박물관은 예산 부족으로 인해 교육프로그램의 개발이 매우 미흡한 형편이다. 교육프로그램은 운영되는 동안에 끊임없이 재료비와 강사료를 지출해야 하기 때문이다. 적은 예산에서 교육보다는 전시 중심으로 예산이 편중되어 박물관 교육을 위한 예산은 극히 적은 형편이다. 요즘은 국가적 차원 및 지방자치단체에서 박물관 교육 지원비가 제공되고 있으나, 신청에 통과해야 하기 때문에 탈락한 해에는 자체 재원형성이 안 되어 있다면 박물관 자체의 예산으로 박물관 가족교육을 운영에 무리가 따른다.

이론상으로는 현재 시행되고 있는 프로그램을 유지하면서 새로운 프로그램을 개발하기 위해서는 적어도 미술관 전체 예산의 5% 정도를 교육 예산으로 확보하여야 한다. 실제로는 그 이상일 것이다. 구체적으로 교육을 위한 전문인력 양성을 위한 예산 지원, 다양한 프로그램 제작을 위한 예산과 시설 지원, 그리고 교육프로그램을 효율적이고 체계적으로 실행할 수 있는 공간 마련 등을 위한 예산이 절실히 요구되고 있다.

지금까지 박물관의 사회 교육적 역할을 인식하고 가족프로그램과 같은 새로운 프로그램 개발이 시급하다는 것을 인식하면서도 실천하지 못한 주된 이유는 예산의 뒷받침이 부족하기 때문이다. 적은 교육 예산으로 프로그램을 운영할 경우 프로그램의 다양성과 질이 떨어지게 된다. 이러한 문제는 '정부 재정 지원의 확충'과 '기업의 다양한 분야와 방식에서의 지원' 등을 통해 해결될 수 있다.

기업은 현물, 현금, 서비스의 형태로 후원을 하고 박물관은 박물관의 인쇄물에 후원사의 이름을 홍보해주는 형태로 보상하는 것이 일반적인 기업후원방식이다. 현물 후원의 경우 이벤트 개설시 가족들에게 홍보의 형태로 음료수를 회사로부터 제공받거나 프로그램 진행을 위한 장소를 제공 받거나, 교육프로그램 초기 설비품을 기증받아 프로그램의 제목에 회사이름을 넣기도 한다. 큰 레스토랑이나 공연장을 운영하는 회사로부터 제공받고 관람객들의 식사를 저렴하게 책정하여 후원자의 입장에서는 홍보와 함께 약간의 수익이 돌아갈 수 있도록 하고 박물관 입장에서는 현물을 지원받기도 한다. 박물관 인터넷에 후원사를 소개하면서 후원사를 클릭하면 바로 회사의 홈페이지로 들어가는 경우도 있고, 후원사의 상호를 도록이나 가족프로그램 안내서에 인쇄하기도 한다. 이는 오늘날 기업의 예술 후원이 자선적 기부라기보다는 기업의 이익과 직결된 마케팅의 형태로 이루어지기 때문이다. 즉 전략적 기부, 타겟 마케팅, 공공 - 민간 파트너십, 공동상표계약, MOU 협약 등이 그것이며 예술기관들의 기업의 후원을 유치하기 위한 경쟁도 점점 치열해지고 있다. 미국의 박물관들은 대부분 프로그램의 내용과 주제에 적합하고 부합하는 회사와 개인, 부호 가문, 단체로부터 후원을 받아 왔고 아울러 장기적인 정부의 재정 지원 안에서 성장하여 올 수 있었다. 해외의 박물관 후원은 회사가 박물관 전체를 후원하는 경우보다는 박물관의 개별 프로그램에 후원하는 경우가 많고, 후원하는 회사 측에서도 박물관을 후원하고 있음을 적극 홍보하는 경우가 있다.

앞서 언급했듯이 가족 내에서 발생되는 문제를 사회적으로 확대시켜 생각해 볼 때 가족의 복지는 사회의 복지와도 연관된다. 따라서 박물관의 가족 대상 프로그램은 사회를 형성하는 기본 단위인 가족을 위한 프로그램임을 인식하여 사회 여건 개선의 측면에서 바라보아야 한다. 가족프로그램을 통해 사회 관념과 정서적 전환을 도모하고 박물관이 여러 가지 다양한 프로그램을 기획하고 운영하여 가족들의 삶이 질적으로 향상되도록 돕는 사회적 분위기 조성이 무엇보다 필요하다.

3. 통합교육적 접근

해외 가족프로그램의 내용 가운데 두드러진 것은 통합교육이다. 통합교육이란 어느 한 학문으로 편향되지 않고 각 분야의 지식이 조화롭게 발달되도록 교과 영역을 통합하는 것을 말한다. 통합교육의 목적은 전인교육에 있으며 전인교육이란 개인이 가지고 있는 잠재력을 골고루 발전시켜 주는 것을 의미한다. 이는 학습자에게 외부 환경을 조성해 줌으로써 여러 분야에 흥미를 느끼도록 다양한 분야에 노출시켜주는 방식으로 접근한다. 박물관은 한 시대의 사회, 자연, 문화에 영향을 받은 한 개인이 주관적 표현을 가미하여 창조한 작품을 보존하고 전시하는 곳으로, 미술 외 타 분야와의 통합은 실제 작품을 교육의 중심으로 보는 박물관에 있어서 효율적 교육접근방법이 된다.

캐스턴(Caston)이 제시한 박물관 교육의 관점에서 보면, 박물관적 요소를 이루는 세 가지 요소는 '실제 작품의 사용', '박물관의 목적과 기능', '학제간 접근'으로, 통합 교육은 실제 작품을 활용하는 박물관의 특수한 기능과 함께 박물관 교육의 중요한 요소가 된다. 특히 통합적 교육방식은 성장환경과 문화관심영역이 다른 학습자들이 각자의 입장에서 예술을 이해하도록 돕는다. 그리고 학습자의 발달단계에 기초한 교육과정을 구성하고 실제 세계와 개개인의 흥미와 발달 특성을 고려한 지식과 경험을 제공해야 한다. 학문과의 벽을 허물고 지식과 경험을 통합해서 한 학문을 통해 다른 영역의 교육 내용도 균형 있게 학습할 수 있어야 진정한 통합교육이 되며 실생활과 통합된 교육이 된다.

음악, 무용, 의상, 건축 등 예술 장르 간의 통합을 통해 미술과 접목하는 교육방식은 조사한 가족프로그램에서 실제로 찾아볼 수 있었다. 그랜드래피즈박물관의 워크숍 '가족의 날(Family Day)'은 복고풍 의상을 차려입고 박물관을 방문한 가족들이 발레를 관람하고, 무용 의상 역사 전시를 관람한다. 구겐하임의 가족 축제 '가족 음악 페스티벌'은 음악과 전시 감상을 함께 제공한다.

언어, 역사, 지리, 종교, 윤리 등 인문학과 미술을 통합함으로써 예술 교육의 효과를 얻는 학습 방식은 해외 대부분의 박물관에서 운영되고 있고 인성교육에도 주력하는 면을 발견할 수 있다. 주로 스토리 텔링(Story Telling)으로 진행되는데 이야기의 소재는 크리스마스, 어린이, 상상 속의 어린이 친구, 나폴레옹과 같은 영웅, 그리스 로마 신화 등이고 어린이들이 직접 이야기를 창작하도록 유도한 후 외부세계의 타인을 먼저 배려하는 마음을 가르친다. 학제간적 교육 접근을 꾀하는 메트로폴리탄 미술관의 가족프로그램 중, 가족워크숍 '파워 피겨(Power Figure)'는 영웅 창조에서 신화 창조까지 힘의 모습을 작품 안에서 찾아보고 강사의 해설을 듣는 프로그램이다. 이 활동을 통해 역사적 중요한 사실과 문화적 수난의 관계를 학습한다. 워싱턴국립박물관의 가족워크숍 'Story in Art'는 동화와 미술을 접목하였고, 'Adventure in Art'는 전시투어를 통해 미술작품에 등장하는 영웅의 초상화를 소재로 이야기를 해주어 역사학에 접근하고 영웅들의 도덕심을 통해 인성교육을 도모한다. 세계 여러 나라의 작품을 둘러보는 전시를 통해 옛날 지형과 세계 여러 나라의 의상, 날씨, 생활양식, 지리, 고유의 문화 등 지리학과 인문학에 접근하기도 한다. 주제에 따라 성인들이 등장하는 작품을 통해 종교학과 윤리학과의 연계성을 갖는다.

기술, 환경 등 자연과학과 예술학과의 통합교육으로 구겐하임미술관의 현대기술을 응용하여 예술작품을 만드는 'More Than Meet Eyes', 건축탐사를 통해 멀티미디어의 요소를 탐험하는 'Multimedia Workshop'이 있다. 허쉬혼박물관의 워크숍 'Autumn Rhythms'는 작가들이 그들의 작품 안에서 계절을 어떻게 표현했는지 미술 표현법을 배우고 나뭇잎과 같은 계절적 소재로 가면을 만든다. 이 프로그램을 통해 계절의 변화에 대해 생각할 기회를 제공하여 자연에 대한 지식을 습득하게 한다. 메트로폴리탄 미술관의 가족 워크숍 'Animals in Art'는 몇 백 년 동안 예술 안에서 동물들이 묘사되어진 방식을 살펴봄으로써 자연과학 분야를 다룬다. 이 밖에도 풍경화를 통해 다른 지역의 문화에서 느껴지고 보이는 이미지 해설, 다른 문화권의 건축과 환경 예술 탐험을 통해 인문학, 건축학에 접근하는 등 다양하게 미술을 통한 타 학문적 지식 습득이 이루어지고 있다. 특히, 자연과학을 이용한 프로그램은 매우 많이 찾아볼 수 있는데, 대부분 어린이들이 동물을 좋아하는 것에 착안해 동물의 세계와 자연에 관한 회화를 탐색하여, 박물관과 과학 사이의 관련뿐만 아니라 동물과 서식지의 관련성, 동물과 인간 사이의 상호작용에 대한 이해를 증진시킨다.

예술을 가르치기 위한 도구는 미술 외에도 다양하며, 미술을 체험함으로써 습득하는 학문의 분야도 무궁무진하다. 해외 박물관의 사례에서도 볼 수 있듯이 예술 교육에 있어 어문학, 역사학, 정치학, 수학, 건축학, 철학, 연극, 음악 등 다양한 학문과의 통합은 학문적 분절 현상을 줄임으로써 다양한 지식 배경을 가진 관람객의 흥미를 유발하고 박물관의 공교육적 역할에 기여할 것으로 본다.

4. 전시 연계 프로그램

가족프로그램에 전시를 사용하는 것은 전통적으로 박물관이 제공했던 진보적인 방식에서 벗어나 전시의 특성과 체험 프로그램과의 적절한 합의점을 찾아 연결시키는 작업일 것이다. 이는 가족프로그램 기획의 입장에서 다양한 소재를 개발할 수 있는 기회를 부여하게 되며 프로그램과 전시의 연계를 통한 교육방식으로 학습자에게도 가치를 부여한다. 전시를 자주 접할 기회가 많지 않았던 가족들은 짧은 시간에 전시에 대한 성숙한 이해를 하기 힘들다. 그렇지만 전시에 대한 그들의 반응은 보다 다양하고 직접적으로 표출된다. 케이트 스테픈의 관찰 연구에서, 피카소전을 방문한 가족 가운데, 5세 어린이가 가족 그룹에서 탈선하여 부모나 교사의 특별한 지도 없이 테이블에 앉아서 '네모난 얼굴'을 집중하여 그리기 시작하였다. 이러한 관찰연구에서도 알 수 있듯이, 가족프로그램과 관련된 전시는 전시를 통해 개인이 받은 감동과 박물관의 환경을 통해 스스로 표현하고자 하는 반응으로 이어진다. 전시는 프로그램에 대한 이해의 깊이를 돕고 이를 통해 사전 학습의 기회를 줄 수 있다는 관점에서도 전시 연계 프로그램은 중요하다.

하이 미술관은 현재의 전시에 기초하여 새로운 연구와 교육을 제시하는데, 건축에 관련된 전시를 관람한 후 포토샵 기술을 배우는 가족프로그램을 운영하였다. 메트로폴리탄 미술관의 '가족을 위한 밤'은 소장품을 감상하고 전시해설을 들은 후 워크숍을 진행한다. 워크숍 프로그램은 작품에 사용된 선, 색, 모양의 표현기법을 배우고 활용해 보도록 한다. 그랜드래피즈 박물관은 비평가 클리먼트 그린버그(Clement Greenberg)의 이름을 프로그램의 제목으로 설정하여 진행하는데, 유명한 비평가들의 소장품을 전시하고 이 사람들이 모은 유명한 작가들의 작품을 감상하고 직접 만져보고 미술사에 대해 배운다. 전시 외에도 퍼포먼스를 감상하는 프로그램으로, '가장 소중한 것' 공연을 감상 하고 가족들은 전시실에서 발견한 것 중 자신이 가장 소중하다고 생각하는 물건을 스튜디오로 가져와서 이야기하고 만들어 보거나, 박물관의 초상화를 감상하고 찰흙으로 얼굴을 제작하는 찰흙교실이 있다. 5세 어린이와 그 가족이 참가하는 'Sunday Program'은 전시 관람 후 작품에서 표현된 색에 대해 함께 토론하고 학습한다.

일반적으로 가족프로그램에서의 박물관 순회도 전시를 활용하여 재미있게 진행한다. 전시 관람 후 토론과 워크숍을 진행한다. 뉴욕현대미술관은 순회 자체에 재미를 더하는 프로그램을 운영한다. 전시 관람 중 음악을 감상하고 놀이를 한다. 'Tours for Fours'는 전시 관람하면서 대화를 유도하는데 이 대화에서 소재를 찾아 워크숍을 진행한다.

해외 박물관의 가족프로그램은 관람보다 실기와 여가활동의 개념을 중요시하는 프로그램이더라도 전시를 적극적으로 활용하고 있다.

5. 놀이 및 오감을 활용한 체험 중심 학습

체험을 통한 학습은 오감을 사용하기 때문에 체험 과정에서 신체의 모든 감각을 익힐 수 있고 놀이를 통한 자연스러운 교육 실현이 가능하다. 미술교육을 실현하기 위해 활용할 수 있는 도구가 다양하듯이 인간의 감각도 다양하다. 그러나 우리나라 대부분 미술 공교육은 그리기에만 의존하여온 것이 사실이다. 단지 몇 가지 감각에 의한 미술교육방식은 제한적인 교육방식으로 체험효과가 미미하다는 것이 증명되었고 학교교육에서 접할 수 있는 평이한 방식이다. 실제로 휘젓거리는 행동이나 만드는 조각 행위는 지능영역을 발달시키기에 부족하기 때문에 인간이 가지고 있는 오감을 이용한 국내 프로그램의 개발이 시급하다. 오감체험을 배제하고 그리기만을 실천하는 미술교육은 프로그램의 질을 떨어뜨릴 수 있고, 소재와 주제의 빈곤함, 프로그램 내용의 획일화를 초래하여 배우는 즐거움을 감소시킨다.

체험을 활용한 프로그램이 중요한 이유는 교육적 효과뿐 아니라 가족프로그램의 특성 때문이기도 하다. 린 디어킹(Lynn Dierking)의 연구에서 가족관객들은 미술의 역사나 박물관 연사를 주제로 선정한 프로그램보다 가족 구성원과 함께 체험할 수 있는 프로그램을 선호한 것으로 나타났다. 일례로, 같은 프로그램에 '가족 과학의 밤'과 '가족 활동의 밤'이라는 두 개의 제목을 따로 붙인 결과, 가족은 '가족 활동의 밤'에 더 많이 참여하였다. 그러나 아직 국내의 실정은, 한 연구 결과에도 나왔듯이 서울·경기 아동들이 집 또는 미술 학원과 학교에서 그림을 그리는 횟수는 매일 그리기 29%, 주 3~4회 그리기 66%, 주 1~2회 그리기는 10% 정도로 설문조사결과가 나타났다. 그러나 표현 흥미도 조사의 결과에서 어린이가 실제로 흥미를 느끼는 분야는 꾸미기 47%, 만들기 37%, 그리기 6%, 찢기 등 기타 10%로 조사되었다. 어린이들은 그리는 행동보다 만들거나 꾸미는 데 더 많은 흥미를 갖고 있다. 정적인 자세에서 이론을 듣고 이해하거나 단순히 그리는 체험 프로그램은 지양해야 한다. 가족프로그램 안에서 다양한 손과 신체의 움직임, 가족들이 자율적으로 움직일 수 있는 활동이 보강되면 가족프로그램이 효과적으로 개선될 것이다.

뉴욕현대미술관과 워싱턴국립박물관의 교육팀은 감상능력을 배양하기 위해 전시 관람 중간에 대화하기, 음악듣기 학습을 첨가한다. 가족 워크숍 시간에 슬라이드를 활용하여 소장품을 시청한 후, 작품에 사용된 물감의 종류와 화가가 사용한 방법을 시도하도록 한다. 워싱턴국립박물관 가족 갤러리 투어는 수동적으로 따라다니며 듣기 방식에서 벗어나서 함께 놀이를 하면서 이동한다. 어린이들은 작품을 감상하고 엽서의 설명을 일고 안내자가 제안한 걷기, 꽥꽥거리며 오리 흉내 내기, 말하기, 음악 듣기, 촉각을 이용한 게임 등을 통해 작품 이해에 접근한다. 이 박물관의 금요일 워크숍 '다섯 가지 감각들(Five Senses)'은 다섯 가지 감각에 대해 서로 대화하고 미술가들이 그것을 어떻게 작품에 표현하고 있는지 발견한다. 가족들은 전시 해설과 함께 놀이를 경험하면서 전시와 작품을 관람하는 데 걸리는 긴 시간의 지루함을 잊게 된다.

시애틀미술관은 보물찾기를 통해서 모든 종류의 헝겊을 만질 수 있게 하고 가족영화관람 중간에 특정한 음료수를 제공하여 영화의 배경이 되는 나라의 음식을 접해보도록 한다. 또 예술가들이 사용한 소재를 직접 만지고 응용해서 만들기를 시도한다. 이렇게 만지면서 감상할 수 있는 'Kundsen Please Touch Room'은 미술관 3층에 항상 개설된다. 가족을 위한 이 전시실은 가족들이 방문하여 이곳에서 만지면서 전시 관람을 할 뿐만 아니라 천을 짜고, 거인 마루퍼즐을 맞추고, 기억의 게임과 새로운 작은 인형을 가지고 놀 수 있다. 이 방에서는 천에 관련된 작품들을 보고 만지고 몸을 움직여 활동함으로써 어린이들은 천에 관한 감각을 학습한다.

윌리엄박물관의 워크숍 프로그램 중 하나는 청각과 연관시켜서, 들려주는 소리와 연관되거나 상상되는 것을 만든다.

일상에서 먹는 음식, 단어, 문화에 대한 호기심을 발견하는 프로그램을 운영 중인 그랜드래피즈박물관의 워크숍 'Pumpkins and Nuts'는 일상생활에서 사용되는 단어와 일상적으로 접해 본 땅콩, 후추, 콩을 이용하여 공작을 하고 뮤지션을 게스트로 초청하여 기타 음악 감상과 반주에 맞춰 음악 시간을 갖는다. 미각을 통해 익히 알고 있던 소재를 통해 시각과 촉각, 청각을 워크숍 프로그램에 도입하였다.

시카고미술관의 '터치 갤러리(Touch Gallery)'는 전시된 조각품들을 만지고, 올라 타고, 끌 수 있는 가족공간이다. 놀이를 통해 작품과 신체를 접촉함으로써 어린이들은 예술 작품 재료의 질감이나 성질을 학습한다. 가족 축제 'Marshall Field's Festival'에서는 동양 보석 찾기 게임을 한다. 놀이를 활용한 프로그램은 작품의 가작을 사용하고, 어린이들이 다치지 않는 재질로 구성한다. 어린이들의 사고를 예방하고 산만한 분위기에서 프로그램을 이끌어야 하기 때문에 많은 수의 자원봉사자를 배치한다.

구겐하임미술관의 LTA는 어린이들이 스스로 만든 작품을 가지고 놀 수 있는 시간을 제공한다. 자신이 가지고 놀고 싶은 장난감을 제작한다는 개념으로 워크숍을 하기 때문에 어린이들은 진지하고 집중하여 프로그램에 참여한다.

볼티모어미술관의 워크숍 '가족 갤러리 게임과 손들(Family Gallery Game and Hands)'은 미술관 소장 작품에 등장하는 동물 찾기 게임을 하고 만들기를 한다. 동물을 찾은 어린이들에게 선물로 창작할 동물을 건네준다.

해외 가족프로그램은 워크숍뿐 아니라, 전시, 전시 설명, 축제 등을 통해 다양한 체험 프로그램을 제공하고 있다는 것을 알 수 있다. 반면, 국내의 전시는 '눈으로만 보세요', '조용히 하세요.' 혹은 가족을 위한 공간이 마련되어 있지 않은 채 입구에 '유모차와 음식물 반입 금지'라는 문구를 공지한다. 반드시 가족전시라고 명시하지 않더라도 가족이 함께 즐길 수 있는 주제이고 관객 대상에 가족이 포함된다면 가족 관람객을 고려하여 프로그램을 제공하도록 한다. 해외의 경우, 장애인을 위한 전시뿐만 아니라 가족을 위한 전시에 '만져보세요'라는 문구를 자주 발견하게 된다. 관람객에 대한 배려일 것이다. 가족을 위한 프로그램이라는 특성을 고려해 볼 때, 가족프로그램은 가족의 대화와 소통의 장스가 되어야 하고, 가족프로그램의 참여 주체자인 부모의 참가 동기가 자녀들에게 교육적 체험을 제공하기 위함을 주지한다면 체험을 통해 접근할 수 있는 활동의 필요성을 인식하는 사고의 전환이 요구된다.

본 내용에 덧붙여 한 가지 더 당부하자면, 박물관 교육 담당자뿐 아니라 박물관 인력 모두가 가족 단위 관람객에 대한 이해와 애정을 가져주기 바란다는 것이다. 가족프로그램을 기획하고 운영하기 위해서는 가족에 관한 기본 지식이 필요하고 가족 단위 관객의 특성을 이해하여야 한다. 박물관은 그들이 요구하는 프로그램을 개발하고 제공해야 한다. 특히 각자 다른 또래문화와 연령별 흥미도가 다른 가족을 대상으로 운영되는 프로그램인 만큼 고정적인 예술 교육의 틀에서 탈피하여 독창적이고 차별화된 체험학습 제공을 위해 함께 노력해야 한다.

참고문헌

- 한남재, 『현대 가족과 사회』,「가족학연구총서 Ⅰ」, 교육과학사, 1993.

- 박현경, 전효관, 정승모, 『가정 문화 활동 활성화 방안』, 한국문화관광정책연구원, 2002.

- 이진숙, 『한국 가족정책의 현실과 전만』, 대구대학교 사회복지연구소 제22집, 2002.

- 여성한국사회연구회, 『한국가족문화의 오늘과 내일』, 사회문화연구소, 1995.

- 양지연, 『미술관 마케팅을 위한 관람객 연구 : 덕수궁 미술관 관람객 설문조사를 중심으로』, 한국예술경영연구, 2001.

- 박숙자, 『현대 가족과 사회 : 직업과 가족』, 교육과학사, 1994.

- Hein, George E. 「Learning in the Museum」, Altamira Press, 1984.

- Taylor, Samuel, 「Understanding processes of informal education : A naturalistic study of visitors to a public aquarium」, Unpublished doctoral dissertation, University of California, 1986.

- Borun, M, 「Measuring the immeasurable」, Altamira Press, 1977.

- Venugopol, B, 「Families visiting the National MUSEUM OF natural History」, Journal of Indian Museum, 1986.

충북 박물관 가족 프로그램

김의진

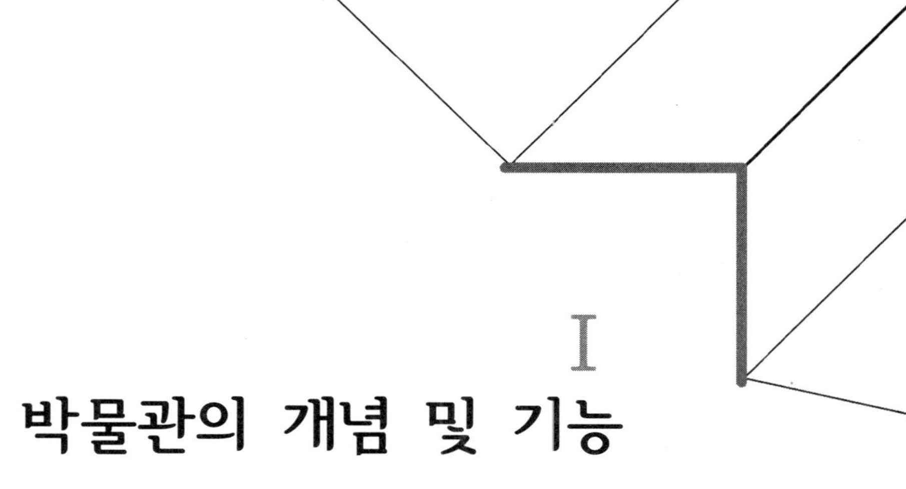

I
박물관의 개념 및 기능

1. 박물관의 개념

오늘날에는 박물관이 친숙한 대상으로 인식되어 누구나 쉽게 방문하는 장소가 되었다. 다양한 동기를 가지고 박물관을 찾아가고 그곳에서 다양한 체험을 통해 지식과 정보는 물론 삶의 활력까지 얻고 있다.

박물관이란 인간이 사회의 필요에 의해 역사, 예술, 민속, 산업, 자연과학 등에 관한 자료를 수집, 보존, 연구, 전시하여 인류 문화 발전에 공헌하고 인간의 삶을 윤택하게 하기 위해서 사회 내에 만든 항구적이고도 비영리적인 시설물을 말한다.[1]

국제박물관협의회[2]는 2002년 '윤리강령(Code of Professional Ethics)'에서 "박물관은 공중에게 개방되고 사회의 발전에 이바지하는 비영리의 항구적인 기관으로서, 학습과 교육, 위락을 위해서 인간과 인간의 환경에 대한 물질적인 증거를 수집, 보존, 연구, 교류, 전시한다."고[3] 박물관의 기능을 정의하고 있다. 그리고 우리나라 박물관에 대해 규정하고 있는 '박물관 및 미술관진흥법(전부개정 2007.4.11 법률 제8347호)'에서는 박물관과 미술관을 다음과 같이 정의하고 있다.

---

1) 최경희, 「박물관교육의 역사적 고찰을 통한 한국 박물관 교육 현황에 관한 연구」, 상명대학교 대학원, 2000, P.4
2) 국제박물관협의회(ICOM : International Council Of Museum)는 박물관과 박물관 전문직의 발전, 문화유산의 보존을 위해 1946년에 설립된 국제비정부기구이다. 국제연합교육과학문화기구(UNESCO)의 협력기관으로 박물관의 국제협력을 촉진하며, 2002년 1월 현재 회원국은 140개국이며 한국은 1976년에 가입하였다.
3) 백령, 『멀티미디어 시대의 박물관 교육』, 예경, 2005, p.18

제2조 (정의) 이 법에서 사용하는 용어의 뜻은 다음과 같다.

1. "박물관"이란 문화·예술·학문의 발전과 일반 공중의 문화향유 증진에 이바지하기 위하여 역사·고고(考古)·인류·민속·예술·동물·식물·광물·과학·기술·산업 등에 관한 자료를 수집·관리·보존·조사·연구·전시하는 시설을 말한다.

2. "미술관"이란 문화·예술의 발전과 일반 공중의 문화향유 증진에 이바지하기 위하여 박물관 중에서 특히 서화·조각·공예·건축·사진 등 미술에 관한 자료를 수집·관리·보존·조사·연구·전시하는 시설을 말한다.[4]

위의 박물관에 대한 정의를 통해서 박물관이란 문화·예술·학문의 발전과 일반 공중의 문화향유 증진 그리고 사회 발전에 이바지하는 비영리적이고 항구적인 기관이며, 인간과 인간을 둘러싼 환경의 유형적 자료를 수집·관리·보존·조사·연구·교류·전시·교육하는 시설이라 할 수 있다.

2. 박물관 기능의 변천

박물관은 역사 유적지 혹은 그곳에서 출토된 유물들을 진열하는 고고 박물관과 역사박물관, 표본과 박제를 전시하는 자연사 박물관, 민속 박물관 등으로 한정하는 좁은 의미의 박물관이 아닌, 21세기의 박물관은 인류의 다양한 문화 활동의 보고로서 보존, 연구, 전시라는 박물관의 고전적이고 기본적인 기능을 넘어서 교육과 문화를 포함한 다양한 역할을 하고 있다.[5]

박물관 기능의 변천은 박물관 역사를 통해서 살펴볼 수가 있다.

박물관의 역사는 기원전으로 거슬러 올라간다. 현재 우리가 사용하는 '박물관(Museum)'이란 용어는 고대 그리스의 뮤제이옹(Museion)이라는 단어에서 유래된 것으로 '뮤제의 집 혹은 뮤즈에게 헌납된 사원(the House of Muse)'을 의미한다.[6]

세계 최초의 박물관이라 할 수 있는 것은 기원전 6세기 바빌로니아 나바리두스 왕이 선대 왕(先代王)들의 고분 유물을 발굴·수집·전시하였던 곳이다. 또 고대(古代) 그리스 도시 국가들에서도 각종 보물이나 전리품을 보관하던 곳이 박물관의 시작인데, 그것은 예술품

---

4) 법제처(www.moleg.go.kr)
5) 백령, 『멀티미디어 시대의 박물관 교육』, 예경, 2005, p.19
6) Burcaw, G. E.(1997). Introduction to museum work. London : Altamira press, p.25, 이보아, 『박물관학 개론』, 김영사, 2006, p.41, 재인용

의 수집·보관의 기능에 그것을 열람하도록 전시하는 기능이 부가되면서 박물관이 시작되었다고 할 수 있다. 고대(古代) 이집트가 Athens시(市)의 도서관 모양에 따라 건축한 알렉산드리아의 Museion은 본격적인 박물관이라 할 수 있다. 도서관이면서 여러 가지 예술품과 진귀한 동식물, 철학자의 조상 등을 함께 전시한 문화중심지로서 학자들이 모여 연구하는 종합학술문화 센터(Center)였다. 예술품 감상과 학술자료, 연구자가 함께 묶인 문화공간이라는 점에서 박물관의 기능은 일층 확대되었다고 볼 수 있으며 이와 같은 박물관이 우리가 추구하는 미래 박물관의 유형이기도 하다.[7]

그 후 로마와 중세시대를 거치면서 박물관의 기능은 위축되게 되었으며, 일부 왕족과 귀족의 전리품 보관에 치우치게 되었다. 로마시대에는 정복한 각 지역에서 수집된 전리품들이 가정에 진열되게 되었고, 일부 사람들에게만 전시되는 가정용 소박물관 형태로 나타나게 되었다.

중세 유럽에서는 학문과 문화의 중심지가 사원이었다. 그래서 사원이 각종 문화재와 예술품의 보관 장소로 이용되었다.

16세기 이후에는 식민지 개척과 다른 문명과의 교류를 통해서 예술품에 대한 수집 열기가 확대되어, 왕족과 귀족을 중심으로 많은 문화재와 예술품이 수집되었다. 이러한 개인 소장품은 특정계층에게만 공개되었다. 이 시기의 박물관은 단순히 예술품을 수집하고 일부에게만 공개하는 단순한 기능이었다. 이후 17세기 후반이 되면서 왕실이나 귀족의 소장품이 일반에게 공개되었고 소장자료가 교육자료로 활용되었다.

박물관이 일반에게 자료를 공개한 것은 영국인 Ashmole 경이 자신의 수장품을 Oxford대학에 기증하면서 생겨난 Ashmolean 박물관이라 할 수 있다. '자료를 교육에 활용하고 일반에게도 공개하라'는 Ashmole 경의 유언에 따라 일반시민에게도 박물관 자료가 공개되었고, 박물관의 교육적 기능에 대한 개념이 생겨나게 되었다. 이를 시작으로 18~19세기에는 새롭게 일반교육을 목적으로 한 박물관의 개념이 정립되어 왕실과 귀족의 개인 수집품이 일반시민에게도 공개되기 시작하면서 공공박물관의 설립이 증가하기 시작하였다.[8]

19세기에 들어 박물관의 가장 큰 변화 중의 하나는 전문화된 박물관의 출현이다. 이전까지 박물관은 잡다한 수많은 자료를 수집하여 수장하고 있었다. 그러나 과학의 진보에 따라 전문 분야에 대한 자료를 수집하여 보존하는 전문박물관이 등장하게 되었다.

또 하나의 변화는 1845년에 영국 의회에서 '박물관령(Museum Acts of 1845)'이 제정·공포

---

7) 나선화, 「박물관과 교육 – 박물관 교육의 특성과 역할」, 교육철학회 엮음, 2005, p.201
8) 위의 책, pp.202~203

되었다는 것이다. 박물관이 법적으로 하나의 공공기관이며 시민교육기관으로 자리잡게 된 계기가 되었다. 19세기 전문박물관의 출현과 영국에서 박물관령의 제정·공포는 박물관이 일반대중의 교육기관으로 인식되도록 만들었다.

현대에 들어오면서 박물관은 대중교육을 담당하는 사회 교육의 장으로 인식되었고, 일반 시민의 문화 욕구를 충족시켜주는 문화기반시설로서 역할을 수행하고 있다. 오늘날 박물 관은 자료를 수집, 보존, 연구, 전시하는 기본적 역할에 머물지 않고 각종 교육프로그램을 개발·운영하여 적극적으로 일반시민들을 박물관으로 유도하고, 체험과 흥미 중심의 교육 을 통하여 교육기능을 수행하고 있다. 또한, 다양한 문화행사를 주최하고 지원하고 있으 며, 여러 기관과의 연계를 통해 지역 자원을 적극 활용하여 부가가치를 창출하고 있다.

우리나라에서 근대적인 박물관 설립은 1908년에 이루어졌는데, 그것은 조선왕실의 보관품 을 수장관리하기 위한 이왕가(李王家)박물관이다. 1910년 일제의 통치가 시작되면서 1915 년에는 조선총독부 산하에 국립박물관이 설치되었는데, 이는 전국에 있는 우리 미술품의 수집관리, 매장문화재 관리, 유적관리, 문화재 조사 등을 관장하기 위한 통치권 확립의 수 단이었다. 이들 총독부박물관과 이왕가(李王家)미술관 수장품을 기반으로 해방 후 국립박 물관이 출현하게 되었다. 이처럼 국립박물관의 시작은 당초 우리 국민의 공익이나 교육을 목적으로 한 것이 아니었다.[9]

이후 일제 강점기에 교육을 목적으로 하는 대학박물관이 고려대학교와 이화여자대학교에 설립되었고, 대학박물관은 대학설치 기준령에 의해 박물관 설치를 의무화하여 1970년대에 급격히 증가하였다.

1970년대 이후 지방에 국립박물관이 정부의 1개도에 국립박물관 1개관이라는 목표에 따라 증가하기 시작하였으며, 사립 박물관들도 간송미술관 설립이 계기가 되어 많이 설립되었 다. 최근에 설립된 이러한 박물관들은 단순히 자료의 수집, 보존, 전시기능을 넘어 적극적 으로 사회교육에 기여하고 있다.

우리나라 박물관의 역사는 약 1세기 정도이다. 짧은 역사 속에서 양적, 질적으로 많은 변화 가 있었고, 특히, 기능에 있어서도 많은 변화가 있었다. 과거 서양의 박물관은 일부 계층을 위한 자료의 수집과 보존이 주된 기능이었으나, 현재에는 일반대중을 위한 사회교육기관 으로 인식되어 교육기능을 적극적으로 수행하고 있다. 또한, 문화시설로서 일반시민이 쉽 게 접근하여 문화적 욕구를 해소하고 쉴 수 있는 공간으로 자리잡고 있다. 우리나라도 박 물관의 기능이 많이 바뀌어 사회교육기관으로서의 역할이 강조되고 있다. 실제로 박물관

---

9) 위의 책, p.204

은 각종 교육프로그램을 개발하고 운영하여 사회교육기관으로서의 역할을 수행하고 있으며, 박물관 자체를 하나의 교육의 장으로 설계하고 활용하고 있다. 그리고 전에는 예상할 수 없었던 각종 음악회, 연극 등 문화행사를 개최하여 활발한 문화 활동을 수행하고 있다.

3. 박물관의 기능

박물관의 기능과 역할은 시대에 따라 변해왔으며, 오늘날처럼 박물관이 다양한 기능을 수행하는 경우에는 특정한 기능으로 규정하는 것도 어렵다.

종전의 박물관 기능은 조사연구, 자료수집, 보존, 전시 등이 주를 이루었지만 최근에 와서는 보다 직접적인 교육기능에 관심이 모아지고 있다. 즉, 박물관의 목적은 일반대중의 흥미나 관심을 불러일으키고 그들의 능력을 개발하여 궁극적으로 교육적 효과를 거두는 데 있다.[10]

박물관이 앞으로 일반시민의 평생사회교육기관으로서의 기능은 점점 더 강조될 것이고, 국가 및 지역의 문화시설로서 다양한 형태의 문화 활동에 중심이 되리라는 것은 분명하다고 할 수 있다.

(1) 수집 기능

박물관의 가장 중요한 존재 이유는 '인간과 인류 환경의 물리적인 증거물' 혹은 '자료'를 수집 관리하는 것이다. 바꾸어 설명하자면, 박물관의 소장품은 외견상 박물관이 어떠한 활동을 수행하는지를 대중에게 제시해 주는 수단이다.[11] 박물관의 자료 수집 기능은 가장 기본적이면서 중요한 기능이라 할 수 있다. 자료의 수집으로부터 이를 기초로 박물관의 다른 기능이 이루어진다.

수집 자료의 범주는 시대와 환경적 변화에 따라 다양하게 이루어져왔다. 고대에는 진귀한 재화를 중심으로 수집이 이루어졌으나, 오늘날에는 다양한 문화유산과 자연유산이 수집의 대상이 되고 있다.

박물관은 이러한 수집된 자료를 통해 시간을 넘어 미래에 인간과 인간 환경에 대한

---

10) 최경희,「박물관교육의 역사적 고찰을 통한 한국 박물관교육 현황에 관한 연구」, 상명대학교 대학원, 2000, p.15
11) 이보아, 『박물관학 개론』, 김영사, 2006, p.149

증거물을 전달하는 역할을 수행하게 된다.

(2) 보존 기능

오늘날 박물관 자료는 대중에게 적극적으로 개방되어 이에 대한 보존 방안이 더욱 절실해지고 있다.

유네스코 산하 국제박물관협의회ICOM(International Council of Museum)나 국제 역사 및 미술품 보존기구IIC(International Institute for Conser-vation of History and artistic Works) 등은 약간의 표현 차이는 있어도 한결같이 '문화재 보존은 문화재의 수명을 최대한 늘리기 위해 대상물에 직접적이고 적절한 조치를 취하거나 적합한 환경을 마련해주는 일'이라고 정의하고 있다.[12]

박물관 자료의 보존은 직접적으로 수명을 연장하는 것이라 말할 수 있다. 오늘날에는 적절한 환경조건의 제공, 취급관리상의 주의 등을 통해 자료를 원형대로 보존하기 위한 예방보존이 중요시되고 있다.

박물관은 수집한 자료를 적절하게 보호하고 보존할 수 있는 공간이어야 하며, 이를 수행하기 위한 인력과 시설을 구비하여야 한다.

박물관 자료는 수집 대상의 차원을 넘어 공공자원이란 인식을 가지고 적극적으로 보존하기 위한 노력이 필요하며, 이를 통해 소중한 유산을 후대에 전할 수 있어야 한다.

(3) 연구 기능

박물관의 연구기능은 소장 자료에 대한 해석과정이다. 박물관이 많은 자료를 수집하여 보존하고 있다 하여도 이를 체계적으로 연구하여 해석하지 않으면 주관적인 소장품에 지나지 않을 것이다. 박물관이 수집하여 관리하고 있는 자료는 연구 활동을 통해 여러 학문의 발전에 공헌하고 인간과 사회의 발전에 기여할 수 있도록 활용되어야 한다.

박물관에서의 연구 활동은 전시를 위한다는 목적이 분명한 특수한 경우에 놓여 있으므로 대학에서의 연구 활동과는 차이가 있다고 하겠다. 우선 박물관에서의 연구는 자료를 중심으로 한 것이며, 창조적인 새 이론의 전개보다는 자료 중심의 연구 결과가

---

12) 김주삼, 『문화재의 보존과 복원』, 책세상, 2006, p.19

되어야 하고, 비약적인 논리보다는 자료에 의하여 증명되어야 하며 그러한 결과들은 박물관의 사업(전시나 다른 교육적 활동)에 반영되어야 한다는 것이다.[13]

박물관의 연구 기능은 결국 그 성과가 전시와 교육기능에 연계되어 박물관이 복합적인 기능을 수행하는 공간이 되도록 하여 박물관의 기능을 확대하고 활성화시키는 요인으로 작용하게 된다.

(4) 전시 기능

박물관은 전시라는 특정한 매체를 통해 특정한 시간과 장소에서 일반 대중을 대상으로 작품을 보여 주며, 관람객이 작품과 정신적으로 '상호교류작용이 발생할 수 있는 공간'을 제공한다. 박물관은 관람객과 전시물 사이의 직접적인 관계를 형성하여, 관람객에게 미적 체험은 물론 과거와 현재에 대한 설명을 통하여 교육적이며 감동적인 즐거움을 제공한다.[14]

전시는 단순히 자료를 관람객에게 보여주는 기능이 아니라, 박물관 연구기능을 통해 그 결과를 이해할 수 있도록 다양한 방법으로 전달하는 작용이다. 그리고 오늘날의 전시는 관람객이 수동적인 대상이 아니라 참여자의 입장에서 기획되고 있으며, 전시 기획단계에서 관람객에 대한 분석이 중요시되고 있다.

(5) 현대적 기능

박물관은 과거와 현재를 통해 그 기능에 변화가 있었는데, 특히, 현대 박물관에서는 자료의 수집, 보존, 연구, 전시 등 박물관의 기본적 기능을 넘어서 다양한 기능을 요구받고 있다. 박물관의 기본적 기능을 바탕으로 하여, 현대 박물관에서 요구되는 기능을 알아보는 것은 박물관의 정체성을 이해하고 앞으로의 진행 방향을 알아보는 데 도움이 될 것이다. 이에 박물관의 기본적 기능에 대한 이해를 바탕으로 현대 박물관에서 특별히 요구되는 기능을 살펴보고자 한다.

---

13) 이난영, 『박물관학 입문』, 삼화출판서, 2001, p.31
14) 이보아, 『박물관학 개론』, 김영사, 2006, p.188

(6) 사회교육적 기능

박물관이 무엇 때문에 수집·보존하며, 또 조사·연구해야 하는가를 묻는다면 이러한 박물관의 활동을 통하여 넓은 의미의 인간교육이 이루어지는 것이며 또 그래야 한다고 말할 수 있다.[15]

일반적으로 박물관은 자료를 수집하고 보존하며 학문적인 조사 및 연구를 수행하고 체계적인 전시를 통해 교육적 효과를 거두려는 사회교육기관이라 말할 수 있다. 오늘날 박물관은 대중에게 개방되어 평생교육을 담당하는 사회교육기관으로서, 삶의 질을 높이는 중요한 역할을 담당하고 있다. 또한 박물관은 전통적 유산과 문화에 대한 욕구를 충족시켜줌과 동시에 문화촉매활동을 제공하기 위하여, 일반대중을 대상으로 하는 다양한 교육프로그램을 개발하여 운영하고 있으며, 이를 통하여 사회교육적 기능을 강화시키고 있다.

박물관의 사회교육은 사회와 유대관계를 형성하고 있는 박물관이 사회와 시민의 발전에 기여하는 작용이며, 현대 박물관에서 일반적으로 받아들여지는 가치로 볼 수 있다.

(7) 휴식과 문화공간으로서의 기능

오늘날 박물관은 누구에게나 개방되어 있으며, 쉽게 접근할 수 있는 문화공간으로 인식될 수 있도록 다양한 활동을 통해서 일반대중과 지역주민들에게 다가가고 있다. 각종 사회교육프로그램을 운영하여 박물관에 대한 관심과 참여를 유도하고, 전에는 생각하지 못했던 영화상영, 음악회 심지어 패션쇼에 이르기까지 다양한 문화행사를 개최·지원하고 있다.

문화행사에는 전통문화와 관련하여 프로그램이 운영되고 있는데, 설·단오·추석 등 명절을 전후하여 정월 대보름 윷놀이와 제기차기, 연 만들어 날리기 등 민속놀이가 개최되고 있다.

또한 어린이 미술대회와 음악회, 판소리 공연, 사물놀이 공연, 인형극 공연 등 다양한 프로그램의 문화행사를 적극적으로 개최하여 일반시민의 문화적 욕구를 충족시켜 주고 편안한 휴식과 감상의 기회를 제공하고 있다.

박물관은 일반시민들이 자유롭게 방문하여 관람하고 시설을 이용할 수 편안한 공간이며, 건전하게 여가를 보내고 휴식을 취할 수 있는 기회를 제공한다.

---

15) 이난영, 『박물관학 입문』, 삼화출판사, 2001, p.21

그리고 박물관은 지역 문화공간으로서 전시실의 대관을 통하여 지역 예술인에게 전시장소를 제공하는 등 지역문화 활성화에도 기여하고 있다. 그리고 전통문화에 대한 체험을 가능하도록 체험학습실과 야외학습장을 활용하여 일반시민이 직접 참여할 수 있는 기회를 제공하고 있다.

박물관은 과거와 현재 그리고 미래를 연결해 주는 매개체이며, 다양한 문화행사를 통하여 문화적 체험과 정신적인 휴식을 제공하는 공간으로 활용되고 있다.

(8) 정보기관 및 관광자원으로서의 기능

박물관은 소장하고 있는 자료에 대한 각종 정보를 다양한 방법으로 제공하고 있다. 전시와 각종 교육프로그램을 통하여 지식과 정보를 전달하고 있으며, 최근에는 사이버 박물관을 운영하여 시간과 거리의 제약을 극복하고 각종 정보를 전달하고 있다. 그리고 박물관 내의 시설을 일반시민에게 개방하여 문화와 역사에 대한 학습 공간으로 활용하고 있다.

문화관광자원에 대한 정의는 전통문화자원 또는 문화재로만 구성된 것이 아니라 사회 문화적 요인으로서의 세시풍속, 민속, 음악, 무용, 종교, 언어, 생활양식과 유형적 제반 현상인 각종 건축물, 유적, 사적 및 사적지, 각종 지정관광지, 유원지, 공원, 박물관, 영화관, 미술관 등의 문화적 시설물에서부터 음식물, 의상 등에 이르기까지 매우 다양하게 구성되어 있는 것이라 말할 수 있다.[16]

지방자치시대가 시작된 이래로 지역경제 활성화는 각 자치단체가 추진하는 역점과제가 되었으며, 이와 관련하여 지역이 보유한 관광자원을 최대한 확보하고 활용하기 위한 노력이 진행되어왔다.

지역에 설립된 박물관은 그 지역의 문화적 자긍심을 높여줄 뿐만 아니라 문화시설과 관광자원으로 인식되어, 지역을 홍보하고 관광객을 유치하는 데 기여를 하고 있다.

최근에는 박물관이 소장하고 있는 문화재와 문화유산을 적극 활용하여, 지역주민과 관람객에게 문화와 역사에 대한 정보를 제공하고 있으며, 박물관이 지역의 대표적인 문화유산과 관광자원에 대한 정보를 제공하여 지역을 알리고 관광객을 유치하는 지역 정보기관으로 활용되고 있다.

---

16) 배진희, 「문화관광자원의 결합을 통한 지역박물관 활성화 방안」, 경희대학교 경영대학원, 2004, P.31

Ⅱ
박물관 교육프로그램의 개념 및 특성

1. 박물관 교육프로그램의 개념

박물관의 교육적 기능은 역사적으로 박물관 기능 변천을 통해서 오늘날에는 박물관의 중요한 기능으로 인식되고 있다. 과거의 박물관은 유물을 발굴·수집하고 이것을 제한적으로 소수의 지배층에게만 전시되는 기능을 담당했다. 1845년 영국에서 박물관법(Museum Act)이 제정되면서 박물관은 공공·시민교육기관으로 규정되며 그 정체성이 정립되기에 이른다.[17]

현대에 들어오면서 박물관은 대중교육을 담당하는 사회 교육의 장으로 인식되었고, 일반시민의 문화 욕구를 충족시켜주는 문화기반시설로서 역할을 수행하고 있다. 오늘날 박물관은 자료를 수집, 보존, 연구, 전시하는 기본적 기능에 머물지 않고 각종 교육프로그램을 개발·운영하여 적극적으로 일반시민들을 박물관으로 유도하고, 체험과 흥미 중심의 교육을 통하여 교육기능을 수행하고 있다. 또한 다양한 문화행사를 주최하고 지원하고 있으며, 여러 기관과의 연계를 통해 지역 자원을 적극 활용하여 부가가치를 창출하고 있다.

이처럼 오늘날 박물관의 기능으로 중요시되고 있는 교육기능은 다양한 박물관 교육프로그램을 통해서 이해되고 있다. 박물관 교육프로그램은 공공기관인 박물관이 대중의 문화향유와 교육을 위해서 박물관 특성에 맞는 내용을 구성하여 여러 대상에게 제공한다. 이러한 의미에서 박물관 교육프로그램은 박물관의 교육적 목적을 성취하고, 전시뿐만 아니라 교육프로그램을 통해서 일반대중과 소통하는 중요한 해석매체가 되고 있다.[18]

---

17) 나선화, 「박물관과 교육 – 박물관 교육의 특성과 역할」, 교육철학회 엮음, 2005, p.203
18) 유미애, 「교육 프로그램의 개발과 활용을 통한 기업박물관 활성화 방안연구」, 국민대학교 행정대학원, 2004, P.53

박물관 교육프로그램은 박물관이 자료를 수집하고 보존하며 이를 연구하고 그 결과를 전시하고 교육하는 일련의 박물관 기능을 연결해주고 있다. 또한 박물관 교육프로그램은 참여자에게 다양한 방법으로 박물관을 이해할 수 있도록 자극하고, 지식과 정보, 정서의 함양, 여가 선용의 기회를 제공하여 준다.

2. 박물관 교육프로그램의 특성

박물관은 일종의 사회교육기관으로 이해될 수 있지만 다른 교육기관과는 다른 특성을 가지고 있다. 박물관은 실물자료를 소장하고 있는 공간으로, 이를 교육프로그램에 적극적으로 활용하고 있다. 그리고 박물관은 일반인 모두에게 개방되어 있고, 개인적 관심과 흥미를 기초로 다양한 교육프로그램을 운영하고 있다.

박물관이 운영하고 있는 교육프로그램에는 어떤 특성이 있는지 살펴보면 다음과 같다.

첫째, 박물관 교육프로그램은 개인의 동기와 관심에 따라 자발적으로 참여한다. 학교교육처럼 주입식의 강제적 과정이 아니며 교육프로그램 참여자들은 스스로의 동기에 의해서 자유로운 선택을 하게 된다. 일정한 기간을 정해서 강제적으로 교육프로그램을 이수해야 하는 다른 프로그램들과는 달리, 개인적 관심과 흥미를 가지고 자유롭게 프로그램에 참여할 수 있다. 개인적 관심과 흥미의 충족을 통해 개인적 발전과 나아가 자아실현에도 도움을 줄 수 있다.

둘째, 실물자료를 통한 체험적 학습과정으로 이루어진다. 박물관은 실물자료가 풍부하고 교육프로그램을 통해 참여자에게 체험하도록 하여 살아있는 교육을 제공한다. 실물자료를 통한 교육은 교육 효과를 증대시키고 적극적인 참여를 유도할 수 있다. 실물을 중심으로 한 체험교육은 이론식 교육이 줄 수 없는 여러 파생적 효과를 제공한다. 실물자료와 대면하면서 갖게 되는 정서적 교감, 다양한 정보, 교육효과의 극대화 등 여러 가지 장점을 제공한다.

셋째, 다른 교육프로그램과 보완적 관계를 형성한다. 이론식 수업이 중심인 학교교육과 박물관 교육프로그램을 연계하여 다양한 체험교육을 통해 학습 효과를 높이고 풍부한 지식을 제공할 수 있다. 그리고 평생교육기관에서 운영하고 있는 성인교육과 연계하여 다양한 계층에게 교육을 제공할 수 있다.

최근에 들어서 박물관 교육프로그램과 학교교육의 연계를 강조하고 있는데, 학교교육은 교과서 중심의 지식 전달이 강조되고 있다. 실물자료가 풍부하고 교육적 환경이 우수한 박물관 교유프로그램을 활용한다면 교육적 효과는 커질 것이다. 우선은 학교교사의 인식이 있어야 하며, 이를 위해 박물관과 학교 상호 간 교류를 활성화할 필요가 있다.

넷째, 다양한 계층의 참여가 이루어진다. 박물관 교육프로그램은 연령, 성별, 직업 등 다양한 계층의 사람들이 참여할 수 있다. 참여는 목적과 동기에 따라 같은 프로그램에 다양한 계층의 사람들이 참여할 수도 있고 동일한 계층의 사람들로만 특정 프로그램에 참여할 수도 있다. 가족단위의 참여가 가능하고 동일한 집단의 사람들로 프로그램에 참여할 수도 있다.

3. 박물관 교육프로그램의 종류

박물관 교육프로그램은 내용, 시간, 장소, 참여자 등 여러 가지 조건에 따라 다양하다. 현재 우리나라에서 운영되고 있는 교육프로그램은 주로 성인 중심의 박물관 강좌나 문화유산 답사가 많은 부분을 차지하고 있는데, 최근에는 특별행사를 통해 음악회, 연극, 무용, 패션쇼, 영화상영 등 다양한 교육프로그램이 운영되고 있다. 박물관 교육프로그램은 참여자에게 지식과 정보를 전달하고 관심과 흥미를 유발하여야 하며, 발전적인 자극을 제공해야 한다.

박물관 교육프로그램은 크게 Off Line과 On Line으로 구분할 수 있고 Off Line은 다시 관내 교육프로그램과 관외 교육프로그램으로 나눌 수 있다.

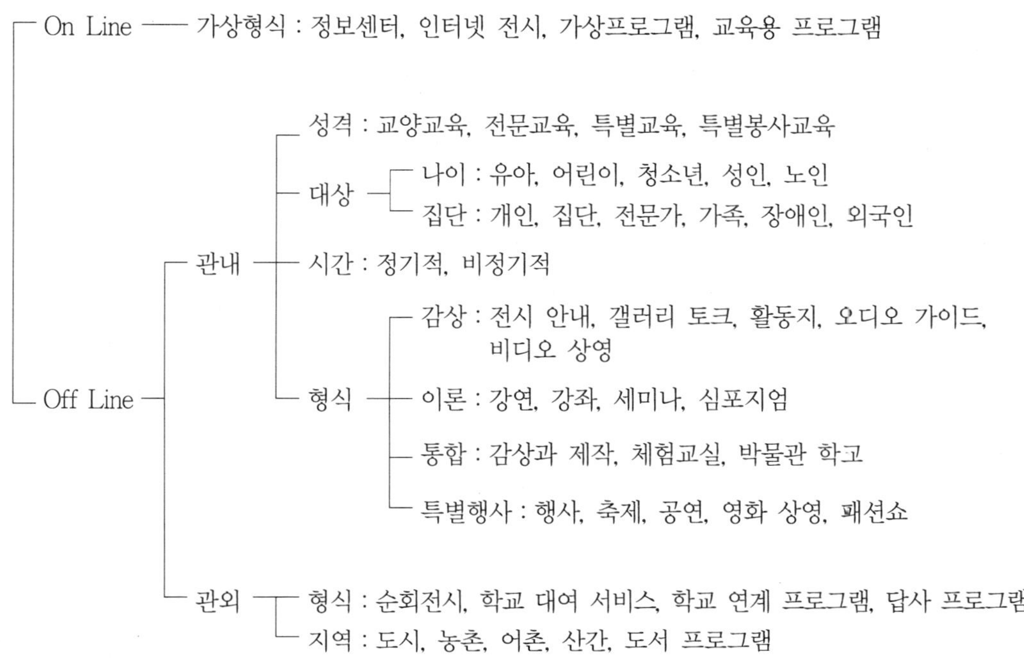

또한, 박물관 교육프로그램은 전시관련 교육프로그램과 참여유도 교육프로그램으로 구분할 수 있는데 상호 간에 보완적인 역할을 통해서 교육프로그램을 활성화시킬 수 있다. 현재 우리나라 박물관에서 전시와 함께 진행되고 있는 박물관 교육프로그램을 살펴보면, 전시관련 프로그램에는 전시해설, 설명회, 감상회, 전시 관련 특별강연회, Symposium, 영화상영, 슬라이드 상영회, 이동 전시가 있다. 참여 유도 프로그램에는 실기대회, 공연, 견학 여행, 동호인 모임, 각종 문화 강좌가 있다.

4. 박물관 교육프로그램의 기능

현대사회의 박물관은 시대의 흐름에 따라 단순히 문화유산과 유물을 수집하고 보존하며 이를 조사·연구하여 전시하는 기능을 넘어서 일반대중을 상대로 교육을 담당하는 중요한 기능을 수행하고 있다.

박물관은 교육기능이 강조된 문화기반시설로서 육성되어 가고 있으며 사회교육기관으로서의 역할이 점차 확대되고 있다. 박물관 기능 가운데 주요한 부분이 교육임을 명문화해

가고 있으며, 또 일부 박물관은 설립목적이 사회교육임을 명시하기도 하여 교육기능을 강화하기도 한다.[19]

박물관의 한 가지 큰 목적은 일반대중의 흥미와 관심의 폭을 넓혀 그들의 능력을 개발하여 궁극적으로는 교육적 효과를 거두는 데 있는 것이며,[20] 이러한 교육적 기능은 교육프로그램을 통해서 실현되고 있다.

박물관 교육프로그램은 지역의 특성과 관람객의 성향 그리고 박물관의 이념 등 다양한 요인이 작용하여 운영되고 있다. 전시와 관련하여 설명과 전문적인 교육을 담당하는 전시관련 프로그램의 운영이 중요하지만, 자발적이고 적극적으로 관심과 참여를 유도하는 참여유도 프로그램의 활성화 역시 중요하다. 이러한 다양한 교육프로그램을 통하여 지역사회에서 박물관은 중요한 사회교육기관으로, 문화기반시설로서 기능을 수행하고 있다. 구체적으로 박물관 교육프로그램의 기능에 대하여 살펴보면 다음과 같다.

(1) 문화욕구 충족 기능

우리나라는 그동안 많은 개발도상국가의 문화정책이 그러하듯 경제성장의 그늘에 가려 문화수요 문제가 주목을 받지 못했으나, 최근 국민 생활수준의 향상과 함께 문화수요가 급격히 증가하였다. 이에 따라 문화예술창작 기반조성과 문화향수 기회 확대의 요구와 필요성이 높아지게 되었다.[21] 문화에 대한 관심이 어느 때보다 높아졌고 앞으로 점점 더 문화가 다양한 영역에서 중요한 가치로 자리를 차지하게 될 것이다. 과거에는 문화가 특정계층에게만 개방된 영역이었지만, 오늘날에는 매스미디어의 출현, 정치, 경제적 발전 등으로 일반대중들도 문화에 관심을 가지게 되었고, 이로 인해 문화욕구 충족이 중요한 문제로 떠올랐다.

오늘날 박물관은 조상이 남긴 문화유산을 수집·보관·전시하는 수동적·소극적 의미를 지닌 장소가 아니라, 정신적인 휴식 공간 혹은 문화적 모임의 장소로 능동적이고 적극적인 기능을 강화해 가고 있다.[22]

박물관은 문화적 결정체들의 집합장소라 할 수 있다. 인류가 역사를 통해 이룩한 문화적 유산이 실물중심으로 전시되어 있으며, 쉽게 다가가 문화적 관심을 해소할 수

---

19) 나선화, 「박물관과 교육 – 박물관 교육의 특성과 역할」, 교육철학회 엮음, 2005, p.199
20) 이난영, 『박물관학 입문』, 삼화출판사, 2001, p.21
21) 전혜정, 「박물관 유형에 따른 우리나라 박물관 교육프로그램의 실태 연구」, 상명대학교 대학원, 2000, p.34
22) 김진영, 「지역문화발전을 위한 박물관 조성정책 연구」, 경희대학교 경영대학원, 2004, p.16

있는 공간으로 인식되고 있다. 박물관은 다양한 교육프로그램을 통해서 일반인들의 문화욕구 충족에 기여하고 있으며, 앞으로 더욱 활성화될 것이다.

박물관 교육프로그램에는 전시와 관련된 프로그램 이외에 일반인의 참여를 유도하는 각종 참여유도 프로그램이 있다. 참여유도 프로그램에는 다양한 문화행사가 포함되어 있는데, 특히 지역사회에서는 문화행사를 접할 수 있는 기회가 많지 않아 박물관에 대한 관심을 유도할 수 있는 대안이 되고 있다. 종류로는 어린이를 주 대상으로 하는 그림그리기, 사진 찍기, 각종 체험학습, 음악회, 연극 공연, 패션쇼, 영화감상 등이 있다. 그리고 어린이날이나 기념일 등에는 특별한 문화행사를 기획하고 주최하여, 지역주민들의 참여를 유도하고 있다. 국립청주박물관의 경우 「박물관 봄 문화 축제」를 해마다 개최하여 특별전, 상설 야외 전시, 어린이 가족문화 프로그램 등을 운영하고 있다.

앞으로 박물관은 교육프로그램에 참여자의 요구사항을 적극적으로 반영하고, 문화적 체험기회를 확대하는 등의 시도를 통해 참여자의 문화욕구를 충족시켜줄 수 있는 방향으로 운영되어야 한다. 특히 점차 증대되고 있는 지역주민의 문화 욕구에 대응하여 이를 해소할 수 있는 다양한 교육프로그램의 운영이 요구되고 있다.

(2) 여가 선용 기능

최근 행복한 삶을 위해서는 '일'영역과 '가족·자신·여가' 영역의 균형(WLB ; Work - Life Balance)의 필요성이 제기되면서, 인간의 창의력과 심리적 잠재력을 발휘하고 문화를 창조해 낼 수 있는 삶의 영역으로 여가 영역의 중요성이 강조되고 있다. 실제로 사람들은 여가활동을 통해 삶의 질 향상, 자아성장, 건강증진, 스트레스 해소, 여유있는 삶의 영위, 모험과 흥분, 도전정신의 만족감 부여, 자아 존중감 유지와 같은 긍정적인 결과를 경험하는 것으로 밝혀졌다.[23]

현대산업사회의 특징으로 증대된 여가시간을 창조적인 활동과 재생산 의욕을 높이기 위하여 박물관은 교육과 여가 문화의 장으로서 그 기능을 수행해야 한다.[24]

박물관은 주 5일제 근무 등 사회여건의 변화에 따라 시간적 여유가 있는 일반시민들에게 다양한 교육프로그램을 통하여 여가 선용의 기회를 제공하고 있다. 개인적 관심과 동기에서 박물관 교육프로그램에 참여할 수도 있고, 가족이나 모임 등을 중심으로

---

23) 「2006 여가백서」, 문화관광부 한국문화관광정책연구원, 2006, p.15
24) 정용재, 「여가문화활동의 장으로서 박물관 공간 디자인 과정 연구」, 이화여자대학교 산업미술대학원, 1994, p.1

참여할 수도 있다. 박물관 교육프로그램은 단순히 여가를 보내는 개념에서 발전하여 편안함과 충전의 기회를 제공하고, 이를 통해 삶의 활력까지 불어넣어주고 있다.

특히, 박물관에서 운영하고 있는 교육프로그램 중에서 일회성이 아닌 일정한 기간을 정하여 체계적인 준비를 통해 운영되고 있는, 일반적으로 박물관학교라고 부르는 교육프로그램의 경우, 주민들이 개인적 관심을 가지고 자발적으로 참여하여 건전하게 여가를 보내고 체계적인 지식과 정보를 얻을 수 있다.

박물관에서 운영하는 박물관학교의 경우 주부와 높은 연령층이 다수를 차지하고 있는데, 이는 운영시간이 평일로 편성되어 있기도 하지만, 주로 시간적 여유가 있는 분들이 참여하고 있기 때문이다. 이러한 주부와 높은 연령층에게 박물관이 운영하는 교육프로그램은 건전하게 여가를 보내고, 지역 주민들과 의사소통을 하는 만남의 계기를 제공한다. 이들은 지역에 대한 관심이 높아 지역의 역사와 문화재를 중심으로 다양한 지식과 정보를 얻으려는 자발적인 동기가 강하다. 교육프로그램을 통해 일반시민들이 건전하게 여가를 보낼 수 있도록 하기 위해서 참여 대상을 확대하고 운영 시간이나 기간을 검토할 필요가 있다.

(3) 자기 개발 기능

자기 개발(Self‒development)이란 단순히 지식이나 재능 따위를 발전시키는 것을 넘어 포괄적으로 이해할 수 있다. 박물관 교육프로그램은 일반시민에게 개인적 관심 분야에 대해 지식과 정보를 제공하고, 다양한 체험과 자극의 기회를 통해 발전과 자아실현을 유도할 수 있다. 이러한 일련의 작용을 통해 교육프로그램은 일반시민에게 자기개발의 장소로서 역할을 하게 된다.

특히, 교육프로그램 참여자들은 자발적인 참여자로 동기화가 잘 되어 있어, 교육프로그램을 잘 개발하여 운영한다면 자기개발의 효과를 높일 수 있다.

박물관은 교육프로그램을 통해 일반시민의 자기개발을 돕기 위해 다양한 노력을 기울여야 한다. 우선, 수준별로 차별화된 교육프로그램을 운영하여, 일반시민들에게 수준에 맞는 교육프로그램을 제공하고, 점차 기초단계에서 전문단계로 나아갈 수 있도록 유도하여야 한다. 이를 통해 체계적으로 학습할 수 있고 참여도를 높일 수 있다.

다음으로 교육프로그램 내용을 다양화하고 충실하게 구성하여야 한다. 매년 같은 교육프로그램을 반복적으로 운영하여서는 자기 개발에 도움이 되지 않는다.

박물관이 일반시민들에게 자기 개발의 기회를 제공하는 것은 결국 인류와 사회에 대해 봉사하는 것이다. 박물관은 사회와 끊임없이 교류하며 사회와 관계를 형성하고 있다. 오늘날 박물관은 사회의 요구를 발전적인 방향에서 수용하기 위해 다양한 활동을 하고 있다. 교육프로그램의 운영은 그 다양한 활동 중에 하나이다.

교육프로그램을 통해 일반시민들에게 자기개발의 기회를 제공하는 것은 개인적 차원의 개발로 끝나는 것이 아니라, 사회에 영향을 미쳐 사회가 발전할 수 있는 기초가 되는 것이다. 박물관은 적극적으로 교육프로그램을 개발하고 운영하여 일반시민들에게 자기 개발의 기회를 제공하도록 노력하여야 한다.

Ⅲ 충북박물관 교육프로그램

1. 충북지역 박물관 현황

2010년 말 현재 등록된 전국의 박물관 수는 국공립박물관 319개, 사립박물관 251개, 대학박물관 85개로 총 655개의 박물관이 있으나 아직도 많이 부족한 실정이다. 시·도별 현황은 다음과 같다.[25]

<우리나라 시·도별 등록박물관 현황>

(2010. 12. 31)

시·도	박물관			
	국공립	사립	대학	계
서울	20	62	23	105
부산	3	3	6	12
인천	11	10	1	22
대구	3	3	3	9
광주	5	1	2	8
대전	4	5	6	15
울산	6	–	1	7
경기	47	54	8	109
강원	42	19	5	66

---

25) 「2011 전국문화기반시설 총람」, 문화체육관광부, 2011

충북	25	9	5	39
충남	24	14	2	40
전북	20	6	4	30
전남	25	8	2	35
경북	36	10	11	57
경남	32	13	5	50
제주	16	34	1	51
계	319	251	85	655

한편, 2010년 말 현재 문화체육관광부 발간 자료를 기준으로 충북지역의 등록박물관은 39 개이다.[26] 그러나 문화체육관광부 발간 자료와 실제 등록박물관 수는 차이가 있음에 유의할 필요가 있는데, 여기서는 문화체육관광부에서 발간한 통계자료를 참고로 하고 있다.

〈충북지역 박물관 현황〉

(2010. 12. 31)

박물관명	시·군	구분	등록일	소장 자료
국립청주박물관	청주시	국립	1987. 10. 30	금속, 토도 등 11,558점
청주고인쇄박물관	청주시	공립	1992. 12. 21	고서류, 인쇄기기 등 2,664점
청주백제유물전시관	청주시	공립	2002. 3. 12	토제, 금속 등 560점
충북교육박물관	청주시	공립	–	지류, 금속 등 3,465점
충주박물관	충주시	공립	1992. 11. 23	금속, 옥석 등 5,311점
충주선사유적박물관	충주시	공립	–	석기, 토기 등 146점
충렬사유물전시관	충주시	공립	–	모피조직 등 50점
충주공예전시관	충주시	공립	–	
충주사과과학관	충주시	공립	–	고서적, 모형 등 108점
충주시고구려천문과학관	충주시	공립	2010. 2. 25	망원경, 실물모형 등 58점
제천유물전시관	제천시	공립	–	의병 관련 270점
제천의병전시관	제천시	공립	–	의병 관련 2,454점

---

26) 「2011 전국문화기반시설 총람」, 문화체육관광부, 2011

박물관명	소재지	구분	개관일	소장유물
제천국제발효박물관	제천시	공립	–	유물, 전통주 등 750점
난계국악박물관	영동군	공립	2001. 7. 28	현악기, 타악기 등 86점
영동군향토민속자료전시관	영동군	공립	2001. 7. 28	토목기, 화폐 등 734점
보은향토민속자료전시관	보은군	공립	–	생활용품, 토기 등 480점
솔향공원	보은군	공립	–	민속품 62점
옥천향토박물관	옥천군	공립	–	자기, 민속, 고서 등 276점
진천종박물관	진천군	공립	2005. 12. 28	한국범종, 세계의종 등 115점
음성군향토민속 자료전시관	음성군	공립	–	민속 등 998점
증평민속체험박물관	증평군	공립	–	고서, 옛사진 등 161점
괴산향토민속자료전시관	괴산군	공립	–	금속, 서화 등 385점
수양개선사유물 전시관	단양군	공립	–	토도기, 옥석 등 5,120점
산림과학박물관	청원군	공립	–	도서, 민속품 등 1,931점
충청북도농업과학관	청원군	공립	–	농경유물 529점
지적자료관	제천시	사립	1999. 12. 29	고서 16,000점
한국잠사박물관	청원군	사립	1996. 8. 14	민속품 1,135점
철박물관	음성군	사립	1999. 12. 29	철강 관련 자료 1,558점
술박물관리쿼리움	충주시	사립	2005. 12. 13	주류 관련 자료 3,400점
청주옹기박물관	청주시	사립	2005. 12. 28	옹기 등 400여점
예뿌리민속박물관	청원군	사립	2006. 5. 25	민속 공예품 1,000여점
가산박물관	옥천군	사립	2008. 4. 16	고문서 등 24,000점
농민문학기념관	영동군	사립	2009. 11. 30	농민문학책 2,000점
동곡박물관	영동군	사립	2007. 12. 27	농기구, 화폐 등 1,180점
청주대학교박물관	청주시	대학	2000. 11. 20	토기, 철기 등 1,244점
충북대학교박물관	청주시	대학	2000. 11. 20	금속, 토도기 등 4,655점
충청대학박물관	청원군	대학	2001. 1. 26	토제품, 금속 등 1,289점
한국교원대학교박물관	청원군	대학	2001. 1. 26	토도기 등 16,213점
중원대학교박물관	괴산군	대학	2009. 10. 20	토도기, 서화 등 2,500점
계				**39개**

등록박물관 중에서 설립과 운영 주체별로 살펴보면 국립박물관은 국립청주박물관 1개, 공립박물관은 청주고인쇄박물관 등 24개, 사립박물관은 한국잠사박물관 등 9개가 있으며, 대학박물관은 충북대학교박물관 등 5개가 있다.

2. 충북지역 박물관 교육프로그램 현황

박물관학이나 박물관 교육의 이론적 배경이 모두 유럽과 미국에서 확립되었고, 그를 기반으로 한 100년 넘는 활동의 역사 역시 서양에서 이뤄졌다. 이러한 가운데 국내의 박물관 교육은 박물관의 철학과 이념이 기초를 이루는 정체성을 확고히 정립하기도 전에 물밀듯이 몰려드는 해외 사례들의 정보 속에서 표류하다가 이제 막 스스로의 모습을 찾아가고 있다.[27]

그동안 우리나라의 박물관은 경제성장이라는 국가적 당면과제에 밀려 국가 정책적 차원의 대상이 되지 못하였고, 일반 대중에게도 단순히 유물을 수집하고 보관하여 전시하는 곳으로 인식되었다.

그러나 우리나라는 약 1세기의 짧은 박물관 역사 속에서 많은 변화와 발전을 이루어왔으며, 특히 현대에 이르러 중요성이 강조되고 있는 박물관의 교육기능을 수행하기 위해 다양한 교육프로그램을 개발하여 운영하고 있다.

교육프로그램은 전시관련 프로그램과 참여유도 프로그램으로 분류할 수 있는데, 충북지역에는 모두 39개의 박물관이 있으며, 이 중에서 지속적이고 비교적 체계적으로 교육프로그램을 운영하고 있는 박물관은 국립청주박물관, 충북대학교박물관, 청주고인쇄박물관, 철박물관, 충주박물관, 한국잠사박물관 등 6곳이다.

(1) 국립박물관

충북지역에 국립박물관으로는 유일하게 국립청주박물관이 위치하고 있다. 국립청주박물관은 다양한 교육프로그램을 운영하고 있는데, 전통문화에 대한 교육의 장을 마련하여 시민들에게 관련 지식과 정보를 제공함으로써 문화적 자긍심을 고취하고, 박물관을 평생교육의 공간으로 홍보하고 활용하기 위한 목적으로 '박물관 연구과정'을 운영하고 있다.

---

27) 백령, 『멀티미디어 시대의 박물관 교육』, 예경, 2005, p.19

'박물관 연구과정'은 일반인을 대상으로 매학기 10주 정도 1·2학기로 구분하여 1년 단위로 운영되고 있으며, 연간 240명 정도의 수료생을 배출하고 있다. 개론적인 강의식 방법에서 벗어나 분야별로 특정 주제를 정해서 체계적이고 심화된 교육을 실시하고 있으며, 유적답사를 통해 현장학습도 병행 실시하고 있다.

'국립청주박물관 어린이 학교'는 미래의 주역인 자라나는 어린이들에게 우리 역사와 문화에 대한 지속적이고 체계적인 교육을 통하여, 문화적 자긍심과 삶의 질을 함양하고, 나아가 지역 사회에 이바지하는 문화시민으로 성장할 수 있는 평생교육의 기회를 제공하기 위하여 마련되었다. 충청북도 내 초등학교 4~6학년 35명 정도를 대상으로 운영되고 있다. '어린이 학교'는 매년 1·2학기로 나누어 진행되며, 각 10차수 총 20차수 구성되어 있으며 학교와 같이 담임제로 운영된다. 교과내용은 우리 역사를 중심으로 한 문화예술교육이며, 체험교육을 통해 우리 문화와 역사에 대한 풍부한 관점을 제시하여 학교 안과 밖의 교육을 연계하는 교육프로그램으로 운영되며 수업시간은 매주 금요일 오후 2시~5시까지다.

'선생님을 위한 박물관 문화연수'는 국립청주박물관이 충청북도 교육청으로부터 특수분야 연수기관으로 지정 승인받아 유치원·초·중등·특수교사·교육전문직 선생님들을 대상으로 방학기간 동안 이루어지는 교육프로그램으로, 지역 역사문화에 대한 이해를 증진하기 위하여 강의와 견학 등 다양한 교육기회를 제공한다. 1년에 상·하반기로 나누어 방학기간동안 진행되며, 참가자는 상·하반기 각 160명 정도이다.

'어린이 초청 박물관 체험교실'은 문화소외계층인 시골학교 및 보육시설 어린이를 초청하여 박물관 체험학습의 기회를 제공하는 교육프로그램으로 연중 수시로 실시하고 있다.

'대학생을 위한 박물관 열린 강의실'은 충청권 소재 대학생들에게 박물관을 교육공간으로 인식시켜, 전시실에서 박물관 자료를 실제적으로 활용함으로써 현장학습 경험을 부여하고 있다.

'우리가족 박물관 공예교실'은 여름과 겨울방학 동안에 초등학교 4~6학년 어린이와 학부모가 함께 참여하는 교육프로그램으로, 학생 1인과 학부모 1인을 한 가족으로 20가족 정도가 참여하는데, 직접 공예제작을 하며 가족공동체의 소중함과 어린이들에게 창의력과 상상력을 키울 수 있는 기회를 제공한다.

'어린이 문화재 그리기 대회'는 충북도내 초등학생을 대상으로 매년 5월초에 개최되는

데, 어린이들에게 문화재를 직접 보고 느낀 감정을 진솔하게 표현할 수 있는 기회를 마련하여, 전통 문화유산에 대한 올바른 이해와 사랑하는 마음을 갖도록 하고 예술적 재능을 키워주기 위해 마련되었다. 그리고 수상작들은 별도의 공간을 마련하여 수상 작품전을 전시하고 있다.

'박물관 가족 음악회'는 박물관을 복합문화공간으로 또한 삶의 여유와 문화생활의 중추 공간으로 인식시켜, 박물관을 친근한 공간으로 홍보하고, 지역사회의 문화수준 향상과 문화발전에 기여하기 위하여 마련되었다. 1년 중 5·7·9월 중에 국립청주박물관 야외무대에서 열리며, 지역주민을 대상으로 공연이 이루어진다.

'영화 상영'은 매주 토요일 또는 일요일에 주로 어린이 영화를 상영하는데, 가족단위의 박물관 관람을 유도하고 지역 주민들에게 편안한 휴식공간을 제공한다.

국립청주박물관은 해마다 '박물관 봄 문화 축제'를 개최해 오고 있는데 다른 박물관에서는 볼 수 없는 이채로운 행사로, 5월 초 2주 정도의 기간 동안 다양한 문화예술 공연과 행가가 개최된다.

'박물관 봄 문화 축제'는 박물관이 기존의 유물보존 및 전시기능을 넘어, 지역주민, 문화예술인 누구에게나 활짝 열려진 복합 문화공간으로 인식되고, 지역의 대표박물관으로서의 지역 문화 발전과 교육 공간 및 문화쉼터로서의 박물관 기능을 활성화하는 데 기여하고 있다.

(2) 공립박물관

충북지역에서 교육프로그램을 운영하고 있는 대표적 공립박물관은 청주고인쇄박물관과 충주박물관이 있다.

청주고인쇄박물관은 세계에서 가장 오래된 금속활자본인 '백운화상츠록불조직지심체요절(일명 직지)'을 인쇄한 청주 흥덕사지에 위치한 고인쇄 전문박물관으로, 교육프로그램은 '직지문화학교'와 '어린이 직지문화학교'를 운영하고 있다.

'직지문화학교'는 박물관 교육기능의 일환으로 시민들에게 유네스코 세계기록유산으로 등재된 『직지』를 올바르게 알리고 옛 인쇄문화에 대한 관심을 높이기 위해 개설되었다. 그리고 청주시민들이 청주에 소재한 『직지』를 비롯한 많은 문화유산을 이해하고, 외래 관광객들에게 청주를 소개할 수 있는 자원봉사자로서의 소양을 키우기 위해 운영되고 있다.

'직지문화학교'는 1, 2기로 구분하여 1년에 2회 운영되며, 직지 및 고인쇄 문화에 관심 있는 시민을 대상으로 매주 화요일에 운영되고, 매기 80여 명 정도가 참여한다.

청주고인쇄박물관에서 운영하는 '어린이 직지 문화학교'는 어린이들이 쉽게 이해하기 어려운 직지와 고인쇄 문화를 체험과 실습 위주의 과정으로 구성하여, 직지에 대한 지식을 전달하고 창의력을 길러주는 데 중점을 두고 있다. 초등학교 4~6학년 학생을 대상으로 매년 3~4기 정도로 기별 40명 정도를 모집하여 운영한다.

중원문화권의 중심부에 자리 잡은 충주박물관은 시민들의 정성으로 1986년 유물전시관으로 개관하여 박물관으로 발전한 제1관(충주박물관)과 1995년 시군통합으로 인해 통합된 제2관(중원향토 민속자료전시관), 남한강수석전시관 등으로 구성되어 있다. 충주박물관에서는 각종 특별전의 개최, 중원문화권지역의 지표 및 발굴조사, 박물관학교의 개최 등 여러 활동을 통하여 시민과 함께하는 박물관으로 성장하고 있다.

충주박물관에서 운영하고 있는 교육프로그램에는 '박물관 전통문화학교'와 '어린이 박물관 문화학교'가 있다.

'박물관 전통문화학교'는 중원문화에 관심이 있는 일반시민을 대상으로 중원문화에 대한 강의와 문화유적 답사, 토기제작과 탁본 실습 등 체험학습의 기회를 통하여 지역문화를 이해하고, 관심을 높이기 위해 운영되고 있다. 매년 2~3기로 운영되며 매기 40명 정도를 모집하는데, 매주 금요일마다 8주 정도에 걸쳐 진행된다. 교육 내용은 지역문화재와 문화유산에 대해 이해를 도와주는 현지답사와 전문 강사를 통하여 중원문화에 대해 체계적인 지식을 전달하는 강의로 구성되어 있다.

충주박물관에서 운영하고 있는 '어린이 박물관 문화학교'는 여름과 겨울 2차례 방학을 이용하여 초등학교 학생과 부모님이 함께할 수 있도록 운영되고 있다. 초등학생을 대상으로 지역문화의 소중함을 알게 하여 애향심을 높이고, 문화유적답사를 통해 직접 체험할 수 있는 기회를 제공한다. 하계와 동계 각 '어린이 박물관 문화학교'에서는 초등학생 40명과 보호자 40명 총 80명이 참가한다.

(3) 사립박물관

사립박물관 중에 교육프로그램을 운영하고 있는 대표적 박물관으로는 청원군의 한국잠사박물관과 음성군의 철박물관이 있다.

한국잠사박물관은 인근에 별도의 공간을 마련하여 체험학습장으로 활용하고 있다. 체험학습은 사전예약제로 운영되는데, 유치원생이나 초등학생이 대다수를 차지한다. 체험학습의 종류로는 누에고치를 이용한 '누에고치 인형 만들기', 누에고치를 이용하여 실제로 실을 뽑아보는 '누에고치 실뽑기 체험', 누에가 사육되는 시기에 실시하는 '뽕잎따서 누에 밥주기', 뽕나무 열매인 오디가 익는 6월경에 실시하는 '오디따기 체험', 누에의 생태를 관찰하며 학습하는 '누에 생태 학습'이 있다. 한국잠사박물관에서 이루어지는 체험학습은 박물관의 특성을 살려 누에와 관련된 내용이 다루어진다. 그러나 단순하게 예약을 통한 체험학습만 이루어지고 있어 교육프로그램이 활성화되어 있지 못하다.

음성에 있는 철박물관은 세연문화재단 소속으로 철과 인류문명과의 관계를 보여주는 증거를 수집·보존하고 학술연구를 바탕으로 전시하여, 철의 중요성과 인간과의 상호관계를 새롭게 조명하며, 다양한 문화활동을 통해 복합문화공간으로 지역사회에 봉사하고 있다.

철박물관은 음성군이라는 작은 규모의 지역에 위치하고 있지만, 다양한 교육프로그램을 통해 활발하게 활동하고 있다.

철박물관의 관람과 제철소의 견학을 통하여 우리의 철 문화를 이해할 수 있는 기회를 제공하기 위해, 철박물관에서는 매년 8월 여름방학 기간 중에 '철문화 체험교실'을 운영하고 있다. 참가대상은 음성군 내 초등학교 4~6학년 학생 80명 정도이며, 철박물관이 주최하고 세연문화재단과 음성군의 후원을 통해 견학 중심으로 운영되고 있다.

철박물관에서 운영하고 있는 '칠보공예교실'과 '금속공예교실'은 한국의 칠보공예와 금속공예에 대한 기본 이해를 바탕으로 직접 작품을 만들어 보는 교육기회를 제공하여, 우리 전통문화에 대한 이해를 돕고자 마련된 교육프로그램으로 매년 20세 이상 성인을 대상으로 20명 정도의 참여로 이루어진다.

또한, '어린이 공예교실'은 직접 공예제작을 통해 창의성 개발과 정서함양을 목적으로, 음성군 내 초등학생을 대상으로 12월경에 하루 오전과 오후로 나누어 각 20명 정도가 참여할 수 있다. 교육내용은 공예전문가를 초청하여 소규모의 액세서리를 제작하여 활용할 수 있도록 운영되고 있다.

철박물관에서는 어린이들에게 고장의 소중한 문화재를 알리고 박물관을 편안한 휴식 공간으로 인식시키기 위하여 매년 10월경에 '어린이 그림그리기 대회'를 개최하고 있다. 그리고 지역주민들에게 클래식 음악을 친근하게 접할 수 있는 기회를 마련하기 위해 음성에 있는 충청북도 지정 유형문화재 188호인 감곡 매괴천주교회에서 매년 '세연음악회'를 개최하고 있다.

(4) 대학박물관

대학박물관에서 교육프로그램을 운영하고 있는 곳은 충북대학교박물관이 있다. 충북대학교박물관은 고고, 역사, 미술, 공예 및 민속에 관한 자료를 중심으로 많은 유물을 소장하고 있으며, 교육연구공간으로 활용하여 역사문화의 이해에 이바지하고 있다.

충북대학교박물관에서 운영하고 있는 교육프로그램은 '박물관 대학'과 '박물관 교양강좌' 그리고 부정기적으로 이루어지는 '박물관 특별 강좌'가 있다.

'박물관 대학'은 우리 고유문화에 대한 참된 가치를 이해할 수 있는 기회를 제공하고, 박물관으로서의 교육기능을 충실히 수행하고자 운영되고 있으며, 또한, 우리 전통문화에 대한 문화운동의 일환으로 운영되고 있다.

1995년부터 시작된 '박물관 대학'은 1년 기간의 전문교양과정으로 1학기와 2학기로 구분 운영되며, 우리 전통문화에 관심 있는 시민은 누구나 참여할 수 있고 학기당 100여 명 정도가 참여하고 있다.

'박물관 교양강좌'는 1987년부터 우리문화에 대한 올바른 역사인식을 계몽시키는 데 목적을 두고, 고고, 미술, 고건축 등 박물관과 밀접한 학문분야별로 주요 주제를 선정하여 전문가를 초청 대학교 학기 중에 2~3회 정도 열리는 전문 강좌이다. 주로 학생과 우리문화에 관심이 많은 일반시민이 중심이 되며 200여 명 정도가 참여한다.

'박물관 특별강좌'는 1995년부터 시작되어 부정기적으로 운영되고 있으며, 주로 외국의 학문이론과 연구동향을 소개하여 박물관 연구 활동의 질적 향상을 기하려는 의도로, '박물관 교양강좌'보다 전문적인 강좌로 운영되고 있다. 교수와 대학원생이 중심이 되어 100여명 내외가 참여하고 있다.

3. 충북지역 교육프로그램 분석

충북지역은 교육프로그램을 운영하고 있는 박물관이 많지 않고, 국공립박물관과 일부 사립박물관을 제외하고는 다양하고 지속적인 교육프로그램이 운영되고 있지 않다.

교육프로그램을 운영하고 있는 박물관은 여러 가지 어려운 상황 속에서도, 박물관 설립 목적을 달성하고 박물관 교육프로그램을 활성화하기 위하여 많은 노력을 하고 있다.

위에서 살펴본 충북지역 박물관 교육프로그램 현황을 바탕으로 교육프로그램 기능의 관점에서 분석해 보고, 이를 바탕으로 교육프로그램 활성화 방안을 제시해 보고자 한다.

(1) 문화욕구 충족 기능의 관점

박물관 교육프로그램은 참여자의 문화욕구를 충족시키기 위해 활용되고 있다. 그러나 충북지역 박물관에서 운영 중인 교육프로그램은 참여자의 문화욕구를 충족시키기에는 여러 가지 문제점을 보이고 있다.

첫째, 박물관 교육프로그램이 다양하지 않다. 현대에 이르러 일반시민들은 박물관 교육프로그램에 적극적으로 참여하여 다양한 체험과 문화행사를 통해 문화욕구를 충족하려 한다. 그러나 충북지역은 일부 박물관을 제외하고는 다양한 교육프로그램을 운영하고 있지 못한 실정이다. 국립청주박물관이 일반인을 대상으로 한 박물관 연구과정을 비롯해 박물관 가족음악회, 영화 상영, 박물관 봄 문화축제 등의 교육프로그램을 운영하고 있으며, 사립박물관인 철박물관에서 일반인이 참여할 수 있는 공예교실과 세연음악회를 운영하고 있을 뿐 나머지 박물관은 단순한 강좌 중심의 교육프로그램만 운영하고 있다.

둘째, 교육프로그램 전담 부서의 설치와 전문인력에 대한 확보가 이루어지지 않고 있다. 교육프로그램의 개발과 운영은 전문인력에 의해 이루어져야 하고 전담부서가 설치되어야 한다. 그러나 충북지역 박물관의 경우 국립청주박물관만 사회교육 전문인력을 확보하고 있는데, 전문인력이 1명이고 교육프로그램을 전담하는 전문 조직은 없다. 이는 충북지역뿐 아니라 다른 공립과 사립 박물관의 사정 역시 나을 것이 없다. 실제로 다른 공립과 사립박물관의 경우, 교육프로그램 전문인력이 확보된 박물관은 단 한 곳도 없다. 학예사가 부수적인 업무로 교육프로그램을 운영하고 있는 실정이다.

최근 교육프로그램에 대한 수요와 참여자의 요구사항에 대한 사전 검토가 중요한 문제로 고려되고 있는바, 이러한 문제는 교육프로그램 전문인력을 통해 해결하여야 한다. 전문인력을 통한 교육프로그램의 개발과 운영은 교육프로그램 효과에 결정적인 영향을 미치기 때문이다.

(2) 여가 선용 기능의 관점

현대에 들어서 박물관은 많은 경쟁상대와 만나고 있다. 지식과 정보는 인터넷을 활용하여 얻을 수 있으며, 문화행사는 다양한 곳에서 빈번히 개최되고 있다. 주 5일제 근무 등 여가의 활용에 있어서도 많은 대상들과 경쟁하고 있다.

이러한 불리한 상황 속에서 박물관이 일반시민에게 건전하게 여가를 보낼 수 있는 장소로 인식되게 하기 위해서는 많은 노력이 필요하다. 충북지역 박물관은 일반시민이 건전하게 여가를 보낼 수 있도록 교육프로그램을 운영하고 있는데 여러 가지 측면에서 문제점을 가지고 있다. 이에 대해 분석해보면 다음과 같다.

첫째, 교육프로그램 참여 대상이 제한적이다. 충북지역 박물관 교육프로그램의 참여 대상이 주로 어린이와 주부, 고령자로 제한되어 있고, 직장인과 가족단위를 대상으로 한 교육프로그램이 많지 않다. 국립청주박물관에서 운영하고 있는 교양강좌 프로그램인 '박물관 연구과정'의 경우 토요일 오후에 운영하여 일반인의 참여를 유도하고 있다. 그러나 다른 박물관들은 평일시간에 운영하여 참여자들이 제한적이다. 그리고 국립청주박물관에서는 '선생님을 위한 박물관 문화연수', '대학생을 위한 박물관 열린 강의실' 등을 운영하여 특정 집단의 참여를 유도하고 있다. 그러나 다른 박물관의 경우, 참여 대상을 확대할 수 있는 교육프로그램을 운영하고 있는 곳이 없는 실정이다.

둘째, 박물관 교육프로그램이 주로 이론 중심의 강좌로 구성되어 있다. 교육프로그램이 이론식 강좌중심이고 사이에 답사가 이루어지고 있어, 박물관 특성을 살린 체험중심의 운영이 아쉽다.

체험 중심으로 이루어지고 있는 교육프로그램으로는 국립청주박물관의 '어린이 초청 박물관 체험 교실'과 '우리가족 박물관 공예교실' 그리고 한국잠사박물관에서 운영하고 있는 누에 관련 교육프로그램, 철박물관에서 운영하고 있는 철 관련 체험프로그램 정도가 있다. 그 외의 박물관에서 운영하고 있는 교육프로그램은 이론 중심의 강좌 프로그램이 대부분이다. 박물관 자료를 활용하여 교육프로그램을 체험 중심으로 운영한다면 효과를 더욱 높일 수 있을 것이다.

(3) 자기 개발 기능의 관점

교육프로그램은 일반시민에게 자기 개발의 기회를 제공하고 있다. 충북지역 박물관에서 운영되고 있는 교육프로그램을 자기 개발 기능의 관점에서 분석해보면 다음과 같다.

첫째, 충북지역 박물관 교육프로그램은 수준별로 차별화된 운영이 안 되고 있다. 교육프로그램이 매년 반복적이고 비슷한 형식으로 운영되고 있어 참여자의 입장에서는 비슷한 과정을 반복하고 있다. 이러한 운영은 일반시민들이 자기개발하는 데 도움이 되지 않는다. 대분의 박물관에서 비슷한 내용의 교육프로그램이 반복적으로 운영되고 있다. 물론 새로운 교육프로그램을 개발하고 운영하는 것이 박물관 입장에서 부담스럽지만, 장기적으로 교육프로그램의 개선을 위해서는 해결되어야 할 문제이다.

둘째, 충북지역 박물관에서 운영하고 있는 교육프로그램의 내용이 한정되어 있다. 국립청주박물관, 충주박물관, 충북대박물관은 주로 역사와 전통문화에 대한 내용으로 운영되고 있고, 청주고인쇄박물관, 철박물관, 한국잠사박물관은 전문 박물관이기 때문에 박물관 고유의 전문영역으로 교육프로그램을 운영하고 있다. 박물관 교육프로그램은 설립취지에 따라 개발되고 운영되지만 내용이 한정되어 운영하다 보면 관심이 떨어지고 자기 개발에 부정적으로 작용할 수 있다. 교육프로그램의 내용을 관련 분야와 연계해서 내용의 확대를 시도하거나 새로운 내용의 개발이 필요하다. 필요하다면 관련 박물관과의 교류협력이 도움이 될 수도 있다.

이상으로, 충북지역 박물관에서 운영 중인 교육프로그램에 대해 교육프로그램 기능의 관점에서 분석해 보았다. 전체적으로 일부 박물관을 제외하고는 교육프로그램이 활성화 되어 있지 않다. 특히, 박물관에서 운영하고 있는 프로그램이 다양하지 않고 매년 형식적, 반복적인 교육프로그램이 운영되고 있다.

현재 충북지역 박물관들은 어려운 여건과 환경 하에서 교육프로그램의 활성화를 위해 나름 많은 노력을 하고 있다. 특히, 국공립박물관은 교육프로그램의 중요성을 인식하고 활성화에 주도적인 역할을 하고 있다. 사립박물관의 경우 국공릡박물관의 관람료 무료화 시행 등 더욱 힘든 여건에 처해 있으나, 나름대로 박물관 활성화와 교육프로그램을 통한 교육기능을 수행하기 위해 노력하고 있다. 그러나 오늘날 교육프로그램에 대한 중요성은 점점 더 강조되고 있고 수요는 증가하고 있어 이러한 시대적 흐름에 적응하기 위해서는 더욱 적극적인 교육프로그램의 개발과 운영이 필요해 보인다.

4. 충북지역 교육프로그램 활성화 방안

우리나라 박물관이 교육프로그램을 통해 교육기능이 활성화되었다고 판단하기에는 아직 많은 아쉬움이 따른다. 실제 통계자료나 운영되고 있는 교육프로그램이 이를 보여주고 있다. 박물관 교육기능을 주도하고 있는 국립박물관이나 일부 규모가 큰 공립박물관과 사립박물관을 제외하고는 만족할만한 수준에 이르렀다고 판단되지 않는다.

그동안 충북지역 박물관들은 여러 가지 어려운 환경 속에서도 박물관 교육기능을 충실히 수행하기 위하여 교육프로그램을 개발하고 운영해 왔다. 일부 박물관을 제외하고 대부분의 박물관은 인력과 예산의 문제로 인해 교육프로그램 운영에 많은 어려움이 있다. 사립박물관의 경우 외부의 지원 없이 제한된 자원으로 교육기능을 수행해야 하는 상황 때문에, 순수하게 개인이 운영하는 박물관은 교육프로그램을 운영하는 곳이 한 곳도 없다. 이러한 현실은 우리나라 박물관의 대체적인 모습이기도 하다. 그러나 앞으로 박물관 교육프로그램에 대한 일반시민들의 관심과 요구는 더욱 확대될 것이다. 이에 대한 대책이 절실히 필요한 상황이다.

앞에서 충북지역 박물관 교육프로그램의 현황을 살펴보고 교육프로그램 기능의 입장에서 이를 분석해보았다. 이러한 분석을 바탕으로 충북지역 박물관 교육프로그램에 대한 발전방안에 대하여 살펴보고자 한다.

첫째, 박물관 교육프로그램을 개발하고 운영하는 전담 부서의 설치와 전문인력의 확보가 이루어져야 한다.

교육프로그램을 개발하고 운영하는 전담 부서의 설치와 전문인력의 확보는 박물관이 교육적 기능을 성공적으로 수행하는데 반드시 이루어져야 하는 문제이다. 교육프로그램을 개발하고 운영하는 일은 전문적인 영역으로 전문인력에 의해 이루어져야 한다. 그러나 박물관이 안고 있는 예산상의 문제로 필요성에 대한 인식은 이루어져 있으나, 현재 충북지역 대부분의 박물관에서 교육프로그램 전문인력을 확보하지 못하고 있다. 전문인력의 확보는 여건상 어려움이 있더라도 장기적인 박물관 운영계획과 연계하여 이루어질 수 있도록 진지하게 고려해야 한다.

교육프로그램에 대한 전담 부서의 설치와 전문인력의 확보는 교육프로그램의 질과 성과에 직접적인 영향을 미친다. 전문인력에 의해 교육프로그램이 체계화되고 다양하게 운영 된다면 일반시민들에게 문화욕구를 충족할 수 있는 기회를 제공할 수 있으며, 이는 교육프로그램 활성화에도 기여할 것이다.

둘째, 교육프로그램의 차별화 · 다양화가 필요하다.

박물관 설립목적에 부합하고, 다른 박물관과 차별화된 교육프로그램을 다양하게 개발하고 운영하여야 한다. 박물관 특성이 반영된 다양한 교육프로그램은 박물관의 경쟁력을 강화시켜 줄 것이다. 충북지역 박물관의 경우 각각 고유한 특성을 가지고 있는데, 이러한 특성을 장점으로 적극 활용하여 교육프로그램을 개발하고 운영한다면 박물관 교육기능 활성화에 기여할 것이다. 현재는 박물관이 가진 특성을 적극적으로 활용하지 못하고 매년 제한된 프로그램으로 반복적 운영이 이루어져 차별성이 없고 참여자의 흥미를 떨어뜨리고 있다. 교육프로그램의 다양화는 현대에 들어 중요하게 인식되고 있는 문화욕구를 충족시킬 수 있으며, 참여자의 확대로 이어질 수 있다.

박물관은 다양한 대상이 참여할 수 있는 특성을 가지고 있는 공간이다. 박물관의 특성을 살리고 연령별, 계층별, 지역별로 참여자의 수요를 분석하여 교육프로그램을 다양화시키는 노력이 필요하다.

셋째, 교육프로그램 참여 대상의 확대가 이루어져야 한다.

현재 충북지역에서 운영되고 있는 교육프로그램은 참여 대상이 제한적이다. 강좌 교육프로그램 경우 주로 평일에 이루어지고 있어 직장인의 참여가 이루어지지 못하고 있다. 국립청주박물관의 '박물관 연구 과정'처럼 토요일에 운영하거나, 야간에 운영하는 방법 등을 통해 직장인의 참여를 확대할 수 있다.

참여자의 확대와 관련하여 교육시기를 참여자 중심으로 정하고, 노인, 장애인, 외국인 등이 참여할 수 있게 하여 많은 사람들에게 참여 기회를 주어야 한다. 도시지역의 경우 특정 연령층이나 직업을 대상으로 한 교육프로그램의 개발이 필요하다. 기업을 선정하여 참여가능한 시간대에 교육프로그램을 운영한다면, 박물관 후원자로서의 역할을 유도할 수 있을 것이다.

교육프로그램에 대한 참여자의 확대를 통해 일반시민들에게 건전하게 여가를 보낼 수 있는 기회를 제공하고, 체험을 통해 다양한 지식과 정보를 전달할 수 있다.

넷째, 교육프로그램 내용의 심화와 확대가 필요하다.

충북지역 박물관의 교육프로그램은 주로 전통문화와 문화재를 중심으로 운영되고 있으며, 전문박물관의 경우에는 박물관 전문 분야로 한정되어 운영되고 있다. 그러나 비슷한 내용으로 교육프로그램이 반복 운영되고 있어, 박물관 설립취지에 적합한 범위 내에서 새로운 내용의 교육프로그램 개발이 필요하다.

청주고인쇄박물관의 경우 직지와 고인쇄문화을 중심으로 교육프로그램을 운영하다보니, 장기적으로 일반시민의 관심도가 떨어지고 이는 참여에 영향을 미치고 있다. 전문박물관의 특성을 살리면서 전문영역과 관련된 지역의 문화와 역사 등과 연계하여 교육프로그램의 내용을 확대하고, 풍부한 자료를 통해 교육프로그램의 내용을 깊이 있게 구성하여야 할 것이다. 이러한 과정은 일반시민들의 자기 개발에 도움이 될 수 있을 것이다.

다섯째, 교육프로그램을 체험중심과 수준별 차별화 전략으로 운영하여야 한다. 충북지역 박물관에서 운영 중인 소위 박물관 학교의 경우 이론식 강의가 많은 부분을 차지하고 현장답사가 중간에 이루어지고 있다. 이론식 중심의 수업은 다른 사회교육기관과 차별성이 없고 박물관 교육의 특성에도 적합하지 않다. 박물관 자료를 적극 활용하여 실물을 통한 체험 중심의 교육프로그램을 운영한다면 이론식 학습보다 높은 교육적 효과를 제공할 수 있을 것이다. 필요하다면 다른 박물관과의 교류 협력을 통해 교육자료의 확보를 고려해 볼 수 있다.

충북지역 대부분의 박물관에서 수준별로 차별화된 교육프로그램을 운영하고 있지 않다. 매년 같은 프로그램에 대해 내용에서 약간 변화가 있을 뿐, 참여자의 수준을 고려한 차별화된 교육프로그램을 운영하고 있지 않다. 박물관 교육프로그램에 여러 번 참여한 사람은 거의 같은 프로그램을 반복해서 경험하고 있는 셈이다. 교육프로그램을 수료한 사람에게는 더 심화되고 전문적인 내용의 교육프로그램에 참여할 수 있도록 차별화된 교육프로그램의 개발이 이루어져야 한다. 이러한 차별화된 교육프로그램을 통해서 참여자의 만족도를 높일 수 있고, 참여자의 자기 개발에도 도움이 될 수 있다.

이상에서 충북지역 박물관 교육프로그램에 대한 활성화 방안을 살펴보았다. 활성화 방안은 충북지역 박물관이 교육프로그램을 운영하는 데 있어서 발전적인 방향을 제시해 줄 것이다. 충북지역 박물관은 여러 가지 어려운 현실에 직면해 있지만, 교육프로그램에 대한 활성화 방안을 수용할 수 있도록 많은 노력을 해야 할 것이다. 이러한 노력의 결과는 궁극적으로 박물관의 설립취지를 달성하고 박물관의 존재 의의를 밝혀줄 것이다.

[도서]

• 백   령, 『멀티미디어 시대의 박물관 교육』, 예경, 2005.

• 이문원 외, 『박물관과 교육』, 교육철학회, 2005.

• 이난영, 『박물관학 입문』, 삼화출판사, 2001.

• 이보아, 『성공한 박물관 성공한 마케팅』, 역사넷, 2003.

• 이보아, 『박물관학 개론』, 김영사, 2006.

• 김주삼, 『문화재의 보존과 복원』, 책세상, 2006.

• 티모시 앰브로즈 & 크리스핀 페인, 『박물관 경영 핸드북』, 이보아 역, 학고재, 2001.

• Neil Kotler & Philip Kotler, 『박물관 미술관학』, 한종훈 외 역, 박영사, 2005.

[간행물]

• 한국문화관광정책연구원, 『2006 여가백서』, 문화관광부, 2006.

• 한국문화관광정책연구원, 『2005 문화정책백서』, 문화관광부, 2005.

• 문화체육관광부, 『전국문화기반시설 총람』, 2011.

[논문]

• 윤여각, 「박물관 교육의 활성화를 위한 시론」, 한국교육개발원, 2000.

• 최경희, 「박물관교육의 역사적 고찰을 통한 한국박물관교육 현황에 관한 연구」, 상명대학교 대학원, 2000.

• 서상종, 「지역박물관의 교육프로그램 개선방안 연구 : 울산지역 박물관을 중심으로」, 울산대학교 정책 대학원, 2006.

참고문헌

- 송은주, 「경기지역 박물관·미술관 교육프로그램 개발과 지역문화공간으로서의 활성화 방안 : 부천교육박물관, 토탈야외미술관, 이영미술관 프로그램 개발을 중심으로」, 경희대학교 경영대학원, 2004.

- 전혜정, 「박물관 유형에 따른 우리나라 박물관 교육프로그램의 실태 연구」, 상명대학교 대학원, 2000.

- 한수연, 「학교연계교육을 통한 박물관·미술관교육의 활성화 방안 연구 : 서울 신묵초등학교 사례를 중심으로」, 경희대학교 교육대학원, 2006.

- 윤영희, 「지역박물관 교육의 현황과 활성화 방안 : 삼척시립박물관의 학생 대상 교육프로그램을 중심으로」, 강원대학교 교육대학원, 2007.

- 배진희, 「문화관광자원의 결합을 통한 지역박물관 활성화 방안」, 경희대학교 경영대학원, 2004.

- 김명화, 「박물관 교육프로그램의 현황분석과 개발에 관한 연구」, 고려대학교 교육대학원, 2001.

- 최경원, 「사립미술관 운영실태 및 활성화 방안 : 광주·전남 사립미술관을 중심으로」, 국민대학교 행정대학원, 2005.

- 곽권희, 「지역박물관 활성화를 위한 교육프로그램 개선방안 : 목포 인근 지역 공립박물관을 중심으로」, 국민대학교 행정대학원, 2003.

- 이현진, 「박물관의 교육서비스 활성화에 관한 연구 : 유비쿼터스 시대 박물관교육 서비스를 중심으로」, 중앙대학교 예술대학원, 2005.

- 한은희, 「박물관 사회교육 실태 및 교육 요구에 대한 연구 : 국·공립박물관을 중심으로」, 성균관대학교 교육대학원, 1999.

- 김옥자, 「박물관 사회교육에 관한 연구 : 학교연계프로그램 중심으로」, 단국대학교 대중문화예술대학원, 2006.

- 최춘일, 「지역 특성화 전략을 위한 박물관의 역할과 기능 연구 : 수원시 박물관을 중심으로」, 춘계예술대학교 예술경영대학원, 2005.

- 황지영, 「박물관 교육 활성화를 위한 전문인력 개발 및 활용방안 연구」, 중앙대학교 예술대학원, 2005.

- 류숙진, 「박물관 교육프로그램의 마케팅 전략화 방안 연구」, 경희대학교 경영대학원, 2005.

2부_박물관 전시

큐레이터를 위한

박물관 경영과 블록버스터 전시

한정희

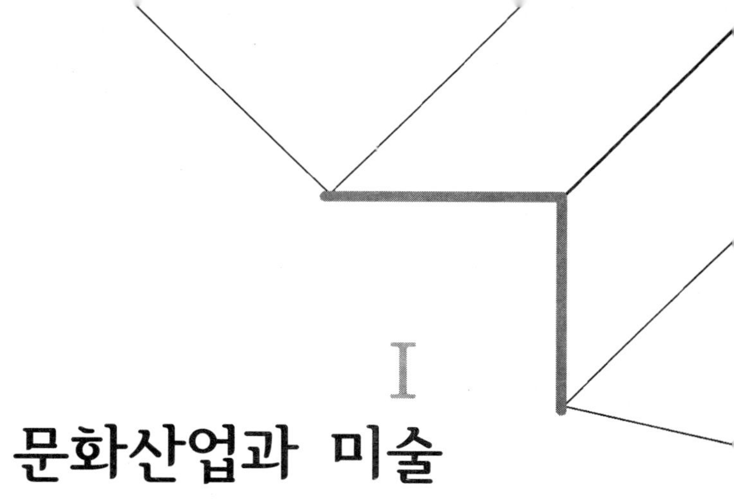

문화산업과 미술

1. 문화의 개념

문화란 한 사회의 구성원으로서 사람이 획득한 지식, 신념, 예술, 도덕, 법, 관습 그리고 다른 능력과 습관을 포함하는 복합체이며 상징을 통해 학습되고 전달되는 사고, 감정, 반응의 형식, 그리고 사회나 집단을 구성하고 있는 모든 사람들이 공유하고 있는 가치관, 신념, 이념 그리고 관습, 지식, 언어, 신앙, 예술 등을 포함하는 거시적이고 종합적인 개념으로 사회나 집단 구성원의 행위에 영향을 미치는 중요한 요소이다. 그래서 이런 것들은 일상생활 양식이나 집단 또는 국가 간의 관념이나 의미작용, 정신작용으로 나타난다. 또 예술이나 여가의 창조적 활동을 통해 볼 수 있다.

문화의 개념을 전문적으로 연구하는 문화연구(Cultural Studies)에서도 문화는 그 의미가 매우 다양하고 복합적이어서 가장 정의하기 어려운 개념 중 하나로 분류되어 왔다. 특히 문화의 의미는 지난 세기 동안 세련된 정신적 교양과 고급예술이라는 개념에 고착되어 왔기에 대중문화나 문화산업이라는 새로운 문화현실을 정의하고 정책 과제를 도출하는 데 많은 어려움이 뒤따랐다. 그러나 이제 문화는 사회생활의 모든 측면과 관계하면서 사회 발전의 주된 동격으로 부상하고 있어, 기존의 편협한 인식에서 벗어날 필요가 있다.

즉 지식인이나 예술전문가들에 의해 고도화된 가치의 구현체로서 특화된 산물이라는 협의의 문화개념에서 벗어나 다양한 삶의 양식이라는 광의의 문화개념으로 확대해야 한다.[28]

---

28) 문화관광부, 2003 문화정책백서, 문화관광부 : 한국문화관광정책연구원, 2004, p.431

2. 문화 활동

1960년대 이후부터 미국에서는 문화경제학(Cultural Economics)이 본격적으로 정착되었다.[29] 피터 드러커(Peter Drucker)는 "21세기는 문화산업이 각국의 승패를 결정짓는 승부처가 될 것"이라고 언급한 바 있다. 이는 국가 경쟁력과 관련해서 문화산업의 중요성을 함축적으로 나타내주는 표현이라고 할 수 있다.[30]

좁은 관점에서 문화적 사업의 개념은 연극, 음악, 오페라, 또는 화랑이나 박물관, 도서관과 전통적 유적지에서 볼 수 있는 시각예술과 같은 행위예술에서의 전문화된 기업들의 생산과 분배를 의미한다. 보다 폭넓은 관점에서의 문화사업 개념은 문화산업(영화, 녹음, 뮤지컬, 출판, 기술) 그리고 미디어(라디오, TV, 신문, 정기간행물)를 포함하여 그 의미를 확대한다.[31]

문화체육관광부와 한국문화관광정책연구원은 1988년부터 3년 주기로, 그리고 2006년부터는 2년 주기로 '국민들이 어떻게 그리고 얼마나 문화적 삶을 누리고 있는가'를 통계적으로 파악하기 위해 설문조사를 실시하고 있다.

주요 조사내용은 ① 예술 향유(관람 및 창작) ② 문화예술교육 ③ 문화시설 이용 ④ 문화관련 자원봉사 및 동호회 활동 ⑤ 역사문화유적지 방문 ⑥ 지역축제 관람 ⑦ 사이버 문화활동 및 매체 이용 예술감상이다.

조사는 15세 이상의 전 국민(제주특별자치도 포함)을 모집단으로 삼고, 다단계층화무작위 표집법에 의해 추출된 5,000명을 대상으로 2010년 4월 5일부터 5월 11일까지 1 : 1 면접에 의해 실시하였다. 표본오차는 95% 신뢰도 수준에서 ±1.4%다.

지난 1년 동안(2009. 3. 1~2010. 2. 28) 예술행사 관람률은 67.2%로, 2008년의 67.3%와 거의 차이가 없었다. 분야별로 보면, 미술전시회, 전통예술공연, 연극, 무용분야의 관람이 늘었다.

예술분야별 연간 관람률은 문학행사 3.8%, 미술전시회 9.5%, 클래식음악회/오페라 4.8%, 전통

---

29) 김문환, 『문화경제론』, 서울대학교 출판부, 1998, p.3
30) 문화관광부, 2003 문화정책백서, 2004, p.248
31) F. 콜버트, J. 낸델, S. 빌로듀, D. 리치, 박옥진, 김소영 옮김, 『문화예술마케팅』, 태학사, 2005, p.19

예술공연 5.7%, 연극 11.2%, 무용 1.4%, 영화 60.3%, 대중가요콘서트/연예 7.6%로 나타났다.

<표 1> 예술행사 관람

예술행사	예술행사 관람률			연평균 예술행사 관람횟수		
	2010년	2008년	2006년	2010년	2008년	2006년
전체	67.2%	67.3%	65.8%	4.2	4.9	4.7
문학행사	3.8%	4.0%	4.4%	0.1	0.1	0.1
미술전시회	9.5%	8.4%	6.8%	0.2	0.2	0.2
클래식음악회/오페라	4.8%	4.9%	3.6%	0.1	0.1	0.1
전통예술공연	5.7%	4.4%	4.4%	0.1	0.1	0.1
연극	11.2%	11.0%	8.1%	0.2	0.2	0.2
무용	1.4%	0.9%	0.7%	0.04	0.03	0.01
영화	60.3%	61.5%	58.9%	3.3	4.0	3.9
대중가요콘서트/연예	7.6%	8.2%	10.0%	0.1	0.1	0.2

출처 : 문화체육관광부, 『2010 문화향수실태조사보고서』, 2010, p.10 <표 1> 참조

평균 관람횟수는 문학행사 0.1회, 미술전시회 0.2회, 클래식음악회/오페라 0.1회, 전통예술공연 0.1회, 연극 0.2회, 무용 0.04회, 영화 3.3회, 대중가요콘서트/연예 0.1회로 나타났다. 2008년 조사와 비교하여 영화 부문의 연평균 관람횟수만 줄었고 다른 부문에서는 큰 변화가 없었다.(<표 1> 예술행사 관람 참조)

전체의 78.5%가 앞으로 1년 이내에 예술행사를 관람할 의향이 있다고 응답하였으며, 관람희망 분야는 영화(80.2%), 대중가요콘서트/연예(40.5%), 연극(37.2%), 미술전시회(15.1%), 전통예술공연(13.6%), 클래식음악회/오페라(11.9%), 문학행사(6.8%), 무용(3.8%)의 순서로 나타났다(의향자 3,923명 기준). 또한, 2008년 조사와 마찬가지로 '예술행사의 내용과 수준'(2010년 39.0%, 2008년 41.6%)과 '관람비용의 적절성'(2010년 38.3%, 2008년 41.2%)이 예술행사 관람의 주요한 기준이었다.

예술행사 관람의 걸림돌은 시간부족(41.5%), 비용과다(29.3%)가 큰 부분을 차지하였다.

2008년 조사와 비교하여 '시간이 좀처럼 나지 않는다.'는 응답(2008년 29.0%)은 늘어난 반면, '비용이 많이 든다.'는 응답(2008년 35.1%)은 줄었다. 예술행사 관람에서뿐 아니라 모든 문화활동에서 '시간부족'이란 응답이 대폭 늘었는데, 이에 대해서는 지속적인 추이 관찰이 필요하다는 결론을 내렸다.[32]

<표 2> 예술행사 만족도 : 관람자 대상

예술행사	만족한다.	보통이다.	불만이다.	계	평균
문학행사	68.8%	26.3%	4.9%	100.0%	3.80점
미술전시회	74.9%	21.0%	4.0%	100.0%	3.89점
클래식음악회/오페라	80.0%	16.0%	4.0%	100.0%	4.01점
전통 예술 공연	82.7%	14.5%	2.8%	100.0%	4.07점
연극	85.6%	9.1%	5.4%	100.0%	4.06점
무용	73.6%	22.8%	3.6%	100.0%	4.01점
영화	81.2%	14.4%	4.3%	100.0%	3.97점
대중가요콘서트/연예	85.1%	10.7%	4.2%	100.0%	4.13점

출처 : 문화체육관광부, 『2010 문화향수실태조사보고서』, 2010, p.32 <표 1 - 18> 참조

<표 1>의 예술행사 관람의 조사에서 2000년과 2003년도와 비교했을 때에도 크게 달라지지 않았다. 그러나 유독 영화 부분에서 2000년 40.0%, 2003년 53.3%로, 대략 13.3%가 상승한 반면 다른 분야에서는 1~3% 정도가 줄었다는 것이다. 그리고 여기에 또 <표 2> 예술행사 만족도 : 관람자 대상 조사를 같이 비교해보면 더욱 재미있는 사실을 알 수 있다. 예술행사의 관람 비중이 가장 높은 분야는 영화였음에도 불구하고 만족도에서 영화가 크게 높지 않고 오히려 8가지 비교대상에서 영화는 6번째의 순위를 차지하고 있다는 것이다. 영화의 관람비중이 높은 것은 가장 접하기 쉬운 상황이라는 점, 특별한 사전 준비나 지식 없이도 불특정 다수가 즐길 수 있다는 점, 비용 측면에서도 다른 예술행사에 비해 크게 부담을 주지 않는다는 점 등이 가장 큰 이유일 것이다. 하지만 만족도 면에서 상대적으로 낮은 이유는 다른 예술행사 관람에 비해 불특정 다수가 관람을 하는 과정에서 흥행에도 성공하고 예술적 감동과 만족을 준 작품은 사실상 적기 때문일 것이다.

---

32) 문화체육관광부, 2010 문화향수실태조사보고서, 문화체육관광부 : 한국문화관광정책연구원(공편), 2010, 내용 참조

또한 미술 전시회의 경우 〈표 1〉에서는 영화 관람은 60.3%이었고 미술행사 관람은 9.5%로, 미술행사는 세 번째의 순서이지만 비중에서는 큰 차이를 나타내고 있다. 또 〈표 2〉의 예술행사 만족도의 여덟 가지 분류대상에서 대중가요콘서트/연예(4.13점)가 첫 번째 순서이며, 미술전시회(3.89점)는 일곱 번째 순서로 거의 최하위이다. 결국 미술 전시회는 관람의 횟수도 높지 않고, 만족도 또한 낮은 것이다.

그리고 또 한 가지 문화시설 이용률(문화행사 참여율)을 시설별로 살펴보면, 시/군/구민회관 11.5%(4.9%), 문화예술회관 11.5%(8.1%), 복지회관 11.4%(4.3%), 청소년회관 4.2%(1.8%), 문화원 2.1%(1.3%), 도서관 20.5%(3.5%), 박물관 14.8%(9.0%), 문화의집 1.2%(0.6%), 대학교 부설 사회문화교실 1.7(1.0%), 사설문화센터 6.0%(3.0%)로 나타났다.

〈표 3〉 문화시설 이용과 문화시설 행사참여

지역문화시설	문화시설이용률			문화행사참여율		
	2010년	2008년	2006년	2010년	2008년	2006년
전체	52.2%	45.2%	41.9%	26.6%	30.0%	30.1%
시/군/구민회관	11.5%	12.0%	11.2%	7.7%	7.8%	8.3%
문화예술회관	11.5%	11.5%	11.3%	8.1%	9.7%	9.9%
복지회관	11.4%	7.7%	7.5%	4.3%	4.7%	5.3%
청소년회관	4.2%	4.4%	3.6%	1.8%	2.7%	2.4%
문화원	2.1%	2.1%	2.1%	1.3%	1.8%	1.7%
도서관	20.5%	16.2%	12.8%	3.5%	3.9%	5.5%
박물관	14.8%	12.1%	12.3%	9.0%	8.0%	8.8%
문화의 집	1.2%	…	…	0.6%	…	…
대학교부설 사회문화교실	1.7%	1.7%	1.4%	1.0%	1.2%	1.0%
사설문화센터	6.0%	5.5%	4.6%	3.0%	4.3%	3.3%

출처 : 문화체육관광부, 2010 문화향수실태조사보고서, 2010, 요약 〈표 4〉 참조

〈표 3〉에서 2010년을 기준으로 10여 곳의 문화시설 중 이용률이 가장 높은 곳은 도서관(20.5%)이고, 다음으로 박물관(14.8%)이다. 그리고 문화행사 참여율에서는 박물관(9.0%)이

가장 높은 비중을 차지하고 그 다음으로 문화예술회관(8.1%)으로 나타났다. 따라서 가장 문화적이라고 생각하는 장소와 행사는 박물관이라고 볼 수가 있다.

최종적으로 〈표 1〉, 〈표 2〉, 〈표 3〉을 종합적으로 비교 분석할 때 접근성, 경제성, 만족도 모두를 만족시킨 분야는 특별히 나타나지 않았다. 따라서 결국 조사한 모든 예술 행사는 각기 부족한 부분에 대한 노력을 해야 할 필요가 있다.

여기서 특히 주목해야 할 것은 박물관을 중심으로 볼 때 가장 문화적이라고 생각하는 장소가 박물관이면서도 전시를 관람하는 횟수와 만족도는 현저히 낮다는 사실이다. 이는 박물관이 아직도 개발할 여지가 많은 가능성과 기대를 가진 곳임을 보여주는 사실로서, 큐레이터들이 현재와는 다른 차별화된 감동과 재미를 주고 흥미를 유발시킬 수 있는 전시를 끊임없이 계발하고 대중에게 다가가려는 노력을 지속적으로 해야 할 것이다.

3. 문화 예술 마케팅

1967년에 최초로 문화사업에서 마케팅이라는 문제가 코틀러(Kotler)라는 한 학자로부터 제기되었다. 그는 자신의 개론서에서 박물관이든 공연장이든 도서관이든 대학이든 모든 문화 단체들은 문화상품을 생산하고 있음을 지적하고, 이들 모두 소비자들의 관심을 얻어 국가적 자원에 대한 자기 몫을 늘리기 위해 경쟁해야 한다고 주장했다.[33] 오늘날에는 문화와 산업, 문화와 마케팅이 자연스레 접목되고 또 그렇게 되었을 때 상호 성장할 수 있다. 그 동안 문화예술 분야는 산업화가 많이 되어 있지 않았다. 문화예술인들 또한 마케팅이나 제품화보다는 자신의 취미나 흥미, 열정에 따라 주로 작품 활동을 해왔다. 그래서 이처럼 소득과 관계없는, 혹은 소득으로 연결되지 못한 작품활동에 대해 공적 차원에서 지원이 있었다. 문화예술의 작품활동이 공익적 성격이 있다고 판단했기 때문에 직접 혹은 재단을 만들어 지원을 해주는 경우가 많았다.

하지만 정부 지원에 마냥 의존해서는 문화예술단체 운영이 적자를 면치 못할 뿐 아니라 생존 자체가 어려운 경우도 발생한다. 그나마 정부의 지원금도 점차 줄어가고 있다. 이제 소비자 즉, 관객을 대상으로 하여 수입을 늘리든지 기업의 스폰서십을 이용해야 한다. 문화예술 분야에서 기업의 역할이 크게 늘어난 것이다. 기업이 문화예술 분야의 스폰서십을

---

33) F. 콜버트, J. 낸델, S. 빌로듀, D. 리치, 『문화예술마케팅』, 박옥진, 김소영 옮김, 태학사, 2005, pp.29~30

통해 사회적 차원의 기여를 하고 자사의 이미지를 향상시키고 있다. 일부 기업들은 스폰서십에 머물지 않고 더 적극적으로 문화예술기관과의 파트너십을 형성하고 이를 마케팅에 접목하여 적극 활용하기도 한다.[34] 이러한 시도들은 기업과 문화예술 양쪽 모두에게 성공적인 결과를 가져온 좋은 사례들이 되고 있다.

---

34) 김민주 외 공저, 『컬덕(Cult Duct) 시대의 문화마케팅』, 미래의창, 2005, pp.22~23

Ⅱ

현대박물관과
블록버스터 전시의 고찰

1. 현대박물관의 기능과 역할

현대적 개념의 박물관은 17세기 유럽에서 시작되었다. '박물관(Museum)'이라는 용어가 처음 사용된 것은 1682년으로 영국의 엘리아스 에쉬몰(Elias Ashmole)이 트라데산트(Tradescant)의 수집품과 자신의 수집품을 옥스퍼드 대학에 기증하고, 이곳의 소장품을 일컫기 위해 '박물관'이라는 용어를 사용했다.

시민혁명을 거치면서 박물관은 종래의 학자나 예술사 등 특정 계층을 위한 학술연구기관의 성격을 띠게 되었고, 점진적으로 대중에게 지식을 보급하기 위한 교육기관으로서의 역할도 담당하게 되었다. 1845년 영국의회가 제정한 박물관령에서 박물관의 교육기능을 공식적으로 강조하였고, 이로써 공공기관의 면모를 갖추게 되었다. 19세기 박물관 활동의 가장 혁신적 변화는 '전문 박물관의 형성'을 들 수 있다. 19세기 이전의 박물관은 대부분 종합 박물관의 성격을 띠고 있었으나, 19세기 이후 과학의 진보에 따른 수집품의 증대와 분류·정리가 체계적으로 이루어지면서, 과학박물관과 같은 전문 박물관이 설립되었다.[35]

과거에는 박물관에서 소장품이 가장 중요한 요소였기 때문에 오랫동안 박물관 관리자와 전문가가 박물관 프로그램을 관장하였다. 하지만 20세기 초에 이르러 박물관의 중심은 더 이상 소장품이 아니라, 정보와 교육 자원, 프로그램을 제공하는 것으로 인식되었다. 이러한 진보적인 인식으로 인해 박물관의 주된 기능은 관람객으로 하여금 흥미를 느끼게 하고

---

35) 이보아, 『박물관학 개론』, 김영사, 2003, pp.46~47

오래도록 기억에 남는 경험을 하게 하는 것으로 바뀌었다.[36]

오늘날 일반인들의 교육 수준이 향상되고 여가 시간이 많아짐에 따라 박물관은 일반인의 삶에서 점점 더 큰 비중을 차지하고 있다. 피에르 길버트(Pierre Gilbert)의 말대로, "우리 시대는 일상의 생계에 쫓겨 문화적 삶을 향유할 준비가 되어 있지 않은 사회에 대해, 그리고 여가 시간이 증가함에 따라 박물관을 관람할 기회가 더 많아진 사회에 문화적 삶을 촉발할 사명을 지니고 있다."[37]

현대 사회에서 박물관의 대중성 확보라는 과제는 박물관 역할에 대한 변화를 요구하는 것이다. 첫째, 사회 공공기관으로서의 박물관의 역할이다. 둘째, 대중을 위한 문화 서비스의 역할이다. 마지막으로 현대로 들어서면서 가장 부각되는 박물관의 역할은 사회교육기관으로서의 박물관이다. 박물관은 비공식적인 교육 환경으로서, 대중에게 즐거움과 위락과 정서 함양을 제공해준다. 동시에 자아실현과 자기 성장을 위한 성찰과 타인에 대한 이해의 기회를 주며, 삶의 풍요롭게 해준다.[38] 또한 최근 들어 박물관의 가장 큰 관심은 경제적 역할이다. 박물관의 수익은 때로 국가 경제에 큰 역할을 담당하기도 한다. 대표적인 사례로 프랑스의 루브르 박물관이나 영국의 대영박물관 등은 세계 각지에서 수많은 사람들이 기꺼이 비용을 지불하고 여행지로 선택하고 있다.

이같은 경제성에는 박물관의 건축이나 소장품, 블록버스터 전시 등이 동기로 작용하는데, 우리나라 박물관도 이제 이러한 경제성 있는 상품으로서 선택될 수 있도록 블록버스터 전시(특별 전시)를 발전시켜야 할 것이다.

2. 기획전과 특별전

오늘날의 '상설'적 전시란 의도적으로 장기간에 걸쳐 올리는 전시로 임시적 또는 단기적 기획전과 대비되는 뜻으로 사용된다. 일반적으로 '상설'이라 함은 최소한 10년 이상을 말한다. 혹자는 "상설전은 반복적인 방문객들을 주 대상으로 하고, 기획전은 박물관을 자주 찾

---

36) Neil Kotler & Philip Kotler, 한종훈·이혜진 역, 『박물관 미술관학-뮤지엄 경영과 전략-』, 박영사, 2005, p.20
37) 조지 엘리스 버코, 양지연 옮김, 『큐레이터를 위한 박물관학』, 김영사, 2001, p.49
38) 이보아, 『성공한 박물관 성공한 마케팅』, 역사넷, 2003, pp.22~23

지 않는 관람객을 주 대상으로 한다."고 정의하기도 한다. 이는 매우 흥미로운 구분으로, 특히 상설전은 무료이고 기획전에만 입장료를 부과하는 경우에도 해당될 수 있을 것이다. 박물관과 컬렉션의 성격 및 전시 정책은 상설전의 형식에 많은 영향을 미친다.[39]

기획전시는 목적, 주제, 전시물, 전시 내용, 전시공간의 구성이 다양하게 전개되며 가변성이 뛰어나야 한다. 일반적으로 상설전시가 박물관의 소장품을 기초로 구성되는 반면, 기획전시의 경우에는 전체 또는 부분적으로 타 박물관, 개인, 기관으로부터 대여나 교환을 받는다. 기획전시는 단순히 전시회뿐만 아니라, 관련 주제의 학술 세미나, 특별 행사 등을 동시에 기획하여 그 주제의 표현을 극대화시키는 것이 바람직하다.[40]

신소장품전이나 기증 유물전이 특별전시에 해당된다. 특히 박물관에서 새로 수집한 유물이 상설전시로 선보일 때까지는 오랜 시간이 소요되기 때문에, 신소장품전은 박물관 활동의 새로운 성과를 제시하기 위해 기획된다. 일반적으로 상설전시보다는 기획전시와 특별전시의 파급효과가 크고 관람객 유입도 많지만, 이로 인해 상설전시의 중요성을 간과해서는 안 된다.[41]

블록버스터 전시(특별전)는 전시마다 상설전, 기획전, 특별전의 성격을 조금씩 나누어 갖고 있다. 상설전의 특징인 소장품 전시가 블록버스터 전시가 되어 해외를 순회하는 경우와 전체 또는 부분적으로 타 박물관, 개인, 기관으로부터 대여나 교환을 받는 형식이 있다. 또 성격적으로는 목적이나 주제가 뚜렷한 단일·단독 작가의 전시, 소장품 전시, 주제 전시로 구분할 수 있다.

3. 블록버스터의 의미와 유래

1967년부터 77년까지 메트로폴리탄 미술관 관장을 역임했던 하빙(Thomas Harving)은 블록버스터 형식을 착안한 사람으로 알려져 있다. 미국의 미술관들이 엘리트적이라는 비난에 처해 있을 때 그는 일련의 스펙터클 전시들을 기획하여 새로운 대중주의 요소들을 도입했다. 그 과정에서 미술관의 공적 책무, 즉 가능한 많은 사람들이 전시를 접하게 하고 그들을

---

39) 마이클 벨처, 『박물관 전시의 기획과 디자인』, 신자은·박윤옥 옮김, 예경, 2006, pp.72~73 참조
40) 이보아, 『성공한 박물관 성공한 마케팅』, 역사넷, 2003, p.182
41) 위의 책 p.182

교육할 임무는 그처럼 일시적인 관심 끌기를 통한 관람객의 증대라는 시각에서 재조정되었다. 곧 미국과 다른 여러 나라의 미술관들이 이러한 흐름에 따랐다. 그러나 1970년대 이래로 종종 블록버스터의 부정적 측면에 대한 문제가 제기되었는데, 그러한 견해를 피력한 이들은 보험비용의 증가, 전시를 목적으로 다른 미술관에 대여함으로써 빚어지는 미술작품의 잠재적 손상 가능성을 우려했다. 그럼에도 불구하고 블록버스터는 계속 번성했다.[42]

해외의 경우, Art Institute of Chicago에서는 1995년 Claude Monet 작품의 블록버스터 전시회(Blockbuster Exhibition)가 흥행에 성공하였다. 전시기간(19주) 동안 무려 96만 명이 전시회를 관람하는 엄청난 기록을 세운 것이다. 이 전시를 통하여 미술관은 회원 모집, 기부금 확보, 기업 협찬, 기념품 판매, 시설 임대료 수입 등 여러 분야에서 상당한 수익을 올렸다. 그 결과 이 전시회는 Chicago의 소득 및 고용 창출 면에서 약 3억 달러에 달하는 경제적 파급효과를 가져왔다. 또한 1996년 Philadelphia Museum of Art에서 열렸던 Cezanne 전시회에는 13주 동안 관람객 55만 명이 다녀가는 성황을 이루었다. 전시기간 등안 시내 호텔 투숙객이 몰리는 등 Philadelphia 전체적으로 약 8,650만 달러의 부가수입을 올릴 수 있었다. 이에 시 당국은 미술관을 주요 관광명소로 지정하고 미술관에 프로그램을 홍보할 수 있는 보조금을 지원하였다.[43]

최근 우리나라에서도 2000년도를 기점으로 블록버스터 전시가 줄을 잇고 있다.

전시의 성격상 대규모 관람객을 유치하기에 적당한 규모의 박물관 및 미술관 등에서 주로 열리고 있다. 서울시립미술관, 예술의전당 한가람미술관, 국립중앙박물관, 덕수궁미술관(국립현대미술관 분관), 소마미술관 등은 블록버스터 전시를 자주 볼 수 있는 곳들이다. 국내에서 블록버스터 기준에 해당하는 최소 30만 명 이상이 다녀간 전시는 주로 한국미술품보다 서양미술과 서양예술가, 서양미술사를 주제로 한 전시들이었다.

4. 블록버스터 전시의 성격

블록버스터 전시라고 분류할 수 있는 구성내용은 경영의 관점에서 보자면 전시가 끼치는 영향 즉 참가자 규모, 미디어 활용, 인프라, 투자 및 수익 등의 기준을 가지고 나누고 있다.

---

42) 에머 바커 엮음, 『전시의 연금술 미술관 디스플레이』, 이지윤 옮김, 아트북스, 2004, p.150
43) Neil Kotler & Philip Kotler, 한종훈·이혜진 역, 『박물관 미술관학-뮤지엄 경영과 전략-』, 박영사, 2005, pp.3~4

이러한 분류 외에 게츠(Getz) 등의 방문객 입장과 시행자 입장에서의 기준으로 나누는 경우도 있다.[44]

(1) 단독작가 전시(화풍의 한시기/전 생애)

이러한 전시의 주된 목적은 한 작가의 작품들을 한데 끌어모음으로써 그 작가의 종합적인 성취도를 평가하고 감정할 기회를 제공하는 데 있다.

(2) 소장품 전시

박물관의 개관 기념이나 박물관 건물의 증축, 보수를 할 경우에는 해외에서 순회전시를 하기도 한다. 또한 그동안 각 박물관 및 미술관이 모아온 소장품을 토대로 일정기간 동안 전시하는 경우도 이에 해당한다.

(3) 주제 전시

주제와 전시내용이 뚜렷한 목적을 가지고 기획전시의 성격을 지니고 있다. 따라서 그 주제에 해당하는 작품들을 한데 모아 전시를 기획·준비한다. 주제전시의 경우 중요한 논점이 되는 분야의 주제를 정하거나 관람객을 위한 교육적인 의미도 포함하고 있다. 따라서 주제에 알맞은 작품을 선정하고 각 기관의 소장품과 함께 해당 소장처나 개인 소장가에게 작품을 대여하여 한 곳에 모아 전시를 하게 된다.

〈표 4〉 블록버스터 전시의 성격

구분	전시 성격	전시 내용
일회성/순회성	단독작가 전시	한국미술품/해외미술품
	소장품 전시	
	주제 전시	
전시 주최·기획·장소		

---

44) 박신의 외 지음, 『문화예술경영 이론과 실제』, 생각의 나무, 2002, pp.301~302

위의 〈표 4〉 블록버스터 전시의 성격에서 중점적으로 살펴볼 내용은 주최 및 기획자와 전시하는 기관이 동일한 곳인지, 주최자가 국내기관인지 해외기관인지도 중요하다고 할 수 있다. 블록버스터 전시가 많이 개최되고 좋은 성과를 이뤄내도 결국에 주최자가 가장 많은 수익을 창출하는 구조이기 때문이다.

5. 블록버스터 전시가 박물관에 미치는 영향

최근 박물관들은 재정적인 부담에서 벗어나기 위해 노력하고 있다. 비영리기관의 이미지에 맞게 꾸려가기엔 정부의 보조금이 점점 줄어들고 있기 때문이다. 따라서 경영과 마케팅 시스템을 도입해 성공적으로 이끌어 가고 있는 사례들을 자주 듣게 된다. 구겐하임미술관의 경우도 예일대학 경영대학원 출신인 크렌스가 관장을 맡으면서 현재의 입지를 구축할 수 있었던 것을 보면 잘 알 수 있다.

박물관에서 관람료는 수입의 원천이다. 따라서 얼마나 많은 관람객을 끌어 모으고 유지시켜 나가느냐에 따라서 박물관의 운영에 절대적 영향을 미친다. 설립시기부터 대중에게 무엇을 보여줄 것인지 또 관람객이 무엇을 원하는가를 잘 연결시킨다면 이윤을 낼 수 있을 것이다. 그런데 비영리기관으로 대영박물관처럼 무료입장을 하는 경우도 있고 우리나라 국립중앙박물관의 경우 2005년 당시 인상된 요금이 2,000원이지만 다른 박물관의 경우 대략 1,000원 내외의 요금을 받아왔다. 2008년 이후부터 상설전시는 무료관람으로, 기획전이나 특별전은 전시별로 차등 요금이 부과되고 있다. 따라서 각 기관은 현재까지(2011년) 개최되었던 블록버스터 전시의 입장권 금액이 10,000원 이상의 비용이 책정되는 기획전이나 특별전의 비중을 늘리고 있는 실정이다. 이것은 각 기관의 재정에 많은 긍정적 이익을 주는가 하면 홍보효과까지 커서 공적인 이미지가 높아진다.

또한 블록버스터 전시를 통해서 박물관을 처음 경험했던 대중들은 박물관에 대한 문화적 인식을 할 수 있는 기회를 갖게 된다. 또 우리나라에서 블록버스터 전시를 관람할 경우, 외국에 나가지 않고서도 서울 도심권에서 해외의 유명한 작품들을 쉽게 관람할 수 있으니 블록버스터 전시가 주는 장점은 아주 많다고 할 수 있다. 또한 블록버스터 전시를 통해 박물관은 기업의 지원금을 받기도 하고 파트너가 되기도 하는데 이는 곧 기업의 메세나(Mecenat) 역할이 되기도 하고 기업 마케팅의 일환이 되어 양자에게 많은 이득을 안겨준다. 또한 전시미술계 한 관계자는 블록버스터 전시의 긍정적 효과에 대해서도 언급했는데, "수익을 창출해야 하는 공공미술관들의 현실과 실속 없는 전시는 외면하기 시작한 관객들의 수준 향상을 감안하면 미술의 대중화에 기여하는 긍정적인 면도 많을 것"이라고 지적했다.[45]

반대로 지나치게 흥행·흥미 위주로 전시가 이루어지는 데 대한 우려의 시선도 있다. 미술평론가 박영택씨는 "세계적 작가의 작품을 관람할 수 있는 기회를 제공한다는 긍정적 측면도 있으나 주로 밀레, 샤갈 등 교과서 등을 통해 대중에 매우 익숙한 작가의 작품전을 반복하고, 그것도 비용문제 등으로 그들의 대표작이 아닌 작품들을 전시해 전체적으로 전시의 질이 떨어지는 경우가 많다."고 지적했다. 그는 또 "최근 중앙언론사들이 기획사와 손잡고 지극히 상업적 전시를 유치하면서 그것을 자사 지면이나 방송을 통해 대대적으로 과대 포장하는 것도 바람직한 현상은 아니다."라고 꼬집었다.[46] 또한 블록버스터 전시가 미치는 가장 큰 악영향은 한국 작가들의 전시기회를 잠식하고 일부 외국작가의 유명세에만 의존해 내실 없는 전시가 되기도 한다는 점에서 미술계 안팎의 불만이 적지 않은 것이 사실이다.

또한 블록버스터 전시는 많은 관람객이 찾아오기 때문에 줄을 선 관람객들은 기다리다 지쳐 돌아가기도 했으며, 막상 전시실에 들어갔다고 해도 너무 많은 인파에 몰려 작품을 제대로 감상하지 못하고 인파에 휩쓸려 다니기 일쑤이다. 따라서 전시 설명회가 있다고 해도 제대로 설명을 듣기 어려워 애써서 박물관이나 미술관을 찾은 사람들에겐 불평의 소리가 나오기 마련이다. 그리고 블록버스터 전시를 통해 처음으로 박물관을 찾는 경우가 많다는 사실을 고려할 때, 전시의 환경과 내용에 대해 만족도가 낮을 경우 오히려 전체 박물관에 나쁜 이미지를 갖게 되어 다시 방문하지 않는 악순환에 빠질 수 있다. 하지만 이런 문제점들에도 불구하고 많은 사람들이 블록버스터 전시를 통해 박물관을 찾고 있다. 이러한 좋은 현상이 언제까지 지속될지 모르나 이제까지의 경험을 바탕으로 좋은 해결책을 찾을 수 있다고 생각해본다.

---

45) "공공 미술관서 1년내내 블록버스터 전시", 연합뉴스, 2006.1.5, http://news.media.daum.net/snews/culture/art/200601/05/yonhap/v11305505.html

46) "블록버스터전시라야뜬다?", 뉴스메이커, 2005.6.3, http://www.deoksugung.com/bbs/view.php?id=news&page=2&sn1=&divpage=1&sn=off&ss=on&sc=on&select_arrange=headnum&desc=asc&no=16

6. 현대박물관의 마케팅과 블록버스터 전시

마케팅 믹스(Marketing Mix)는 조직이 표적 시장에서 마케팅 목표를 달성하기 위해 사용되는 마케팅 도구들의 집합으로, 레이저와 켈리(W. Lazer and E. J. Kelly, 1958)는 마케팅 변수들을 기억하기 쉽게 제품(Product), 가격(Price), 유통(Place), 촉진(Promotion) 등의 영역으로 구분했다.

〈표 5〉 확장된 개념의 일반적 마케팅 믹스

마케팅믹스	내용
Product	물리적 상품의 특징, 품질수준, 보조물, 포장, 제품계열, 브랜드
Price	유연성, 가격수준, 거래조건, 할인
Place	경로 유형, 중개상, 매장위치, 운송, 저장, 경로관리
Promotion	인적판매, 광고, 판촉, 홍보
Physical Evidence	설비설계, 장비, 표지, 종업원 복장, 명함, 팸플릿, 계산서
People	종업원 선발과 교육, 고객의 교육과 의사소통, 문화가치
Process	서비스 활동의 흐름, 서비스전달단계의 수, 고객의 참여수준

〈표 6〉 박물관 마케팅 믹스의 내용

마케팅 믹스	내용
Product	박물관 자체, 전시, 교육 프로그램, 특별행사 등
Price	박물관 재정, 스폰서십, 회원제도, 입장료, 프로그램 참여 비용 등
Place	지리적 위치, 교통관계, 공간구성 등
Promotion	촉진계획 광고, 홍보, 관광 상품화 등
Physical Evidence	박물관 팸플릿, 브로슈어, 소식지
People	박물관 직원, 자원봉사자, 이용자의 교육과 의사소통
Process	행사진행, 서비스 활동의 흐름

마케팅 믹스의 요소들은 마케팅 기획에서 핵심적인 결정 변수이며, 요소들 사이에 상호의존성이 매우 높다. 서비스 마케팅의 경우에는 고객과 의사소통하고 그들을 만족시키기 위해 추가적인 변수가 사용되는데, 여기에는 물리적 증거(Physical Evidence), 과정(Process), 사람(People)이 포함된다. 일반적인 마케팅 믹스와 마케팅 믹스를 박물관에 적용한 내용은

위의 도표에 제시되어 있다.[47] 이는 블록버스터 전시를 구성하는 전제 조건에 해당하는 요소로서 Product, Price, Place, Promotion의 세부적인 내용을 통하여 살펴본다.

(1) 제품(Product)

코틀러와 코틀러(Neil Kotler & Philip Kotler, 1998)에 의하면, 박물관은 관람객에게 기본적으로 다섯 가지를 제공할 수 있다. 첫 번째는 박물관 외관과 내부 건물, 시설 공간을 포함한 박물관 그 자체, 두 번째는 유물, 예술작품, 표본물과 같은 소장품과 전시, 세 번째는 레이블, 텍스트, 카탈로그와 같은 해석 자료, 네 번째는 강좌, 공연, 특별행사와 같은 프로그램, 다섯 번째는 리셉션, 오리엔테이션, 편의시설, 뮤지엄 숍, 레스토랑과 같은 박물관의 서비스이다.[48]

(2) 가격(Price)

일반적으로 공공예술기관은 수입과 지출이 직접 연계되지 못하고, 각각 별도의 논리와 절차에 따라 세입과 세출 예산 형식으로 편성되기 때문에, 지출한 비용에 맞추어 가격을 설정하기가 힘들다. 따라서 비용 문제는 가격 설정 시 거의 고려되지 못한다. 결과적으로 박물관은 비슷한 예술상품을 시장가격에 비해 낮은 수준으로 단일화된 가격 설정을 하거나 심지어는 무료입장권을 제공하는 경우가 많다.

박물관과 미술관의 경우, 비영리적이며 공익을 제공하는 서비스 특성으로 인해 제품에 대한 가격은 이윤의 극대화를 추구하기 위한 것이 아니라 박물관 이용을 극대화하며 공익을 제공하는 설립 취지를 근거로 결정된다. 또한 이러한 공공기관은 국민 또는 지역 주민의 세금으로 운영되기 때문에 가격이 높으면 수요자들이 거부감을 느끼고, 비영리적 특성이 희석될 수 있다. 자신이 낸 세금으로 운영되는 박물관에 다시 입장료를 내야 한다는 사실을 받아들일 수 없는 사람들도 있기 마련이다. 이러한 이유에서 영국의 대영박물관이나 미국의 스미소니언 박물관 등이 입장료를 받지 않고 있다. 따라서 설립취지와 가격정책, 박물관 경영과 프로그램 개발에 관련된 현실적인 운영 상황, 관람객의 요구를 모두 고려해서 가격을 결정해야 한다.

일반적으로 박물관은 관람대상, 프로그램이나 제품의 장소와 시간에 따라 가격에 대한 차별화를 적용하고 있다. 장소에 따라서는 특별한 기구나 기계를 사용하는 장소, 시간

---

47) 이보아, 『성공한 박물관 성공한 마케팅』, 역사넷, 2003, p.349
48) 위의 책, p.350

에 따라서는 일반 관람시간과 저녁 관람시간, 프로그램에 따라서는 상설전시와 기획전시, 교육프로그램, 안내프로그램, 회원제도 등으로 가격 차별화를 실행할 수 있다.[49]

(3) 장소 및 유통(Place)

마케팅에서 말하는 'Place'는 장소라는 개념으로 이해되기도 하지만 보다 넓게 유통의 의미로 사용된다. 경영학적 관점에서 유통이란 '생산자와 서비스 제공자들로부터 최종 소비자에 이르는 다양한 조직들 사이의 관계들을 연결시켜 주며, 주문 거래 협상, 지불, 금융 및 수송, 보관과 같은 마케팅 기능의 흐름을 촉진시켜 주는 활동'을 의미한다.[50]

박물관 제품이 유통되는 물리적 공간은 박물관이다. 전시는 전시실에서, 교육 프로그램은 교육 강의실에서 이루어진다. 박물관 상품은 일반적으로 뮤지엄 숍에서 판매되지만 프랜차이즈를 통해 여러 장소 때로는 국경을 넘어 판매되기도 하고, 최근에는 인터넷을 통해 판매되기도 한다. 전시의 경우 기존에는 관내 전시에 주력했으나 점차 야외전시나 이동전시 및 순회전시 등의 관외 프로그램으로 그 범주가 확장되고 있다. 순회 전시(Traveling Exhibition)의 경우, 해외 박물관에 직접 찾아가지 않고 볼 수 있다는 장점을 지닌다.

(4) 촉진(Promotion)

촉진은 네 가지의 구성 요소, 즉 광고·홍보·인적 판매, 그리고 판매 촉진 등의 요소로 구성된다.

(5) 홍보

홍보에서 가장 중요한 고려사항은 무엇보다도 '최소의 비용'으로 '최대의 효과'를 얻을 수 있는 방법이다.

박물관은 관람객 조사를 통해 정보원에 대한 관람객의 접근 방식을 파악한 후 계층별 특성에 따라 홍보 방법과 전략을 결정해야 홍보의 효과를 높일 수 있다. 또한 목표 마케팅을 통해 박물관은 목표 관람객에게 가장 효과적으로 메시지를 전달할 수 있는

---

49) 이보아, 『성공한 박물관 성공한 마케팅』, 역사넷, 2003, pp.361~372
50) 박충환·오세조·김동훈, 『시장지향적 마케팅 관리』, 박영사, 2002, p.259

방법과 경로를 파악할 수 있다. 또한 기존의 관람객들로부터의 지지를 좀 더 확고히 할 수 있고, 잠재적인 관람객 계층에게 박물관에 대한 긍정적인 이미지를 부각시킴으로써 성공적인 홍보효과를 얻을 수 있다.[51]

홍보의 유형에는 직접적 방법과 간접적 방법이 있다. 전자는 포스터, 팸플릿, 리플릿, 도록, 안내문, 초대장 등을 제작하여 맨-투-맨(man-to-man) 방식으로 DM(Direct Mail)을 발송하는 것이며, 후자는 매체 홍보이다. 매체 홍보란 신문, 잡지, 라디오, 텔레비전 등의 언론 매체에 뉴스거리가 될 만한 보도자료를 배포하여 무상으로 실릴 수 있는 홍보방법을 말한다.[52]

(6) 광고

광고는 특정 매체를 통해 일정한 대가를 지불하면서 제품이나 프로그램을 홍보하는 것으로서, 아이디어나 제품 또는 서비스에 대한 정보를 표적 고객에게 비인적 매체를 통해 전달하는 것을 의미한다. 일반적으로 광고는 텔레비전, 라디오, 잡지, 신문, 포스터 및 광고탑, 인터넷 등의 매체를 통해 이루어진다. 포스터, 현수막, 안내문은 관람객의 관람욕구를 자극하고 전시정보를 제공하기 위해 제작되는데, 일시·장소·가격·문의전화 등 전시와 관련된 간략한 정보가 제공된다. 안내문은 간단하지만 전시의 내용을 함축적으로 설명할 수 있어 홍보자료로서 유용한 가치를 지닌다.

(7) 섭외

섭외의 대상은 회원, 후원자 등 재원 조성의 대상이 되는 공공기관이나 기업, 잠재 관람객인 지역의 단체와 기관들로 제한되어 있다. 박물관의 성과를 널리 알리고 이용자들이 만족스럽게 박물관을 이용하고 있다는 사실을 후원자들에게 인식시키는 것은 재원 조성에서 가장 중요한 부분을 차지한다.

(8) 직접우편광고(DM 광고 ; Direct Mail Advertising)

이 방법은 표적 소구 대상을 적절히 선정할 수 있고, 대량 광고에 비해 설득력이 높고, 광고의 내용이나 형식이 자유롭고, 많은 정보를 제공할 수 있다. 또 효과 측정이

---

51) 이보아, 『성공한 박물관 성공한 마케팅』, 역사넷, 2003, pp.373~387
52) 김주호·용호성, 『예술경영』, 김영사, 2002, p.157

상대적으로 쉽기 때문에 고객관리(CRM : Customer Relationship Management)의 핵심을 차지한다.

(9) 구전

구전(Word of Mouth)이란 소비자들이 스스로가 제품이나 서비스에 관한 개인적인 직접·간접 경험에 대해 긍정적이거나 부정적인 정보를 비공식적으로 교환하는 자발적인 의사소통 과정 또는 행위를 의미한다.

관람객은 대중매체를 통한 광고와 홍보 등의 정보 원천으로부터 정보를 구하거나 혹은 친구나 가족 등 주위의 다른 사람들로부터 정보를 수집하고 그들의 의견을 구하기도 한다. 이는 관람객들이 제품 구매에서 얻게 될 재정적 또는 심리적 위험을 감소시키기 위해서이다. 일반 소비자와 마찬가지로, 박물관 관람객들은 상업적 원천보다는 친구나 가족 등 준거 집단이 제공하는 정보나 의견을 신뢰하는 경향이 강하다. 준거 집단은 동기 유발과 관람 소비행동에 가치 표현적, 정보 제공적, 규범적 영향을 미친다.

(10) 판촉

미국 마케팅 학회(American Marketing Association)에서는 판매 촉진을 '고객의 구매를 자극하고 유통의 효율성을 향상시키기 위한 제반 마케팅 활동'이라고 정의하면서, 구체적으로 '고객의 시용(Trial)과 수요를 촉진시키고 유통에서의 제품 취급률을 향상시키기 위해 한정된 기간 동안 소비자와 유통에게 가해지는 마케팅 압력'이라고 설명하고 있다.[53]

일반적으로 판매 촉진 수단은 다양하고 광범위하지만, 판매 촉진의 혜택이 가격인지 또는 기타 다른 혜택에 비중을 두는지를 기준으로 분류할 수 있다. 일반 소비재의 경우, 비가격 판매촉진방법으로는 견본(Sample), 쿠폰(Coupon), 경품(Premium or Gifts), 경연대회(Contest), 추첨(Sweepstakes), 무료시용(Free Trails), 애호도 제고 프로그램이 있으며, 가격 판매촉진으로는 가격할인, 쿠폰(Coupon), 리펀드와 리베이트(Refund & Rebate) 등이 있다.

박물관의 경우, 일반 소비재처럼 다양한 판매 촉진 방법을 사용하고 있지 않지만, 회원이나 후원자를 중심으로 종종 '애호도 제고 프로그램'을 적용하고 있다. 애호도 제

---

53) 앨빈 H. 레이스, 『성공적인 예술 경영』, 세종출판사, 1997, pp.53~54

고 프로그램은 자주 구매하는 소비자들에게 가격을 할인해 주거나, 선물 혹은 특별 이벤트에 초대장을 보내주거나 구매 정도에 따라 차별화된 혜택을 부여하는 형태로 이루어지는 판매촉진방법이다. 애호도 제고 프로그램의 목적은 고객의 애호도를 높임으로써 경쟁상품 혹은 경쟁자의 서비스로의 전환을 막고, 소비자를 지속적으로 관리해서 반복 구매를 유도할 수 있다는 것이다.[54]

블록버스터 전시의 경우 막대한 예산이 들어가는 만큼 준비단계에서부터 엄청난 홍보와 광고 등의 촉진전략을 펼친다. 또한 후원업체와 지원금 등이 필수조건이 될 만큼 빠지지 않고 있는데, 박물관에서는 예산의 비용을 충당할 수 있으며 기업에서는 이러한 활동으로 인해 기업이미지를 높이는 데 효과적이어서 박물관과 기업 그리고 방송국이나 기획사까지도 주체기관이 된다. 블록버스터 전시는 계획된 전시로서 홍보와 광고의 전략에 따라 전시의 흥행 여부가 달라지기도 한다. 우리나라의 경우엔 지상파 방송국의 광고를 공신력 있게 믿으면서, 파급효과가 잘 전달되고 있다.

---

54) 이보아, 『성공한 박물관 성공한 마케팅』, 역사넷, 2003, pp.397~399

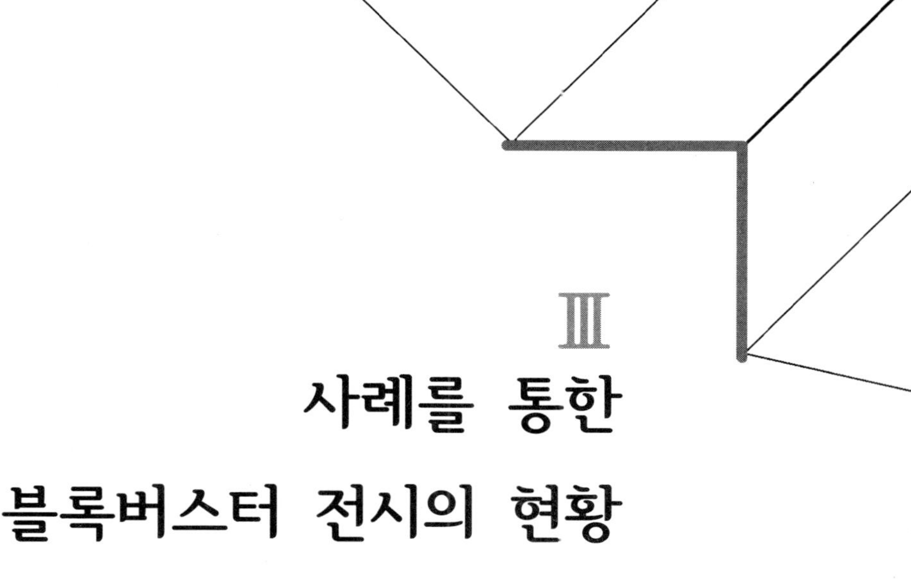

Ⅲ
사례를 통한
블록버스터 전시의 현황

블록버스터 전시의 사례분석을 하면서 다행스러운 점은 한국미술품으로 구성된 전시와 해외미술품으로 구성된 전시를 서로 비교·분석할 수 있다는 것이다. 앞서 "문화산업과 미술"에서도 언급하였듯이 대중이 문화활동을 시작하면서 가장 쉽게 접할 수 있는 분야는 영화였다. 그렇게 시작된 문화활동이 미술전시 관람과 음악 및 공연 관람 등으로 자연스럽게 연결되었으며, 대중에게 큰 관심을 받았던 전시는 주로 해외미술품으로 구성된 것이었다.

필자 역시 처음에는 이러한 전시가 열리는 것이 대중을 위해 감사해야 할 일이라고 생각했다. 시간과 경제적인 면에서 편리했으며 문화의 저변확대를 위해 앞으로도 계속 필요할 것이라고 생각했다. 그런데 2002년 이후부터 2011년도 집중적으로 블록버스터 전시를 보면서 늘 "왜 우리는 우리의 것, 우리의 문화유산 및 유물 그리고 한국의 미술에 대해 똑같은 관심을 주지 않을까?"라는 안타까운 의문이 떠나지 않았다.

블록버스터 전시는 모든 양식을 포함하고 있으며, 다양한 유형을 보여주고 있다. 기존에는 거대한 자금력을 동원하고 해외미술품으로 구성되어, 30만 명 이상의 관람객을 유치할 만큼의 흥행과 성공을 거두는 블록버스터 전시가 주를 이루었다. 하지만 최근(2011년도를 기준) 2~3년 전부터 한국미술품으로 구성된 전시에도 관람객이 20만 명에 달하는 경우가 있다. 무엇보다 중요한 점은 한국미술품으로 구성되고 국내 박물관에서 큐레이터가 기획한 순수한 한국형 블록버스터 전시도 무한한 가능성이 열려 있음이 증명되었다는 것이다.

블록버스터 전시의 성격을 크게 3가지 종류로 구분하여 그에 해당하는 전시를 한국미술품과 해외미술품으로 나누어 비교하여 보자. 전시의 사례를 통해 각 전시에 해당하는 세부적

구성 내용, 전시 설명, 전시 수익 금액과 총 관람객 인원 등의 내용을 살펴봄으로써 그 틀과 기준점을 찾고, 전시의 성격을 파악하여 앞으로 우리가 풀어야 할 과제와 실마리를 깨닫는 데 도움이 되고자 할 것이다.

단독작가 전시회는 "불멸의 화가 – 반 고흐", "김종학", 소장품 전시회는 "프랑스 국립 퐁피두센터 특별전 – 화가들의 천국", "풍속인물화대전", 주제 전시회에서 해외미술품으로 구성된 블록버스터 전시는 적합한 전시를 찾지 못해 이번 책에서 빠지게 되었다. 해외미술품으로 구성되고 주제를 정한 블록버스터 전시는 여러 사례가 있었지만 해외 기관의 소장품으로 구성된 주제전시의 성격을 띠고 있어서, 결국에 소장품 전시회와 같은 맥락으로 보이기 때문에 한국미술품으로 구성된 "145년 만의 귀한, 외규장각 의궤" 전시를 분석하는 것으로 하였다.

아래의 〈표 5〉은 앞서 〈표 4〉 블록버스터 전시의 구성내용을 기준으로 하여 필자가 선정한 전시와 함께 적용하여 다시 한 번에 확인할 수 있도록 한 것이다.

〈표 5〉 블록버스터 전시의 사례

전시 성격	전시명 (구분)	구성 내용					전시 내용
		주최	기획	장소	보험가	총예산	
단독 작가 전시회	반 고흐 (일회성)	서울시립미술관, 한국일보, KBS한국방송	서순주	서울시립 미술관	1조 4천억 원	비공개	해외 미술품
	김종학 (일회성)	국립현대미술관	국립현대 미술관	국립현대 미술관	비공개	비공개	한국 미술품
소장품 전시회	화가들의 천국 (일회성)	서울시립미술관, 프랑스 국립 퐁피두센터, KBS한국방송	프랑스 국립 퐁피두센터	서울시립 미술관	약 8천억 원	비공개	해외 미술품
	풍속인물화 대전(일회성)	간송미술관	간송미술관	간송 미술관	비공개	비공개	한국 미술품
주제 전시회	해당하는 전시 없음						
	외규장각의궤 (일회성)	국립고궁박물관	국립고궁박 물관	국립고궁 박물관	비공개	비공개	한국 미술품

큐레이터로서 해야 할 업무 중에서도 연구한 내용으로 전시를 기획하는 것이 가장 보람되고 당연한 임무일 것이다. 따라서 큐레이터가 소속된 해당 기관이 주최자가 된다는 것도 당연한 결과일 것이다. 위의 〈표 5〉에서 필자가 전달하고 싶은 내용은 주최자, 기획자, 장소의 동일 여부에 따라서 각기 다른 내용을 전달하고 있음을 설명하고 싶다.

단독작가 전시 "반 고흐"와 소장품 전시 "화가들의 천국"의 경우 주최자로 다른 기관과 함께 공동으로 서울시립미술관이 표기되어 있다. 기획을 보자면 시립미술관 소속 큐레이터가 아니며 전시된 미술품 또한 시립미술관 소장품이 아닌 주최 측의 소장품으로 전시된 것을 알 수 있다. 미술관이 공동 주최자로서 전시로 인해 발생된 수익금을 공동 배분받고 전시기획에 미술관의 큐레이터가 참여했다면 좋았겠지만 미술관과 큐레이터가 해야 할 중요한 역할은 기획사가 하며 수익금 또한 기획사의 몫이며 미술관은 장소만 대여해 주고 대관료를 받는 활동을 한 것이다.

단독작가 전시 "김종학"과 주제 전시 "외규장각 의궤"의 경우에는 주최, 기획, 장소는 동일하고 작품 소장처는 해당 기관의 소장품과 함께 부분 대여를 받아서 전시한 경우로 해당 기관이 주최하고 큐레이터가 기획을 하여 전시를 한 것이다.
따라서 전시로 인해 발생된 모든 수익금은 해당 기관의 몫이다.

또한 소장품 전시 "풍속인물화대전"은 주최, 기획, 장소, 작품 소장처가 모두 동일한 곳으로서 간송미술관의 소장품을 큐레이터가 연구하여 전시를 기획한 것이다. 이 경우 또한 전시로 발생된 수익금 전부가 미술관의 몫이다.

블록버스터 전시의 경우 한국미술품·해외미술품 둘 다 마찬가지로 관람객의 집중과 이목을 끌기 위해 중요한 작품들을 선보이므로 한 작품의 가격이 억대 이상이 되는 경우가 흔하기 때문에 모든 전시 사례에서 보험을 들었다. 하지만 인터뷰를 한 결과 보험비용에 대해서는 일체 비공개로 하였으나 "반 고흐"와 "화가들의 천국"은 기사에 소개된 비용을 허락하는 수준이었다. 또한 책에 소개되는 것을 꺼리는 실정이었으며, 기사에 나와 있는 보험가도 이것이 실제 보험비용이었는지 전시된 작품의 총 가격이었는지는 정확한 근거를 알 수가 없다. 하지만 한국의 미술계가 발전을 하기 위해서는 성공적인 전시 사례에서 대략의 수익구조를 밝혀 주는 것이 마땅하다고 생각한다. 전시를 통해 벌어들인 수익금으로 누가 더 세금을 낼 것인지를 걱정하거나 혹은 해당 기관의 노하우라는 것을 염려하여 밝히기를 꺼리는 사태는 미술품을 거래하여 세금을 탈세하고 비자금을 만드는 몇몇 기업들의 행동과 다를 바가 없어 보인다.

다음으로는 각 전시의 기본적인 내용이다.

1. 전시 개요

(1) 단독작가 전시회

번호	구분	해외미술품 단독작가 전시	한국미술품 단독작가 전시
1	전시명	불멸의화가-반 고흐	김종학
2	기간	2007. 11. 24~2008. 3. 16	2011. 3. 29~2011. 6. 26
3	장소	서울시립미술관 본관 2,3층	국립현대미술관 제2전시실
4	장르	유화, 드로잉, 판화	유화 등
5	전시작품	유화작품 45점/드로잉 및 판화 22점 총 67점	총 70점
6	주최	서울시립미술관, 한국일보, KBS한국방송	국립현대미술관
7	협력	반 고흐 미술관(빈센트 반 고흐 재단) 크뢸러 뮐러 미술관	국립현대미술관
8	전시기획	서순주	국립현대미술관
9	전시진행	장민한/서울시립미술관 전시과장 조주현/서울시립미술관 큐레이터	국립현대미술관
10	전시운영	이현걸/한국일보 문화사업단 부장 전세창	국립현대미술관
11	출품작가	반 고흐	김종학

(2) 소장품 전시회

번호	구분	해외미술품 소장품전시	한국미술품 소장품전시
1	전시명	프랑스 국립 퐁피두센터 특별展 – 화가들의 천국	풍속인물화대전
2	기간	2008. 11. 22~2009. 3. 22	2011. 10. 16~2011. 10. 30
3	장소	서울시립미술관 본관 2, 3층	간송미술관 1, 2층
4	장르	유화, 조각, 설치 등	한국화, 서책 등
5	전시작품	총 80여 점	총 100여 점
6	주최	서울시립미술관, 프랑스 국립 퐁피두센터, KBS한국방송	간송미술관
7	주관	지엔씨미디어, 주한프랑스문화원 – 주한프랑스대사관	간송미술관
8	전시기획	디디에 오탱제/프랑스국립퐁피두센터 부관장 및 수석큐레이터	간송미술관
9	전시진행	장민한/서울시립미술관 전시과장 조주현/서울시립미술관 큐레이터	간송미술관
10	전시운영	정용석(총괄)/지엔씨미디어	간송미술관
11	출품작가	프랑스 국립 퐁피두센터 소장 작가 38명	간송미술관 소장 작가 52명

(3) 주제 전시회

번호	구분	해외미술품 주제전시	한국미술품 주제전시
1	전시명	해당하는 전시 없음	다시 찾은 조선왕실 의궤와 도서
2	기간	–	2011. 12. 27~2012. 2. 5
3	장소	–	국립고궁박물관 2층 왕실생활실
4	장르	–	도서
5	전시 작품	–	총 150종 1,205책
6	주최	–	국립고궁박물관
7	주관	–	국립고궁박물관
8	전시 기획	–	박대남, 김정임/국립고궁박물관 큐레이터
9	전시 진행	–	김정임, 박종만
10	전시 운영	–	국립고궁박물관

2. 전시 설명

(1) 단독작가 전시회

〈불멸의화가 - 반고흐〉

전 세계에 남아있는 반 고흐 작품 절반 이상을 소장하고 있는 반 고흐 미술관과 크뢸러 뮐러 미술관으로부터 엄선한 작품 총 67점을 선보이는 이 전시는 국내 초유의 회고전이며 〈붓꽃〉과 〈자화상〉, 〈씨뿌리는 사람〉, 〈사이프러스가 있는 길〉 등 반 고흐 예술의 진수를 보여줄 걸작들이 전시된다.

반 고흐 작품의 탄생과 변천과정을 쉽게 이해할 수 있도록 연대기 순으로 구성되어 있다. 가난한 농민사회의 처참한 생활상을 화폭에 담으며 미술을 통해 인류애를 실현코자 화가의 길을 택한 초기 네덜란드 시기(1881~1885)부터, 처음으로 인상파의 빛을 발견하면서부터 자신의 화풍의 기틀을 마련한 파리 시기(1886~1888), 이상향을 꿈꾸며 색채의 무한한 신비를 마음껏 구현한 아를르 시기(1888~1899), 그리고 생의 마지막을 장식한 70일간의 오베르 쉬르 우아즈 시기(1890)로 나뉘어 시기별 대표작들이 전시된다.[55]

〈김종학〉

국립현대미술관은 2011년을 여는 첫 전시로 〈김종학〉전을 개최한다. '설악산의 화가'로 유명한 김종학의 50여 년의 화업을 조망하는 대규모 회고전이다.

해방 후 우리나라에 현대미술의 도입과 정착이 이루어지던 시기, 김종학은 화단의 추상회화 열풍 속에서 나와 설악산에 칩거하며 삼십 년 동안 묵묵히 구상의 길을 걸어오고 있다. 이번 회고전을 위해 1950년대 후반의 과도기적 실험작부터 설악산 시대가 시작되는 1970년대 말 이후 최근까지의 대표작 70여 점이 엄선되었다.

이번 전시는 모노크롬 추상 미학의 극단에 서서 한국현대미술의 또 다른 맥락을 일관되게 제시한 김종학의 작품세계의 진면목을 발굴, 정리하여 우리시대의 대표적 작가로서 위상을 재정립하고자 기획되었다.[56]

---

55) 서울시립미술관 홈페이지(http://seoulmoa.go.kr) "불멸의 화가 - 반고흐" 전시설명 참조
56) 국립현대미술관 홈페이지(http://www.moca.go.kr) "김종학" 전시설명 참조

(2) 소장품 전시회

〈프랑스국립퐁피두센터 特別展 – 화가들의 천국〉

퐁피두센터의 국립현대미술관은 58,000여 점의 20세기를 대표하는 회화, 조각, 설치, 사진, 디자인, 건축, 미디어 등 모든 장르의 소장품으로 구성되어 있으며 이 중 총 80여 점을 선보인다.

이 전시는 단순한 연대기별 전시 구성 방식이 아닌 천국과 죽음, 인성의 환희와 허무 그 경계에 위치한 일종의 상상의 공간 '아르카디아(ARCADIE)'를 주제로, 근대와 현대 사이에서 예술가들이 시대를 바라보며 성찰해 온 방식을 보여준다. 피카소, 마티스, 샤갈, 미로, 브라크, 레제 등 대표 작품으로 구성되어 예술계의 흐름을 한눈에 살펴볼 수 있는 교육적 전시가 될 것이다.[57] 특히 20세기 이후 현대 예술가들에게 '아르카디아'라는 낙원의 개념이 현대적 방식으로 어떻게 해석되고 표현되어 왔는지에 대하여 신화와 역사, 문학과의 관계를 통해 심도 있게 엮었다.

'황금시대', '전령사', '낙원', '되찾은 낙원', '풍요', '허무', '쾌락', '조화', '암흑', '풀밭 위의 점심식사' 등 총 10개의 소주제로 구성된 이 전시는 20세기 이후의 작가들이 아르카디아(낙원)을 어떤 방식으로 새롭게 해석했는지를 살펴보는 전시이다. 각각의 소주제는 푸생의 '아르카디아의 목자들'의 작품에서 사용된 도상들을 모티프로 구성되었기 때문에, 낙원의 다양한 모습을 보다 쉽게 이해할 수 있다.[58]

〈풍속인물화대전〉

일 년 중에 봄과 가을, 보름 정도씩 두 차례만 전시를 개최하는 간송미술관의 2011년 가을 전시인 풍속인물화대전은 안견에서부터 김은호에 이르기까지 조선시대 52명의 인물풍속화 100여 점을 보여준다.

조선 전기에는 중국식 화풍을 그대로 모방 답습한 작품들이 많았지만 이이에 의해 주자성리학이 발전하고 문화 전반에서 조선 고유의 색채가 나타나기 시작했고, 정선에 이르러는 진정한 조선의 화풍을 표현하였다.

뒤이어 조영석, 김홍도, 김득신, 신윤복 등 사대부와 화원 화가로까지 풍속화풍은 절정에 이르렀다. 그러나 조선 말기로 접어들면서 무분별하게 밀려든 청대 말기의 인물

---

57) "프랑스 국립 퐁피두센터 特別展-화가들의 천국" 전시도록 인사말 부분발췌
58) 지엔씨미디어 홈페이지(http://www.gncmedia.com) "프랑스 국립 퐁피두센터 特別展-화가들의 천국" 전시설명 참조

화풍의 유행으로 100여 년 넘게 화려하게 꽃피웠던 조성풍속화도 쇠락의 길로 접어들었던 조선시대의 이념의 변천사를 확인할 수 있는 전시를 보여준다.[59]

최완수 간송미술관 연구실장은 "복장과 배경이 중국풍이던 초기의 회화들이 18세기 초부터 갓 쓰고 도포 입은 모습으로 바뀌었다."며 인물화, 풍속화에 반영된 당대의 이념이며 치마 길이의 변화 등 당대의 세태를 짚어낸다.

도롱이에 삿갓 쓰고 홀로 낚시질하는 인물을 묘사한 안견의 그림은 옷자락은 거칠게, 얼굴과 손은 세밀하게 묘사한 조선 초기 인물화의 걸작이다. 이밖에 52세 무렵의 자화상으로 추정되는 '독서여가', 중국고사를 그리되 조선 특유의 지게를 등장시킨 '어초문답' 등 정선의 인물화도 눈길을 끈다.

풍속화의 대가 신윤복, 김홍도의 작품도 다양하다. 부친 신한평에 이어 화원이 된 신윤복의 그림으로 전시 때마다 관람객들의 시선이 쏠리는 '미인도'를 비롯해 선비와 기생이 함께한 봄나들이, 선술집 풍경과 '다소 음란한 풍속화'도 등장한다. 김후신의 '통음대쾌'는 몸을 가누기 힘든 만취한 세 선비들의 취기가 그대로 전달되는 해학적인 풍속화다. 이한철의 대원군 초상 등 조선 후기 초상화는 중국풍에서 벗어나 중국에는 없는 화문석 바탕이며 운학흉배가 등장하고, 청을 통해 접한 서양화 기법까지 접목해 얼굴의 음영을 살렸다.[60]

(3) 주제 전시회

〈다시 찾은 조선왕실 의궤와 도서〉

2011년, 100여 년 만에 다시 돌아온 조선왕실의 도서는 의궤 및 기타 왕실도서를 포함하여 총 150종 1,250책에 이른다. 이 도서 중 의궤는 일제강점기 1922년 5월 조선총독부가 '기증' 형식으로 일본 궁내청에 이관했던 80종 163책과 궁내청이 구입한 1종 4책 등 81종 167책이다.

의궤를 제외한 기타 왕실도서는 66종 938책으로 초대 통감이었던 이토 히로부미(1841~1909)가 대출했다가 반납하지 않고 궁내청에 보관했던 것이다. 1965년 한·일협약 및 협정에 따라 1966년에 일부 도서 11종 90책이 반환되었고, 이외 『증보문헌비고』 등 3종 100책은 조선총독부가 궁내청에 기증했던 것이다. 조선왕조는 국가운영을 위

---

59) 서울경제, "풍속인물화 통해 엿본 조선의 풍광·정취", 조상인 기자, 2011.10.9, 기사내용 부분발췌

60) 문화일보, "풍속화에서 御眞까지 조선시대 회화 걸작 多~본다", 신세미 기자, 2011.10.11, 기사내용 부분발췌

해 의궤를 비롯한 다양한 도서를 편찬, 수집하여 중앙 및 지방에 나누어 보관하였다. 그러나 외세침략 및 일제의 강점으로 도서에 대한 국가 관리체계가 와해되고 나라 밖으로 유출되는 등 난국을 맞게 되었다. 특히 국가행사에 대한 대표적인 기록물로 꼽히는 의궤 중 강화도 외규장각의 어람본 의궤가 1866년 병인양요 때 프랑스군에 의해 약탈당했고, 일제강점기에도 일부가 국외로 반출되었다.

2011년 마침내 프랑스에서 외규장각 의궤가 영구대여 형식으로 국내에 돌아왔고 이와 더불어 일제가 반출했던 의궤까지 환수됨으로써 현존 대부분의 조선왕실 의궤가 국내에 집결하게 되었다. 또한 왕실도서 등 가치 높은 도서가 포함된 이토 히로부미가 반출했던 도서들도 환수됨에 따라 전통적인 왕실도서의 체계적 국가관리 재확립에 대한 초석을 다지고, 불법적으로 유출된 문화재들의 환수의의를 다함께 새길 수 있게 되었다.[61]

3. 전시 수익 금액과 총 관람객 인원

전시를 통해 발생되는 수익금은 기본적으로 입장권, 도록, 아트상품으로 이는 총 관람객 인원과 연관되어 나타나는 지표가 된다.

외국의 경우에는 블록버스터 전시 중 성공적인 사례를 대략의 수익금과 다른 여러 가지 긍정적인 효과를 밝히고 정부나 해당 도시에서 적극적인 후원을 하는 것과 달리 우리는 아직까지 투명하게 밝혀주는 기관과 기획사가 없는 관계로 입장권 금액과 도록금액 그리고 총 관람객 인원을 통해 수익금을 대략 짐작만 할 수 있는 실정이다

서울시립미술관 김홍희관장은 2012년 2월 2일 운영 비전을 밝힌바 앞으로 2년 동안 "기존의 블록버스터 대관전은 지양하고 수준 높은 자체 기획을 이끌어나가겠다."고 하였다. 이는 미술관으로 역할을 제대로 하지 못한 점들을 이제라도 바로 잡아 한국의 미술이 발전할 수 있는 기틀을 세우겠다는 의미일 것이다.

---

61) 국립고궁박물관 "다시 찾은 조선왕실 의궤와 도서" 전시설명 참조

〈표 6〉 전시 수익 금액과 총 관람객 인원

전시성격	전시명	입장권 금액 (일반개인)	도록 금액 (대도록)	총 관람객 인원
단독작가전시회	반 고흐	12,000원	30,000원	816,427명
	김종학	3,000원	42,000원	86,065명
소장품전시회	화가들의 천국	12,000원	20,000원	35만여 명
	풍속인물화대전	무료	20,000원	6만여 명
주제전시회	조선왕실 의궤와 도서	무료	전시기간 중 도록판매 없었음	17만여 명

이 외에도 2011년도까지 블록버스터 전시를 단순하게 최다 관람객인원으로만 꼽자면, 서울시립미술관의 〈불멸의 화가 - 반 고흐〉 전시가 816,427명으로 가장 많았으며, 다음으로 서울시립미술관의 〈행복을 그린 화가 : 르누아르〉(2009. 5. 28~2009. 9. 13)가 615,049명이었다. 그리고 또 서울시립미술관의 〈색채의 마술사 샤갈〉(2010. 12. 3~2011. 3. 27)은 551,072명이었다. 샤갈전은 2004년에 이어 두 번째 단독 전시였음에도 여전히 많은 관람객을 끌어모은 인기 전시가 되었다. 이 세 종류의 전시는 공통점이 많은데 우선 같은 주최사가 같은 미술관에서 전시를 개최하였다는 점이다. 서울시립미술관이 공동주최로 되어 있기는 하지만 사실 미술관은 전시의 총 수익금을 분배하는 주최자로서가 아니라 전시 장소를 대관해 주고 장소대관료를 받는 역할을 했다는 점이다. 이러한 점이 해외미술품으로 구성된 블록버스터 전시의 현황이다. 따라서 서울시립미술관의 인력과 구조상 총 관람객인원을 세부적으로 파악할 수 있는 여건이 되는 상황에서도 총 관람객인원만 알 수 있다는 점은 실망스럽지만 현재의 문제점을 잘 보여주는 것이다.

국립현대미술관의 〈김종학〉 전시 또한 86,065명이 다녀갔으며 42,000원의 도록은 완판이 되었다고 한다. 김종학은 생존 작가 중에서도 스타작가이며, 작품 판매 또한 잘 되는 작가이므로 이 결과 또한 당연하다고 할 수 있다. 2011년까지 국립현대미술관의 개인전시 관람객 인원 통계에서도 최고로 높은 수치이다.

"화가들의 천국"은 지엔씨미디어가 주최사로 홈페이지에 나와 있는 보도 자료를 통해 밝혀진 내용 외에 더 이상 자세한 내용은 아무것도 알 수가 없었다.

간송미술관의 〈풍속인물화대전〉의 경우를 특히 사례로 선정한 이유는 비슷한 시기에 국립중앙박물관에서 〈초상화의 비밀〉(2011. 9. 27~2011. 11. 6)과 리움미술관에서는 〈조선화원대전〉(2011. 10. 13~2012. 1. 29)이라는 같은 시대를 배경으로 비슷하면서도 다른 특징이 엿보이는 주제를 선택하여 전시를 개최하였다. 필자는 물론이고 일반 관람객들도 이 세 전시를 다 함께 본 경우가 많았으며 이 중 한 개의 전시를 본 사람들 거의 모두는 만족하였으리라 생각한다.

필자는 세 종류의 전시를 보면서 조선시대 미술을 다양한 관점으로 볼 수 있어서 더욱 좋았다. 또한 가장 중요한 점은 이 전시 모두가 한국미술품으로 이루어졌으며 해당 기관이 주최가 되어 전시를 기획하였다는 것이다. 〈초상화의 비밀〉은 기획전으로 비교적 짧은 전시기간에 36,000여 명, 〈조선화원대전〉은 6만여 명이 다녀갔다. 그런데 전시기간이 2주였던 〈풍속인물화대전〉은 6만여 명이 다녀갔다고 한다. 국립중앙박물관과 리움미술관은 정확한 통계를 낼 수 있는 기관이지만 간송미술관의 경우 전시 기간 동안에만 아르바이트를 고용해서 인원을 파악한다고 한다. 간송미술관은 개관부터 현재까지 무료전시로 입장객을 파악할 수 있는 무료티켓을 배부하지 않고 관람객을 수동으로 파악하기 때문에 정확한 인원 통계가 어려워 6만여 명보다 더 많았을 수도 있다고 한다. 정확한 관람객을 파악하는 일에 큰 필요성을 느끼지 못하고 있는 것은 매우 아쉽다. 이것이 당장에는 어떤 목적과 필요성으로 나타나지 않더라도 한국의 미술발전을 위해 중요한 연구자료가 될 수 있도록 최소한 정확한 관람객인원을 파악하는 정도는 반드시 행해져야 하리라 생각한다.

간송미술관의 경우 간송 전형필의 설립취지에 따라 "연구 중심의 박물관"으로 "대중과 소통의 기능"을 하기 위해 전시를 개최하고 있다. 간송미술관이 현재와 같이 운영을 하면서 전시기간을 다른 블록버스터 전시처럼 대략 3개월 동안 진행한다면 관람객의 수가 어떻게 달라질 것인지 또한 궁금한 일이다. 전시를 통해 얻어지는 수익금은 도록과 몇몇 작품의 인쇄본을 통한 아트상품의 수익금이 전부이다. 매번 간송미술관의 전시를 보러가면서 느끼는 점은 전시를 보기 위해 줄을 선 관람객을 대상으로 전시와 전혀 상관없는 좌판대와 길거리 음식들, 근처 음식점은 수익을 올리고 있다는 것이다. 이는 간송미술관의 경우에만 해당되는 상황이 아니라 다른 블록버스터 전시도 마찬가지이다.

국립고궁박물관은 전체 무료관람으로 문화의 저변확대를 위해 많은 노력을 하는 박물관이며 〈조선왕실 의궤와 도서〉 전시는 17만여 명이 다녀가는 성과를 이뤄냈다. 도록은 전시가 끝난 후에 나올 예정이라고 했다. 또한 이 전시가 개최되기 전에 국립중앙박물관에서도 〈145년 만의 귀한, 외규장각 의궤〉(2011. 7. 19~2011. 9. 18) 전시가 있었으며 200,227명이

다녀갔다. 무료입장이었으며 도록은 38,000원이었다. 그런데 국립고궁박물관을 사례로 선정한 이유는 일본으로 반출된 도서까지 반환되었고 국립중앙박물관과의 4개월이 안 되는 짧은 시간을 두고 다시 열렸음에도 많은 관람객이 다녀갔으며, 의궤전시로는 총 마무리가 되는 전시가 되었기 때문이다.

국립고궁박물관 인터뷰를 한 결과 다른 책이나 논문에 "조선왕실 의궤와 도서"의 내용이 삽입되는 것을 꺼려했는데, 그것은 고궁박물관에서 추후에 "의궤"를 더욱 연구해서 책자를 만들 것이기 때문이라고 했다. 하지만 "의궤"를 연구하고 분석하는 책을 쓰려던 것이 아니라 한국 미술품으로 구성된 블록버스터 전시의 좋은 사례로 소개할 의도였던 필자로서는 지나치게 예민한 반응에 실망스러움을 느낄 수밖에 없었다.

세계박물관협회에 소속되어 있는 해외의 박물관이나 미술관 그리고 한국도 마찬가지로 큐레이터가 연구를 하고 그 결과물로 전시를 할 때 필요한 작품이 국내는 물론 해외 소장처일 경우라도 큰 비용을 지불하지 않고도 대여를 할 수가 있다. 그러나 지금의 블록버스터 전시 구조인 주최자와 기획자가 박물관 등의 기관이나 큐레이터가 아닌 외부기획사와 다른 기관을 통해서 작품을 대여할 경우에는 막대한 작품 대여비를 들여야 하며 그로 인해 국내의 박물관 및 미술관의 큐레이터는 본연의 임무를 충실히 할 수 없는 상황에 놓이게 된다. 뿐만 아니라 그렇게 막대한 비용이 들기 때문에 전시입장권 금액 또한 높게 책정되는 것이다. 이렇게 30만 명 이상이 다녀가는 전시의 수익금을 입장권, 도록, 아트상품만 합한다고 하면 아무리 비싼 보험료를 지불하고 총 지출금액을 뺀다고 해도 주최사는 많은 수익금을 벌어들일 수 있다. 다른 수익금을 빼고 성인기준의 입장권 금액과 총 관람객 인원을 계산해 본다면 놀라운 금액이 나오는 것을 직접 확인할 수 있다.

거시적으로 본다면 "전시를 통해 발생된 수익금이 한국의 기업이냐, 박물관이냐 하는 것이 얼마나 중요한 문제가 될 수 있을까"라고 생각할 수도 있다. 결국 한국 경제를 위해 누군가에게 돌아갔으면 되는 것 아니냐고 반문할 수도 있다. 그러나 현재 한국의 박물관 미술관 등이 전시로 인해 안정적인 수익금을 벌어들이고 그로 인해 더 많은 발전적인 영향을 줄 수가 있었냐는 것이다. 한국의 미술계는 우리가 해야 할 기본적인 임무와 발전가능성이 가장 많은 블록버스터 전시마저 기업과 외부기획사에 빼앗기고 있는 것이다.

아직도 대부분의 미술계는 정부나 각 기관의 지원을 받아야 움직일 수가 있으며, 미술은 경제적으로 여유가 있는 사람들이나 향유할 수 있는 문화가 아닌가라고 생각하는 사람도 많으며 미술계 전체를 "그들만의 잔치"라고 냉소적으로 바라보는 시선도 많다.

블록버스터 전시를 한국의 미술품으로 기획하는 것에는 많은 의미와 내용이 담겨져 있다. 한국의 명화와 한국 현대 미술품, 생존하여 현재 작가로서 활동하는 동시대 미술인들이 해외 블록버스터 전시를 위해 우리의 공간을 빼앗기고 그 결과 한국의 미술계는 더욱 소극적으로 변하고 있다. 한국 미술시장은 경제와 큰 상관관계를 가지고 있으며 경제성장이 둔화될수록 미술품의 거래 또한 줄어들고 있다. 2008년부터 한국미술품 거래가 급격히 줄어들고 있다. 경제성장 둔화의 탓도 있겠지만, 해외 블록버스터 전시의 영향 또한 무시할 수 없다. 국내 작가를 소개할 자리가 점점 줄어들고 해외미술품들을 자주 접하는 상황에서 한국의 미술품 수집가들 또한 소수 스타 작가를 제외하고는 해외미술품 구매에 더욱 관심을 가지게 되었다. 2011년 화랑미술제, 한국국제아트페어(KIAF)에서는 그 현상이 더욱 두드러지게 나타났다. 참여했던 화랑(Gallery)에서는 참가 부스(Booth) 비용을 낼 만큼의 그림도 팔지 못하고 그냥 돌아가는 경우가 많았다고 한다. 이런 안타까운 현실이 미술계가 원활하게 잘 돌아가는 상황에서 벌어진 것이었다면 경제상황의 탓으로 돌릴 수도 있었겠지만, 그렇지 않다는 것은 미술관계자들은 모두 인정할 수밖에 없는 현실에 대해 더 이상 외면해서는 안 될 것이다. 더 미루지 말고 이러한 문제를 심각하게 논의하고 발전방향을 위해 다 같이 노력해야 할 때라고 생각한다.

IV

블록버스터 전시를 위한 발전방향

블록버스터 전시를 위한 발전방향이 단순하게 해외 블록버스터 전시를 위한 내용에 머물러서는 안 될 것이다. 우리 박물관·미술관이 자체 기획하는 것을 전제로 하면서, 블록버스터 전시로 인해 발생되는 여러 문제점을 보완하고 바꿔나가야 할 부분에 대해 살펴보자.

처음 전시장을 찾았을 때 왜 씹고 있는 껌이나 생수까지도 반입이 안 되는지, 전시장의 조명은 왜 어두운지 모르고 찾았던 경험이 있을 것이다. 한두 번의 실수를 했거나 주변을 통해 이제는 거의 알고 있을 내용이지만, 대중은 아직도 전시장을 찾는 데 대한 어색함과 부담을 가지고 있다.

2007년 국립현대미술관 전시장에서 있었던 일이다. 보통 작품 옆에 붙여 있는 작품명제표(Label)에는 작가명, 작품명, 연도, 재료, 규격 등이 적혀 있다. 레이블 순서상 "무제"라고 적혀 있는 작품 앞에 한 모녀가 있었고, 딸은 6~7살 정도 되어 보였다. "엄마, 무제가 뭐에요?"라는 질문을 하자 엄마는 "음, 작가 이름이야."라고 대답했다. 순간 웃음이 나오는 것을 참으며, 많은 생각을 했다. 작품 레이블을 적는 순서를 알았다면 적어도 작품제목이라는 것은 알 수 있지 않았을까, 단순하게 "무제"라고 적혀 있는 한글 옆에 "Untitled"이라는 문구가 있었다면 혹시 이해할 수 있지 않았을까 라는 많은 생각을 했던 적이 있다.

'큐레이터가 전시를 잘 기획한다는 것은 어떤 의미일까'라는 생각을 최근 들어 많이 하게 된다. 그리고 '흥행을 하고 많은 수익을 가져다주는 전시만이 잘 기획된 전시일까'라는 질문도 자주 해보게 된다. 전시장을 찾는 관람객들 중에는 이번 전시가 생애 처음인 사람도 있으며, 미술에 관심은 있지만 많은 지식이 없는 사람들도 많을텐데 그들이 과연 미술 전시를 보면서 어떤 생각과 감정을 갖게 되는지가 자꾸 궁금해진다. 그것은 아마도 내가 전에는 나 혼자이거나 나와 비슷한 관심을 가진 사람들과 미술 전시를 보다가, 결혼하고 가족과 함께 다니면서 생겨난 의문점인 것 같다.

일반 관람객들은 전시를 보면서 진품의 해외 및 한국의 명화를 본다는 사실을 제외하고, 전시기획의도 및 작품과 관련된 내용을 제대로 파악하는 것이 쉽지 않을 수도 있다. 나 또한 전시를 보면서 아직도 배우고 있는 상황이며, 남편과 딸은 나로 인해 전시장 안에 끌려 들어와도 1시간 이상의 관람은 힘들어하고 미리 나가서 기다리곤 한다. 내 설명에도 크게 관심이 없으며 단지 작품을 실제로 보았다는 것에 만족을 느끼며 전시 관람을 마치곤 한다.

이제는 거의 모든 전시에서 "전시해설사(Docent)"를 통해 쉽게 이해할 수 있는 돌파구를 마련하고 있지만, 이것 또한 많은 대중이 모두 만족하며 접할 수 있는 통로는 아니므로 "전시장 안에서 충분히 이해할 수 있는 여건과 장치가 곧 전시를 기획하는 첫 번째 시작이 아닐까"라고 생각해 본다. 따라서 큐레이터는 전시장을 찾는 고마운 대중에게 더 친절해져야 한다.

우리는 당연히 알고 행하는 것들이지만 많은 사람들에게는 생소한 것이며, 그들을 위해 전시를 위한 관련 홈페이지나 전시장 입구에 기본적인 안내사항과 예절 등에 대하여 표기를 하는 것부터 시작하는 것이 순서라고 생각한다. 또한 우리가 기획사를 통해서 어쩔 수 없이 비싼 금액을 치르는 블록버스터 전시일 경우 관람객의 안전하고 편안한 전시 관람을 위해서 지금보다 더 많은 노력을 해야 할 것이다. 이것은 작품의 안전성과도 연결된 문제이므로 결코 무시할 수 없는 문제다. 전시장 안에서 작품을 지키는 진행요원들은 신경이 예민해져 있고 관람객에게 날카로운 말투로 지적을 하곤 한다. 나도 그러한 적이 있으며 작품이 최우선이라고 생각했었다. 하지만 그로 인해 박물관·미술관에 대해 더욱 어려운 장소라고 느껴지게 했다면, 과연 잘한 일일까? 큐레이터는 전시를 기획함에 있어서 더욱 친절해야 하며, 진행요원의 태도 또한 무엇이 중요한 일인지 알고 좀더 배려를 한다면 더욱 발전된 전시 문화를 볼 수 있지 않을까.

또한 해외의 미술품으로 구성된 블록버스터 전시를 한국 박물관 미술관의 큐레이터가 직접 기획하고 진행하면 박물관 경영을 위해서도 많은 수익금을 창출하고, 지금보다 훨씬 저렴한 입장권을 제공함으로써 더 많은 관람객에게 기회를 줄 수 있을 것이다.

필자의 의견이 현실적으로 불가능하고 경제구조와 동떨어진 것이라는 비난을 받을 수도 있음을 알고 있다. 더불어 "이러한 주제로 책을 쓴다는 것이 과연 적합한가"라는 의문도 들 수 있겠다.

이런 우려에도 불구하고 "블록버스터 전시"라는 주제로 글을 쓴 이유는, 평범한 사람들에게 다가설 수 있도록, 그동안 블록버스터 전시를 보면서 느꼈던 바를 좀 더 적극적으로 제안해 보려는 것이다. 다양하고 비판적인 의견들을 내고 새로운 시도를 해보는 것만이 발전하는 길이라 믿고 블록버스터 전시를 위한 다음 제안을 해본다.

▦ 제안

① 영화의 경우 개인별 지정좌석으로 1시간 30분 이상을 안락하게 시청하는 반면, 전시의 경우는 관람 인원을 제한하거나 예약제를 도입하는 경우가 없다. 한 개인의 최소 활동 반경에 기준하여 공간면적과 비례한 최대인원을 산출한다면 가능한 답변이 나올 것이다. 이것은 관람객의 편의성·안전성뿐 아니라 전시된 작품의 안전성과 전시 만족도를 훨씬 높여줄 수 있는 중요한 문제라고 생각한다. 따라서 블록버스터 전시의 경우에도 "전시 예약제"를 도입해야 한다고 생각한다.
예를 들어, 예약판매 (　)%, 현장판매 (　)%의 비율로 나누어 판매를 하고, 공간면적과 개인당 최소 활동반경에 기준하여 시간대별로 인원 제한을 두어야 한다.

다른 공연관람 시에도 좌석예약이나 최대 인원이 정해져 있다. 그런데 우리는 영화보다 더 비싼 비용을 지불하면서도 너무 많은 불편을 감수하면서 관람을 해왔다. 관람객은 박물관의 높은 벽을 넘어 전시를 보러 왔을 것이며, 때로는 인기 있는 놀이기구의 줄보다 훨씬 긴 줄을 보면서 많은 기대를 품고 전시장 안으로 들어설 것이다. 그러나 전시장 안의 상황에 또 한번 놀라게 되고, 결국 실제로 작품을 보았다는 사실에 목표를 두고 만족해야 하는 상황이다. 이를 예약제와 시간대별 최대인원을 제한함으로써 개선할 수 있을 것이다.

② 전시 관람의 동선 또한 연계된 문제이다. 작품을 동선대로 줄을 따라 보는 방법도 있지만, 개인의 취향대로 작품을 선정해서 보거나 인파가 덜 몰려있는 쪽으로 먼저 감상하

는 방법을 섞어서 보는 것이 전시를 진행하는 입장과 관람객 모두에게 더 편리하고 효율적일 것이다. 블록버스터 전시의 경우 많은 인파 때문에 간단하면서 쉽게 이동이 가능한 동선으로 전시를 할 경우 더 빠른 관람이 가능했으며 전시 입장 전 설명과 안내문을 배치하여 정확하게 전달하는 것도 중요한 교육이 될 것이다.

③ 현재 전시티켓(Ticket)은 일회성을 띠며 개인과 단체, 나이를 구분하여 판매하는 단순한 구조이나 이를 세분화하고 특성화된 티켓을 연구하여 판매할 필요가 있다.

예를 들어 가족권 티켓, 시간대별 티켓, 다요일 티켓(3일이나 혹은 일주일 정도를 지정하여 이 기간 안에 자유롭게 관람) 등의 여러 종류의 티켓을 판매하는 것이 관람객 만족도와 수익구조에도 훨씬 좋은 기여를 할 수 있다고 생각한다. 또한 일부 기획사나 전시에서 티켓을 기업과 연계하여 할인해주고, 지방에서 오는 관람객을 위한 티켓 할인 제도, 차상위 계층을 위한 할인티켓, 바우처 카드 등이 시행되고 있지만 해당 기준에 적합한 시민들이 얼마나 잘 활용하고 있는지는 확실치 않다. 그리고 국내 거주 외국인은 물론 해외에서 온 여행객을 위한 특별할인 티켓도 마련되어야 한다고 생각한다. 특히 국내를 여행하는 외국인의 단체 여행 코스 중 전시 관람을 포함시키고, 이 경우 국내 미술품으로 기획된 전시여야 하겠다.

④ 작품의 명제표(Label)는 작품 감상을 위해 작게 표기하는 것이 관행처럼 되어 오고 있다. 또 그것이 전시를 디자인하는 과정에서 당연히 더 세련되어 보이게 한다. 블록버스터 전시를 관람했던 사람이라면 누구나 알 수 있듯이 레이블과 함께 작품을 제대로 감상하는 것은 시간이 오래 걸리며 힘들다는 것을 알게 된다. 둘 중 하나는 포기하는 것이 작품 감상을 빨리 하는 데 훨씬 도움을 준다는 것을 경험하게 된다. 그렇기 때문에 레이블을 포기하고 작품이라도 가까이서 보는 것에 만족하게 되는데, 현재의 작품 레이블 방식은 갤러리나 관람객 인원이 적은 전시에서나 적합하다. 블록버스터 전시에서는 다소 촌스러울 수도 있는 문제이나 레이블을 눈에 띄는 자리와 훨씬 큰 규격으로 만들어야 함도 지적하고 싶다. 한 가지 대안으로는 스마트폰 보급률이 급성장하고 있기 때문에 블록버스터 전시의 경우에는 무료로 전시기간 동안 해당 전시의 작품 전체 레이블을 볼 수 있도록 하는 방안도 제안해 본다.

⑤ 스크린 쿼터제(Screen Quota)와 같이, 해외 미술품으로 구성된 블록버스터 전시의 경우에는 해외미술 전시 쿼터제(Art Exhibition Quota)제를 도입해서 일 년 동안 총 해외 블록버스터 전시의 횟수를 제안하거나 혹은 전시 장소별로 해외미술 전시 쿼터제를 시행하여 심의한다면 지금보다 훨씬 질 높은 전시를 감상할 수 있다고 생각한다. 그것이 한국 전시와 미술시장을 포함한 한국미술이 발전할 수 있는 초석이 될 수 있다고 본다.

⑥ 국내 박물관 미술관에서 한국의 미술품으로 기획한 전시에서 유료와 무료일 경우 차등의 조건이 필요하겠지만, 통상 3개월 내에 총 관람객 인원이 최소 30만 명 이상일 경우부터는 정부에서 해당 기관은 물론 전시 기획에 참여한 큐레이터를 포함하여 해당기관에는 지원금을 확대해 주거나 큐레이터에게는 별도의 포상금을 주는 등의 여러 종류로 지원을 해준다면, 국내 박물관 미술관과 큐레이터는 더 많은 노력을 아끼지 않을 것이라고 생각한다.

[단행본]

· 김문환, 『문화경제론』, 서울대학교 출판부, 1998.

· 박신의 외 지음, 『문화예술경영 이론과 실제』, (주)생각의 나무, 2002.

· 김민주 외 공저, 『컬덕(Cult Duct) 시대의 문화마케팅』, 미래의창, 2005.

· 이보아, 『박물관학 개론』, 김영사, 2003.

· 이보아, 『성공한 박물관 성공한 마케팅』, 역사넷, 2003.

· F. 콜버트, J. 낸델, S.빌로듀, D.리치, 박옥진, 김소영 옮김, 『문화예술마케팅』, 태학사, 2005.

· Neil Kotler & Philip Kotler, 한종훈 · 이혜진 역, 『박물관 미술관학 - 뮤지엄 경영과 전략』, 박영사, 2005.

· 조지 엘리스 버코, 양지연 옮김, 『큐레이터를 위한 박물관학』, 김영사, 2001.

· 티모시 앰브로즈 · 크리스핀 페인 지음, 이보아 옮김, 『박물관 경영 핸드북』, 학고저, 2001.

· 임창희, 『경영학』, 학현사, 2004.

· 김주호 · 용호성, 『예술경영』, 김영사, 2002.

· 이원우 · 서도원 · 이덕로 공저, 『경영학원론』, 박영사, 2005.

· 앨빈 H. 레이스, 『성공적인 예술 경영』, 세종출판사, 1997.

· 박충환 · 오세조 · 김동훈, 『시장 지향적 마케팅 관리』, 박영사, 2002.

· 마이클 벨처, 신자은 · 박윤옥 옮김, 『박물관 전시의 기획과 디자인』, 예경, 2006.

· 에머 바커 엮음, 『전시의 연금술 미술관 디스플레이』, 이지윤 옮김, 아트북스, 20C4.

· 김형숙, 『미술, 전시, 미술관』, 예경, 2001.

· 박우찬, 『전시, 이렇게 만든다』, 재원, 1998.

· 이영진 · 석대권 · 구자봉 편저, 『박물관전시의 이해』, 학문사, 2000.

· 정윤아, 『뉴욕 미술의 발견』, 아트북스, 2003.

참고문헌

[학술지]

• 문화체육관광부, 2010 문화향수실태조사보고서, 2010.

[카탈로그(도록)]

• 『불멸의화가 – 반고흐』, 도서출판 에이앤에이, 2007.

• 『화가들의 천국』, (주)프린팅하우스, 2008.

• 『초상화의 비밀』, (주)우진비엔피, 2011.

• 『조선화원대전』, 뿌리디자인, 2011.

[Web Sites]

• http : //seoulmoa.seoul.go.kr

• http : //www.museum.go.kr

• http : //www.gncmedia.com

• http : //www.moca.go.kr

• http : //www.gogung.go.kr

• "블록버스터 전시라야 뜬다?", 뉴스메이커, 2005.6.3.

• "공공 미술관서 1년 내 내 블록버스터 전시", 연합뉴스, 2006.1.5.

• "풍속인물화 통해 엿본 조선의 풍광·정취", 서울경제, 조상인 기자, 2011.10.9, 기사내용 부분발췌

• "풍속화에서 御眞까지 조선시대 회화 걸작 多~본다", 문화일보, 신세미 기자, 2011.10.11, 기사내용 부분발췌

3부_박물관 전문인력

01

박물관
해설사
매뉴얼

윤병화

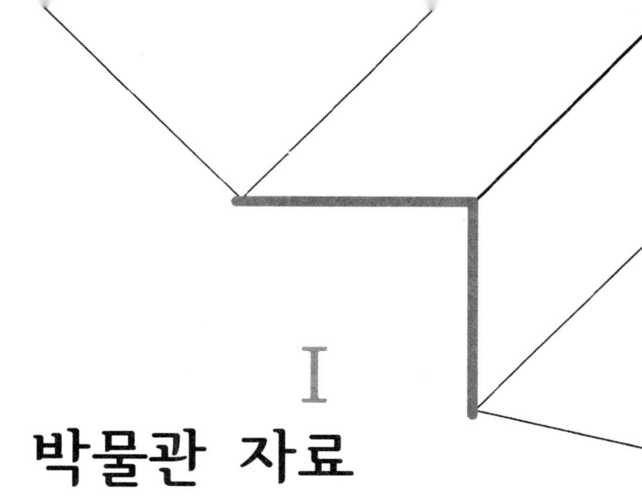

I

박물관 자료

1. 수집의 개념

수집의 사전적 의미는 '취미나 연구를 위하여 여러 가지 물건이나 재료를 찾아 모음'으로 되어 있다. 이처럼 수집은 어떠한 관심 대상군을 지정하고 그와 관련된 물건을 수집하는 것이다. 목적은 다르지만 수집된 물건을 보존하고 가치를 부여하는 것은 동일하다.

특히, 박물관의 수집은 수집대상의 종류에 따라 박물관의 성격이나 구조 등이 결정될 수 있기 때문에 매우 중요하다. 박물관 수집의 종류는 무한대이다. 즉, 인류가 만들어 놓은 모든 것들이 바로 수집의 대상이 될 수 있다.

하지만 보통 우리는 단순히 오래된 골동품, 혹은 고가의 미술품을 먼저 수집의 대상으로 떠올리기 십상이다. 그러나, 사실 박물관의 수집품은 과거, 현재, 미래를 모두 담고 있다.

2. 수집의 방법

수집의 방법은 굉장히 다양하며, 대표적인 방법으로는 발굴조사, 기증, 구입, 교환, 대여 등으로 나눌 수 있다.

발굴조사는 연구에 근거하여 지하에 매장되어 있는 다양한 고고학적인 자료를 수집하는 것이기 때문에 자료의 진가(眞假) 여부가 분명하다. 현재 모든 매장문화재의 소유권은 국가가 갖기 때문에 문화재청의 인가를 받아야만 진행할 수 있다. 이러한 이유로 발굴조사가 활성화되기 어려운 측면도 있지만 많은 도굴을 예방할 수 있는 장점도 지니고 있다.

기증은 발굴조사와 마찬가지로 가장 많이 행해지는 수집의 방법이다. 기증은 말 그대로 개인이나 단체가 국가나 공공단체로 자료를 환원하는 것이다. 서구에서는 일찍부터 기증문화가 발달이 되었지만 우리나라에서 기증문화가 꽃을 피운 것은 20세기 말 무렵부터이다.

우리나라의 대표적인 기증 컬렉션(Collection)은 국립중앙박물관에 기증한 박병래, 이홍근, 최영도, 유강렬, 송성문 등의 컬렉션이다. 이밖에 서울역사박물관과 대한민국역사박물관 등이 대대적인 시민들의 기증으로 건립되었으며, 전국의 국·공립 박물관, 대학 박물관, 사립 박물관에도 기증 행렬이 이어지고 있다.

구입은 금전적인 가치를 지불하고 자료를 소유하는 행위이다. 자료를 갖출 수 있는 가장 쉬운 방법이지만 많은 재화가 들어가는 것을 감안하여야 하며, 구입의 주체가 박물관이라면 박물관의 성격에 맞는지 잘 따져 보아야 하고, 그 자료의 진위에 대하여 철저한 검증이 이루어져야 한다.

일반적으로 자료를 구입하는 방법으로는 두 가지를 꼽을 수 있는데, 고미술상을 통한 직접 거래 방법과 경매회사를 통해 구입하는 방법이다.

고미술상과의 직접 거래시에는 자료를 사려는 경쟁자가 없다는 장점이 있지만 자료 구입가격, 혹은 자료의 진위에 대하여 반드시 전문가의 감정이 필요하다. 때로는 가품을 구입할 수도 있고, 진품이라 하더라도 터무니없는 가격으로 자료를 구입할 수도 있기 때문이다.

경매회사를 통한 구입의 장점은 전문가의 검증으로 자료의 진위에 대하여 걱정을 덜 수 있다. 하지만 경쟁자들로 인하여 자료의 가격이 상승하기 때문에 다소 비싼 값에 자료를 살 수도 있다.

박물관은 언론매체를 통해 구입목적, 기간, 절차, 범위에 관한 사항을 공고하여 매도 신청 접수를 받는다. 이후 진위 여부와 소장목적 합당 여부 등을 고려하여 구입 및 수장 여부를 결정하고 매매계약을 체결한다. 이때 박물관 인력뿐만 아니라 외부인사도 초청하여 자료의 수집에 만전을 기해야 한다.

교환은 관내 소장 중인 자료를 필요 목적에 따라 교체하는 방법이다. 다양한 자료를 비교적 손쉽게 수집할 수 있는 방법으로, 진위확인서, 소유권이전 등의 적절한 법적 절차를 밟아 차후 문제가 발생하지 않도록 한다.

대여는 자료의 소유권을 개인이나 단체가 그대로 유지한 채 일정기간 자료를 빌려오는 행위이다. 박물관은 자료에 대한 소유권을 갖고 있지 않기 때문에 명시된 일정기간 동안 자료에 대한 연구·전시·조사·교육의 권리만 갖게 된다.

3. 분류의 목적

박물관에서는 자료를 올바르게 관리하기 위하여 분류작업을 진행한다. 분류를 통하여 박물관 자료의 관리가 용이해질 뿐만 아니라 수집과 보존 등의 기능을 원활하게 진행할 수 있다.

4. 분류의 형태

(1) 재질

미국의 국립공원관리국에서는 박물관 자료를 재질에 따라 유기적 재질, 무기적 재질, 혼합적 재질로 분류하였다.

유기적 재질에는 나무·종이·직물·가죽·피복·뿔·뼈·상아·풀·수피·옻·밀랍 등이 있고, 무기적 재질에는 금속·요업류·유리·리튬·돌·안료·지질학적 표본류 등이 있으며, 혼합적 재질은 두 가지 혹은 그 이상의 재료가 혼합된 것이다.

〈재질에 따른 자료 분류〉

물질단위		자료 종류
금속	금·은	장신구·불구공예
	청동	청동기·거울·조각
	철	무구·마구
돌		석기·석탑·부도
점토(소성점토, 석고)		토기·벽화·도자기·조각
유리		목걸이·그릇·유리공예
섬유	식물성(마·모시·면)	직물·유화·판화
	동물성(비단·양모)	
종이		서화(족자·병풍)·불화·사경·복식·장신구
나무		생활품(문방구)·가루·옻칠기·목조각 등
풀		생활 도구(멍석·자리·발·신·끈 등)
뼈·가죽		골각품·장신구

(2) 연대

박물관에서 소장하고 있는 대부분의 자료들은 보통 한두 해에 만들어진 소산물이라기
보다는 저마다의 제작시기가 모두 다르기 때문에 연대와 시대를 구분하여 자료를 세
분화한다면 관리가 편리할 것이다. 연대에 관한 정보의 일관성을 위해 그동안의 연구
성과를 활용하여 일정한 추론적 근거를 마련해야 한다. 하지만 연대의 분류가 불가능
하거나 불명확할 때에는 기재를 하지 않고 추후 연구자의 몫으로 남겨두어야 한다.

5. 등록

(1) 자료 등록

등록은 자료를 박물관의 공식적인 재산으로 인정하는 과정이다. 등록은 각각의 자료
에 대한 자세한 설명을 기록하여 차후 박물관의 여러 가지 업무에 효율적으로 사용할
수 있도록 해준다. 자료 등록에 관련된 모든 규정과 절차는 등록담당자(Registra)에 의
해 업무 매뉴얼화되어야 한다. 이러한 등록절차는 다음과 같다.

먼저 새로 수집한 자료를 수장고로 반입할 때에는 반드시 상태를 검사하고 정확한 현
황을 파악하여 상태검사서를 기록한다. 상태검사를 종료한 후에는 보관위치를 지정하
여 이를 보관토록 한다.

등록 절차가 진행되기 전에 아직 대금지불이 종료되지 않는 등 미해결된 수집 업무로
인해 임시로 가등록번호를 부여하는 경우도 있다. 보통 등록번호와 유사하나 번호에
T(Temporary, 임시), L(Loan, 대여), E(Exhibition, 전시)와 같은 알파벳을 부여하거나,
2001.7.5을 5.7.2001과 같이 역순으로 부여하기도 한다.

이후 자료의 형태를 알 수 있는 치수를 측정하여 자료의 격납과 이동에 활용한다. 이
때 자료와 직접적인 접촉을 감안하여 안전한 도구를 사용한다.

또한 수집과 관련된 미결업무가 모두 종료되면 수집한 자료를 영구히 보관·관리하기
위해서 번호를 부여한다. 이때 영국과 미국에서는 B340번 등으로 약속된 번호의 범주를
사용하고, 국립중앙박물관과 국립민속박물관은 본관7890번, 전4932번 등으로 사용한다.
번호는 눈에 띄지 않고, 쉽게 지울 수 있는 물질과 방법을 사용하여 간단하게 서술한다.

다음으로, 자료의 특정부분을 보다 잘 보여주기 위하여 사진촬영을 한다. 박물관 외
부에 용역을 주어 촬영하는 경우에는 촬영용역 계약서상에 사진저작권에 대한 권리가

용역비 내에 포함되어 있으며, 권리 또한 박물관이 보유한다고 명시하여야만 향후에 자유롭게 슬라이드를 활용할 수가 있다. 사진은 자료 보존과 전시의 적합성 등을 판단하는 객관적인 시각을 제시하기 위하여 더럽고, 험하며 흠집이 있는 곳을 중심으로 촬영한다.

수집을 진행함에 따라 발생했던 관련된 모든 서류들을 등록 파일화시켜야 한다. 특히 수집 관련 품의서·소유권과 관련된 서류·진품보증서·저작권 양도증서·수출입관련 자료·발굴 관련 자료·계약서·송장(Invoice)·주요 서신 등의 관리가 중요하다.

자료와 관련된 출처카드(판매인·기증자), 자금카드(구입), 작가카드, 보관위치카드, 등록카드 등을 문서화한다. 이 중 등록카드는 개별적으로 작성되는데, 여기에는 등록번호·제작일시·문화적 속성·이전의 등록번호·사진·크기·자료의 특징·자료 상태에 대한 사항을 입력하며, 가격정보는 일반적으로 명기하지 않는다. 유물관리시스템이 잘 구비된 박물관일수록 등록카드보다는 컴퓨터시스템에 더욱 많은 사항을 기재하고 있다.

자료의 등록작업이 완료되면, 등록담당자는 해당 파일이 자료 수집방침과 부합되는지의 여부를 확인한다.

5. 보존

(1) 보존의 개념

자료의 보존은 박물관의 기능 중 가장 중요하며, 원초적인 목적을 지니고 있다. 여러 종류의 자료를 안전한 물리적 상태로 유지시켜 후대에 계승하고자 하는 데 목적이 있는 중요한 기능이다.

자료를 효과적으로 보존·관리하기 위해서는 자료를 안전하게 관리할 수 있는 적절한 기능을 가진 공간이 필요하다. 이에 박물관에서는 수장고를 마련하고 방화시스템, 온·습도조절장치 등을 통하여 물리적 보호막을 형성한다.

보존은 자료를 손상시키는 환경적인 요인을 분석하고 통제하여 손상의 진행속도를 지연시키거나 사전에 예방하는 기술을 의미한다.

이처럼 보존은 안전관리뿐만 아니라 자료 보호와 복원·보수가 이루어진다.

(2) 자료 보존방법

자료를 손상시키는 요인은 매우 다양하다. 인위적인 손상의 요인에는 전쟁, 인재, 사고, 복원 등이 있으며 자연적인 손상의 요인에는 빛, 열, 수분, 공기, 천재지변 등이 있다. 이중 온·습도, 빛, 공기 및 오염물질 등에 의한 변화로 인하여 자료는 다음과 같은 변화를 겪는다.

〈자료 손상 요인〉

재질	손상 현상	주요 공기오염물질	손상시키는 환경인자
금속	침식, 변색	유황산화물과 산성가스	수분, 산소, 염분
돌	표면 침식, 탈색	유황산화물과 산성가스	수분, 온도, 염분, 진동, 미생물
도료	표면 침식, 탈색	유황산화물, 수소, 유황	수분, 자연광선, 미생물
직물	섬유 강도의 약화, 얼룩	유황산화물, 질소산화물	수분, 자연광선, 기계전기
종이	연화	유황산화물	습기, 기계 및 전기 제품
가죽	연화, 표면의 가루화	유황산화물	기계 및 전기제품
요업류	표면 변화	산성가스	습기

(3) 재질별 자료 관리

① 지류

지류 자료의 손상 현상 대부분은 유기적이고 복합적으로 작용하여 가속화된다. 누수 등으로 포화 함수량을 지닐 경우 사상균 등의 곰팡이가 발생하고 지류 표면에 심각한 오염이 발생하며, 물에 젖은 상태에서 급격하게 건조시키면 지류의 결합 상태가 변해서 서로 엉켜 붙거나 사용재료의 화학 변화에 의해 오염이 발생한다.

가해 곤충인 좀벌레나 바퀴벌레는 서적의 표면에 풀칠된 전분을 영양분으로 섭취하여 지류를 훼손시킨다. 족자, 두루마리, 병풍처럼 접었다 폈다하는 반복동작이 불가피한 경우 꺾인 부위가 발생하기도 한다.

지류는 빛이 닿지 않는 곳에 보관하며 보관 장소는 항상 청결을 유지한다. 온도는 18~20℃, 상대습도는 50~60%가 적당하고 방충제로 파라디클로로벤젠을 넣어 보관하며 곰팡이나 곤충피해가 발생하였을 경우에는 훈증 처리가 필요하다.

② 섬유류

섬유류에는 식물성인 면, 모시, 삼베와 동물성인 비단, 가죽이 있다. 식물성 섬유는 주로 미생물에 의해, 동물성 섬유는 해충에 의해 손상된다. 섬유류는 빛이나 산소에 의한 산화반응이나 공기 중 유해물질로 인해 염색부분이 심하게 변·퇴색되거나 해충에 의해 잠식되어 손상, 붕괴된다. 또한 해충이나 미생물의 배설물 또는 곰팡이 포자 등에 의해 황갈색으로 변색되기도 한다.

③ 목제류

목제류는 건조로 인한 수축과 높은 습도로 인한 미생물 등 생물 피해 예방이 중요하다. 발굴현장에서 출토되거나 아직 보존처리를 하지 않은 상태일 경우 증류수에 침적하여 두면 수축을 방지할 수 있다. 이미 건조된 상태라면 정기적으로 훈증 처리를 하여 내부의 미생물과 곰팡이류를 제거해야 한다.

보관은 온도 18~20℃, 상대습도 50~65%가 적당하다. 목조각품 중에서는 특히 습도변화에 민감한 침엽수 재질에 균열이 많이 발생하므로 주의해야 한다. 칠막이 입혀진 목제류는 급격한 건조나 반복 건습에 따른 균열, 박리, 박락 손상이 우려되며 칠은 자외선에 취약하기 때문에 빛이 닿지 않는 곳에 보관하는 것이 좋다.

④ 금속류

금속류는 원래 자연상태의 광석을 환원하여 용도에 맞는 제품으르 제작한 것으로 주위의 환경에 의해 산화되어 원래의 안정한 상태로 되돌아가려는 성질이 있기 때문에 녹이 슬어 금이 가고 깨지는 손상이 발생한다.

금속은 종류에 따라 제각기 다른 물리적·화학적 성질을 지니고 있어 부식현상도 다양하게 나타나며 부식에 영향을 주는 환경인자인 수분, 산소 이외에 염소이온과 같은 요인에 의해 손상이 가속화된다. 금속은 고온다습한 환경에서 부식이 진행되므로 부식의 주요원인이 되는 습기를 차단하는 것이 무엇보다 중요하다. 보관 시 항온항습을 유지해야 하며, 적정온도는 18~20℃, 상대습도 45% 이하이다.

포장은 솜이나 비닐은 피하고 에스칼 필름에 제습제를 넣은 후 밀폐포장하여 보관하거나 밀폐용기의 바닥에 제습제를 넣고 그 위에 자료를 넣어 용기 내의 습기를 제거해야 한다. 이때 자료가 제습제에 닿지 않도록 자료와 제습제 사이에 플라스틱 폼을 깔아서 보관한다.

⑤ 도자기류, 석재류

비교적 환경 변화에 안정적이지만 제작 당시의 결함과 충격이나 열 손상 등에 주의하여야 한다. 또한 매장 출토품일 경우 보관 중에 가용성 염류가 습윤, 건조 등의 반복적인 변화의 의해 구성 성분이 석출되어 붕괴 및 손상되기도 한다.

6. 자료 안전수칙[62]

- 불필요하게 자료를 만지거나 필요 이상으로 움직이지 않는다.
- 자료를 움직이기 위해서는 충분한 시간을 두고 서두르지 않는다.
- 자료의 가치나 비중과 관계없이 모든 것을 동일하게 중요한 것처럼 생각해서 다룬다.
- 자료를 다룰 때에는 정신을 집중한다.
- 자료를 이동하기 전에 약한 부분이 어느 곳인가를 파악한다.
- 자료를 다룰 때에 목걸이·넥타이·팔찌·시계·반지 등이 자료에 닿지 않도록 풀어놓는다. 그리고 허리를 구부릴 때 상의의 호주머니에 든 물건들이 쏟아져 자료를 파손시킬 수 있으므로 소지품은 사전에 꺼내놓는다.
- 자료를 움직이는 작업은 오직 한 사람만이 지시한다. 자료를 움직일 때는 지휘자가 아니면 어떠한 결정이나 지시를 하지 않도록 한다.
- 자료를 다루고 움직이는 책임자는 동료들에게 작업과정을 명확하게 이해시켜 혼선이 없게 한다.
- 자료를 다루거나 움직이기 전에 미리 위험요소를 살펴서 책임자에게 알린다. 이는 자료를 안전하게 다루는 선결요소이며, 자신을 보호하는 의미를 동시에 지닌다.
- 자료를 이동하는데 인원이 너무 적다고 생각되거나 위험성이 있다고 판단될 경우에는 자료의 안전을 위해 작업을 거부할 수 있다.
- 특수한 재질이나 손상되기 쉬운 자료는 보존처리자와 상의한 후에 만지거나 이동한다.
- 두 개 이상으로 분리되는 자료는 따로 독립시켜 이동한다.
- 특별한 상태를 보이는 자료에 대해서는 기록을 남긴다.
- 자료의 손잡이, 테두리, 구석과 같이 구조적으로 약한 곳을 잡고 들어 올려서는 안 된다.
- 종이·금속·칠기·골각 등 습기나 기름 그리고 소금기에 약한 자료를 다룰 때에는 반드시 면장갑을 착용하여야 한다.

---

62) 이내옥, 『문화재다루기 : 유물및미술품다루는실무지침서』, 열화당, 1996, 16~19쪽.

- 두 손을 사용한다.
- 손을 깨끗이 씻고, 완전히 말린 후에 자료를 만진다. 손이 더러워지면 다시 씻는다.
- 자료가 있는 곳에서는 흡연을 삼가고, 음식이나 음료를 반입하지 않는다.
- 작업하고 있는 근처에서는 갑작스런 행동이나 불필요한 행동을 하지 않는다.
- 자료를 다루는 원칙에 위배되는 행위를 하는 사람에 대해서는 원칙을 내세워 지적해 준다.
- 서로 다른 유형의 자료는 함께 두지 않는다.
- 자료에 직접적으로 기침, 재채기, 강한 입김이 쏘이지 않도록 한다.
- 자료 부근에서는 펜을 사용하지 않고 연필을 사용한다.
- 자료를 실측할 때는 금속 재질의 자를 사용하지 않으며, 천이나 플라스틱테이프의 자를 사용한다.
- 아무리 작은 자료일지라도 한번에 한 점씩 운반한다.
- 자료에 기대거나 그것을 넘어가지 않는다.
- 자료를 움직일 부적절한 지적이나 대화를 삼간다.
- 섬세한 자료를 운반할 때에 너무 과도한 신경을 기울이지 않는다.
- 운반상자에 자료를 여러 점 넣어서 운반할 때는 개개의 자료 사이에 종이나 솜뭉치 등의 완충물질을 삽입하여 자료가 부딪히지 않도록 한다.
- 자료를 운반기구 쪽으로 가져갈 것이 아니라, 운반기구를 자료 쪽으로 가져온다.
- 운반기구에 자료를 과도하게 싣거나 담지 않는다.
- 작은 자료를 움직일 때는 한 손으로 그 아랫부분을, 다른 손으로 그 윗부분이나 옆부분을 잡는다.
- 자료를 다른 사람에게 전해줄 때는 손에서 손으로 전해주지 않는다. 일단 안전한 곳에 자료를 내려놓고 다른 사람으로 하여금 자료를 가져가게 한다.
- 대형 자료를 운반할 때는 그 중심부분을 잡고 들어 올려야 하며, 바닥에 둔 채 끌어당겨서는 안 된다.
- 크기나 재질, 무게가 서로 다른 자료를 함께 움직이는 것은 삼간다.
- 자료를 보관상자에 담아 움직일 때는 가장 안전한 상태로 둔다.
- 문을 드나들 경우, 두 손에 자료를 들고 있을 때는 다른 사람이 문을 열게 한다.

- 자료를 들고 뒷걸음질치지 않는다. 항상 뒤쪽에 누가 어떤 상황에 있는가를 확인한다.

- 자료를 두고 떠날 때는 주위를 청결히 하고 위험요소들을 제거한다. 이때 조명은 끄고 자료를 덮어둔다.

- 포장된 자료를 푼 후에 파편조각이나 소형 유물을 잃어버릴 수 있으므로, 확인이 끝나기 전까지는 포장재료를 폐기하지 않는다.

- 파손 사고가 발생하면, 모든 파편을 수습하고 자료를 움직이지 않도록 한다.

- 자료에 대한 손상에 대해서는 즉각 보고하고 담당자는 사건보고서를 작성한다.

- 자료에 발생한 사소한 손상이나 사고라도 책임자에게 보고한다. 어떤 자료의 경우에는 가벼운 충돌로 인해 한 달이나 일 년 후에 금이가거나 박락이 생길수도 있다.

7. 폐기

자료의 처분관리는 자료관리상 가장 마지막 단계의 작업이다. 법률적·윤리적 측면에서 여러 가지 제한과 공익적 책임이 따르므로 신중하고 엄격하게 체계적인 절차에 따라 진행되어야 한다.

(1) 처분의 원칙

자료의 처분은 한 번 진행되면 돌이킬 수 없는 상황을 만들기 때문에 특별한 사유가 없는 한 자료를 물리적으로 완전히 파괴하는 것보다는 다른 기관에 기증 또는 교환하거나, 학생들을 위한 교육용 자료로 재활용할 수 있는 방안을 고려하여야 한다. 또한 처분될 자료가 다른 공공기관에서는 소장하기 어려운 성격의 자료라면 처분을 우선적으로 재고해야 한다.

박물관에서는 설립취지에 부합되는 것을 우선시하며 지나치게 단기적인 분위기, 유행, 정책에서 벗어나 합리적 타당성 및 필요성 측면에서 자료의 처분을 심사숙고해야 한다.

자료의 처분은 기증·교환·판매 혹은 파괴에 의한 것일지라도 고도의 자질을 갖춘 학예사의 전문적인 판단과 변호사의 검토를 통해 박물관 이사회에서 최종 승인을 받아야 한다.

뿐만 아니라 합법적인 처분권이 있더라도 수집한 자료가 외부의 재정적인 원조를 받아 수집하였다면 처분은 윤리적으로 관련된 모든 당사자들의 동의가 필요하다.

자료의 처분으로 발생한 수익금은 새로운 자료의 구입 또는 자료의 보존비용으로만 사용해야 하며, 자료의 양도 및 처분에 관련된 모든 기록은 영구기록으로 보관해야 한다.

(2) 불용결정[63]의 사유

자료를 기증, 구입, 발굴 등으로 수집하였음에도 불구하고 박물관에서는 여러 가지 사유로 자료를 불용결정하여야 할 상황이 발생하고 있다. 보통 선진박물관에는 자료처분정책이 수립되어 있고, 주기적으로 이를 재검토하며, 이에 근거하여 자료를 처분하고 있는데 주요 유형을 살펴보면 다음과 같다.

① 노후

자료가 노후되어 물리적인 완전성과 작품성을 상실하여 조사, 전시, 교육 등의 업무에 사용할 수 없는 경우이다. 이때는 최소 2명 이상의 전문가로부터 자문을 받아야 한다.

② 수집정책과의 배치

수집된 자료가 박물관의 수집정책 혹은 설립취지의 목적과 활동에 더 이상 적절하게 부합되지 않는 경우이다. 다만 수집된 자료가 기존의 소장가나 적절한 수령인이 있다면 돌려주거나 물리적으로 처분하는 것이 바람직하다.

③ 관리능력 초과

재원·시설·직원·안전관리 등 제반 측면에서 박물관이 해당 자료를 적절하게 보관 및 관리할 수 있는 능력을 초과하거나 특별한 관리가 요청되는 경우이다. 특히 보존처리, 온·습도 등의 보관환경, 크기, 중량 등의 물리적인 이유로 인하여 결정된다.

④ 위작 판명

자료가 위작으로 판명되거나, 진위가 상당히 의심되는 경우이다. 그러나 박물관에서 진위 여부를 완벽하게 판정내릴 수 없기 때문에 신중을 기하여 판단해야 한다.

---

63) 불용결정은 박물관 자료 중 사용할 필요가 없거나, 사용할 수 없는 경우에 이를 처분하기 위하여 사전에 자료 목록으로부터 해당 자료를 공식적으로 등록 삭제함으로써 자료를 영구히 제거하는 행위이다.

⑤ 자료의 중복 소장

한 박물관 내에서 복제품 또는 유사한 자료가 있어 가치가 절하된 자료의 경우이
다. 그러나, 차후 등장할 기증자가 박물관에 대한 신뢰감을 상실할 수도 있기 때
문에 많은 주의가 필요하다.

⑥ 새로운 자료 구입

자료의 질적 수준을 제고하여 현존하는 자료보다는 좀 더 가치 있는 자료를 구입
하기 위하여 기존 자료를 처분하려는 경우이다. 현대미술에 있어서는 생존작가가
자신의 자료를 기존의 자료와 교환할 수도 있다. 그러나 새로 구입한 자료가 오
히려 후대에 가서 저평가될 수도 있기 때문에 수집정책과 관련하여 신중을 기하
여야 한다.

⑦ 본국으로의 반환

자료가 원래 제작되었던 본래의 국가나 지역으로 반환되는 경우이며, 국가 간의
외교적 문제로 부각되기도 한다.

⑧ 기타

출처가 불분명하거나 보존상태가 미흡하고 복원도 불가능하며 다른 자료의 보존에
악영향을 미치고, 3년 동안 유실상태에 있는 경우이다.

(3) 불용결정의 과정

자료의 불용결정은 중요한 과정이기에 반드시 기록을 하며, 이 단계에서 등록담당자
는 박물관 전문인력과의 조정자로서 중요한 역할을 수행해야 한다.

① 불용결정의 제안 및 요청

해당 자료에 책임 있는 연구원, 등록담당자가 주로 불용결정을 제안하며, 일부에
서는 관장, 이사회 위원이 제안하기도 한다.

박물관 내부 양식에 따라 불용결정의 이유 및 정당성, 기증자, 자료이력, 구입일
시, 의미, 상태, 감정평가 및 처분방법 등이 기재된 요청서를 작성하여 박물관에
제출한다.

또한 불용결정할 자료목록을 작성하여 박물관 전문인력에게 통보하여 해당 자료가
잠재적으로 활용할 수 있는지 여부를 확인한다.

② 감정 및 상태확인

자료의 시장가격 예상 및 진품 확인이 가능하도록 외부감정을 실시하고 각계의 전문가로부터 자료에 대한 의견을 청취하여 자료의 불필요성을 확인한다.

보존처리 담당자는 자료의 상태를 확인한 후 상태검사서를 작성하여 제출한다.

③ 법률 자문 및 권리확인

등록담당자는 저작권과 세금 등의 처분에 따른 법률상의 문제를 사전에 확인하기 위하여 변호사로부터 법률자문을 구하여야 한다.

박물관이 해당 자료의 처리에 대한 정당하고 명료한 법적 소유권을 가지고 있음을 확인한다.

④ 승인 및 기록

박물관 최고의사결정기구의 승인하에 불용결정을 내린다. 등록담당자는 불용결정의 전체 과정을 모니터링하고 이를 문서기록으로 남겨 명확하며 일관성 있는 업무처리를 한다.

(4) 자료 처분방법

처분은 박물관 불용결정 이후에 기증, 교환, 판매, 관리전환, 본국반환 등의 방법을 통하여 자료의 소유권을 다른 기관에 양도하거나 물리적으로 폐기하는 행위이다.

① 기증

다른 비영리기관으로 금전적인 보상 없이 소유권을 이전하는 행위로, 일정한 공익성을 지니고 있다.

② 교환

다른 비영리기관과 조사, 교육, 전시를 목적으로 자료를 바꾸는 행위이다. 다만 교환대상이 되는 자료의 상호평가액이 동일하거나 적어도 비슷해야 하며, 해당 기관들이 자료를 적절하게 관리할 수 있는 능력이 있어야 한다.

③ 관리전환

처분 자료의 금전적인 가치가 없거나, 다른 방법으로 처분이 곤란한 경우에 과학적인 연구, 학교 교육, 견본품, 전시 소품 등으로 기능이 전환되는 경우로 이 과정 속에 자료가 쉽게 노후되거나 파괴된다.

④ 물리적 파괴

자료를 더 이상 활용할 수 없게 되었거나, 다른 자료에 피해를 줄 우려가 있는 자료일 경우에 사회로부터 완전히 파괴한다. 이 중 약품, 화학물, 폭발물, 석면 및 기타 위험물질을 내포하고 있는 자료들은 전문가에게 의뢰하여 신중히 처리하며 파괴할 때에는 박물관 전문인력이 반드시 2명 이상 입회하여 파괴과정을 확인하고 입회자 성명, 일시와 장소, 파괴과정 등을 서면으로 기록하여 보고한다.

⑤ 본국 반환

자국의 자료가 아닌 밀매매, 전쟁, 약탈 등의 경로를 통하여 자료를 소장하고 있었다면 박물관에서는 원산지 국가로 자료를 반환하는 데 협조할 책임이 있다.

⑥ 공개 경매

공개된 경매장에서 자료를 판매하는 방법으로 여기서 발생하는 자금은 반드시 새로운 자료의 구입 또는 기존 자료의 보존비용으로만 사용되어야 하며 운용비용 등으로 전용되어서는 안 된다. 등록담당자는 경매에 따르는 포장·운송·보험·출장·보관·보안·유물취급 및 내부환경에 관한 실무적인 교섭을 경매장과 협의하여 진행한다.

⑦ 사적 판매

처분 자료가 공개 경매에서 예상가격보다 현저하게 차이나거나, 판매가 불가능 또는 부적합하다고 판단되는 경우에 개인에게 판매되는 방법이다.

⑧ 기증자 반환

자료를 기증자 또는 상속인(유족)에게 다시 되돌려 주는 방법으로, 기증자의 요구사항 및 조건을 박물관이 충족시켜 주지 못할 경우에 행해진다.

⑨ 기타

박물관의 뮤지엄숍을 통해 자료를 판매하는 방법으로 공개 경매에 입찰할 수 없을 정도로 낮은 가격의 자료일 경우에 해당한다.

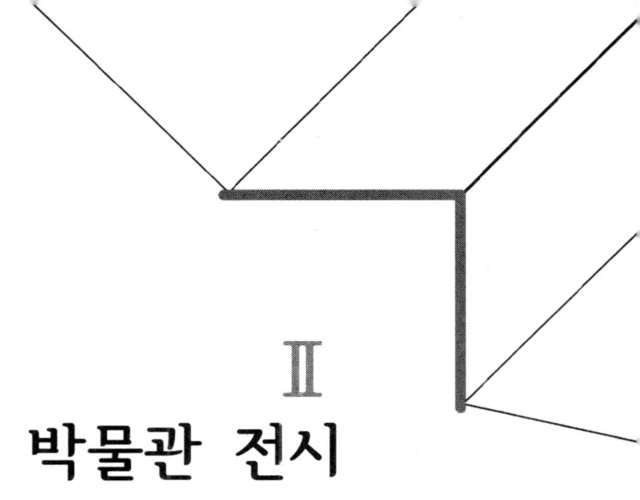

II
박물관 전시

전시[64]는 세상에 보이는 모든 것을 의미하는데 보통 어떠한 사물이 지닌 뜻의 전체 또는 한 부분에 관하여 일정한 주제를 가지고 다양한 기법으로 타인에게 의미를 전달하는 수단이다. 예를 들어 몸을 치장하거나 집안의 가구를 배치하고 상품을 돋보이게 진열하는 등의 행위를 모두 전시로 볼 수 있다.

박물관 전시는 특정 목적의식을 갖고 불특정다수에 의도된 방향으로 영향을 미치는 비영리적인 전시이다. 전시는 전시의도, 전시기획자, 관람객, 전시물, 전달매체 및 장소 등에 의하여 진행된다.[65] 전시는 전달하고자 하는 의도를 전시자료를 이용하여 관람객에게 보여주는 것으로 단순히 나열만 하는 것이 아니라 통제된 환경에서 자료를 계통적으로 분류하여 관람객의 오감을 자극하고 새로운 지식을 습득할 수 있도록 기회를 제공하는 일련의 과정이다.

전시는 전시물, 전시공간, 전시기획자, 관람객이 서로 유기적으로 작용하여 만들어내는 복합적인 결과물이다. 전시물은 전시 자체를 계획하는 출발점으로, 전시의 성립을 위해서 반드시 필요한 자료 일괄을 의미한다. 전시공간은 전시물을 진열하는 공간으로 전시물의 성격과 가치를 고려하여 상황에 맞는 연출이 필요하며 관람객과도 직접적으로 접촉하는 공간이기 때문에 자유로운 의사소통이 원활하게 이루어질 수 있도록 하며, 휴식공간도 따로 마련하여 관람객의 피로를 최소화해야 한다.

---

64) 전시는 보는 것(To Show), 진열하는 것(To Display), 눈에 띄게 하는 것(To Make Visible) 모두를 포함한다. 또한, 주제에 맞는 전시물을 선정하여 진열하는 것을 의미한다. 전시는 박람회에서 유래한 용어로 영어로 "Exhibition"으로 진열, 전시, 열람 등의 뜻을 갖고 있다.

65) 형정숙, 『기업박물관에서의 전시시나리오구조와 공간구성프로그래밍 —T사 기업박물관 설계중심으로—』, 성균관대학교 석사학위논문, 2001, 14~31쪽.

전시기획자는 전시물을 연구하고 분석하여 관람객에게 의도된 의미를 전달하는 전문인력으로 각계의 전문가를 초빙하여 전시주제 및 자료 선정, 전시디자인, 진행, 평가 등의 전반적인 업무수행을 한다. 관람객은 완성된 전시를 관람하는 소비자로 전문가, 일반인, 청소년, 아동, 장애우 등의 불특정다수를 의미하며 전시의 성격에 따라 전시를 향유하는 계층을 다르게 할 수 있다.

1. 전시자료

박물관 전시는 효과적인 메시지 전달을 위하여 다양한 방법으로 전시물을 진열하는 것이다.

전시자료는 전시주제를 효과적으로 드러내는 수단으로 전시물 내용과 가장 밀접한 관계를 맺고 있다. 전시자료는 1차적 자료와 2차적 자료로 분류된다. 1차적 자료는 실물자료이고, 2차적 자료는 평면, 입체, 종합자료이다.[66]

1차적 자료인 실물자료는 역사·고고·인류·민속·예술·동물·식물·광물·과학·기술·산업 등에 관한 자료를 구입, 기증, 기탁, 교환 등의 방법으로 박물관에서 소장한 것이다.

2차적 자료인 평면자료는 설명패널, 사진, 와이드컬러 등이 있다. 설명패널은 독자적으로 의미전달을 하거나, 실물자료와 기타 전시자료와의 관계에서 보조적 역할을 하는 것으로 관람객이 쉽게 전시내용을 파악할 수 있도록 세부적인 사항을 포함하면서도 전시의 중요성과 가치를 드러내야 한다. 목재, 금속재, 플라스틱재 등을 이용하여 제작하는데 간단하게 텍스트만을 사용하거나, 텍스트와 사진, 도해 등을 조합하여 이해를 돕도록 하기도 한다. 사진은 전시의 직접적인 이해를 돕고 실물의 심층적 분석을 위하여 사용하거나 사진을 주제로 한 사진전에 사용한다.

와이드칼라는 대형 슬라이드로 조명을 비추어 영상을 보여주는 사진으로 현장감이 뛰어나고 강렬한 인상을 주기 때문에 광고에서 많이 쓰인다. 와이드컬러는 벽면 부착시 돌출문제와 조명기구에 의한 열 발생, 균일한 조도처리 등 박물관 내부 전시환경에 유해한 요소로 작용될 수 있다.

입체자료로는 복원, 모형, 디오라마 등이 있다. 복원은 고증, 연구, 조사, 검토를 통해 희소

---

66) 이 밖에 현대 박물관에서는 핸즈온(Hands-on) 전시자료를 많이 사용한다. 이는 관람객이 실물자료나 모조품을 직접 만져볼 수 있도록 특정 전시실에 전시하는 것으로 직접적인 체험기회를 제공하는 것이다.

성 있는 전시물, 원형이 파손된 전시물, 내용전달을 위한 축소와 확대가 필요한 전시물, 대량 전시나 노출전시가 필요한 전시물 등을 실물을 기초로 성형한 모사나 모조[67] 등을 한다. 모형은 전시 주제에 따라 실물을 그대로 본뜬 지형, 건축, 동식물 등과 상황에 따라 실물의 크기를 가감하여 제작한 기계 단면도, 건축구조 단면도 등을 말하며, 포괄적으로 전시를 한눈에 조망할 수 있도록 한 자료이다. 디오라마(Diorama)는 주제를 시공간적으로 집약시켜 입체감과 현장감을 극대화시키는 것으로 배경 위에 모형을 설치하고 하나의 장면을 연출하는 방법으로 주위 환경이나 배경은 그림, 사진, 영상으로 처리한다. 모든 영상이 현장에서 보는 듯한 느낌으로 제작하고 배치하기 때문에 세심한 주의가 필요하다. 식물, 동물, 지형 등을 실물크기나 축소된 입체모형으로 제작해 놓은 것을 의미한다.[68]

종합자료인 영상매체는 흥미 유발과 다수의 관람객에게 동시에 정보를 전달하기 위하여 슬라이드 프로젝터[69], 멀티비전[70], 빔프로젝터[71] 등을 사용한다. 이 밖에 음성자료인 해설음성, 자연음성, 인공음성 등을 사용한다.[72]

또한 전시는 불특정한 다수의 관람객을 능동적으로 대응하기가 쉽지 않기 때문에 전시매체를 보충하고 전시의도를 효과적으로 전달하기 위해서는 해설사가 필요하다.

2. 전시 기획

전시에 필요한 전시물, 전시기획자, 전시공간이 마련되면 전시기획을 진행한다. 전시를 기획하는 일은 피상적인 구상을 구체화하여 실제로 관람객에게 풀어내는 창조적인 작업이다.

---

67) 모사는 그림 같은 평면적인 것을 1 : 1로 축척한 자료이고, 모조는 입체적인 것을 二 : 1로 축척한 자료이다.

68) 파노라마(Panorama)는 연속적인 주제를 실제와 가깝게 실물 모형으로 전체와 부분의 관계를 명백하게 하여 서로 연관성을 깊게 표현함으로써 실제 경관을 보는 것처럼 색, 질감, 조명, 음향 등을 설치하는 방법이다.

69) 슬라이드 프로젝터는 35mm, 120mm 정도의 필름을 연속적으로 작동시켜 스크린에 사진영상을 보여주는 형태이다.

70) 장소에 구애받지 않고 TV, VTR, 컴퓨터 등과 연결하여 사용하는 자료로 여러 브라운관에 다른 영상을 보여주거나 하나의 내용을 분할하여 보여준다.

71) 빔프로젝터는 USB케이블로 PC와 프로젝터를 연결하여 이미지를 투영하는 방법으로 사진과 동영상을 보여주는 형태이다.

72) 백인환, 「산림박물관의 운영실태와 개선방안에 관한 연구 - 금강수목원의 산림박물관을 중심으로 - 」, 충남대학교 석사학위논문, 2002, 26~31쪽.

전시계획단계에서는 전시의 개최 이유를 밝히는 작업으로 전시 주제를 선정하고 자료를 수집한다. 박물관 인력의 공식 또는 비공식적인 회의, 이사회 회의, 관람객과 회원들의 설문조사, 외부의 제안 등으로 주제를 선정하며 선정된 아이디어가 실제로 실현 가능한지 검토하기 위하여 현재 박물관의 상황을 점검하는 한편, 관람객에게 잠재적 매력이 있는지도 살펴보아야 한다. 이후 전시기획의도와 주제를 선정하기 위해서는 전시의 대략적 개념과 포괄적인 목표 등을 결정한다.

전시의 주제를 정한 후 박물관은 전시물인 유물의 시대·연관성·특징 등을, 미술관은 작가·작품의 소장자·미술시장의 흐름 등을 카탈로그·도록·리플릿·포스터·논문·슬라이드필름·각 박물관 자료목록·인터넷 등의 자료를 통하여 정보를 얻도록 한다. 수집된 자료는 체계적으로 정리하여 조사카드 형식으로 자료를 만들어 전시기획과 진행에서 다각도로 사용한다.

이후 수집한 다양한 자료들을 바탕으로 전시의 내용과 추진방법 등이 명시된 제안서의 전시 아이디어를 재검토한다. 전시의 취지와 목적 및 개요뿐만 아니라 시기, 자료 보존 및 안전적 조치, 인력의 구성, 전시 공간, 일정 및 예산 등을 중점적으로 검토한다. 이와 같은 과정을 거친 후 전시 추진이 결정되면 전시팀을 조직하고, 전시에 필요한 자원을 확보하며,[73] 전시 개요를 보다 구체적으로 기술하여 전시기획서를 작성한다.

전체적인 전시의 틀을 계획하고 결정하였다면, 선정된 전시물을 전시공간으로 옮겨[74] 설치할 때에는 전시구성과 연출방안을 면밀히 살펴 원활하게 작업이 진행될 수 있도록 하며, 이때 카탈로그, 도록 등의 인쇄물을 제작하고,[75] 안전사고가 일어나지 않도록 지속적으로 확인하여야 한다.[76]

전시를 개최하는 날에는 개막행사를 진행하여 전시의 진행을 대외적으로 알려야 한다. 개막행사는 전시에 초대한 초대 인사를 가장 먼저 소개하고 테이프컷팅을 한 후 담당 학예사가 전시의 큰 틀을 소개하는 전시 관람이 이어진다. 마지막으로 전시개막을 알리는 인사인 리셉션을 하고 폐회를 한다. 전시의 이해를 돕기 위하여 부대행사로 전시를 설명하는 갤러리토크, 강연회, 작가와의 만남, 학술세미나, 시연 등의 각종 교육프로그램을 진행하기도 한다.

---

73) 반입할 작품의 소재를 파악했다면 위조품이나 표구, 액자상의 문제도 꾸준히 조사하여 자료 확보에 만전을 기해야 한다.
74) 반입할 경우 작품 현황보고서를 작성하는데 이때 포장상태를 그림, 사진 등으로 기록하여 보관하며 등록담당자와 차량운송 중 발생했을 문제에 대하여 확인한다.
75) 인쇄물은 내용에 충실하며, 대중의 구매욕구를 자극할 수 있는 디자인과 가격을 잘 선정한다. 제작계획서를 작성하고 업체를 선정한 후 자료정리 및 편집을 통해 교정까지 마무리하면 인쇄에 들어간다.
76) 평면작품인 액자, 두루마리는 150cm 정도 눈높이로 만들고, 입체작품은 전시대를 사용하며, 도자기류는 모래주머니를 넣거나 낚싯줄로 안전하게 고정한다.

전시일정에 맞춰 전시가 종료되면 전시장을 철거하고 전시물을 회수하여 수장고에 보관하거나 대여품이라면 포장하여 소장처로 반출, 운송, 반납을 진행한다. 이후 책정한 사업비에 맞춰 회계정리와 세금 납부 등을 진행하고 결과보고서를 작성한다.

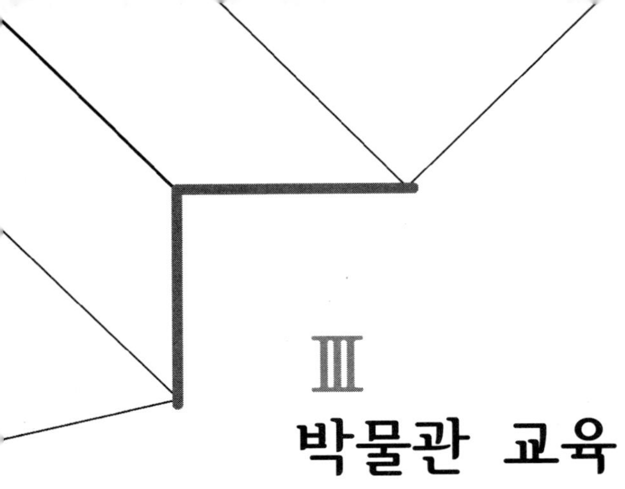

Ⅲ
박물관 교육

1. 교육 기능

박물관은 유·무형의 문화유산[77]을 수집·보존·연구·전시·교육하는 평생교육기관으로서, 박물관 교육은 박물관의 정체성을 확립하는 중요한 요소이다.[78] 박물관의 존재 목적은 결론적으로 일반 대중의 흥미와 관심의 폭을 넓혀서 그들의 능력을 개발하고 궁극적으로는 교육적 효과를 거두는 데 있다.[79]

박물관의 교육대상은 성별, 계층, 연령, 지역, 교양에 따라 흥미와 관심이 서로 다르기 때문에 교육의 효율성이 늘 문제이다. 각 박물관의 특수성이나 전시내용 및 그에 따른 연구성과 등이 대상자의 수용태도에 따라 자유롭게 전달되며, 그 결과는 당장 그 자리에서 평가되는 것이 아니므로 결과를 판단하는 것은 매우 어렵다.[80]

박물관 교육은 전시나 학교 교육과는 달리 이용자의 보다 적극적 의지와 선택에 의해 참가 여부가 결정된다. 그러므로 박물관 교육프로그램은 가르치고자 하는 교육내용도 중요하지만 참여자 중심으로 기획·진행되어야 한다.[81] 박물관 교육이 학교 교육과 다른 점은 강제성을 띠기보다는 흥미 혹은 관심에서부터 출발하여 지식과 정확한 가치의 전달로 발전시킨다는 것이다. 그래서 박물관은 교육(Education)과 정보(Information)의 긴밀한 유대관계를 갖고 있어야 한다.

따라서 박물관 교육은 개방성, 사회성, 정보성, 전문성 등을 지녀야 한다.[82] 우선 박물관이

---

77) 한 세대에서 다음세대로 전해지는 전통, 관습, 기술, 예술 형식, 제도를 지칭한다.
78) 백령,『멀티미디어 시대의 박물관 교육』, 예경, 2005, 26쪽.
79) 이난영,『박물관학입문』, 삼화출판사, 1996, 21쪽.
80) 이난영,『박물관학입문』, 삼화출판사, 1996, 23쪽.
81) 백령,『멀티미디어 시대의 박물관 교육』, 예경, 2005, 21쪽.
82) 송은주,「경기지역 박물관·미술관 교육프로그램 개발과 지역문화공간으로서의 활성화 방안 – 부천교

다양한 문화를 향유할 수 있는 공간이 되기 위해서는 전통문화와 대중문화를 적절하게 포용할 수 있는 개방성을 내포해야 한다. 또한 박물관은 가치나 정보를 제공할 뿐만 아니라 기호와 휴식을 제공할 수 있는 사회적인 공간을 확보하여 보다 안락한 환경에서 교육을 받을 수 있도록 해야 한다. 그리고 정보화시대의 시공간을 초월한 문화정보 네트워크를 이용하여 실시하는 교육방식을 도입하여 창조적인 문화활동을 이끌어내야 한다. 마지막으로 박물관 교육은 대상자에게 잠재되어 있던 재능을 발굴하고 창작할 수 있는 기회를 제공하여 성숙한 문화인으로 거듭날 수 있도록 해야 한다.

2. 교육 종류

박물관 교육은 광의(廣義)에서 소장품 전시, 전시기획, 교육프로그램, 특별행사 등의 교육적 목적을 가진 박물관의 모든 활동을 지칭한다.[83]

유형에 따라 전시, 강좌, 현장학습, 영화상영 및 콘서트 등으로 나뉜다. 전시는 일정한 공간과 장소에서 소장품을 진열하여 관람객에게 교육적 가치를 전달하려는 목적을 두고 진행하는 가장 기본적인 교육방법이다. 전시 내용의 이해를 돕기 위해 학예사, 교육사, 해설사, 자원봉사자 등의 인력이 직접 설명하는 전시안내(Guide Tours)[84], 전시실 토론(Gallery Talk)[85], 전시투어(Study Tours) 등과 기술매체를 이용하여 설명하는 오디오 가이드(Audio Guide)[86]와 비디오 프로그램(Video Program)[87] 등이 있다.

육박물관, 토탈야외박물관, 이영미술관 프로그램개발을 중심으로 - 」, 경희대학교 석사학위논문, 2004, 5~7쪽.

83) Hooper-Greenhill. E. (ED.), The Educational Role of the Museum (London : Routledge, 1994, p.2), (정애리, 「박물관·미술관 교육 프로그램의 중요성에 관한 고찰 - 청소년 교육프로그램을 중심으로 - 」, 숙명여자대학교 석사학위논문, 2001, 7쪽, 재인용)

84) 전시안내는 전시 내용의 이해를 돕기 위한 안내와 전시의 개괄적인 설명을 하는 오리엔테이션 등의 프로그램이다.

85) 전시실 토론은 특정 전시물인 작품과 작가, 시사문제 등에 관해서 학예사, 학차, 관람객이 소(小)연구발표의 개념으로 45분가량의 발표와 10~20분 정도의 토론으로 진행되는 프로그램이다. 김효경, 「과학박물관의 현황과 교육적 활용방안 연구」, 숙명여자대학교 교육대학원, 1999, 23쪽.(이현진, 「박물관의 교육 서비스 활성화에 관한 연구 - 유비쿼터스 시대 박물관 교육 서비스를 중심으로 - 」, 중앙대학교 석사학위논문, 2005, 22쪽, 재인용)

86) 오디오 가이드는 워크맨 카세트 플레이어나 트랜지스터 라디오처럼 신호를 받는 리모콘 모양의 막대기 형식을 사용하여 이어폰을 착용하고 사용하는 도구이다. 녹음내용은 학예사가 대본을 쓰고 교육사가 관람객이 이해할 수 있도록 개념과 용어를 수정·보완하면 내레이터가 스튜디오에서 녹음한 후 편집한다. 관람객이 작품을 평가하고 전시 전반에 대해 종합적인 안목을 파악할 스 있도록 유도할 수 있으며 외국인 관람객에게 외국어 안내서비스를 제공할 수 있는 장점이 있다. 그러나 질문 등의 반론을 할 수 없고, 심리적으로 소극적인 교육적 효과를 얻게 될 수도 있다. 과거 국립박물관을 중심으로

강좌는 체계적인 지식전달과 명료한 개념 전달, 흥미유발 등을 할 수 있는 것으로, 학예사가 관람객을 대상으로 박물관 자료나 전시와 관련된 주제를 강의하는 정기 강좌와 외부강사를 초빙하여 실시하는 특별강좌로 나뉜다. 학예사는 이러한 강좌를 통해 연구결과를 발표하는 자리를 마련하며, 관람객과 소통하는 공간이 될 수 있도록 강의를 할 수 있는 능력을 길러야 한다. 강좌는 집단적인 학습으로 참여자의 지적수준을 고려하는 일이 쉽지 않고, 일방적으로 이루어지는 경향이 있기 때문에 대상을 정확하게 구분하는 것이 매우 중요하다.

현장학습은 실습 또는 문화탐방 등의 내용으로 전문 강사를 초빙하여 실습하거나 발굴 현장 혹은 유적지 등을 답사하는 문화탐방이 있다.

영화 상영 및 콘서트 등의 특별행사를 진행하는 박물관이 차츰 늘어나고 있다. 이는 박물관이 영화, 음악, 연극, 디자인, 건축 등 폭넓은 예술장르와 하나의 연결고리를 갖고 있다는 것을 의미한다. 자원봉사와 기업의 후원을 통해 재정 및 인적 자원을 받아 운영한다면 좋은 결과를 만들 수 있다.

교육은 대상에 따라 학교, 교사, 가족, 어린이, 장애우 등으로 구분하여 진행할 수 있다. 학교 연계 프로그램(School Program)은 교사들에게 도록, 워크시트(Worksheet), 슬라이드, 비디오와 같은 교육매체를 지원하거나, 일종의 찾아가는 박물관(Mobile Museum)[88]을 학교와 진행하는 교내 교육과 박물관 탐방이 있다.[89] 특히, 학교 연계 프로그램 중 교사연수 프로그램(Teachers Workshop)은 교사를 대상으로 일선 교육현장에서 이론과 실기를 포함한 전문적인 지식을 습득하게 함으로써 박물관 교육의 기반조성과 지도능력의 향상을 목적으로 운영하고 있으며 교육자를 교육하기 때문에 다른 프로그램에 비하여 파급력이 크다고 할 수 있다.

가족프로그램(Family Program)은 아이를 동반한 가족단위 관람객을 대상으로 휴일이나 주말에 즐길 수 있는 행사 형식의 프로그램이고 어린이 프로그램(Children Program)은 전시품

이루어지던 오디오 가이드는 공립과 사립박물관에서도 많이 사용하고 있는 추세로 앞으로 그 이용률은 더욱 높아질 것으로 사료된다.

87) 비디오 프로그램은 박물관에 대한 소개, 교육프로그램 안내, 작품 및 작가의 삶, 제작기법 등에 관한 내용을 수록하여 전시와 교육에 효과적으로 사용할 수 있는 도구이다.

88) 찾아가는 박물관은 기존의 수동적인 자세에서 벗어나 능동적으로 대형 버스에 박물관 자료를 싣고 다니며 전국 각지의 관람객을 찾아 나서고자 마련된 일종의 사회교육 프로그램이다. 예산여건상 국립중앙박물관, 국립현대미술관 등지에서 진행하고 있는데 이는 지역의 소규모 박물관과 연계하여 지역문화예술의 균형적인 발전과 지역주민들의 문화향수 증진에도 이바지할 수 있다.

89) 제7차 교육과정(교육과학기술부가 발족한 이래 일곱 번째로 개정된 교육과정으로 1997년 12월 30일에 확정·고시되었다.)에서 한 학기에 1회 이상 박물관을 방문할 것을 권고하면서 2000년 이후부터 재량학습시간, 특기적성학습시간, 현장체험학습 등으로 박물관에 지속적으로 방문하기 시작하였다.

관람을 바탕으로 창작활동을 통해 작품 감상능력과 창의력을 배양하고 둔화적 정서함양에 목적을 두고 실시하는 프로그램이다. 장애우 프로그램(Program for the Disabled)은 신체장애우, 청각 장애우, 시각 장애우 등을 위하여 박물관 이용 기회를 제공하고 수화통역을 실시하며, 점자 네임텍과 설명패널, 시청각 자료를 제공하는 것이다.

3. 교육 개발

박물관은 시간적 여유가 있는 일반인에게 다양한 교육을 제시하여 여가선용의 기회를 제공할 수 있다. 단순한 여가의 개념이 아니라 편안함과 재충전의 기회, 전문지식의 전달과 삶의 활력까지도 줄 수 있다. 박물관은 일회성 교육, 반복적인 교육이 아닌 장기간에 걸쳐 자발적인 참여를 유도할 수 있는 프로그램을 개발하여 참여자의 자기계발에 도움을 줄 수 있도록 해야 한다.

교육 프로그램의 개발은 총 4단계로 이루어져 있다. 1단계에서는 교육 프로그램 개발 및 강의 인력을 확보한다. 교육 프로그램 운영계획을 수립하기 위해서 학여사, 교육사, 해설사, 외부강사 등으로 구성된 개발팀원을 조직하고, 프로그램의 방향과 주제를 확정하며 자문회의를 거친다. 교육 프로그램의 학습자료인 학습지도안(교육방향과 학습흐름), 학습지, 강의자료(파워포인트), 강사용 강의 지침서 등을 작성하고 교보재 샘플링 제작·검증 및 지도·보완 등을 실시한다. 2단계에서는 수강생 모집과 홍보를 진행한다. 모집대상, 방법, 수업일시 등을 결정하여 교육 정보를 홈페이지에 올리거나 전단지를 송부하여 수강생을 모집한다. 3단계에서는 교육 시범운영과 프로그램을 운영한다. 대상자에게 미리 시범운영을 하여 행동, 의식 반응조사, 설문지 조사 등을 실시하여 프로그램에 반영하고 이를 바탕으로 실질적인 프로그램을 운영한다. 4단계에서는 교육평가를 통한 차후 프로그램에 그 결과를 반영한다. 프로그램이 끝난 후 설문지조사를 실시하여 운영 결과보고서를 작성하고 설문지를 수합하여 분석하는 한편 분석결과를 차후 프로그램에 반영한다.[90]

---

90) 국립중앙박물관 어린이박물관, 『박물관교육 – 어린이박물관 운영사례』, 국립중앙박물관, 2007, 71쪽.

Ⅳ 박물관 해설사 안내기법

1. 해설사 개념

해설사(Docent)는 '가르치다'라는 뜻의 라틴어 도세르(Docere)에서 유래한 용어로, 박물관·미술관에서 관람객들의 이해를 돕도록 전시물 및 작가 등에 관해 설명하는 안내인을 지칭한다. 1987년 랜덤 하우스(Random House) 영어사전에는 "박식한 지식이 있는 가이드, 전시회의 설명을 하며 특별히 관람객을 안내할 수 있는 지식을 갖고 있는 사람"으로 정의하고 있다.

해설사는 1845년 영국에서 처음 생긴 뒤, 1907년 미국 보스턴미술관(Boston Museum of Fine Arts)에 자원봉사자들로 이루어진 전시안내원이 등장하였고, 이후 세계 각국으로 확산되었다. 우리나라에서는 1995년 광주비엔날레에서 처음으로 도입되었고 대학으로는 이화여대박물관이 처음으로 해설사를 두고 안내를 실시하였으며, 1996년 삼성미술관은 자원봉사의 성격으로 전문해설사 교육을 통해 설명을 시작하였다.

해설사는 '전시해설가'로 번역되는데 박물관·미술관에서 전시물을 설명해주는 인력을 뜻한다. 박물관·미술관을 찾는 일반 관람객들은 전시물과 작품에 대한 단편적인 정보만을 가지고 있어 간략한 설명이 적힌 패널이나 도록을 참고하여 단순하게 관람하는 데 그치는 경우가 많다. 해설사는 이처럼 전시물에 대한 깊이 있는 이해와 접근이 어려운 관람객에게 알기 쉬운 설명을 제공함으로써 전시물에 대한 이해를 높이는 데 목적이 있다. 이들은 단순히 작품을 해설만 해주는 것이 아니라, 전시물이 갖는 의미를 공유하고 창조적인 생각을 나누며 새로운 경험의 기회를 제공해주는 안내자이다. 또한 관람객의 동선을 안내하며, 작품과 관람객과의 상호교감을 도와주는 매개자의 역할도 담당한다.

2. 해설사 역할

종전의 박물관 기능은 조사, 연구, 자료수집, 보존, 전시 등이 주를 이루었지만 요즘에는 보다 직접적인 교육 기능에 관심이 모아지고 있다. 박물관의 성격이 다양한 소장품을 모아 놓은 공간에서 시민의 문화수준을 향상시키는 계몽과 교육의 장으로 변화된 것이다. 박물관에서 교육적인 효과를 얻을 수 있는 프로그램 중 하나가 바로 해설사 제도이다.

해설사는 박물관에서 관람객과 가장 가까운 거리에서 만나 소통하는 매개자이며, 동시에 작품을 관람객에게 소개하고 이해시키는 이야기꾼이다. 이들은 박물관 전시물의 이해는 물론, 관람객의 특성과 성향을 파악하여 보다 쉽게 전시에 대한 지식을 학습할 수 있도록 도움을 주는 역할을 하고 있다. 단순히 전시물의 설명 패널을 읽어주는 것만으로는 관람객을 지속적으로 끌어들이는 힘이 약하다. 작품과 관람객이 서로 소통할 수 있도록 연결해주고, 관람객과의 질문과 답변을 통해 피드백이 오가는 과정에서 상호교감을 끌어내어 생생한 학습의 장으로 만들어야 한다.

해설사의 쉽고 재미있는 설명은 관람객과 전시물을 가깝게 해주는 한편, 전시를 효율적으로 전달하는 측면도 있다. 관람객은 작품에 관한 해설사의 새로운 해석, 혹은 재해석을 통해 전시물과 직접적인 관계를 맺고 서로 소통함으로써 만족감을 느낀다. 전시물에 생명을 불어넣는 해설사의 해석은 관람객의 흥미를 유발할 뿐 아니라 관람객 자신의 지식이나 경험에 연결하는 문화적 경험을 제공한다. 이러한 의미 있는 경험을 선사하기 위해 해설사는 전시유물의 역사, 배경 등의 풍부한 전문지식을 끊임없이 학습해야 한다.

유의해야 할 것은, 작품에 대한 장황한 설명이나 함부로 정의를 내리는 일은 지양하는 것이다. 이는 관람객의 상상력을 제한하기 때문이다. 또한 전시유물의 해설을 과거에 얽매이기보다는 현재와 미래의 시재로 해석할 수 있어야 한다. 박물관 하면 주로 옛것이라는 고정관념 때문에 과거의 사실적인 것들을 나열하는 방식으로 해설하는 경우가 많다. 과거에 초점을 맞춘 해설보다는 유물이 가지고 있는 현재적 가치와 미래 창조에 기반한, 즉 이 유물이 오늘 우리에게 어떤 의미가 있으며, 오늘 우리 삶에 어떤 교훈을 주는지에 대한 구체적인 설명을 곁들이는 게 바람직하다.

3. 해설사 교육

사회가 풍요로워짐에 따라 문화에 대한 욕구가 점차 높아지고 있다. 박물관은 사회교육기관으로 인식되면서 관람객의 참여를 능동적으로 유도하고, 관람객도 단순한 감상을 넘어 보다 적극적인 정보와 서비스를 요구하기에 이르렀다. 이에 맞춰 박물관에서는 '단순해설'을 넘어 '상호소통'을 위한 전시설명에 노력을 기울이고 있다. 해설할 작품에 스토리텔링을 구성하고, 관람객 층에 따른 다양한 해설방법을 개발하고, 소통을 위한 대인관계의 기술과 전시에 필요한 학습을 지속해 나간다. 이렇듯 교육적인 전문성을 보여주어야 하는 해설사는 끊임없이 공부하고 노력하지 않으면 안 된다.

해설사로 활동하기 위해서는 일정 기간 교육을 받아야 한다. 보통 1개월에서 3개월 정도의 체계적인 이론교육과 현장실습을 받아야 하며, 해설사로 활동하면서도 꾸준한 반복 교육이 필요하다. 교육기간은 박물관의 특성에 따라 차이가 있으나 활동에 대한 평가와 관리는 모든 해설사에게 필수 항목이다.

해설사 교육은 박물관장이나 기존의 해설사들이 주로 맡지만 외부 강사에게 위탁할 수도 있다. 지역대학의 관련학과와 연계하는 것도 좋은 방법이다. 지역대학이나 대학의 평생교육원 과정, 대학원 과정에 박물관 관련학과가 개설되어 있는 경우가 많아 교수진이 강사로 참여할 수 있다. 강원도 영월군 관내 박물관의 경우 세경대학 박물관큐레이터과 교수들을 강사로 청빙해 심화되고 내실화된 교육을 받을 수 있다. 영월군은 박물관 특수고을로 지정되어 있는데다 실질적인 도움을 줄 수 있는 관련학과가 있어 대학 내 사회교육원 강좌를 개설하면 박물관 특수고을의 면모를 더욱 갖추게 될 것이다.

각 박물관마다 전문적인 지식과 소양을 갖춘 해설사의 적극적인 활동은 관람객의 만족도를 높여주며 해설사의 자부심과 봉사만족도까지 높여준다. 충북대학교 이철희의 〈박물관 도슨트의 중요성에 대한 연구〉 논문에 의하면, 서비스를 받은 관람객의 만족도는 박물관 전반에 대한 만족도에 영향을 끼치는 것으로 밝혀졌다. 서비스를 받은 관람객의 욕구충족 정도는 서비스를 받지 못한 관람객에 비해 매우 높게 나타났다. 안내를 받은 박물관의 추천과 재방문 여부를 분석한 결과 역시 서비스를 받지 못한 관람객에 비해 매우 높았다. 이러한 조사 결과는 해설사의 중요성과 해설사 교육의 중요성을 여실히 보여준다.

그러나 서비스를 원하지 않는 고객에게는 해설을 하지 않는 것을 원칙으로 해야 한다. 원하지 않는 서비스 제공으로 인해 관람객을 불편하게 하고 관람을 방해할 수 있다는 사실을 염두에 두어야 한다.

해설사 교육은 활동을 하는 중에도 꾸준히 이루어져야 한다. 정기적인 활동에 대한 자기평가와 관리를 통해 문제점을 해결하고, 나아가 해설사 자신의 봉사 만족도를 높이는 방안을 모색해야 한다. 크록오버 제럴드와 혹 쟈넷(Krockover, Gerald H. & Hauck, Jeanette)은

『도슨트를 위한 훈련(Training for Docent)』에서 8단계로 이루어진 '해설사로서의 자기평가'를 소개하고 있다.

〈해설사 평가표〉

해설사로서의 자기평가
1. 전시 설명 전에 관람객들이 전시에 대해 어떠한 사전 정보를 갖고 있는지 질문했는가?(1점)
2. 본인이 질문을 하고 1초 이상 기다렸는가?(1점)
3. 관람객 한 사람이 아닌 전체와 상호관계를 발전시켰는가?(1점)
4. 관람객의 의견, 판단, 선택 등을 요구하는 질문을 했는가?(1점)
5. 답이 옳다고 이야기한 이외에 보충설명을 해주었는가?(1점)
6. '옳은 답'이 나왔을 때 거기에서 그치지 않고 다른 답이 없는지 물어 보았는가?(1점)
7. 예측, 가정, 추리, 사고의 재구성 등을 요구하는 질문을 했는가?(1점)
8. 관람객의 말을 경청했는가?(1점)

4. 해설사 자격요건

2006년 문화관광부의 「박물관·미술관 교육전문인력 양성 및 지원방안 연구」에서 규정한 해설사의 자격요건은 다음과 같다.

〈해설사 자격요건〉

해설사의 자격요건
• 학력 : 학사학위 이상인 자로 박물관·미술관 관련 및 교육학 관련 전공자
• 경력 : 교육 및 박물관 관련 경력 우대
• 지식, 능력, 기술 　－박물관의 분과 학문에 대한 지식과 관심 　－박물관의 전시와 소장품에 대한 지식과 해석력 　－다양한 관람객 층을 상대하는 데 대한 적합한 커뮤니케이션 기술

해설사는 일종의 전문 안내인으로, 문화재나 미술에 대한 애정과 일정수준의 전문적인 지식 및 문화 상식 등이 요구된다. 각 박물관마다 학예사(큐레이터)가 설명을 하고 있지만 많은 관람객을 상대하기엔 역부족이다. 학예사는 전시의 테마를 정해 전시를 기획하고, 작가 섭외, 자료수집, 전시 디스플레이, 도록제작 등 업무가 방대하며 해설사와 엄연히 구별

되는데, 해설사는 보수를 받지 않고 자신이 문화재나 미술을 좋아해 자원해서 한다는 점이 큰 특징이다. 이들은 문화재에 대한 지식이나 안목을 바탕으로 자신들이 익힌 지식을 다른 사람들에게 알리는 것을 기쁨과 보람으로 여기는 문화 자원봉사자들이다.

해설사가 되기 위해서는 전시에 대한 이해는 물론 다양한 계층의 관람객과 소통을 하기 위한 대인관계 기술이 요구된다. 수 멕코이(Sue McCoy)의 『좋은 안내자(Good Guide)』에는 관람객을 이끄는 4가지 요소를 소개하는데, 첫 번째로 해설사의 리더십(Leadership)을 꼽고 있다. 멕코이는 리더십 고취를 위해 충분한 리허설을 통해 자신감을 가지라고 말한다. 자신감을 가진 해설사는 관람객에게 가까이 다가가 눈을 맞추고 이야기할 수 있다는 것이다. 특히 어린이 관람객에게는 몸을 낮춰 눈을 바라볼 수 있도록 하고, 산만한 어린이는 어깨를 잡는 등의 가벼운 신체접촉으로 친밀도를 높이라고 제시한다. 둘째는 피드백(Feedback)이다. 관람객의 질문이나 발언에 긍정적이고 적절한 답변으로 의견을 교환하여 작품 감상의 관심을 높일 수 있다는 것이다. 관람객의 질문에 대해 명확하게 답변하고, 질문을 던진 후 4초 정도 기다려 상호적인 피드백이 이루어져야 한다. 셋째는 언어 소통이다. 성공적인 전시 설명을 위해 설명 전에 관람객의 특성을 알아두거나 간단한 대화로 미리 수준을 파악해두는 것도 요령이다. 명확한 의미전달과 적절한 언어의 선택, 어떤 관점으로 전시 안내를 할 것인지 미리 생각해두어야 한다. 넷째는 비언어적 소통이다. 말 이외의 의사소통 수단인 몸짓, 표정, 자세 등을 관리하는 기술이 중요하다. 안정감과 편안함을 주는 자세와 부드러운 표정, 자연스러운 손동작은 전시 설명을 극대화하는 반면, 튀는 복장은 관람객의 시선을 흐트러뜨리므로 자제해야 할 것이다.

5. 해설사 자세

관람객을 맞이하는 해설사의 자세는 박물관 전반의 이미지와 상관관계가 있다. 따라서 해설사는 관람객을 최대한 정중하고 친절한 태도로 맞이하여 다시 방문하고 싶은 박물관, 추천하고 싶은 박물관이라는 이미지를 심어줘야 한다. 해설사는 관람객과 가장 가까운 거리에서 만나고 소통하는 중요한 임무를 가지고 있으므로 관람객의 특성과 성향을 빠르게 파악하는 게 중요하다. 관람객이 보다 쉽게 전시에 대한 지식을 학습할 수 있도록 전시물에 대한 정확한 정보 제공과 적절한 시간배분, 편안한 관람 동선을 제공해야 한다. 초등학생과 청소년, 일반인과 전문인에 따른 눈높이 해설 또한 간과해선 안 된다. 이 모든 서비스를 충족시켰다 하더라도 친절하지 않으면 박물관의 이미지는 손상된다. 그만큼 친절이 중요하다.

박물관을 찾은 관람객이 가장 먼저 대하는 사람은 매표소 직원이고 그 다음에 만나는 사람이 해설사이다. 해설사는 박물관의 첫인상이라 해도 지나치지 않을 것이다. 해설사의 친절도는 박물관의 첫인상을 결정짓는 데 영향을 미칠 만큼 중요하다. 관람객 층을 고려한 정중한 인사예절과 상냥한 말투, 친절한 태도와 적절한 유머, 연령과 성별, 수준 등에 맞는 용어와 안내기법은 물론 관람객의 질문이나 반론에 대해 여유 있게 답변해야 한다.

해설사는 항상 밝은 표정으로 관람객을 맞이하고, 성인일 경우 90도로 고개를 숙여 정중하게 인사한다. 청소년이나 어린이에게는 45도가 바람직하며, 관람객으로 하여금 대접을 받는다는 인상을 심어주는 게 좋다. 인사할 때의 목소리는 음계의 '솔' 톤으로 하여 경쾌한 느낌을 주도록 한다. 인사가 끝나면 "00박물관에서 해설사로 활동하는 000입니다."라고 자신을 소개한다. 이어 박물관 방문의 감사 인사와 함께 간략한 박물관 소개를 한다. 이때 장황한 설명은 피한다. 전시해설을 듣기도 전에 지루하다는 인상을 받을 수 있기 때문이다. 박물관 소개가 끝나면 안내 서비스를 받기 원하는지 의사를 알아본다. 서비스를 원하지 않는 관람객은 자유롭게 관람하도록 배려하고, 안내를 원할 경우 미리 설정한 동선과 시간에 맞춰 스토리텔링 기법으로 지식 이상의 감동과 교감을 느끼도록 해주어야 한다.

안내는 관람개요를 시작으로 전시물 및 유물을 설명한다. 작품을 가리킬 때에는 손바닥 펴서 사용하도록 하며, 관람객과 시선을 맞추고, 관람객과의 거리는 120~350cm의 거리가 가장 이상적이다. 하지만 작품의 크기나 주변 상황에 따라 가변적이다. 해설 중간 중간에 질문과 대답이 오갈 수 있도록 유도하며 관람객의 말에 경청하는 자세를 보여야 한다. 해설이 끝나면 마무리 인사로 마치고 상황에 따라 추후 학습상담이나 자유로운 관람을 권한다.

해설사는 관람객과 최전선에서 만나 작품은 물론 작가에 대해 설명하며 관람객과 소통하는 문화메신저 혹은 커뮤니케이터이다. 단순히 작품에 대한 이해를 높이는 데 그치지 않고 시민 문화향상에 이바지하는 측면이 강하므로 자아실현이나 문화발전에 기여한다고 하겠다. 바로 이러한 점이 문화재와 함께 호흡하며 타인을 돕고 문화발전에 기여하는 해설사의 보람이자 기쁨이다. 이들은 시민의 삶의 질을 높이는 기회를 제공하고 관람객과 교감하며 욕구를 충족시켜주며 만족과 자부심을 갖는다. 이러한 자세야말로 해설사에게 필요한 마음가짐이며, 박물관은 해설사로서의 자부심을 가질 수 있도록 활동을 적극 지원해야 한다.

박물관의 역할과 기능이 변화됨에 따라 해설사의 책임 또한 갈수록 중요해지고 있다. 반복되는 활동이라고 방심하지 말고 자신의 해설을 모니터링하고, 전시물을 완전히 소화해 자기의 언어로 만드는 자세가 요구된다. 또한 관련 분야를 공부해 배경지식을 넓히고, 자료수집과 조사를 활발히 하며, 창의적인 해설을 연구해 교육적 전문성을 확브해야 할 것이다.

〈호암미술관 『박수근』 해설사 방법〉[91]

1. 자기소개 및 전시 개요 설명	
자기소개	"저는 이번 전시의 작품 설명을 맡은 해설사....입니다."
전시기간	1999.7.16~9.16(총 66일간)
전시개념	
전시작품	유화 82점/수채 8, 드로잉 40여 점/각종자료(동화집, 삽화, 서신, 사진, 스크랩)
전시구성	1층-유치 중심/2층-종이작업(수채화, 스케치)과 자료중심
설명방법	약 10~15개의 작품설명, 총 50~60분 소요

2. 작품설명(한 작품당 3~5분)	
1	설명할 작품 앞으로 관람객을 인도한다.
2	작품 옆으로 충분한 거리를 유지하며 약간 비켜선다.
3	작품이 잘 보이도록 관람객의 위치를 정리한다.(관람객은 작품과 1m 정도 거리를 유지)
4	스스로 작품을 감상하도록 1분 정도 시간을 준다.
5	작품 하나하나에 대한 분석 이전에 먼저 주제나 유형별로 간략한 설명을 한다.
6	작품에 대한 분석과 필요한 배경 설명을 한다. -이때 작품에 다가가 손가락으로 가르치지 말고 말로 지칭한다. ("여러분이 보시기에 우측 상단에...") -일방적으로 많은 정보와 지식을 나열하지 말고, 작품별로 요점을 정리하여 중요한 내용만을 설명한다. -대화 시 글로 질문을 유도함으로써 관람객들이 스스로 가치판단을 할 수 있도록 돕는다.
7	다음에 설명할 작품과 위치를 안내한 후 자리를 이동한다. -동선을 고려하여 이동하고 먼저 가서 기다린다.

3. 마무리	
인사	긴 시간 잘 들어준 것에 감사의 말을 한다.
개인별 감상	해설사의 설명이 빠진 작품도, 먼저 들은 내용을 적용하여 개인별로 다시 한 번 천천히 감상하도록 권유한다. -어린이를 동반한 가족 관람객의 경우, 입구에 비치한 감상용 가이드 "박수근 그림 어떻게 볼까요?"를 참조하도록 권유
비디오 안내	매시 정각에 비디오실에서 상영하는 전시 비디오 안내
프로그램 안내	강좌, 주말 프로그램, 음악회 등 프로그램 안내

---

91) 곽민경, 「도슨트(Docent)프로그램의 교육적 활성화 방안 연구-초·중학생을 중심으로」, 한국교원대학교 석사학위논문, 2007, 48쪽.

4부_박물관 소통

01

박물관 여행

윤병화·김성래
조원섭·김아란

MUSEUM
a depository for collecting and displaying objects having
scientific or historical or artistic value

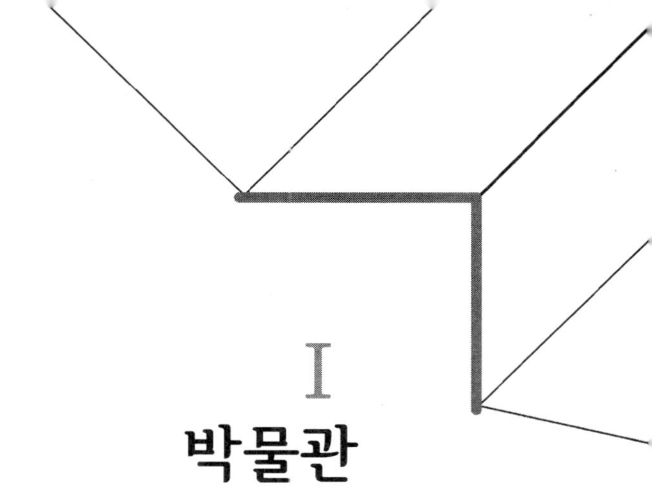

I

박물관

1. 박물관의 개념

박물관은 문화·예술·학문의 발전과 일반 공중의 문화향유 증진에 이바지하기 위하여 역사·고고(考古)·인류·민속·예술·동물·식물·광물·과학·기술·산업 등에 관한 자료를 수집·관리·보존·조사·연구·전시·교육하는 시설을 말한다.

미술관은 문화·예술의 발전과 일반 공중의 문화향유 증진에 이바지하기 위하여 박물관 중에서 특히 서화·조각·공예·건축·사진 등 미술에 관한 자료를 수집·관리·보존·조사·연구·전시·교육하는 시설을 말한다.(박물관 및 미술관 진흥법)

즉, 박물관은 수집·보존·연구·전시·교육 등의 내적인 의무를 바탕으로 사회·문화를 위한 공공의 성격을 지닌 공간이라 할 수 있다. 또한 현재의 박물관은 총체적인 문화 중심지이며 스스로 자구적인 노력을 통하여 더 넓은 영역으로 범위를 확장시켜 나가고 있다.

2. 박물관의 기능

박물관은 수집·보존·연구·전시·교육의 기본적인 기능을 갖고 있으며, 이를 위해 공공봉사, 관리경영, 특별활동 등을 진행하고 있다. 또한 이처럼 다양한 기능이 상호 유리된 것이 아니라 서로 중첩되는 유기적인 체계로 이루어져 있다.

박물관은 과거의 흔적인 유물과 현재의 예술작품들을 보존하고 각종 새로운 의미들을 부여하여 관람객에게 소개하는 곳이기 때문에 오늘날에는 어느 특정 기능만 중요하게 여기지 않고 다양한 시각에서 다채로운 역할을 부여하고 있다.

종전의 박물관 기능이 조사·연구, 자료수집, 보존, 전시 등이 주를 이루었다면 최근에는 보다 직접적인 교육 기능에 관심을 기울이고 있다. 일반대중의 흥미와 관심을 불러일으키고 그들의 능력을 개발하여 교육적 가치를 끌어올리는 데 주력하고 있는 것이다.

(1) 수집

박물관의 가장 중요한 존재 이유는 인간과 인류 환경의 물리적 증거물인 자료를 수집·관리하는 것이다. 여기서 수집이라는 것은 자연 상태에서의 파손·인멸·멸실 등으로부터 자료를 보호하고 적절한 환경을 조성하여 영구히 보존하기 위한 노력을 기울이는 과정을 말한다.

박물관은 자료로 인해 성립되고 항구적인 존속이 전제되는 곳이므로, 자료에 대한 세심한 관리가 매우 중요하다. 이를 위해 모든 자료를 찾기 쉽고 꺼내기 쉬운 수장고에 보관해야 한다. 또한, 박물관의 설립취지에 부합되는 수집정책은 박물관의 정체성을 확고하게 할 수 있다.

(2) 연구

모은 자료를 조사·연구하지 않으면 박물관의 기능을 충분히 수행할 수 없으며, 확실하게 연구되지 않은 채 자료를 전시할 수는 없다.

박물관의 연구는 자료를 중심으로 창조적인 새 이론을 전개하기보다는 자료 중심의 충실한 연구가 이루어져야 하며, 이는 박물관의 사업(전시나 다른 교육적 활동)에 적극적으로 반영되어야 한다. 연구의 학문적 성과가 아무리 뛰어나고 크다 할지라도 박물관의 전시에는 보편타당성이 있는 사실에 입각하여야 한다. 이를 위해 끊임없는 연구를 통하여 전문인력을 양성하고, 자료에 대한 평가와 신뢰를 높여 나가야 한다.

(3) 전시

박물관에서의 전시는 단순히 실물자료들을 나열해 놓는 것이 아니다. 실물자료의 역사적·예술적·자료적 가치를 최대한 설명하면서 전시 시나리오의 내용을 최대한 표현하기 위하여 전시공간 자체를 질 높은 학습문화공간으로 조성해야 한다.

박물관 전시는 관람객이 자료와 직접적인 관계를 형성할 수 있도록 유도한다. 즉, 관람객이 수동적인 대상자로서가 아니라 참여자가 되어 감동과 즐거움을 스스로 찾을 수 있도록 해야 한다.

관람객의 지적 수준에 따라 어린이들에게는 단순하고 풍부한 색깔을 이용한 전시방법을 적용하고, 어른들에게는 전시품을 무제한으로 구사하여 예술적 색채감각, 미적 감상을 감안한 배열, 조명에 의한 전시를 염두에 두어야 한다. 특히 전문가에게는 Study Collection System을 활용하여 자료의 성질, 출소, 입수경위, 기타 기록까지 제공한다.

(4) 교육

박물관은 유·무형의 문화유산을 수집, 보존, 연구, 전시, 교육하는 평생교육기관으로 일반 대중의 흥미와 관심을 유도하고 능력을 개발하도록 하는 교육적 기능을 한다.

박물관의 교육 대상자들은 성별, 계층, 지역, 교양, 흥미, 관심 등에 있어서 너무나 다양하기 때문에 그 효율성이 늘 문제가 된다. 각 박물관의 특수성이나 전시내용 및 연구성과 등이 대상자의 수용태도에 따라 각기 다르게 전달될 수 있으며, 그 결과는 즉시 그 자리에서 평가되는 것이 아니므로 결과를 판단하는 것이 매우 어렵다.

박물관에서의 교육은 강제성을 띠는 학교교육과는 달리 자발적 흥미나 관심으로부터 출발하여 이용자의 적극적 의지와 선택에 의해 모든 것이 결정되므로, 참여도가 높을 경우 학습효과 역시 좋을 것이다.

Ⅱ
세계의 박물관

1. 하마다 어린이미술관(Hamada Children's Museum of Art)

(1) 어린이미술관의 탄생

하마다(浜田) 시는 일본 혼슈(本州)의 주코쿠(中國) 지방 시마네(島根)현의 북쪽 해안에 자리잡고 있다. 주코쿠 지방의 내륙을 지나가는 주코쿠 산맥을 경계로 북쪽 해안인 동해를 바라보고 있는 지역을 산음(山陰), 남쪽 해안인 세토나이카이(瀬戸内海)에 면한 지역을 산양(山陽)이라고 칭하는데, 산음지역은 산양지역에 비해 대도시나 고속철도, 고속도로 등이 발달하지 않았다. 하지만 일본 고대역사의 신비로운 문화유산을 간직하고 있는 지역으로, 오쿠이즈모(奧出雲)나 결혼의 신사로 알려진 이즈모타이샤(出雲大社) 등으로 널리 알려져 있다.

주코쿠 산맥의 푸른 원시림과 동해의 쪽빛 해안선에 둘러싸여 있는 하마다 시는 일본의 다른 옛 도시들과 마찬가지로 바다를 근거로 발전하여 어업과 수산업이 활성화되었다. 하마다 시의 우즈 테츠오(宇津徹男) 시장은 시(市)의 다각적 발전을 위해 "창조적이고 안락한 해양문화도시 하마다"라는 표어를 내세우고 적극적인 사업을 전개하여 도시기반의 정비를 시작하였다.

이 사업의 일환으로 설립된 하마다 세계어린이미술관은 바다가 보이는 문화공원 한쪽에 "동해에 떠 있는 창조와 아름다움의 배"라는 이미지를 미술관 건축에 반영하고 있다.

시의 어린이들이 천혜의 자연환경 속에서 미술작품을 통해 예술성과 창의력은 물론 풍부한 인성을 키우도록 돕는다는 교육목적을 가지고 설립되었기에 여러 종류의 다양한 전시와 활동을 기획하고 있다.

무엇보다 어려서부터 미술관 환경과 친근해지고, 뛰어난 예술성을 지닌 작품들을 접하면서 교감할 수 있는 능력을 기르며, 국경과 언어의 장벽을 넘어 세계 여러 나라의 어린이들과 그들의 미술작품을 서로 소개하고 전시하면서 다른 문화권에 대한 이해의 폭을 넓혀주는 기획전을 마련하기도 하고 어린이들의 미적 세계를 마음껏 펼칠 수 있는 환경과 기성세대와의 이해와 교류를 위한 활동도 꾸준히 펼치고 있다.

미술관 건립을 위한 기본적 준비작업과정을 살펴보면, 먼저 1991년 1월 하마다시에서 기본구상책정위원회를 설치한 것을 시작으로, 같은 해 9월에는 '바다가 보이는 문화존(Zone)' 기본구상검토위원회가 설치되었으며 다음해 8월에는 문화시설 정비구상 검토위원회가 설치되기에 이른다. 1993년 5월 '하마다시 세계 어린이미술관' 개설준비위원회가 설치되어 다음해 3월까지 건축설계가 완료되었고 12월에 미술관 건설을 위한 착공이 개시되었다.

1995년 4월 미술관을 위한 창작활동 기획위원회가 설치되었으며, 6월에는 미술관개설운영위원회가 만들어지게 되었고, 1996년 1월 미술관 건물이 준공된 이후, 3월에 미술관 조례가 제정되고, 7월에 실질적인 운영을 담당하게 될 '재단법인 하마다시 교육문화진흥사업단'이 발족하면서 그 해 11월에 정식 개관을 하게 되었다. 재단법인은 하마다시에서 관장하며, 작품소장을 위해서는 별도의 '하마다시 미술품 등 수집위원회'와 연계하여 운영하고 있다.

미술관은 7,100m²의 부지면적에 대지 1,178m², 연면적 3,609m²에 이르는 5층의 철골내화구조이다. 1층에는 3개의 아틀리에와 도서실과 전가마가 각각 하나씩 마련되어 있으며 2층은 관장실과 학예실을 비롯한 관리부서가, 3층은 다목적 홀과 영상컴퓨터실이 자리잡고 있다. 4층과 5층은 각 층에 전시공간이 2개씩 마련되어 있는데, 이곳은 평소에는 미술관이 소장하고 있는 세계적인 거장들의 작품과 여러 나라 어린이들이 만들어 낸 작품들을 상설 전시하거나, 아동미술에 관한 기획전을 열기도 한다.

한편, 선박의 내부에 들어선 듯한 느낌을 주는 3층의 다목적 홀은 동해와 하마다 항구가 내려다보이는 곳으로 사계절의 변화를 느끼며 휴식할 수 있는 공간으로 설계되었으며, 전시회나 모임장소 등으로 사용될 수 있는 기능을 가지고 있다.

그밖에도 특징적인 장소로는 세계의 아동화를 수집, 보관하고 있는 2층의 수장고와 회화, 조각, 판화, 목공예, 도예, 염색 등의 작업이 가능하도록 설비가 갖추어진 아틀리에가 있으며, 이곳에서 하마다 시민들을 대상으로 한 각종 실기강좌도 개설되어 있다. 또한 세계 여러 나라의 우수한 화집과 어린이들을 위한 화집, 기법에 대한 책이나 해설서 등 미술과 관련된 서적을 열람할 수 있는 도서실과 함께, 200여 인치의 대형 스크린과 10대의 PC, 미술관에서 독자적으로 개발한 컴퓨터그래픽 소프트웨어인

'파스콘 수족관' 등을 구비하여 컴퓨터 시대에 충실한 환경을 조성하려고 노력하는 모습도 보이고 있다.

앞서 언급했던 것처럼, 미술관의 콜렉션은 크게 두 종류로 나누어 볼 수 있다. 그 중 하나는 '거장으로부터의 메시지'라고 이름 붙여진 동서고금의 유명한 작가들의 작품 콜렉션으로, 특히 아이들과 연관지을 수 있거나 아이들에게 깊은 감명을 줄 수 있는 소박하고 독특한 작품들을 한자리에 모아 선보이고 있다. 대표적인 작품으로는 피카소의 〈갈리시아 지방의 여인(1895)〉이라는 소묘작품과 폴 클레의 〈가족(1918)〉, 호앙 미로의 〈가족(1952)〉, 앙리 마티스의 〈작은 세계 III(1922)〉, 그리고 일본 작가인 하시모토 메이지(橋本明治)의 〈연주(1953)〉 등을 들 수 있다. 소장품들의 특징은 대체로 세심하고 예리한 관찰력이나 생각의 자유분방한 표현방법, 환상적인 색채의 세계나 초현실주의적이고 신비적인 감정 또는 꿈의 세계로 인도하는 것 같은 창의성과 묘사력 계발을 위한 콜렉션이라고 할 수 있다.

다른 하나의 콜렉션은 '세계의 어린이들로부터의 메시지'라는 주제로 여러 나라의 어린이들이 그들의 자유로운 발상을 마음껏 드러낸 작품들로서, 비록 언어 소통은 가능하지 않지만, 자신도 모르게 각 나라의 풍습, 고유한 색채, 생활 모습이나 자연환경 등의 다양한 정서가 아이들의 손을 통해 작품으로 드러나게 되는 모습을 조망하고 있다. 우리나라를 비롯하여 아랍 에미리트 연방, 러시아, 미국, 스리랑카, 중국, 캐나다, 남아프리카 공화국, 우루과이, 영국 등의 어린이들이 만들어낸 그들만의 고유한 문화색과 형상을 간직한 작품들을 보여주고 있는데, 하마다시 세계 어린이미술관은 미술을 통하여 하마다시와 세계 어린이들의 활발한 교류에 궁극적인 목표를 가지고 있는 것으로 생각할 수 있다.

(2) 어린이 앙데팡당전

하마다시 세계 어린이미술관의 전시활동의 하나인 〈하마다 어린이 앙데팡당전〉은 1997년에 처음 열리게 되어 이후 꾸준히 발전하고 있다. '앙데팡당'(독립적)이라는 말에서처럼 19세기말 파리의 전위 화가그룹이 기존의 살롱체제에 대한 반발로 자신들의 작품을 독립적으로 전시했던 것을 거울삼아 어린이 앙데팡당전의 성격을 만들어나가게 된다. 자유로운 양식의 추구를 내세웠던 파리의 화가들처럼, 이 전시에 참가하는 어린이들은 우열을 가린다든지 콩쿠르와 같은 성격을 배제하고 모두가 자유롭게 참여하여 작품을 발표하는 방식을 채택하고 있다. 1997년 개최된 제1회 앙데팡당전은 일본의 미술관 및 미술교육관계자들의 주목을 받았으며 외국에서도 많은 반향을 불러일으켰다. 1998년 제2회 전시에서는 해외의 미술관이나 문화예술관계기관을 통하여 외국의 어린이들이 전시에 참여할 수 있었는데, 예를 들어 러시아의 에크미타주 박물관, 인도의 어린이 인형박물관, 프랑스의 라뜰리에, 한국의 서울시 문화국 등의 협력으로 외국의 커미셔너들이 추천한 어린이들이 앙데팡당전에 함께 참여할 수 있게 되었다. 여기에서는 외국에서 21점, 일본 국내에서 123점, 하마다시에서 139점 등 모두 283점의 작품이 수집되어 선보이게 되었다.

각국의 아이들이 모두 가장 좋아하는 주제를 스스로 선정하고 가장 선호하는 재료와 기법을 구사하여 만들어 낸 작품을 하마다로 가져와 전시하였다. 전시기간 중(제2회 전시, 1998년 10월 31일~1999년 1월 24일) 작품을 관람한 일본 어린이들이 외국의 참여작가(어린이)에게 작품에 대한 소감과, 자신의 모습을 그려 함께 보내주면서 출품자와 관람자 사이의 시공을 초월한 교류를 체험할 수 있는 좋은 기회를 만들어 주었다.

하마다시 세계 어린이미술관이 마련한 또 하나의 전시는 1999년 3월 27일부터 4월 18일까지 열렸던 〈안녕하세요 한국〉이라는 기획전이었다. 세계 각국의 문화와 어린이들의 모습을 소개하기 위한 특별전의 처음은 한국전이었다. 한일 양국 간에 오랫 동안 이어져온 문화와 경제분야 등에서의 교류와 상호 간에 주고받은 영향, 그리고 한국의 생활모습을 이해하기 위해 한국 어린이들의 그림 약 100여 점을 놀이, 전통, 축제와 스포츠 등과 같은 테마로 나누어 소개함으로써 한국만의 독특한 풍습과 생활상을 선명하게 보여주고자 했다. 한국 어린이들의 작품을 통하여 한국의 문화와 풍습을 느낄 수 있도록 하며, 한국과 일본 어린이들의 미술 표현방법에서의 차이점과 공통점을 찾아볼 수 있도록 배려한 참신한 기획전이었다고 생각된다.

최근 우리나라도 학부에 아동미술학과가 생기기 시작하였고, 한국아동미술학회 등이 결성되어 활발한 연구활동을 벌이고 있다. 하지만 일본의 경우처럼 어린이미술관 건립이 본격적으로 추진되지 못한 것은 매우 아쉬운 점이다. 이를 위해 정부와 각 지방자치단체 또는 기업 등에서 우리 아이들의 문화적 소양과 인성계발을 위해 이제라도 조속히 하마다시에 버금가는 어린이 미술관을 마련할 수 있기를 기대해 본다.

2. 나탄 매닐로 조각공원(The Nathan Manilow Sculpture Park)

(1) 나탄 매닐로의 열정

나탄 매닐로 조각공원은 미국 시카고 루프(Chicago Loop) 남쪽 35마일 떨어진 곳에 위치한 일리노이주 거버너즈 스테이트 대학(Governors State University)의 대학공원 안에 자리잡고 있다. 이 대학은 300에이커에 달하는 드넓은 초원에 둘러싸인 거대한 단일 건물로 이루어져 있는데, 이곳의 개발은 나탄 매닐로로부터 시작되고 있다.

시카고 남쪽 쿡 카운티(Cook County)의 파크 포레스트(Park Forest)를 개발한 사람들 중 하나로 알려진 나탄 매닐로는 지역사회 주민들의 후원을 힘입어 도시계획 설계와 실행과정에서 뛰어난 공헌을 하였다. 파크 포레스트시 개발에 성공한 그는 더 남쪽에 위치한 윌 카운티(Will County)에, 지금은 대학공원(University Park)이라고 불리는 파크 포레스트 사우스(Park Forest South)라고 이름 붙인 도시개발 프로젝트를 추진하였다. 1980년대 인구 8만의 도시를 만들 목표로 계획에 착수하여 미국 연방정부가 실행하는 ‘뉴타운법(New Town Legislation)’에 따른 주요 파트너로서 사업을 시작하게 된다. 새로운 도시계획을 추진하던 그는 불행하게도 1971년 사망하게 되나, 그의 아들인 루이스 매닐로(Lewis Manilow)가 파크 포레스트 사우스의 개발사업을 이어받고 이후로 시카고 현대미술관의 평의회 의장직도 함께 수행하게 된다. 루이스 매닐로는 도시개발과 함께 문화예술을 지역문화에 진작시키고자 파크 포레스트 사우스 문화재단(Park Forest South Foundation)을 설립하여 도시의 관청지구에 조각공원을 조성하는 계획을 추진하게 된다. 문화재단의 기초가 되는 자금 조성은 마크 디 수베로(Mark di Suvero)의 작품에서부터 시작되었다. 매닐로의 초대로 파크 포레스트 사우스에서 두 번의 여름을 보내게 된 작가가 〈For Lady Day〉라는 작품을 제작하게 되었고, 매닐로는 디 수베로에게서 이 거대한 철조작품을 구입하여 자신의 재단에 기부하게 된다. 이를 바탕으로 문화재단의 소장품이 점차 증대되는 계기가 마련되기 시작한 것이다.

(2) 프레이리 위의 조각들

1971년 매닐로는 미국예술기금(NEA ; National Endowment for the Arts)에 문의하여 디 수베로의 작품가격에 상당하는 금액을 새로운 작품 주문을 위한 지원금으로 요청하였으며, NEA가 이를 수락하여, 마련된 기금으로 찰스 진에버(Charles Ginnever), 제리 퍼트

(Jerry Peart), 존 체임벌린(John Chamverlain)의 작품들을 매입할 수 있게 되었다. 이렇게 파크 포레스트 사우스시와 문화재단이 성장하는 동안 그와 인접한 시카고 대도시 남부 지역에 새로운 대학이 1969년 설립되어 1971년 개교하게 되었는데, 이 거버너즈 스테이트 대학은 계획도시로 출발한 교육적, 문화적 환경조성을 위해 필수 불가결한 존재였다. 새로이 설립된 대학과 우호적인 신도시 간의 상승효과가 발생하자 비약적인 발전이 이루어지게 되었다. 이를 바탕으로 루이스 매닐로를 포함한 여섯 명이 함께 대학재단에 그들이 소유했던 파크 포레스트의 토지 일부를 기부하면서, 문화예술 분야를 위하여 나탄 매닐로의 이름으로 사용되기를 희망하였다. 이 대학의 설립자이며 총장인 윌리엄 엥브렛슨 박사(Dr. William E. Engbretson)와 루이스 매닐로는 두터운 친교를 맺게 되었으며, 함께 대학과 도시의 발전을 위해 문화예술의 지원에 대해 힘을 합치게 된다. 이 두 사람의 지지와 마크 디 수베로의 노력으로 파크 포레스트 사우스시와 거버너즈 스테이트 대학은 1960년대 말과 1970년대 초에 걸쳐 시카고 지역 조각가들의 비공식적인 회합의 장이 되기도 했다. 여기서 활동했던 대표적인 작가들로는 존 헨리(John Henry), 리차드 헌트(Richard Hunt), 존 체임벌린, 그리고 제리 퍼트 등이 있었다.

이들 중 헌트와 체임벌린은 대학에서 강사로 활동하기도 했으며, 에드빈스 슈트라웃마니스(Edvins Strautmanis)의 〈Phoenix〉는 이 대학의 첫 번째 환경조각 작품으로 설치되었다. 원래는 1967년 하이드 파크(Hyde Park) 아파트단지를 위해 제작의뢰를 받은 작품이었지만 너무 거대한 크기와 추상적 형태로 인하여 거주자들에게 현장설치가 거부되었는데, 아파트의 소유주인 르위스 매닐로가 빌 엥브렛슨(Bill Engbretson)과 상의하여 작품과 조화를 이루는 공간으로 대학 구내를 선정하게 되었고, United States Steel사가 작품의 운반을 위한 편의를 제공하였다. 1974년에는 NEA의 지원으로 2만 5천 달러의 기금으로 조각가 존 헨리에게 〈Illinois Landscape #5〉의 제작을 의뢰하면서 꾸준히 성장하게 된다. 1976년 8월에는 나탄 매닐로 조각공원(The Nathan Manilow Sculpture Park)에 2주간에 걸친 대규모의 설치작업이 일리노이주의 대초원 지대 위에 펼쳐지게 되어 거대한 조각 작품이 기획전을 통해 현장에 모습을 드러내었다. 뉴욕의 배터리 파크(Battery Park)에서 배편으로 디 수베로의 조각 〈The Lady Day〉가 출품되었고, 그의 또 다른 작품인 〈The Mohican〉도 소유자인 르위스 매닐로에게서 대여되어 전시되었다.

그 밖에도 찰스 진에버의 〈Icarus〉, 제리 퍼트의 〈Falling Meteor〉, 존 페인(John Payne)의 〈Mock I, V Form〉, 리차드 헌트의 〈Large Planar Hybrid〉와 〈Outgrown Pyramid〉,

그리고 Indiana University의 조소학과장인 제럴드 자카드는 Indianapolis Museum of Art 에서의 개인전에서 선보였던 〈Oblique Angles〉를 가지고 전시에 참여하고 있다. 1976 년 8월 20일 대규모 기획전의 개막일에 NEA의 Art in Public Places프로그램 담당디렉터 인 아이라 리히트가 참여하여 출품작가들과의 토의가 이루어졌으며 전시명은 〈The Sculptor, the Campus, and the Prairie〉로 시카고와 그 주변지역의 중요 미술행사로 널리 알려지게 된다. 1978년 이후에는 기획전에 출품된 작품들의 관리와 캠퍼스 내 조각공 간의 확대필요성 등에 의하여 당시 총장을 맡고 있던 레오 굿맨-맬러머스 박사의 후 원으로 정식으로 나탄 매닐로 조각공원이라는 이름으로 출발하게 된다.

첫 번째의 대규모 기획전을 성공적으로 치르고 조각공원 조성에 본격적으로 착수한 대학과 조각공원은 꾸준한 투자로 새로운 작품의 소장과 보존관리에 많은 정성을 기 울이게 된다. NEA의 지원으로 매리 미스(Mary Miss)의 대지예술 작품인 〈Field Rotation〉을 비롯하여 리차드 헌트의 〈Large Planar Hybrid〉, 진 하이슈타인의 〈Flying Saucer〉, 거버너즈 스테이트대학의 교수로 재직하고 있는 존 페인의 〈Mock I, V Form〉과 〈Forms in Blue〉, 그리고 두 번째의 대지예술 작품인 마틴 퓨리에(Martin Puryear)의 〈Bodark Arc〉 같은 작품들이 대여작품에서 조각공원의 소장품으로 정식 매 입되었다. 조각공원의 꾸준한 발전과 작가들에 대한 지원활동이 널리 알려지면서 1981년에는 모리스 립슐츠가 리차드 헌트의 〈Outgrown Pyramid〉를 매입한 후 대학 내 의 조각공원에 영구적으로 대여하기도 하였고, 1982년 5월에는 나탄 매닐로 조각공원 이 Art Expo 82에 초대되어 Navy Pier에서 전시를 가지면서 에드 맥컬로우(Ed McCullough)의 〈Argonaut III〉와 테리 카포비츠(Terry Karpowicz)의 〈Art Ark〉 같은 작품 들이 작가들의 대여로 인해 그 해 6월 설치되기도 하였다. 또한 1978년 토지판매에 의해 조성된 기금이 조각공원의 최종적인 마무리를 위한 작품구입을 위해 쓰이게 되 면서, 일찍이 파크 포레스트 사우스 문화재단의 주문으로 제작되었던 존 체임벌린의 〈A Virgin Smile〉이 1982년 가을에 설치되었으며, 1983년 조엘 샤피로(Joel Shapiro)의 〈무제〉와 브루스 나우만(Bruce Nauman)의 〈House Divided〉가 1983년 8월에 조각공원 에 의해 매입되었다.

1984년 파크 포레스트 사우스 문화재단은 그들이 소유하고 있던 〈For Lady Day〉, 〈Icarus〉, 〈Falling Meteor〉와 〈A Virgin Smile〉 등의 작품들을 거버너즈스테이트대학 재 단에 소유권을 넘겨 주었으며, 1985년에는 작가인 댄 야브로우(Dan Yarbrough)가 〈Sysiphus Aviary〉를 조각공원에 대여하기도 했다. 디 수베로의 〈For Lady Day〉는 1985

년 뉴욕주 스톰 킹 아트센터(Storm King Art Center)에서의 회고전을 위해 대여되기도 하였고, 같은 해 가을에는 캐나다 작가인 제프리 루비노프(Jeffry Rubinoff)의 조각전시를 조각공원에서 열리는 최초의 개인전으로 초대하기도 하였다. 1986년 조각공원은 영구적 소장품에 대한 카탈로그를 발행하면서, 최종적으로 1988년 비토 아콘치(Vito Acconci)의 작품 〈House of Cards 2〉를 대여 형식으로 전시하기로 하여 현재의 모습을 갖추게 되었다고 할 수 있다. 동절기에 휴관하는 스톰 킹 아트센터와는 달리 나탄 매닐로 조각공원은 일년 내내 개방되어 있는 것이 특징이며, 야외에 설치되어 있는 모든 작품들은 미국 중부의 대초원지대(프레이리)를 배경으로 의연한 모습으로 자리잡고 있다.

시카고 남부의 광대한 대초원지대를 배경으로 조성된 신도시와 도시개발과 함께 문화예술 진흥을 위한 재단 설립, 그리고 대학의 설립과 함께 추진된 조각공원 조성은 대학과 지역사회의 노력과 함께 미국예술진흥기금의 작품매입을 위한 꾸준한 재정지원이 상승작용으로 연결된 결과이다. 따라서 지역사회의 문화적 발전과 대학의 발전 그리고 작가들을 위한 창작의욕 고취로 이어지는 사회, 문화, 교육분야에서의 광범위한 개발 및 발전으로 이루어지는 좋은 사례라 할 수 있다. 숲과 지평선만 보이는 들판 위에 22점의 거대한 조각들이 계절의 변화에 따라 겨울의 눈보라와 여름의 작열하는 태양 빛을 그대로 맞이하고 있는 모습은 미국다운 규모의 조각공원이라는 찬사를 받을 만한 호방한 감동을 전해주고 있다.

3. 삿포로 예술의 숲 야외미술관(The Sapporo Art Park)

(1) 삿포로의 자연과 예술

삿포로 예술의 숲 야외미술관은, 20세기 도시화로 인한 녹지공간의 감소에 따른 대비책의 일환으로 도시와 자연환경의 조화가 요구되는 시점에서 시민의 감성을 배양하여 미적 감수성을 풍부하게 하고자 하는 의도에서부터 시작되고 있다. 21세기의 도시는 자연친화적인 성격이 더욱 강조되며 지금까지의 무분별한 개발과 환경파괴에 대한 보완책을 모색하게 되었다. 일본 홋카이도(北海道)의 삿포로(札幌)시는 잘 정비된 도시 구획과 함께 북유럽의 냉대 기후와 같은 청정한 공기와 침엽수 원시림, 화산호와 온천 그리고 평원 등이 어우러진 아름다운 자연환경을 가지고 있어 자연과 인간, 사람과 사람, 지역과 지역의 감성이 교류할 수 있는 장이라고 평가되며 예술적 공간의 설치가 필요한 환경으로 인식되었다. 자연과 인간, 예술을 하나로 묶을 수 있는 공간에 대한 필요성과 함께 21세기의 지식집약형 산업이 발전할 수 있는 조건을 갖추고 있다는 발상에서 출발하였다.

1984년부터 본격적으로 시작된 삿포로시와 삿포로예술촌 건립기획위원회의 활동은 이곳이 예술가는 물론 예술가 지망생, 애호가들과 일반 시민들이 예술활동에 참여할 수 있는 양면을 동시에 충족시키는 공간으로 조성되어야 한다는 생각을 구체화시키는 한편 공예와 일본 북방지역 문화에 뿌리를 둔 독특한 디자인 개발을 위한 삿포로시의 공예산업 진흥계획에 파급효과를 주리라는 기대를 갖게 했다. 그리고 이렇게 삿포로 예술의 숲 야외미술관은 미술뿐만 아니라 음악, 무대예술, 공예와 영상 같은 다양한 장르를 소개할 수 있는 시설을 갖추게 되어 북방지역의 대자연 속에 태어난 종합예술 공간으로 구상되었다.

삿포로 예술의 숲 야외미술관(원명 : 삿포로 예술촌) 건립의 구상은 원래 1976년 삿포로 청년회의소가 제창한 아트파크에서부터 비롯되었는데, 여기서는 시민의 참여를 전제로 한 다목적 예술운동이 전개될 수 있는 광역의 외부공간이자 삿포로시의 도시적 지역성의 특질과 밀접한 공간이면서 예술을 통해 홋카이도 문화의 역사적 풍토를 재음미하고 자연과 인공의 조화를 꾀하는 환경의 창조를 통해 미래의 창조성을 계발하고 국제적인 예술사조의 흐름을 받아들일 수 있는 창조적 공간의 설립으로 기본적 구상이 시작되었다. 이를 위한 시설로 실내 전시공간, 다목적 극장, 세미나실, 각종 아틀리에, 강의실, 야외극장, 조각공원 등이 상정되어 창작, 발표, 학습, 교류 등의 기능을 갖춘 공간이 제시되었다.

예술의 숲 야외미술관은 그 중의 하나인 조각공원의 연장선상에서 검토되다가 예술가와 시정 담당자들의 대화와 삿포로의 예술문화간담회, 북해도 문화단체협의회, 삿포로시 문화단체협의회 등의 제창으로 시작되어 홋카이도 내 국립예술대학 유치활동과 연계되어 구체적으로 추진되면서 예술촌 구상의 일환으로 야외미술관이 실현되는 발판을 마련하게 되었다.

실험적 작품의 발표와 감상의 장이자 천혜의 자연환경을 배경으로 유명 작가들의 작품을 감상할 수 있는 공간으로서 자연, 환경, 사계절의 경관과 연계되는 주제의 조각작품이 모인 야외미술관 건립이념이 정립되었으며 상설전시와 더불어 조각전과 공모전, 기획전이 함께할 수 있는 성격이 부여되었다.

1984년 2월 삿포로 예술촌 건립기획위원회가 활동을 시작하면서 삿포로 중심부에서 남쪽으로 13킬로미터 거리에 위치한 남구 석산 상반지구(南區 石山 常盤地區)의 약 25헥타르의 구릉지역을 선택하였다. 1기에는 사업비 약 55억 엔을 들여 아틀리에를 포함한 공예분야 시설, 조각공원, 음악당, 무대, 미술관의 일부와 관리시설을 만들고 1986년 7월에는 일부를 오픈하게 되는데, 여기에는 공예가와 조각가들이 건설계획의 자문역을 맡아 의견이 반영되었다.

미술관 건립이 진행되면서 열린 13차의 운영위원회의에서 중점적으로 논의된 사항은 다음과 같다. 국제적인 야외미술관으로서 일본 국내 대표작가들의 작품을 망라하며, 그와 같은 수준의 북해도 출신 작가들과 북방의 풍토에 적합한 외국의 작가들도 참여한다. 재료나 기법, 표현형태 등에서 현대(동시대 : Contemporary) 미술작품 선정을 기본으로 하고, 기존의 일본의 다른 현에 있는 야외미술관 등과 비교하여 작품 한 점당 점유면적을 보다 넓게 한다. 미술관 활동과 운영에 불가결한 학예사의 채용과 홋카이도의 작가, 일본 내의 젊은 작가, 외국 작가의 참여가 가능한 각종 기획전의 계획수립, 제1기의 수장작품은 최소한 35~40점 규모일 것, 그에 대한 비용은 제1기에 약 5억 엔 정도로 작품구입 및 제작비를 책정할 것, 그리고 함께 '국제적인 작가의 대작 3점을 조각공원의 상징조각으로 설치하는 것' 등이다.

(2) 홋카이도 예술의 중심으로

여러 가지 검토를 거쳐 수립된 야외미술관의 최종적 운영성격은 다음과 같이 결정되었다. 첫째, 삿포로 조각공원(예술의 숲 야외미술관)은 단순한 조각전시 공간이 아니라 기획과 학예활동이 함께 이루어지는 야외조각 미술관으로 운영된다. 둘째, 조각공원은 상설전시공간뿐 아니라 기획전을 위한 공간을 확보해야 한다. 셋째, 기획전 개최, 작품구입, 각 지역 조각미술관, 작가와의 정보교환, 지역의 평론활동과 같은 학예 연구 활동이 이루어지기 위한 미술관 학예사를 배치해야 한다. 넷째, 수집작품과 작품수집의 범위는 단순히 홋카이도 내 또는 일본 국내뿐만이 아닌 국제적 시야를 가지고 삿포로시의 국제교류와 미술문화 발전을 위한 성격을 중심으로 할 것 등이다.

이러한 기본구상과 함께 조각공원 환경은 원 지형의 생태계를 존중하여 북방의 자연이 가지는 특성을 살려나가면서 삿포로 예술의 숲 야외미술관이 가지는 국제성, 예술성, 시민성의 조화를 위해 노력하게 된다.

미술관 조성을 위하여 일본 국내의 키타큐슈(北九州), 우베(宇部), 카마쿠라(鎌倉), 가루이자와(輕井澤), 나가노(長野), 이토(伊東), 하코네(箱根), 센다이(仙臺), 토쿄(東京), 코베(神戸), 나고야(名古屋) 등의 미술관을 답사하여 그 곳의 자연환경과 식생, 일본 국내 및 해외 작가의 확인, 예산과 소장품 내용, 기획전 활동 등을 신중하게 고려하여 작가선정의 기초자료로 삼게 된다.

조각공원에 설치될 일본 작가들의 선정기준은 일본현대조각을 대표하는 제 1선의 작가들로 구상 비구상의 표현양식이나 작품성, 재료와 기법의 구사 면에서 일본 최고의 수준을 보여주는 작가들을 선정하였으며 여기서는 특히 일본 국내 다른 곳에 유사한 작품을 설치한 유명 작가들이 많이 있었기 때문에, 가능한 한 삿포로 현지의 지형과 식생 등의 조화를 이루는 신작을 설치하는 것을 원칙으로 하였다. 한편, 홋카이도 내 작가들의 선정기준은 현대조각분야의 풍토성과 작품성을 가진 조각가들로서 발전성이 있는 작가들을 선정하고 있다.

실제의 작가 선정 과정에서는 일본 내에서 1960년에서 1984년까지 약 25년에 걸쳐 활약한 작가들의 명단을 선정하고, 개인전 활동을 통해 작품을 발표한 작가들 및 작품경향, 작품재료, 작가연령 구성 등을 배려한 내용으로 48명의 일본 국내, 홋카이도 내, 그리고 해외 작가들을 선정하였다. 다른 조각공원과는 달리 야외미술관 및 예술촌 전체를 위한 상징조각 제작을 맡을 작가를 선정하여 입구 정면에 삿포로 출신의 이토 타카미치(伊藤隆道)의 스테인리스 스틸 조각과 미술관 연못에 헝가리 출신의 프랑스 여성 조각가 마르타 팡(Marta Pan)의 폴리에스터 재질의 물에 뜨는 조각, 그리고 미술관 광장에 핀란드 출신 라이모 우트리아이넨(Raimo Utriainen)의 알루미늄 조각이 설치되었다. 이러한 상징조각 3점과 함께 조각공원 입구에 삿포로 예술의 숲 야외미술관(札幌 藝術の森 野外美術館)의 명칭이 들어있는 심볼 릴리프(상징부조)를 조각가 무카이 료키치(向井良吉)가 맡아 제작하였다. 이 밖에도 31명의 작가와 1개 그룹에 상설전시 제작을 위촉하였으며 13명의 작가에게 작품구입을 의뢰하였는데, 작가별로는 홋카이도 거주작가 13명이 18점, 그 밖의 일본 작가 32명과 1개 그룹이 35점, 외국 작가 2명이 2점 등 모두 47명의 작가가 참여하였다. 여기에는 홋카이도 출신의 대가 홍고 신(本鄕新) 등 5명의 작고작가들이 포함되어 있다. 작품재료의 다양성에 있어서도 브론즈, 알루미늄합금, 스테인리스 스틸, 코어텐 스틸, 시멘트, 오석, 대리석, 목재, 통나무 등 여러 가지가 사용되었으며, 작품경향에서도 구상, 비구상, 반추상의 다양한 경향이 모두 포함되었고, 대형 작품들은 주로 비구상 계열이 차지하고 있다.

1985년 6월 야외미술관의 기공식이 있었으며 이전까지는 가칭 삿포로 예술촌이라는 명칭이 함께 쓰였으나 명칭공모를 통해 '삿포로 예술의 숲'이 정식으로 야외미술관의 이름으로 정해지게 되었다. '삿포로 예술의 숲 야외미술관(札幌 藝術の森 野外美術館)' 은 1985년 6월 작가들에게 작품제작을 의뢰하고 현장에 석조작업을 의한 작업장이 설치되고 있다. 원래 2.5헥타르에서 5헥타르의 면적으로 구상되었던 조각공원은 계획이 추진되는 과정에서 작품의 크기와 내용이 충실해지고 확대되면서 최종 완성 시에는 약 11헥타르에 달하는 면적을 갖게 되었다. 이것은 1986년 당시 나가노현 소재의 일본 국내 최대의 우츠쿠시가하라 고원미술관(美ケ原 高原美術館)의 9.9헥타르를 능가하는 규모였다.

미술관의 성격을 결정짓는 기획전 계획의 기본방향으로는 나무를 소재로 한 목조각 공모전, 지역작가 육성을 위한 전국규모의 현대조각 공모전, 하이테크놀로지아트 야외국제전, 국제 야외조각 트리엔날레 그리고 야외조형 페스티벌 등의 행사의 진행을 추진하고 있으며, 그런 계획의 일환으로 1986년 8월 〈세계의 광장과 조각전〉, 같은 해 10월에 〈일미 현대조각 10인전〉 등이 실현되었으며 점차 그 규모와 참여범위를 확대해 나갈 계획을 마련하고 있다.

예술의 숲 야외미술관의 기본방침은 상설전과 기획전의 주제설정에 있어서 일본 북부지역의 대표적 도시인 삿포로의 품격에 어울리는 전시공간을 창출하는 것으로서, 국제성과 향토성을 살린 수준 높은 작품을 전시하면서 현장에서 제작, 설치한다는 개념을 점차 도입하고, 현대조각(미술)이 중심이 되는 전시구성을 근간으로 하며, 삿포로 출신 작가를 위한 별도의 상설전 공간을 만드는 등 삿포로의 특징을 강조하는 내용을 담고 있다.

미술관의 운영을 위해 1986년 4월 '재단법인 삿포로 예술의 숲'이 설립되어 이전까지 시청이 주도하여 진행되던 사업과 운영을 민간운영의 성격을 새로이 강조하며 출발하게 되었는데 재단의 기본자산은 삿포로시와 신문, 방송 등 언론기관 및 기타 민간 기부금 5억 엔을 적립기금으로 하면서 기타 재원 확보를 위한 사업을 벌일 예정으로 있다.

3차 5개년 계획으로 진행되는 야외미술관 조성의 1차 계획은 1984년 미술관 설립계획부터 1986년 개관에 이어 1987년에 계획목표를 달성하였고 3차 계획의 완료는 1997년에 이루어지게 되었다.

2차 계획은 1988년 4월에 노르웨이 오슬로시의 호의로 해외에서는 처음으로 구스타브 비겔란(Gustave Vigeland)의 작품을 수장하면서 시작되었다. 새로이 확장 조성되는 2차 야외조각공원 조성계획은 작품들을 '사람과 동물', '구상', '유모어와 놀이', '북해도 작가', '외국 작가', '자매도시들', '휴식'과 같은 컨셉으로 구분하여 공간구획을 상정하고 있다. 1989년 1월 제2기 야외미술관 조성을 위한 작품선정위원회에서 22명의 작가를 선정하여 22점의 작품에 대한 제작을 의뢰하게 되는데 여기에는 5명의 외국 작가인 이우환(한국), 니겔 홀(영국), 안토니 곰리(영국), 한스 슈타인브레너(독일) 그리고 호르스트 안테스(독일) 등과, 하야미 시로(速水史明), 타카하시 키요시(高橋清), 시모카와 아키노부(下川昭宣), 코시미즈 스스무(小清水漸), 후쿠다 시게오(福田繁雄), 모가미 히사유키(最上壽之), 시모다 오사무(下田治), 니이주마 미노루(新妻實), 징구 스스무(新宮晉), 아사쿠라 교코(朝倉響子), 호소카와 무네히데(細川宗英), 스즈키 미노루(鈴木實), 이시키 쿠니히코(一色邦彦) 등 13명의 일본 국내작가들과 함께 4명의 홋카이도 작가들인 아키야마 스스무(秋山沙走武), 나카이 노부야(中井延也), 나카에 노리히로(中江紀洋), 야마모토 카즈야(山本一也) 등이 포함되어 있다.

이와 함께 자매도시인 중국 센양(瀋陽)시에서 기증한 티안 진두오(田金鐸)의 작품과 미국 포틀랜드시에서 기증한 레이먼드 카스키(Raymond Kaskey)의 작품이 추가되었다. 제2차 계획의 일환인 실내미술관 건립도 추진되어 우선 1988년 실내미술관 수장을 위한 작품선정위원회가 구성되어 일본 국내외의 근대에서 현대에 이르는 주요작가들의 작품을 계통적으로 수집한다는 기본방침이 정해지게 되었으며 다시 심의를 거쳐 조각, 회화, 판화부문의 일본 및 해외 작가의 작품구입을 결정하였으며, 1989년 7월에는 실내미술관 착공이 시작되어 23,000m²의 부지에 총 면적 2,591m², 전시공간 1,023m², 수장고 451m² 그 밖에 관리운영부서 공간을 가진 건축물로 계획되었고 앞으로의 발전계획에 따라 차후에 증축할 수 있도록 고려하고 있는데, 총 공사비 13억 2천만 엔이 소요된 이 전시공간은 1990년 6월 문을 열게 되었다.

야외미술관의 대표적인 전시로는 미술관의 작품소장 작가의 한사람인 이토 타카미치 조각전(1987.4.29~5.31), 제1회 나무의 조형 5인전(1987.8.22~10.4)과 북(北)의 창조자들전과 같은 기획전과 함께 작품소장 작가들을 소개하는 총서를 간행하고 있다. 이토 타카미치조각전으로 시작된 '현대 조각가 시리즈' 기획전의 두 번째 전시로 후나코시 야스다케(舟越保武) 조각전(1988.6.14~7.17)과 세 번째 전시로 사토 추료의 세계(1989.4.29~6.11) 등의 기획전과 구스타브 비겔란전(1988.4.29~5.29), 시나가와 타쿠미(品川工)의 유모어와 작품전(1988.10.15~11.23), 자크 립시츠(Jacques Lipschitz) 작품전(1989.6.17~

7.30), 홋카이도지역 작가들이 중심이 된 제2회 나무의 조형 5인전(1989.8.26~10.10), 돌의 조형 6인전(1989.9.15~11.3) 등과 홋카이도의 자연경관과 기후를 살린 이벤트전으로 Winter Art Week-Sculpture in Snow and Ice(1988년 2월과 1989년 2월) 전시가 야외미술관 심볼광장에서 개최되기도 했다. 한편 현대조각가 시리즈 네 번째 전시로 요네사카 히데노리(Yonesaka Hidenori) 작품전(1990.4.29~6.3), 사사도 치즈코(笹戸千鶴子) 조각전(1990.8.11~10.10) 등이 기획되면서 실내미술관의 건립기념 전시로는 탄생 150주년 기념 로댕전(1990.9.29~10.28)이 마련되는 등 활발한 미술관 활동을 보여주고 있다.

야외미술관 건립의 마무리 단계인 제3차 계획에서는 지금까지 확장된 조각공원의 정비와 새로운 야외전시공간의 신설, 미술관 소장품의 확충 등과 함께 개관 이후의 운영, 전시 전반에 관한 재점검과 함께 21세기를 맞이하는 유연하고 참신한 모습의 미술관 위상을 갖추기 위한 노력을 계속하고 있다.

4. 께르그에넥 영지 현대미술센터(Domaine de Kerguehennec - Centre d'art Contemporain)

(1) 광대한 비냥 자작령(子爵領)

프랑스 서부 브르타뉴 지방에 위치한 께르그에넥 영지는 조슬랭(Josselin)시로부터 12km, 반느(Vannes)시의 북쪽 25km 떨어진 곳에 자리잡고 있다. 15세기까지 비냥자작의 영지였으며, 17세기에 들어 께르그에넥 영지는 그 지방의 유력한 집안의 손에 들게 되어 지금 현존하지는 않지만 영지 내에 최초의 성을 짓게 된다.

18세기 초엽에 그 영지는 당시 파리에 거주하고 있는 스위스 출신의 신교도 은행가 가문(les Hogguer 가문)에 의해 매입되고 발전하게 된다. 그들은 그 지역의 가장 유명한 건축가 중의 한사람인 올리비에 들루메를 선택하여 뛰어난 고전적 양식의 저택을 설계하도록 하였다. 거대한 면적의 중정 양편에 절제된 장식을 가진 부속건물을 완성하였으나, 1732년 그 가문의 파산으로 인하여, 그 지방에서 가장 아름다운 성의 하나로 꼽히던 이곳은 로한 집안이 사들이게 되었다. 19세기에는 프랑스 국민의회 의원의 후손인 랑쥬백작 영지가 되어 1872년에서 1876년 사이에 파리출신 건축가인 에른스트 트릴(Ernst Trilhe)에 의해 많은 부분이 보수, 증축되고 화려하게 장식되었으며 또한 당시 유명한 조경가인 뷜러(Buhler)에 의해 본래의 자연경관을 최대한 살리는 영국식 정원이 꾸며지게 되었다. 이후 이곳은 위미에르 집안의 소유를 거쳐 1972년부터는 프랑스 모르비앙(Morbihan)도(道)의 소유가 되었다.

성 북쪽의 넓은 대지에는 녹색 잔디가 덮여 있고, 아래쪽을 따라 만든 이중의 큰 길은 그곳을 뒤덮고 있는 울창한 참나무 숲을 조성하여 그윽한 운치를 더하고 있다. 또한 11헥타르의 면적을 차지하는 수로(水路) 주변은 뛰어난 경관을 간직한 산책로로도 유명하다. 1980년대 후반부터 본격적으로 설치되기 시작한 작품들은 장소성과 관람자의 관계를 염두에 두는 자연과 미술의 영역을 모두 받아들이는 본격적인 시도라고 할수 있다.

이러한 개념의 정립과 함께 처음으로 이안 해밀튼 핀레이(Ian Hamilton Finlay), 에티엔느 핫두(Etienne Hajdu), 리차드 롱(Richard Long), 막스 노이하우스(Max Neuhaus), 마르타 팡(Marta Pan), 쥬세페 페노네(Giuseppe Penone), 마르쿠스 랫츠(Markus Raetz), 장 – 피에르 레이노(Jean – Pierre Raynaud), 울리히 뤼크리엠(Ulrich Ruckriem), 홀저 트륄츠(Holger Trulzsch)와 길베르토 조리오(Gilberto Zorio) 등의 작가들이 선정되어 광대한 영지의 숲속과 들판에 그들의 작품이 놓이게 되었다. 성의 부속 건물의 내부에는 현대미술센터가 자리하고 있어, 3개의 실내 전시실을 마련하고 있으며 자료실과 비디오실을 갖추어 방문자들에게 현대미술의 이해를 돕기 위한 여러 가지 편의시설을 제공하고 있다.

(2) 영지의 산책

전체면적 170헥타르를 차지하고 있는 께르그에넥 영지는 1985년 이후 17점의 현대미술 작품들을 야외에 설치하고 있는데, 그 중 눈에 띄는 작품들을 살펴보면 다음과 같다.

• 이안 해밀튼 핀레이의 〈Names on Plaques, Names on Trees〉는 숲 속에 설치된 작품으로 10개의 석회석 재질로 된 작은 판재들이며 나무줄기의 중간쯤에 매달려 있다. 5개는 장방형으로 된 형태를 가졌으며, 표면에는 라틴어로 된 나무의 이름들이 새겨져 있으며, 다른 5개는 타원형으로 연인들의 이름 – 바위나 나무 껍질에 새겨지는 연인들의 이름으로 그들의 사랑이 영원할 것을 맹세하는 – 들이 새겨져 있다.

핀레이는 대지예술과 개념미술의 장르를 함께 받아들이며, 이곳을 위해 현존하는 나무들을 작품설치의 대상으로 삼았으며, 인간의 감정과 라틴어 이름이 주는 학명(學名)과 같은 분위기, 여기에 책의 표제를 연상시키는 문학적 이미지가 자연의 푸른 생명감 속에서 조화를 이루고 있다.

- 장-피에르 레이노의 〈오래된 온실을 위한 1천 개의 채색된 시멘트 화분〉은 정규 미술교육을 받지 않고 원예학교 졸업 후, 미술계에 등단하면서 작가를 유명하게 만들었던 것으로, 시멘트로 속을 채우고 붉은색으로 채색된 화분 설치작업을 선보이고 있다. 작가는 선명한 붉은색의 화분이 실재감과 방대한 자유로움을 주는 원초적인 만남을 가져다준다고 말하며 그의 설치작업은 이러한 수 백 수 천 개의 화분이 만들어내는 공간점유와 충일한 감정분출이 극대화되어 이루어내는 하나의 스펙타클을 보여주고 있다. 성의 왼편 부속건물 뒤에 자리잡고 있는 유리와 철로 된 오래된 식물원 내부의 바닥면과 선반 등 화초가 놓일 수 있는 모든 자리에 레이노가 제작한 1천 개의 화분이 줄을 맞추어 진열되어 있다.

- 울리히 뤼크리엠의 〈Bild Stock〉은 조용한 숲길의 산책로 옆에 서 있으며, 자연 속에 묻혀있는 돌 덩어리의 소박한 외관에 관람객들은 이것이 조각인지 오래된 석조 건축물의 잔해인지 명확하게 인식하기 힘들다. 독일 출신의 뤼크리엠은 석재가 주는 괴량감을 최대한으로 표현할 수 있는 작가들 중 하나이다. 그의 작품은 '의미'와 '표현'의 영역을 초월하여 존재하고 있으며 끊임없이 '매스(Mass)와 척도, 재료와 힘, 긴밀한 결합과 분할, 긴장감과 밀도, 볼륨과 공간 그리고 기하학과 임의로움'들이 긴밀한 상호관계를 유지하고 있다. 한 덩어리의 돌을 쪼개고 그것을 다시 본래의 형태로 조립하는 것을 통해 이루어지는 그의 작업은 설치장소와의 상관성에도 큰 영향을 끼치는데, 주변의 건축물이나 자연환경 등의 풍광에 가장 알맞은 곳을 설치장소로 택하고 있으며 석재를 쪼개나가는 작업 도중에 일어날 수 있는 우연한 결과들을 그대로 수용하고 있다.

- 〈브르타뉴의 원(圓)〉을 설치한 리차드 롱은 께르그에넥이 속해 있는 브르타뉴 지방에 대한 추억으로 그에 관련된 사진이나 책자를 수집하였고, 숲 속에 마련된 공터에 브르타뉴에서 구할 수 있는 돌로 커다란 원형을 여러 개 만들었으며, 여러 개의 나무로 된 긴 울타리를 조성하였다. 대지예술의 대표적 작가인 롱은 "나의 야외 작품은 장소이다. 재료와 작품구상은 장소에서부터 나오며, 내게 있어 조각과 장소는 유일한 것이며 같은 것이기도 하다. 장소는 조각으로부터 눈이 볼 수 있는 범위만큼 넓게 펼쳐져 있다."라고 이 작품을 소개한다.

이상 소개한 작품들은 께르그에넥 영지에 설치된 작품들 중 작품의 설치환경과 가장 밀접한 관계를 가지고 제작된 대표적인 예라고 할 수 있으며, 오로지 이곳에서만 느낄 수 있는 조형성을 추구하고자 하는 새로운 시도를 읽을 수 있다. 우리나라에서도

90년대 이후 많은 곳에 조각공원 설립이 하나의 붐처럼 일어나게 되어, 시민들을 위한 문화향수권 확대의 측면에서는 커다란 공헌을 하고 있지만 어느 곳에서나 유명 작가들의 양식을 한눈에 알아볼 수 있는 – 너무 많은 장소에서 너무 자주 등장하는 작가들을 만나야 하는 – 조형성 못지않게 작품이 설치되는 문화적, 역사적 또는 자연적 배경과의 조화를 보다 적극적으로 고려하는 작품설치가 이제부터라도 이루어져야 할 것이다.

5. 클리송 현대미술 지방기금(Le F.R.A.C des Pays de la Loire a Clisson)

(1) 이탈리아풍의 정원

현대미술 지방기금(Le F.R.A.C)이 위치한 클리송은 프랑스 르와르 지방의 중심도시인 낭트(Nantes)시의 남동쪽에 옛 성이 있는 작은 도시이다. 이곳 라 갸렌느 르모(la Garenne Lemot) 영지의 역사는 클리송시의 역사와 서로 깊은 관련을 가지고 있기도 하다. 프랑스 혁명과 그 뒤를 이어 왕정복고를 내세우며 침략한 유럽연합군과의 전쟁 이후 카코 형제는 이곳에 정착하여 미술관과 미술학교를 세우고 조각가 프랑수아 – 프레데릭 르모(Francois – Frederic Lemot)를 초청하였다. 당시의 미술관 소장품들은 현재 낭트시의 미술관(Musee des Beauux – Arts de Nantes)에 간직되어 있다.

이탈리아의 아름답고 그윽한 풍광을 연상시키는 세브르(Sevre) 강변의 모습에 매료된 르모는 1805년에 갸렌느 땅을, 1807년에는 세브르강 건너편의 13~14세기에 지어진 올리비에 드 클리송(Olivier de Clisson)의 중세 성의 오래된 폐허지를 사들이게 되었다. 관리인인 고트레와 낭트 출신의 유명한 건축가인 마튀랭 크뤼시(Mathurin Crucy)의 도움으로 르모는 20여 년에 걸쳐 마치 푸생(Poussin)의 그림을 보는 듯한 경치를 신고전주의적 이상에 맞추어 영지 위에 구현해 내고자 하였다. 신고전주의의 대표적 이론가였던 꺄트르메르 드 캥시(Quatremere de Quincy)의 1817년 기록에 따르면 클리송의 건축과 조경계획을 가리켜 "자연의 가장 위대한 아름다움에 의해 둘러싸인 가장 우아한 미술품들로 만들어진 하나의 결합체"라고 표현하고 있다.

영지 내의 건축물 중 '정원사의 집(La Maison du Jardinier)'이라고 이름지어진 건물은 이탈리아 토스카나 지방의 요새화된 작은 농가를 모방하여 지어졌고, 현재 미술관의 본관으로 쓰고 있는 대저택(Villa)은 역시 이탈리아 풍으로 완성되었다. 르모의 죽음으로 잠시 건축이 중단되기도 했으나, 그의 아들이 이어받아 결국 성지의 맞은 편 바위가 많은 갑(岬) 위에 마치 천문대와 같은 모습의 건물이 세워지게 된다. 영지 곳곳에는 그 밖에도 프랑수아 1세(Francois 1er)의 성에서 가져온 '마드리드의 원주(Colonne de Madrid)'나 푸생의 작품 〈아카디아의 목동(Les Bergers d'Arcadie)〉에서 영감을 받아 조성된 고대 풍의 묘비, 크뤼시의 계획에 의해 세워진 고대 로마풍의 작은 사원, 엘르와즈의 동굴(Grotte Heloise) 그리고 로마 근교 티볼리 유적의 사원을 모방한, 크뤼시의 설계로 세워진 베스타(Vesta) 사원은 원통형의 건축물로 아래 쪽에는 반원형 궁륭 통로를 만들어 폭포로 가는 길로 사람들을 안내하고 있으며, 윗부분은 열주(列柱)에 둘러싸인 중심부분에 원통형의 공간을 만들고 있다. 이후, 저택과 공원을 포함한 영지를 라 갸렌느 르모라고 부르게 되었다.

1968년에 이르러 이 영지는 결국 르와르 – 아틀란티크(Loire – Atlantique) 도(道)의 소유가 되었으며, 이후 도정부는 카코와 르모에 의해 가꾸어진 영지의 아름다움과 전통을 그대로 존중하면서 이곳을 르와르 – 아틀란티크 현대미술 지방기금이 운영하며 미술관과 국제 아틀리에로 개방하는 사업을 꾸준히 추진하게 된다. 현재 실내 전시장과 사무실로 사용되는 저택은, 도정부와 문화부 그리고 프랑스혁명 200주년 기념사업회(Grands Travaux et du Bicentenaire)의 도움으로 새롭게 수리 단장되어 대중에게 공개되었다. 적극적으로 미술행사를 기획하고 도내의 작가들이 외국의 작가들과 함께 참여하는 기회를 많이 부여하게 됨으로써 지역 미술문화의 발전과 작가양성에 크게 기여하고 있다. 프랑스에서는 현재 각 도마다 독자적인 '현대미술 지방기금(Le Fonds Regional d'Art Contemporain : F.R.A.C)'을 운영하고 있다.

1984년 이후 여러 가지 미술행사를 이곳에서 주관하면서 많은 작품들이 기금의 콜렉션을 통해 영지의 공원과 숲속에 설치되었다. 〈르와르 국제 아틀리에(les Ateliers Internationaux des Pays de la Loire)〉라는 기획전을 통해 도내와 외국의 작가들이 초대되어 일정기간 작업공간과 재료 또는 체재비용을 지원해주고 완성된 작품들을 전시 또는 영구 설치하는 내용의 아틀리에가 파리 못지않게 르와르와 같은 지방 미술계마다 활발하게 진행되고 있는 것이 큰 특징이라고 할 수 있다.

(2) 르모와 현대미술

클리송의 영지 내에는 고대 조각품과 현대 작품들이 함께 어울려 전시되고 있다. 고풍스럽고 그윽한 옛 영지의 정취는 정문을 들어서면서부터 바로 시작되는데, 풍성한 정원수와 화초들 사이로 점점이 눈에 띄는 작품들의 청아한 기풍이 느껴지는 조각들은 1790년 로마상(Prix de Rome)을 수상한 조각가 프랑수아-프레데릭 르모가 이탈리아에서 가지고 돌아온 고미술품들이며 세레스(Ceres)상, 포스틴(Faustine)상, 그리고 원로원 의원상 등이 대표적인 작품이다. 이곳에는 1984년 이래 지속적으로 추진된 기획전 등으로 여러 현대미술 작품들이 정원과 오솔길 곳곳에 설치되어 있는데, 이 자리를 빌어 몇 가지의 예를 들고자 한다.

- 댄 그레이엄(Dan Graham)의 〈Two-Way Mirror Open Lattice with Ivy Triangular Passage for Clisson Garden(1989)〉는 아주 고요한 녹지 속에 자리잡고 있다. 숲속의 한가운데를 가로질러 흐르는 옆의 경사진 언덕 위에 그의 작품은 관람자들이 산책하는 가운데 직접 찾아낼 수 있도록 제작되었다. 베스타신전 주위에 있는 정원 근처의 한 모퉁이에 설치되어 있는데, 그것은 티볼리를 모방하여 크뤼시의 설계대로 조성된 곳이기도 하다. 전체적으로 삼각기둥의 한 토막을 옆으로 뉘어 놓은 형태로서 한 경사면은 거울로 덮여 있어 시간의 흐름에 따라 변하는 주위환경 즉, 나무, 하늘, 구름, 물과 시냇물가의 모습을 그대로 반영하고 있다. 다른 경사면은 격자모양으로 짜여진 나무틀 위에 기어오르는 덩굴줄기식물을 밑면에 심어 그 중 거울의 경사면 위에도 식물이 보이도록 하고 있다. 결국 그레이엄은 나무틀 위의 식물에서는 인간에 의해 통제되는 자연의 모습을 표현하려 하였으며, 거울 면을 통해서는 억지로 끼어든 인간의 모습과 주변의 자연환경을 보여줌으로써 의식적으로 '인위'라는 것을 생각해 보도록 만들고 있다.

- 프랑수아 모흘레(Francois Morellet)의 〈Geometreedimension no. 2(1989)〉는 미술관의 본관(La Villa de la Garenne Lemot) 앞에 하나의 자연과 하나의 인공물을 나란히 배치해 놓은 모습을 보여주고 있다. 하나는 거대한 소나무이고 다른 하나는 모흘레의 작품이다. 어느 것이 따라 만들어진 것일까 하는 궁금증을 자아내는 이 작품은 나무와 인공구조물 모두 수직에서 21도의 경사로 기울어져 있다. 이 작품은 1989년 제6회 국제 아틀리에전에 초대되었던 것으로 현재 영구 설치되어 있으며 작가는 우리에게 두 가지 상이한 성격을 보여주고 있다. 첫 번째는 자연에 순응하는 태도인데, 그것은 인공물의 구조가 소나무를 절대 압도할 수 없는 작은 크기를 가지고 있으며 나무를 따라 기울어진 방향과 각도를 인공물이 그대로 따르고 있다는 점에서 자연적으로 주어진 환경에 고전적인 자세를 철저하게 배제하고 있다고 볼 수 있다. 두 번째로 이 작품(인공물)은 강철로 되어 있으며 모두 검은색으로만 채색되어 있는데, 이 점으로만 본다면 미니멀리즘의 공장생산적인 성격을 엿볼 수 있다. 단순한 형태는 신고전주의 조각가의 손에 의해 다듬어진 영지 안에서 하나의 충격적인 존재로

여겨질 수도 있지만 한편으로 자연적인 정황에 성공적으로 적응하고 있다는 점에서 주목할 만하다. 미술관의 정문을 들어서면 좌우로 정렬한 나무들의 한가운데를 따라 곧바르게 펼쳐진 잔디밭이 가꾸어져 있으며, 그 정면에 있는 본관건물을 앞에서 에워싸듯이 20개의 열주들이 반원형으로 세워져 있다. 그 열주들의 오른편에는 오래된 커다란 소나무가 있고 왼편에는 작가의 작품이 나란히 자리하고 있는데, 마치 자연과 미술의 공생·공존 또는 조화의 정경을 보는 듯하다. 작가가 작품의 부제로 명명했던, "어떻게 하면 조각이 지루한 것이 되지 않을 수 있을까."라는 문구와 같이 작품에 보다 많은 생기를 부여하려는 시도가 눈에 띄는 우수한 작품이라고 생각된다.

- 백남준의 〈Man(人)(1989)〉은 갸렌느 르모 공원의 입구 왼편의 숲속, 엘르와즈 동굴과 계곡 시냇가의 작은 여울인 '다이아나의 욕장(Bains de Diane)'으로 인도하는 베스타 신전 주위의 낭만적인 산책로 옆에 자리잡고 있다. 1933년형 로잘리(Rosalie) 승용차와 20여 대의 브라운관이 제거된 TV수상기가 함께 모여 사람 인(人)자 형태로 솟아 있으며, 자동차 내부 공간과 TV 내부는 모두 식물로 가득 채워져 덩굴과 가지들이 바깥쪽으로 뻗어나오고 있다. 자동차와 TV수상기는 우리시대의 상징이자, 인간생활에 가장 큰, 그리고 가장 직접적인 영향을 미치는 것이다. 이것들은 20, 21세기 문명을 대표하고 있지만, 자연은 예로부터 지금까지 언제나 존재해 온 불멸의 존재라 할 수 있다. 자연은 모든 것을 감싸 안으며, 여기서는 인간이 쓰다버린 고물 자동차와 속 빈 TV수상기도 예외는 아닌 것이다. 〈Man〉은 자연속에 내버려진 듯한 상태이지만 자연은 관대함으로 그들을 감싸고 있다는 이미지를 작품에서 느낄 수 있다.

- 프레장스 판슈네트(Presense Panchounette)의 〈Dwarf! Dwarf! no. 2(1989)〉는 폴리에스터에 채색된 난쟁이 모양을 하고 있다. 정원의 아래쪽 세브르-낭테즈(Sevre-nantaise)라고 불리는 작은 강가에 키가 230cm 되는 '난쟁이'가 숲속에서 행복하게 살고 있다. 그곳에서 그는 혼자 서 있으나 결코 외로워 보이지 않는다. 도리어 우리를 향해 이리 와서 함께 놀자고 손짓하는 듯하다. 작가의 의도는 명쾌하다. 고요한 숲속의 난쟁이 요정이라는 설정으로 자칫 단조롭게 보일 수 있는 자연의 한 부분을 신비로운 동화적 풍경으로 만들어내고 있다. 만화적인 색채와 신체비례를 가진 이 난쟁이 요정의 키가 무척 큰 이유는 주변 환경과의 비례에서 보아 눈에 쉽게 띄는 존재로 표현하려고 했기 때문이다. 요정이 존재함으로써 신비함을 더해가는 숲과 사람들에게 놀라움을 안겨주는 효과를 더욱 크게 하기 위하여 키를 크게 하였으며, 우리는 그 모습이 아무리 크게 만들어진다 할지라도 여전히 난쟁이 요정의 이미지로 기억하게 될 것이다.

그의 작품에 대해 자끄 술리우(Jacques Soulillou)는 〈브로딕냐의 걸리버(Captain Gulliver a Brobdignag)〉라는 제하의 평론에서 다음과 같이 묘사한다. "판슈네트의 설치작품들은 마치 앵글로색슨족의 '한 단어로 된 시(One Word Poem)'처럼 읽혀야 한다. 그의 작품은 (측량된 땅과도 같이) 적절하게 주위환경을 의식하고 있는데, 이러한 '가장 짧은 길'처럼 판슈네트의 작품 역시 추구하는 바는 한 단어로 된 시의 그것과 비교할 만하다고 볼 수 있다. 〈OXYMORON〉은 그의 작품이 피어나는 어느 곳이든지 장식적인 불일치의 일면을 보여주는 것에 대해 내가 헌정하는 One Word Poem이다."

6. 덩케르크 현대미술관(Le Musee d'art Contemporain de Dunkerque et Jardin de Sculpture)

(1) 장 바르(Jean Bart)의 도시

덩케르크 현대미술관은 바다가 바라보이는 장 바르 항구 부근에 위치하고 있다. 얼마 전 정부의 지원으로 더 좋은 여건을 갖추어 1982년 12월 4일에 개관하게 된 이 미술관은 조경가인 질베르 사무엘(Gilbert Samuel)이 미술관 주변의 환경을 새로이 조성하여, 마치 범선의 돛과 같은 4헥타르의 공원을 북해(北海)가 인접해 있고 거대한 기중기와 조선소가 자리잡고 있는 산업적 항만시설의 한가운데에서 독특한 공간을 만들어냈다고 할 수 있다.

조각공원 한복판에 자리잡은 S자 형태의 인공 연못을 만들어 가운데를 가로지르는 길을 내고 길의 중간에 다시 T자 형태의 작은 교량이 뻗어나가 연못에 반쯤 발을 담그고 있는 모습으로 미술관 건물이 세워져 있다. 흰색 타일로 마감된 미술관 건물의 구조는 중심부의 대형 정방형 건물을 중심으로 각 변에 두 개씩의 소형 정방형의 구조물이 복합체를 이룬 모습으로, 내부에서 보면 8개의 전시장이 중심부에 있는 대형전시장을 향해 모여 있는 형태이다. 또한 자연광이 작품에 미치는 영향을 최소화하기 위하여 전시공간에 해당하는 부분의 외벽에는 창문을 내지 않는 구조를 가지고 있고, 미술관의 정문에 해당하는 교량이 시작되는 곳에는 필립 스크리브(Philippe Scrive)의 조각이 세워져 있는데, 아프리카산의 거대한 원목을 다듬어 마치 목조건물의 원초적인 형태를 연상시키는 10m 높이의 구조물이 세워져 있어 현대적인 미술관 건축과 강한 대조를 보여주고 있다.

프랑스 파리에서 북쪽으로 약 200여 km 떨어진 인구 7만의 덩케르크시는 예로부터 프랑스의 영욕의 역사를 지켜보아온 곳이기도 하다. 우리나라의 이순신 장군과 비교되는 프랑스 제독 장 바르(Jean Bart, 1650~1702)는 바로 이곳 앞바다에서 영국과 홀랜드의 함대를 크게 격파하기도 했으며 2차 세계대전 중에는 비극적인 연합군의 철수작전이 이루어진 곳이기도 하다. 거칠 것 없이 곧바로 안겨드는 북해의 세찬 바람을 맞이하는 낮은 언덕 한곳에 미술관이 자리하고 있는데, 역사의 풍상을 겪은 탓인지 덩케르크는 다른 프랑스의 옛 도시답지 않게 새롭고 현대적인 건축물들이 눈에 많이 들어온다. 같은 항구도시인 생말로(St. Malo)와 같은 도시성벽의 고색창연함도 없고, 마르세이유(Marseille)처럼 번화한 상가가 밀집한 것도 아니다. 영불해협이 마주보고 있는 프랑스의 북쪽 관문이자 공업지대인 덩케르크는 파리 같은 대도시에서 볼 수 없는 밝은 미소를 가진 사람들이 많고 벨기에서 불과 몇 분 안 되는 곳에 위치한 변경도시이기도 하다.

덩케르크 현대미술관의 소장품은 620여 점에 달하며 이것은 프랑스 노르(Nord)도의 질베르 들렌느와 덩케르크 시장인 클로드 프루브와이외의 열정에 의해 이루어졌다. 소장 작품들은 시민들의 일상생활과 주위의 현실적 환경과 조화를 이루는 내용들을 중심으로 하여, 산업도시의 시민들 정서에 어울리는 내용을 우선으로 하며 청소년들의 현대미술에 대한 이해를 돕는 면에서도 기여를 할 수 있도록 전시품들을 고려하고 있다.

(2) 녹지 위의 양들

조각공원은 질베르 사무엘과 피에르 즈베니고로스키(Pierre Zvenigorosky)의 진력으로 완성을 보게 되었는데 마치 우리나라의 몽촌토성과도 같은, 덩케르크 고대의 요새지를 새로이 다듬어 토성의 능선 아래를 따라 자연스런 곡선을 가진 산책로를 포석(鋪石)을 깔아 만들고 능선 안팎으로 작품들을 적절히 배치하여 휴식과 작품감상의 양면을 모두 충족시켜 주고 있다. 이제는 이곳을 고대 요새지 이전에 미술관을 부드럽게 감싸는 능선으로 이루어진 조각공원으로 받아들이게 되었고 노르지방 사람들의 사랑을 받는 미술공간으로 자리잡게 되었다.

특히 즈베니고로스키는 조각공원의 입구를 이루는 부분에 철 주물로 된 수십 개의 담장과 철 단조로 만든 대문을 제작하여 설치하고 있는데, 이것은 기능적인 면과 예술성을 모두 살린 수작이라 할 만하다. 덩케르크의 역사적 무게감과 바다의 이미지를 철을 사용하여 적절하게 표현해 내고 있는데, 양 옆의 언덕으로 이어지는 거대한 녹슨 덩어리로 이루어진 담장으로 인하여 그러한 분위기가 더욱 강조되고 있다.

덩케르크 현대미술관의 조각공원에 펼쳐진 작품들은 마치 녹지 위에 평화롭게 거닐고 있는 양떼의 모습을 연상시키는 온화한 느낌을 방문자에게 선사하고 있다. 이 중에서 미술관과 덩케르크시의 이미지와 조화를 이루는 작품들을 소개하고자 한다.

- 미술관 건물의 뒤편 조각공원의 경사진 언덕 중간에 세 덩어리의 돌이 조용히 서 있다. 외젠느 도데이뉴(Eugene Dodeigne)의 〈우는 여자들(Les Pleureuses)〉은 바닷바람을 직접 마주보며 북해를 면하여 서 있다. 덩케르크에서 태어났던 장 바르는 용감한 생을 살았지만 도데이뉴의 사람들은 울면서 서 있다. 이 작품은 높이 3m의 거대한 덩어리이지만 결코 보는 이를 압도하지 않는다. 육중한 체구를 연상시킴에도 불구하고 그들에게 우는 사연을 묻고 싶고 또한 위로하고픈 마음이 드는 것은 무엇 때문일까. 1923년 이웃 벨기에에서 태어난 작가는 부친으로부터 돌 다루는 법을 배웠으며 1945년 이후 프랑스 노르지방에 거주하며 작품활동을 하고 있다. 도데이뉴의 유사 인간적(類似人間的) 형태는 거칠게 마감한 육중한 석재가 주는 묵시적(黙示的) 분위기와 잘 어울려 현대의 새로운 인간 이미지를 만들어내고 있다. 작품을 보면 우리는 작가의 생각과 덩케르크의 역사를 함께 떠올릴 수 있을 것 같다. 우리나라의 부산(釜山)처럼 덩케르크는 프랑스 북부의 관문에 해당하는 전략적 요충지이기도 하여 예로부터 계속되는 전란의 불길을 보아왔던 곳이며 작가의 출생을 전후하여 1, 2차 세계대전이 벌어졌던 현장이기도 하다. 도데이뉴는 이곳에 '우는 여자들'을 세움으로써 숱한 전쟁에서 산화한 영혼들의 넋을 위로하고 있는 것은 아닐까. 그렇지 않다면 출항 이후 돌아오지 않는 남편을 기다리는 부인의 눈물은 아닐런지. 옛 요새지의 언덕 위에 있음으로 해서 더욱 비장미가 돋보이는 것 같다.

- 현대미술에 집적(Accumulation)이라는 개념을 도입한 아르망(Arman : Arman Fernandez)은 미술관의 연못가에 〈Anchorage(1982)〉를 설치하였다. 전체 무게가 약 6톤에 달하는 대작으로 60여 개의 선박용 대형 닻들이 집적되어 하나에 수 백 kg씩 되는 닻들이 7m의 높이로 하나의 거대한 탑처럼 쌓아올려져 있다. "나는 이 닻들을 덩케르크시와 조선소들의 활력을 상징하는 작품재료로 선택했으며, 닻이라는 오브제는 항상 내 마음을 끌던 독특한 존재이기도 하다. 나는 단단한 기초를 마련하기 위해서 가장 무거운 것들을 아래에 놓았고 그 위에 다음으로 무거운 닻들을 올려놓는 식으로 쌓아올렸다. 닻이 안과 밖으로 겹치면서 나선형으로 조립되었으며 나선형의 형태만 강조되는 것을 피하기 위해 수평으로 닻들을 여러 곳에 덧붙였다."라고 작가는 설명하고 있으며 그의 말대로 항구도시의 이미지와 바닷바람의 내음과 장 바르의 열정을

떠올릴 수 있을 것 같다.

- 라란느 부부(les Lalanne : Francois－Xavier Lalanne와 Claude Lalanne)의 〈양떼〉는 미술관 옆 잔디 위에 서 있다. 평화로움과 자유로움, 자연의 풍요를 떠을리게 하는 양떼의 모습에서 목가적인 정경을 느낄 수 있는 한편, 단정한 자태로 고개를 들고 선 양들의 또 다른 모습에서는 우리나라 능묘의 석양(石羊)에서 볼 수 있는 엄정함이 감돌기도 한다. 양들은 떼지어 모여 있으나 각자는 모두 서로 다른 방향을 지켜보며 서 있다. 양들이 서 있는 곳 옆의 잔디가 움푹 패어있어 살펴보니 시멘트로 된 양의 등에 올라타기 위해 어린이들이 발을 디딘 흔적임을 알 수 있었다. 우리처럼 잔디밭에 들어가지 말라는 경고문이나 인계선은 찾아볼 수도 없었지만 잔디밭 주변에 버려진 쓰레기나 작품이 버려진 흔적 또한 발견되지 않는 것으로 보아, 공중을 위해 만들어진 공원이나 미술관 시설들을 시민들이 스스로 아끼는 모습을 찾아볼 수 있어 우리의 부끄러운 모습을 되돌아보게 한다. 강요하지 않아도 스스로 지키고 그러는 중에도 충분히 어린 아이들을 위해 놀이공간을 제공할 수 있는 합리적 정신은 우리가 배워야 할 것이라고 생각한다.

7. 광저우박물관

광저우박물관은 중국 광동성 광저우시 월수산의 진해루에 위치하고 있으며, 이곳에는 광저우의 역사문물자료와 관련된 것들을 수장하고 있고, 유물진열을 통한 관람과 병행하여 전문적 과학연구를 위해서도 유용하게 꾸며져 있다.

광저우박물관은 진해루에 위치하고 있는데 진해루는 명나라 홍무 13년(1380)에 최초로 건립되어 지금까지 600여 년의 역사를 가지고 있는 건축물이다. 진해루는 높이가 28미터, 너비가 31미터 그리고 길이가 16미터에 이르며, 붉은 색 벽면과 초록색 기와를 가진 웅위하고 장려한 광저우의 유명한 고건축이라고 할 수 있다.

명나라 초기에 영가후인 주량조가 토목공사를 크게 일으켜 광저우성을 수리하여 송나라 때의 세성과 하나로 합하여 성의 동북쪽 산기슭으로 약 팔백여장(丈)을 뻗어나가 동에서 서쪽으로 성의 담장을 연결하고 월수산 위에서 바라보면 성 높은 곳에 누각이 있어 장관을 이루게 되었다. 광동성 지역이 바다에 면해 있으므로 진해라는 이름이 붙게 되었는데, 이것은 "바다의 강역을 굳게 지킨다(雄鎭海疆)"는 뜻이다. 또한 당시 주강(珠江) 강물이 넓고 크게 퍼져 흘러 진해루에 올라 동쪽을 바라보면 주강의 강물이 도도하게 흘러가며 만경창

파를 이루는 모습으로 인하여 망해루라는 이름을 가지고 있기도 하다. 누각은 5층으로, 층이 올라가면서 체감되고 있으며 탑 같기도 하고 누 같기도 하여 장중하고 엄숙한 분위기를 자아내고 있다. 그리하여 속칭, 오층루라고 불리는데 누각에 올라 내려다보면 주강의 강물과 운산(云山)의 여러 봉우리들이 첩첩이 쌓여있는 양성(羊城 : 광저우의 별칭)의 풍경이 역력히 눈에 들어오므로 "오경이남제일루(五嶺以南第一樓)"라고 불리는 영예를 안게 되었다. "진해층루(鎭海層樓)"와 "월수층루(越秀層樓)"는 광저우 8경의 하나로 구분되었고, 1996년에 다시 광저우의 10대 미경의 하나로 평가받았다. 600년간 자연과 인위적 재난으로 말미암아 층루가 여러 번 훼손되었고, 명나라 성화(成化)년간에 여러 차례 수리가 있었다. 현재 누각 정면에 돌사자 두 마리가 마주보고 서 있으며, 서쪽을 따라 명나라 가정 연간의 〈중수진해루비(重修鎭海樓碑)〉가 세워져 있는데, 이것은 누각이 보존하고 있는 가장 오랜 비석이다. 1928년 중수 당시 원래 목조 누각 내부를 고쳐 철강과 콘크리트 구조로 만들어 누각의 기와와 처마장식 등을 유명한 도기제작소에서 만들어 지방색채가 농후하게 되었다. 진해루는 현재 광동성의 문물보호단위로 되어 있다.

광저우박물관은 1929년에 건립되었으며 당시에는 "광저우박물원"이라 불렸다. 창건 초기에는 전시내용과 유물이 그다지 좋지 않았으며, 오래지 않아 전란으로 폐관되기도 하였다. 1950년 광저우 시 인민정부가 광저우 인민박물관의 건립을 결정하였으며, 이에 따라 전문고고학 인력이 조직되어 고고학적 발굴과 유물수집사업 등이 진행되었다. 광저우 지구의 정비가 완료되면서 1,000여 개의 고대 분묘와 유적이 나타났고, 대량의 진귀한 문화재가 출토되었고 이것이 지금 박물관의 기초유물이 되었다. 그와 함께 중산대학 용경교수 등의 문화재 수집가와 애국적 화교, 각계인사의 지지를 받아, 많은 문화재를 기증받아 박물관 유물이 아주 풍족하게 되었다. 박물관이 소장한 각종 유물은 5만점에 이르며 광저의 정치, 경제, 문화 및 대외교류의 연구와 광저우의 발전을 위한 귀중한 역사자료를 제공하고 있다.

진해루의 서쪽에는 1964년 세워진 비각과 포대가 세워져 있다. 비각에는 고대의 비석 23개가 세워져 있고, 포대에는 명나라 숭정년간에서부터 아편전쟁시기에 광저우지구에서 주조된 성의 방어를 위한 대포가 안치되어 있다. 이와 함께 독일 병기창에서 만들어진 강철주조포도 함께 설치되어 있는데 불산(佛山, 광저우 동쪽 도시)에서 만들어진 주철포는 1841년에서 1856년까지 영국군의 공격에 대항하여 만들어진 것으로 영국과 프랑스 연합군이 광저우의 전투에서 벌였던 행위에 대하여 광저우 인민들이 아편전쟁 기간 동안 항전하던 대표적인 유물이다. 패전 후 대포는 철저히 파괴되어 포이(砲耳) 부분은 영국군에 의해 절단되고, 점화되는 포안(砲眼) 부분은 철못을 박아 못쓰게 하여 완전히 파손시킴으로써 지금 이런 것은 침략자들의 죄상을 보여주는 증거가 되고 있다. 그리고 동쪽에는 1986년 전시실이 건립되어 각종 특별전과 기념전을 위한 전시관으로 사용되고 있다.

이처럼 진나라 이래 2,000년이 넘는 역사를 지켜오면서 중국의 번영과 역사적 격동기를 고스란히 함께 겪었던 기념비적 도시인 광저우를 대표하는 박물관은 유서 깊은 진해루 안에 자리잡고 있다. 수많은 변혁을 거치면서도 남방의 풍부한 자원과 우수한 인력을 바탕으로 중국 경제의 중요한 구심점이 되고 있는 광저우인들의 삶을 박물관에서는 연대기적 전시로 진나라부터 근대에 이르기까지 4개의 전시실로 구성되어 있다.

전시실에는 동과(銅戈), 칠기합, 도기배, 청동향로, 유리사발, 목걸이, 목조나한상, 호인용(胡人俑), 귀면와, 광채(廣茶) 인물접시, 베니스와 방글라데시 은화, 상아선 등의 작품이 전시되어 있다.

Ⅲ 우리나라의 박물관

1. 동산도기박물관

동산(東山)은 동쪽에 있는 산이라는 뜻 이외에 마을 부근에 있는 작은 산이나 언덕 혹은 행복하고 평화로운 곳을 비유적으로 이르는 말이다. 대전에 가면 이처럼 행복하고 평화로운 동산이라는 명칭을 가진 동산도기박물관이 있다.

동산도기박물관은 1997년 3월 대전시 서구 조달청 사거리 부근에 토기, 질그릇, 옹기 등의 도기를 수집, 전시, 연구하는 도기전문박물관으로 개관하였다. 당시만 하더라도 문화적 불모지라고 할 수 있는 대전에 제1호 사립박물관으로 문을 연 것이다.

그동안 도자기의 역사는 청자, 분청사기, 백자를 최고로 여겨 왔는데 이와 다른 정겨움과 투박함을 지닌 질그릇인 도기를 전문적으로 소개하기 시작하였다.

원래 대전 인근은 조선 15세기 후반에서 16세기 전반에 걸쳐 계룡산 일대에서 만들어진 철화분청사기로 유명하다. 철화분청사기는 계룡산에서 직접 채취한 태토(胎土)와 분장토, 그리고 철사안료를 이용하여 제작한 자유분방하고 해학적이며 추상적인 도자기로 유명하다. 이와 같은 도자기의 아름다움을 소개하는 문화시설로 동산도기박물관이 위치하고 있는 것이다.

특히 박물관은 전문적인 박물관 경영이나 민속학을 전공한 사람이 아닌 소아과 의사인 이정복 관장이 직접 운영한다. 도기를 전공하지 않았지만 30여 년 동안 전국에서 각종 민속품을 수집하면서 공부하였기 때문에 대단한 안목(眼目)을 지니고 있다.

동산도기박물관의 대표적인 수집품은 질그릇이다. 질그릇은 잿물을 입히지 않은 날그릇을 600~800도로 구운 것으로 가마의 굴뚝과 아궁이를 함께 막아 검댕이를 입힌 회흑색의 거머기그릇과 불길을 자연스럽게 들어가도록 한 붉은 질그릇으로 나뉜다.

현재 박물관은 제1관과 제2관으로 운영되고 있다. 제1관은 전문가를 위한 공간으로 1층에

덕진의원이라는 병원이 있고, 지하에 수장고, 2층에 특별전시실, 3층에 상설전시실이 있다. 같은 지역에 사는 사람들도 잘 모른다고 하는데 사실은 대전 조달청 사거리와 배재대학교 정문에서 가까운 곳에 위치하고 있어 언제라도 방문이 가능하다. 제2관은 대전 한남대학교 후문에 위치한 증산도 건물 뒤편 중리동에 위치하고 있다. 제2관도 지하에 수장고, 1층 학예연구실 및 도서관, 2층 교육실, 3층 특별전시실, 4층 야외전시장으로 구성되어 있다. 이곳은 그동안 동산도기박물관에서 장소가 협소하여 하지 못했던 교육을 중점적으로 하는 공간이다.

특별하진 않지만 향수를 느낄 수 있는 서민들의 삶의 흔적을 되짚어 볼 수 있는 중요한 문화공간이다.

2. 옛터민속박물관

대전에서 금산으로 가는 길목 만인산자락의 추부터널 부근에 대전 제4호 사립박물관인 옛터민속박물관이 자리하고 있다.

박물관의 건물은 요즘 보기 힘든 돌기와로 지붕을 삼고 황토, 짚, 소금 등의 재료를 함께 다져 벽을 만드는 판축기법으로 제작하였다.

뿐만 아니라 부대시설들도 조릿대, 굴피, 너와 등의 지붕을 이용한 전통건축기법으로 세웠다. 야외전시장에는 동자석, 돌확, 절구, 다듬잇돌 등의 돌조각을 전시하여 아이들의 학습장 역할을 하고 있다.

옛터민속박물관은 우리나라의 문화와 역사를 한눈에 조망하여 관람객으로 하여금 민속에 관한 이해를 돕기 위해 설립한 공간이다. 민속에 관한 자료를 조사, 연구, 수집, 전시, 보존하는 포괄적이고 체계적인 전문박물관을 지향하고 있다. 전시실은 평소 상설전시실로 운영하며 연 2회 기획전을 통해 교체전시를 실시하고 있다.

2011년에는 신체 부위에 따라 달리 착용하였던 장신구 중 머리를 꾸몄던 여성의 머리장신구인 떨잠, 뒤꽂이, 비녀, 첩지 등과 남성의 머리장신구인 갓, 갓끈, 동곳, 그리고 각종 쓰개류인 다리, 족두리, 조바위, 풍차, 남바위, 도투락댕기 등을 전시하고 있다.

또한 박물관에서는 평생교육기관으로서의 의미를 반영해 소외계층을 위한 박물관 교육프로그램을 실시하고 있다.

우리 주변에서 쉽게 구할 수 있는 치자, 양파, 쪽, 솔잎 등의 재료를 이용해 머플러, 손수건에 천연염색을 하는 체험교실과 우리민화가 지닌 의미를 알아보고 액운을 피하도록 돕는 까치, 호랑이를 그리는 민화 그리기 체험교실, 한지를 이용하여 생활용품인 과반, 필통, 부채 등 다채로운 공예품을 만드는 한지공예 체험교실, 차를 우리는 전통문화 전반이 함축된 예절을 배우는 다도교실, 조선 여인의 섬유 규방공예를 체험해 보는 규방공예교실 등 민속문화체험을 통해 조상들의 삶과 지혜를 배우는 자리를 마련하고 있다.

박물관에는 교지 500여 점, 간찰 400여 점, 고화 500여 점, 도자기 2,000여 점, 민속품 8,000여 점, 그리고 기타 9,000여 점 등 모두 2만 점이 넘는 유물을 보유하고 있다.

이는 평범한 사업가인 김재용 관장이 지난 20년간 모은 것으로 유물의 영원한 가치를 보존해야 한다는 사명감을 바탕으로 이룩한 결과이다.

현대의 박물관은 휴게실과 편의시설을 갖추고 정보와 위락을 동시에 제공하고 있는 추세이다. 옛터민속박물관 역시 전통찻집과 한식당 등의 편의시설을 갖추고 있어 모든 사람들이 우리의 문화를 향유할 수 있도록 유도하고 있다.

교과서 같은 박물관이 아닌 잡지 같은 박물관을 지향하는 재미있는 놀이공간과도 같은 박물관이다.

3. 여진불교미술관

21세기는 문화의 시대로 전통문화에 대한 올바른 이해가 이루어져야만 미래지향적인 사고를 구축할 수 있다. 전통문화 중 무형문화재는 우리 선조들이 수천 년간 이어온 문화유산으로 과거와 현재, 그리고 미래를 잇는 중요한 키워드이다.

무형문화재는 전통성, 예술성, 과학성 등 다양한 존재가치를 지니고 있다. 무형문화재를 대중이 폭넓게 향유하고 계승·발전시키기 위해서는 현존하는 작품과 창작물을 수집, 보존, 연구, 전시, 교육하는 박물관이라는 문화공간을 마련해야 한다.

무형문화재 박물관은 평생교육의 장으로서 이론과 실습을 연계한 폭넓은 지식과 경험을 제공하여 누구나 쉽게 접근할 수 있도록 하고 있다. 또한 전국적으로 다양한 주제로 설립한 무형문화재 박물관은 자체 문화재에 대한 정체성을 확립하고 서로 연계프로그램과 네트워크를 마련함으로써 지역사회에서 문화예술교육을 할 수 있는 중추적인 역할을 담당하고 있다.

대전의 유성에는 무형문화재 불상조각장 여진(如眞) 이진형이 세운 여진불교미술관이 있다. 이진형은 대전광역시 무형문화재 제6호, 문화재수리기능자 조각공 제680호로 목조각장 박찬수(목아박물관장)와 단청장 임석정(스님)으로부터 기술을 전수받은 전문 불교조각가이다. 이진형은 각 시대별 불상의 양식과 조각기법을 섭렵하여 자신의 불교조각을 재창조하고 있다.

여진불교미술관은 2005년 10월 개관한 불교 전문미술관으로 사라져가는 전통 불교문화를 계승하는 공간이다. 불교분야 무형문화재 전수자를 양성하고 불교문화의 아름다움을 국내외에 소개하는 한편, 공원으로 조성된 야외전시장은 가족단위의 휴식공간으로 각종 문화행사를 개최할 수 있도록 하고 있다.

여진불교미술관은 본관 1~2층 전시실과 별관, 야외전시장, 교육관으로 구성되어 있다. 제1전시실은 웅장한 삼천불 가사 석가여래불상을 통해 부처의 세계를 표현하고 제2전시실은 세상의 천수천안관음상, 관음보살상 등의 보살상을 전시한다.

제3전시실은 전통잇기관으로 시대별 불상을 비교 전시하고 제4전시실은 초전법륜상, 사방불을 전시한다. 상설전시실은 개관 이후 몇 달 주기의 교체전시로 생동감 있는 전시를 하고 있다.

별관은 산신, 시왕 등을 전시하고 야외전시장에는 청동미륵대불, 12지신과 약사여래, 초전법륜성지, 반야용선 등이 있다. 교육관에 현세의 3불인 삼세불(三世佛)과 후불탱화, 예불도구 등을 전시하고 있다.

뿐만 아니라 교육관에서는 '쉽게 배우는 수묵풍경화', '자연건강 국선도', '생활공예품 만들기', '문화재로 풀어보는 한국사', '매일 쓰는 생활도자기' 등의 프로그램을 진행하고 있다.

여진불교미술관은 야외전시장의 비율이 전체 미술관 면적의 85% 이상을 차지할 정도로 넓은 편이기 때문에 주말에 아이들과 즐겁게 즐길 수 있는 문화예술공간이다.

4. 쉼박물관

짐승은 조상을 모른다. 그러나 사람은 부모는 물론 조상을 알고자 애쓴다. 사람은 부모를 봉양하고 마지막 가는 길에 예를 다하여 섬긴다. 그렇기 때문에 상례는 부모를 위한 것이기도 하지만 자신과의 약속이 될 수 있다.

상례문화는 단순히 의식과 절차에 국한된 것이 아니라 가족과 친족의 관계이며 나아가 사회질서의 근간이 된다. 상례는 이미 선사시대부터 소생하기 시작했으며 유교, 불교, 도교, 민간신앙 등이 서로 혼합된 형태에서 발전되었고 조선시대에 더욱 형식화되었으며 체계적인 형태를 이루게 되었다.

이러한 상례문화를 소개하는 전문박물관으로 2007년 10월 서울시 종로구 홍지동에 쉼박물관이 개관하였다. 조선시대 상례문화는 관혼상제 중 우리 선조들이 가장 소중하게 생각하고 효를 행하던 예식이었으나, 오늘날 이 땅에 살고 있는 우리는 상례의 정체성을 상실한 채 무분별하게 서양의 예를 따르는 안타까운 현실에 놓여 있다.

제대로 된 전통상례를 조망하고자 개관한 박물관답게 망자의 시신을 운반하던 상여가마, 혼백을 모셔 운반하던 요여, 무덤 안에 넣었던 명기, 죽음을 알리는 서장인 부고, 상례를 서술한 상례비요와 같은 고서적 등을 전시하고 있다.

인간은 유한한 존재이기에 죽음은 불가피하며, 누구도 대신할 수 없는 지극히 개인적 현상으로 탄생의 문(門)을 통과하여 이 세상에 나왔다가 결국 마침의 문(門)을 한 번 더 지나가야 한다. 삶과 죽음이라는 가볍지 않은 주제를 일상에서 다루고 있는 쉼박물관은 설립자 박기옥의 집을 박물관으로 개조한 것이다.

일반 가정주부에서 자신의 집을 박물관으로 꾸민 박기옥은 부군의 죽음을 보고 죽음이란 없어지는 것이 아니라 삶의 연장을 위한 휴식기라 여겨 이처럼 문화예술공간으로 박물관을 선뜻 연 것이다.

쉼박물관에서 특히 눈여겨 볼 것은 상여장식조각이다. 상여가마를 장식하고, 망자를 저승까지 잘 인도하는 의미에서 동자(童子), 저승사자, 재인(才人), 시종 등의 인물형과 호랑이, 용, 봉황, 학, 물고기, 말, 닭, 해태, 천도복숭아, 연꽃 등의 동식물형을 꽂아 놓았다. 이를 통해 우리 선조들의 삶과 죽음에 대한 철학과 해학, 그리고 순수성과 예술성을 엿볼 수 있다.

요즘 웰다잉(Well-Dying)이 화두로 떠오르고 있는 시점에서 삶에 대한 성찰과 반성을 통해 건강한 삶을 계획하기 위한 공간으로 쉼박물관이 제격이다.

5. 광양장도박물관

장도는 금속, 나무, 뼈 등의 재료를 이용하여 23단계의 공정을 거쳐 만드는 장신구의 일종이다. 장도는 소도자(小刀子)로서 사용자의 요구에 따라 독특한 종형(種形)을 창출하며 삼국시대, 고려시대, 조선시대를 거쳐 근대에 이르기까지 실생활용, 장신구용, 호신용 등으로 널리 사용하였다.

그러나 의식주의 변화로 인해 수십 년 전만 하더라도 쉽게 볼 수 있었던 장도가 이제 그 모습을 찾아보기 쉽지 않게 되었다. 오늘날 장도라 하면 단순히 정절의 상징이라는 편협한 이해에 머물고 있으나 이러한 장도문화를 고유의 민족예술로 여기며 전승 발전시키고 있는 사람들이 있다. 바로 장도장들이다.

현재 우리나라 장도장은 국가 지정 2명, 시도 지정 3명이 있다. 중요무형문화재 제60호 장도장인 전남 광양의 박용기와 전남 곡성의 한병문은 1978년 국가로부터 지정받았다. 시도무형문화재는 울산시의 임원중(1997년, 제1호), 진주시의 임차출(1987년, 제10호), 영주시 김일갑(1989년, 제15호) 등이 있다.

특히, 이들 장도장 중 전남 광양에서 작품활동을 펼치고 있는 박용기는 좀 더 많은 사람들에게 장도의 아름다움을 보여주기 위하여 광양장도박물관을 직접 운영하고 있다.

광양장도박물관은 정부, 전남, 광양이 협력해 건축과 인테리어를 담당하여 지은 건축물로 정부와 개인의 혼연일체로 탄생된 박물관이다.

박물관 1층에는 세계의 도검을 전시하는 전시실, 세미나실, 장도제작 공방모형, 아트샵과 카페테리아가 있고, 2층에는 60여 년간 만든 장도장의 작품을 전시하는 전시실이 있다.

광양장도박물관은 상설체험과 기획체험을 운영하고 있다. 상설체험은 전통 공예품인 장승, 민화, 솟대, 토분, 탈, 부채, 떡살염색, 칠보, 탁본, 낙죽노리개, 칠보장신구 등을 유료로 만들어 보는 프로그램이다.

교육과 문화공간이 부족한 광양에서 광양장도박물관은 지역민들의 문화향수 증진에 이바지하며, 광양을 알리는 중요한 문화예술공간으로 자리하고 있다.

현재에는 설립자 박용기의 아들인 박종근이 대를 이어 전수교육 조교와 광양장도전수관 및 광양장도박물관을 운영하고 있는데, 이는 장인정신의 계승으로 우리나라 장도문화의 맥을 잇고 있는 아름다운 모습이다.

6. 세계장신구박물관

장신구는 부대(附帶) 또는 종속하는 것으로, 넓게는 소품류, 장신구, 트리밍(Trimming)의 3가지로 분류되며, 협의로는 장신구만을 가리킨다. 직접적으로 인간의 몸을 치장하거나 간접적으로 미적인 강조를 위한 소품 일괄을 의미한다. 장신구는 실용성과 장식성을 모두 겸한 것으로 신분이나 행사에 따라 재료와 방법을 달리하여 제작했다.

또한 시대가 변함에 따라 장신구는 일부 지배층의 산물이 아닌 대중을 위한 물품으로 변화되었고, 의생활 양식이 달라짐에 따라 변천하고 발달하여 전 세계적으로 각 나라마다 문명의 증언자 역할을 하고 있다.

인류가 지구상에 출현한 이래 사냥이나 채집을 통해 얻은 동물의 이빨, 뼈, 조개 등을 이용하여 목걸이, 팔찌, 발찌, 가면 등의 장신구가 만들어지기 시작하였다.

B.C 3만8000년 프랑스 라키나에서 발견된 짐승의 뼈와 이빨로 만든 비즈 목걸이는 세계 최고(最古)의 장신구이다.

당시 전 세계적으로 다양한 재료를 가공한 주물(呪物)에 미의식이 가미된 상당히 발달된 장신구들이 개발, 착용되고 있었다.

이처럼 몇 만 년의 역사를 가진 장신구에 매료되어 지난 30여 년간 전 세계의 장신구를 수집한 이강원 관장은 2004년 문화와 전통이 살아 숨쉬는 북촌한옥마을 내에 세계장신구박물관을 건립하였다.

세계장신구박물관의 외벽은 동판, 강판, 적삼목, 유리 등으로 이루어져 있으며 큰 통문을 열고 들어가면 박물관 입구와 뮤지엄숍을 지나 1, 2층의 상설전시실과 3층의 특별전시실을 마주하게 된다.

각 층에는 장신구 꽃밭, 호박벽, 엘도라도 황금방, 목걸이방, 에티오피아 십자가방, 마스크벽, 비즈방, 근대장신구방 등의 주제로 다양한 장신구가 전시되어 있다.

특히, 세계장신구박물관은 아시아유럽정상회의 박물관협의회체에서 운영하는 가상명품박물관에 소장품 14점이 등재되어 있을 정도로 뛰어난 작품들이 많이 소장되어 있다.

자국의 문화를 지키기가 쉽지 않은 오늘날 혹독한 난관과 시련 속에서도 자신들의 장신구 문화를 지켜온 전 세계인들의 목걸이, 귀걸이, 팔찌 등을 살펴볼 수 있는 곳이다.

7. 왈츠와 닥터만 커피박물관

현대사회를 살아가고 있는 우리에게 "커피 한잔 하실래요?"라는 말은 이젠 인사말처럼 쓰인다. 커피가 우리와 함께한 지도 어느덧 120여 년이 되었으나 아직도 우리의 것이 아니라고 생각하는 이들도 많다.

이러한 상황에서 한국의 커피문화를 만들기 위하여 박종만 관장은 20여 년을 노력한 끝에 경기도 남양주시 두물머리에 터를 잡고 왈츠와 닥터만 커피박물관을 개관하여 현재까지 커피전도사로 일을 하고 있다.

박종만 관장은 대학에서 국문학을 전공하고 이미 30대에 인테리어 회사를 운영하던 CEO였다. 하지만 1989년 출장차 방문한 일본 커피회사의 전경을 보고 반하여 인테리어회사를 정리하고 지금까지 정통 커피 맛의 대중화를 위하여 노력하고 있다.

우리나라에도 100년 이상 되는 커피전문점을 여는 것이 꿈이었던 박종만 관장은 1996년 본인이 직접 설계한 왈츠와 닥터만이라는 고급커피를 중심으로 한 레스토랑을 열게 되었다.

10년 만인 2006년 8월 단층건물이었던 레스토랑을 3층까지 올려 커피박물관, 콘서트홀, 커피온실 등을 개관하였다.

이 박물관은 2006년 개관한 이후 커피전문박물관으로 한국적 커피이론의 정립과 커피문화의 다양성을 확보하기 위하여 노력하고 있다.

박물관 전시실에는 커피의 역사, 유통, 문화를 알 수 있는 설명패널과 각종 커피 추출기 등이 전시되어 있으며, 관람객이 직접 핸드드립하여 시음할 수 있는 체험공간과 영상물을 관람할 수 있는 미디어룸, 국내 최초의 커피재배온실 등을 갖추고 있다.

또한 커피역사탐험대를 결성하여 한국인의 시각으로 보는 커피문화 재조명 프로젝트를 진행하여 발굴된 다양한 자료를 바탕으로 특별기획전을 열고, 닥터만커피아카데미를 통해 일반인을 대상으로 초급·중급·고급과정의 커피교육을 실시하고 있다.

이 외에도 '커피와 클래식의 만남'을 주제로 매주 금요일 오후 8시 박물관 안에 설치된 닥터만 콘서트홀에서 클래식 음악회를 진행하고 있다.

대한민국에서 현재 가장 대중적인 음료로 사랑받고 있는 커피가 에티오피아의 카파라는 지방에서 발견되어 전 세계적인 차가 되기까지의 전 과정을 관람할 수 있는 곳이 바로 왈츠와 닥터만 커피박물관이다.

8. 옹기민속박물관

우리나라에서는 약 8,000년 전인 신석기시대부터 흙으로 그릇을 빚어 사용해왔다. 이 질그릇의 전통은 고려청자와 조선백자의 꽃을 피웠고 독특한 옹기문화를 탄생시켰다.

옹기는 질그릇과 오지그릇을 총칭하는 말이다. 그러나 근대 이후 질그릇의 사용이 급격히 줄어들면서 옹기는 주로 오지그릇을 지칭하게 되었다. 경국대전(經國大典)과 세종실록지리지(世宗實錄地理志) 등에서 황옹(黃甕)에 대한 기록이 나오는 것으로 보아 15세기경에 오지그릇이 만들어졌을 것이다.

조선 중기인 17세기경에는 황갈색과 흑갈색 유약을 입힌 시유도기 즉, 옹기가 본격적으로 생산되어 백자, 유기, 목기 등과 함께 사용되었다. 조선 후기인 18세기부터 근대에 이르기까지 옹기는 발전을 거듭하여 갖가지 기종(器種)과 기형(器形)을 창출하며 전통을 이어왔다.

그러나 생활 주변에서 흔히 볼 수 있었던 옹기는 주거환경과 식생활문화의 변화로 내구성이 약하고 중량이 무거우며 고가라는 이유로 차츰 사용이 줄어들었다.

이러한 옹기의 전통과 맥은 무형문화재 옹기장과 시도단체에서 만든 옹기마을로 유지되고 있다. 또한 옹기민속박물관, 청주옹기박물관, 동산도기박물관 등의 옹기전문박물관이 설립되어 우리나라 도자기사(陶磁器史)에서 옹기의 중요성을 각인시키고 있다.

이 중 서울시에 위치한 옹기민속박물관은 1991년 개관한 우리나라 최초의 사립옹기전문박물관으로 현대문명에 의해 퇴색되어 가는 옹기문화를 재조명하고 있다.

1991년 정병락 선생이 고려민속박물관으로 설립하여 운영하다 1993년 현재의 이영자 관장이 옹기민속박물관으로 명칭을 변경하고 지금까지 다양한 특별기획전과 교육프로그램을 진행하고 있다.

옹기전시실, 단청전시실, 민속생활용품실로 이루어진 건물과 야외전시장으로 구성되어 있으며 주거생활용, 악기용, 신앙용 옹기류와 석탑, 석등, 맷돌 등의 석조물, 그리고 각종 민속품과 더불어 사찰, 궁궐의 전통 단청문양 등을 전시하고 있다. 이외에 박물관에서는 도예교실, 민화교실, 다도교실 등의 교육프로그램을 진행하여 문화향수 증진에 이바지하고 있다.

옹기, 바라만 보아도 넉넉한 그릇. 때로는 어머니가 사용하던 옹기항아리가 고려청자보다 더욱 값지게 느껴진다.

9. 한밭교육박물관

대전은 근·현대 중부권 교육의 중심지이다. 조선시대에는 기호학파를 잇는 호서학파를 정립하여 성리학의 학문적 기반을 마련하였으며, 특히 17~18세기 대학자인 김장생, 박지계, 김학년을 필두로 김집, 조극선, 송시열, 송준길, 권시, 윤순거, 윤선거, 이유태 등을 배출한 지역이다.

또한 각종 사(舍), 당(堂), 정각(政閣) 등의 교육시설인 도산서원, 숭현서원, 쌍청당, 남간정사, 동춘당, 유희당 등이 위치하고 있으며, 현대에는 충남교육청이 자리한 곳이기도 하다.

이처럼 교육 도시인 대전에는 한밭교육박물관이라는 교육 전문박물관이 운영되고 있다. 한밭교육박물관은 1938년 준공한 대전 삼성초등학교 건물(대전시 문화재자료 제50호)을 이용하여 지난 1992년 개관한 공립박물관이다.

교육문화를 선도하는 열린교육박물관으로 교육자료의 보존과 평생교육 기능의 강화를 목적으로 설립하였다. 아울러 선조들의 지혜와 슬기로움을 느낄 수 있는 공간을 지향하고 있다.

박물관의 지상 1~2층에는 9개의 전시실과 3개의 전시장, 안내실, 사무실, 관장실, 자료실, 휴게실, 수장고 등이 있다. 각 전시실에는 시대별 교육장소인 서당, 필방, 서원, 서당, 초등학교 등을 실사모형으로 전시하고 있으며, 훈민정음, 천자문, 교과서 등의 교육서적과 필기구를 전시하고 있다. 이 밖에 선비의 서안, 책궤, 평상, 사방탁자, 백립과 여인의 장신구, 경대, 다듬잇돌, 가마, 화장품 등의 생활용품들도 전시하고 있다.

한밭교육박물관은 교육을 주제로 한 박물관답게 학생, 학부모, 교사를 위한 다양한 교육프로그램을 진행하고 있다.

매달 교육역사 문화탐구, 신규 및 타 시도 전입교사 연수, 초등학생 역사문화탐구교육, 근대건축문화기행, 다문화가족과 함께하는 문화교실, 오감으로 즐기는 우리문화교실, 자녀와 함께하는 학부모 교실, 학생·학부모 박물관 아카데미, 찾아가는 박물관 등등의 주제로 한 답사와 민속놀이 등을 즐길 수 있는 프로그램을 운영하고 있다.

상설체험으로 절구, 맷돌, 쟁기 등이 있는 농기구 전시장과 투호, 비석치기, 제기차기 등을 할 수 있는 민속놀이 체험장, 에듀코어 포토존, 야생화 및 화훼 관찰 학습장 등을 운영하고 있다.

이와 같은 이론과 실기를 병행한 다채로운 프로그램을 통해 대전 지역문화와 선조들의 문화를 이해할 수 있는 중요한 연결고리를 만들고 있는 문화공간이다.

10. 진천종박물관

"학교종이 땡땡땡 어서 모이자. 선생님이 우리를 기다리신다."

"종소리 울려라, 종소리 울려, 우리 썰매 빨리 달려 종소리 울려라"

"종이 울리네, 꽃이 피네, 새들의 노래, 웃는 그 얼굴."

이 노랫말에 등장하는 종은 소리를 내는 이상의 의미를 지니고 있다.

이와 같은 종은 이미 고대부터 우리네 삶에 중요한 위치를 차지하고 있다. 삼국시대 372년을 기점으로 불교가 공인되면서 종은 불전사물(佛殿四物) 중 하나로 인식되어 대중을 깨우치는 물품으로 여겨 왔다. 이후 고려와 조선시대를 거치면서 다양한 형태의 범종이 만들어졌고, 오늘날까지 각종 사찰에서 사용하고 있다.

우리나라 범종의 예술적 가치와 우수성을 알리기 위하여 고대 철생산지인 진천군에서는 2005년 종전문박물관인 진천종박물관을 건립하여 운영하고 있다. 특히, 주철장 원광식 선생은 2005년 본인이 직접 수집하고 제작한 범종 150여 점을 진천종박물관에 기증하였다.

중요무형문화재 제112호 주철장(鑄鐵匠) 원광식 선생은 쇠를 녹여서 각종 기물을 만드는 장인이다. 쇠를 다루는 기술은 이미 철기시대부터 나타나기 시작하였고, 삼국시대 불교의 유입으로 사찰이 건립되면서 각종 범종이 제작되었다. 이때 쇠를 녹여 만드는 범종을 비롯한 다양한 쇠 작품을 다루는 주철장이 등장하였다. 주철장 원광식 선생은 범종의 전통적인 제작기법인 밀랍주조기법을 최초로 재현하여 전통 종을 복원하였다. 우리나라 범종은 세부장식이 정밀하고 울림이 웅장한 편으로 동 80%와 주석 17%의 합금으로 이루어져 있다.

진천종박물관은 상설전시실, 기획전시실, 체험전시실, 세미나실, 문헌자료실, 수장고, 뮤지엄샵 등의 내부공간과 야외무대, 역사테마공원 등의 외부공간으로 구성되어 있다. 전시실에는 종의 문양과 제작기술을 살펴볼 수 있는 성덕대왕신종, 상원사종 등과 원광식 선생 작품과 근대의 범종, 세계의 종 등을 전시하고 있다.

진천 종박물관은 상설체험과 기획체험을 통해 종의 아름다움을 보다 더 많은 사람들이 알 수 있도록 노력하고 있다. 범종문양 탑본 부채만들기, 풍경만들기, 범종문양 앞치마 만들기, 토종(土鐘) 만들기, Super Rainbow Art Work 등의 체험프로그램을 진행하는 한편, 2009년부터 주철장 원광식 선생의 종 재현행사를 진행하고 있다.

진천종박물관 명예관장인 원광식 선생이 2007년 모광고에서 이야기했던 "이 사람아 혼을 담아야 천년의 소리가 나오는 거야! 잔재주 부리면 끝이야! 끝!"이라는 말처럼 자신의 혼과 열정을 담는 젊은이들이 많아지는 대한민국이 되었으면 한다.

11. 활박물관

선사시대부터 활은 중요한 사냥도구였으며, 이후 조선시대까지 훌륭한 전쟁 무기로 사용되었다. 우리나라에서는 예로부터 활문화가 발전되어 왔었고, 이러한 영향으로 활을 잘 다루는 위인들이 많았다. 고구려의 시조인 주몽, 백제의 다루왕, 조선의 태조 이성계, 이순신 등이다. 형태는 다르지만 오늘날에도 각종 올림픽에서 남녀궁사들이 모두 좋은 성적을 거두고 있다.

이와 같이 우리 민족의 활문화는 오랜 역사적 전통성을 지니고 있으며, 현재 중요무형문화재 제47호 궁시장들에 의하여 그 아름다운 명맥을 잇고 있다. 궁시장은 활을 만드는 궁장과 화살을 만드는 시장으로 나뉜다. 활인 궁(弓)은 12종에 이르렀으나 현재 국궁(國弓)으로 불리는 각궁(角弓)만이 남아 있고, 화살인 시(矢)는 목전, 철전, 편전, 세전 등이 있었으나, 지금은 주로 유엽전(柳葉箭)을 사용하고 있다. 궁은 통대나무, 참나무, 쇠뿔, 쇠심줄 등을 이용하여 4개월에 걸쳐 제작하며, 시는 대나무, 화피, 꿩깃촉, 쇠심줄, 부레풀 등으로 제작한다.

이러한 궁시장의 작품을 수집, 보존하여 전시하는 문화공간으로는 파주의 영집궁시박물관과 부천의 부천활박물관이 있다.

영집궁시박물관은 2001년 5월 개관한 활 전문박물관으로 궁시장 유영기 선생이 우리나라 활과 화살 문화를 살펴볼 수 있도록 설립하였다. 전통 활쏘기 관련 자료와 궁시장의 작품을 수집, 보존, 전시, 교육하는 문화공간이다. 전시실에는 우리나라 활(弓), 화살(矢), 쇠뇌(弩)를 비롯한 궁시 제작도구, 화약병기, 기타 무기류와 세계 각국의 활, 화살 등을 전시하며, 활터에서는 전통 활쏘기를 배우고 체험할 수 있다.

부천활박물관은 2004년 12월 개관한 활 전문박물관으로 우리 고유의 민족문화로 자리잡고 있는 각궁을 전시하고 있다. 부천시에서 궁시장 故 김장환 선생과 故 김박영 선생의 뜻을 기려 건립한 공립박물관이다. 박물관은 전시실, 영상실, 시연공간, 김장환 기증전시실, 수장고, 야외 국궁장 등으로 구성되어 있다. 김장환 선생의 유품 240여 점과 신기전기화차, 화살, 활쏘기 도구 등의 자료를 전시하고 있으며, 부대행사로 각궁의 이해와 활문화 체험 등을 비정기적으로 진행하고 있다.

동북아 최고의 궁술로 발전된 우리나라의 활은 동양 삼국 중에서도 으뜸이었고, 조선시대 육례(六禮) 중 하나인 사(射)로서 선비들에게 장려되었으며, 성균관에서 활과 화살을 따로 보관하는 육일각이 존재할 정도로 문화사적으로 매우 중요한 의미를 지니고 있다. 서양의 활인 양궁의 보급으로 우리의 활이 많이 사라진 현실 속에 영집궁시박물관과 부천활박물관이 활이라는 공통된 주제를 어떻게 전시하고 있는지 비교해서 살펴보면 좋을 것이다.

12. 한국등잔박물관

우리 선조들은 불을 조절할 수 있는 능력을 갖게 되면서 어두움으로부터 해방되었고, 시간을 연장하여 여러 가지 생업활동을 활발하게 진행할 수 있게 되었다. 이처럼 인간의 삶에서 귀중한 불은 선사시대 자연에서 얻은 불씨를 보관하면서 시작되었고, 이후 움집의 중앙부분에 화덕을 만들어 놓고 취사, 난방, 조명을 한꺼번에 해결하였다.

이처럼 불을 통해 밝은 삶을 영위한 선조들은 시대적 흐름에 따라 용도, 형태, 재료 등을 변화시키며, 다양한 조명기구를 제작하였다. 조명기구로는 기름을 넣어 불을 켜는 등잔(燈盞)과 등잔을 올려놓는 등잔대(燈盞臺), 초와 초를 꽂는 촛대(燭臺), 종이나 사(紗) 등을 표면에 씌워 들고 다니는 제등(提燈), 벽걸이 등잔인 괘등(掛燈), 좌등(坐燈) 등이 있다.

우리나라에서 불을 활용하여 만든 온돌, 화로와 더불어 민속학적으로 중요한 자료인 조명기구에 관한 전반적인 아름다움을 살펴볼 수 있는 한국등잔박물관을 소개하고자 한다.

한국등잔박물관은 의사인 김동휘 선생이 경기도 용인에 1997년 9월 수원 화성 성곽의 이미지를 본떠 설립하였고, 현재는 아들인 김형구 선생이 운영하고 있다.

박물관은 지하 1층~지상 3층으로 구성되어 있다. 1층 전시실에서는 생활 속의 등잔이라는 주제로 집안의 살림을 이끌어 가는 여성의 중심영역인 안방과 문방(文房)이면서 학문과 예술의 온상으로 가장의 권위와 지위를 상징하는 사랑방, 그리고 음식을 만들어 가족에게 건강을 선사하고 칠성신을 모시는 종교적인 공간인 부엌 등에서 사용했던 각종 생활용품과 등잔류 일괄을 전시하고 있다.

2층 전시실에서는 세계의 등잔과 우리나라 시대별 등잔을 비교전시하고 있다. 지하의 상우당에서는 무대공연, 세미나, 심포지엄 등의 교육프로그램과 특별전을 진행하고 있다. 이 밖에 야외 전시장에서는 각종 석물과 민속품을 전시하고 있다.

등잔은 물고기기름, 돼지기름, 쇠기름, 콩기름, 참기름, 들기름, 아주까리기름, 오구나무기름 등을 종지형 그릇에 담아 심지를 넣고 불을 켜는 조명기구로 전 계층에서 두루 사용되어 왔다. 그러나 1898년 한성전기주식회사가 설립되어 전기가 보급되면서 일반가정으로 상품화된 근대 조명이 급속도로 퍼져 나갔다. 이러한 흐름 속에 1961년 한국전력주식회사가 창립되면서 전통적인 조명기구인 등잔은 역사 속으로 사라지게 되었다.

국내 최초로 설립된 한국등잔박물관을 방문하여 잊고 있었던 선조들의 소박하고 수복강녕(壽福康寧)을 염원하며 사용하였던 아름다운 등잔을 가슴속에 아로새겨 보면 좋을 것이다.

13. 안동소주박물관

술은 경직된 자리에서 분위기를 띄워주는 음식으로 우리네 회식자리에 빠지지 않고 등장하는 기호식품으로 쾌감과 식욕증진의 효과를 내며 오랜 세월 동안 사랑을 받아 왔다.

우리나라의 술은 고조선의 유적지인 범의구석유적, 오동유적, 요동반도의 쌍타자유적, 장군산유적 등에서 술잔이 발견되면서 그 역사가 시작되었다. 이때의 술은 선사시대 수렵에서 얻은 과실주, 유목에서 얻은 젖술(乳酒), 농경에서 얻은 곡주 등이었다.

삼국시대에는 발효기술이 발달되어 누룩을 이용한 양조법이 성행하였다. 이후 통일신라시대에는 맑게 거른 청주(淸酒)가 빚어졌고, 고려시대에는 송의 양조법의 영향을 받아 누룩뿐만 아니라 청주, 탁주, 약용주 등의 술이 만들어져 종류가 다양해졌다. 조선시대에는 양조법의 다양화와 술의 고급화로 술의 품질이 향상되어 술문화가 절정기를 이루었다.

그러나 1909년 주세령으로 민간에서 술 빚는 것이 금지되었고, 광복 이후 제3공화국의 대대적인 밀주단속으로 우리의 술문화가 급속하게 무너졌다. 다행히 1988년 올림픽을 기점으로 전통문화 보존을 위한 토속주 재현이 활발하게 진행되어 민속주가 서서히 자리를 잡아가고 있다.

이 중 경북무형문화재 제12호로 전통식품명인인 조옥화 선생의 노력으로 안동소주의 명맥이 이어지고 있다. 안동소주는 증류식 소주로 오곡을 불려 시루에 쪄낸 다음 누룩을 섞고 10일 정도 발효시켜 전술을 만들며, 전술을 솥에 담아 소줏고리를 이용하여 증류하여 제조하는 명주(名酒)이다. 안동소주는 신라시대부터 전래되어오던 술로 일제강점기와 현대화 과정 속에서 식량부족문제, 주세법 개정 등으로 생산이 중단되었다가 다시 생산되고 있는 것이다.

특히 조옥화 선생은 아들, 며느리와 함께 1995년 안동소주 · 전통음식박물관을 개관하여 안동소주와 관련된 자료를 조사, 연구, 전수, 전시하여 전통문화에 대한 보존의식을 함양하고, 일반인을 위한 휴식공간을 마련하였다.

박물관은 안동소주관, 전통음식관, 체험장, 시음장(향토음식관)으로 구성되어 있다. 안동소주관과 전통음식관에는 소주의 제조과정과 술 관련 유물, 전통음식 차림상, 주안상 등이 전시되어 있고 소주 만드는 과정을 체험하고 시음할 수 있는 체험장이 있다.

사회의 변화에 안동소주를 대신하여 와인과 맥주가 하나의 문화로 자리하였다. 하지만 무분별하게 도입된 서양의 술문화는 우리의 전통 술에 대한 몰이해로 이어지게 되었다. 안동소주박물관을 통해 우리나라 전통 술에 대한 애정과 관심을 새롭게 느껴보도록 하자.

14. 국립중앙과학관

과학은 일정한 대상을 관찰하여 얻은 결과를 바탕으로 가정 혹은 가설을 찾는 학문이다. 다양한 현상에 내재되어 있는 절대적인 진리를 발견하고자 연구하는 과정에서 물질적인 풍요와 생활의 편리함이 나타나게 된다.

인류가 불을 사용하고 농사를 짓고 토기를 제작하기 시작한 선사시대부터 단순한 논리와 직관이지만 분명 꾸준한 탐구활동과 합리적인 생각을 바탕으로 한 과학적 사고를 시작하게 되었다. 본격적으로 이론적 체계를 갖춘 과학은 마침내 문자의 발견으로 가속화되었다.

지속적으로 발전하여 온 과학을 한눈에 살펴볼 수 있는 곳이 바로 대전에 위치한 국립중앙과학관이다.

대전은 국립과학기술원과 대덕연구단지, KAIST가 존재하는 곳이며, 삼성, LG, 현대 등의 기술연구소가 밀집된 명실공히 과학도시이다. 이러한 과학 도시에 걸맞은 문화시설인 국립중앙과학관은 1990년 10월에 개관하여 과학기술 자료의 수집, 연구, 보존, 전시 및 과학교육 육성사업의 시행을 통한 지식보급과 생활 과학화의 촉진, 그리고 국가연구개발성 및 과학기술정책의 홍보를 목표로 운영되고 있다.

국립중앙과학관은 상설전시관, 특별전시관, 우주체험관, 생물탐구관, 첨단과학관, 창의나래관, 천체관, 사이언스홀, 옥외전시장 등의 전시 및 교육시설과 식당 및 기타 부대시설로 이루어져 있다. 상설전시관은 전통과학박물관과 현대과학센터의 복합적 역할을 수행하기 위해 과거, 현재, 미래의 과학기술을 소개하고 있다. '우주에서 인간까지', '한국의 자연사', '한국과학기술사', '기초과학', '산업기술' 등의 5개 분야별로 전시되어 있다. 또한 교육프로그램으로 과학을 주제로 한 전국과학전람회, 전국학생발명품경진대회, 과학캠프, 과학문화재탐방, 창의과학교실, 자연탐험단, 자연사연구회, 전통과학대학 등을 운영하고 있다.

현대사회는 거대화, 조직화, 대량생산의 초기 산업사회의 특징과 기능화, 자동화, 정보화의 후기 산업사회의 특징이 혼재된 첨단과학의 시대이다. 인간 삶의 질을 향상시키기 위한 수단으로 과학자들은 과학기술을 개발하였고, 이로 인하여 인류의 총체적인 생활은 향상되었다.

이처럼 우리의 삶과 밀접한 관련을 맺고 있는 과학에 대한 올바른 이해를 위하여 국립중앙과학관을 방문하여 기초과학부터 응용과학까지 살펴볼 수 있는 기회를 가져보자.

15. 대전향토사료관

선사시대부터 대전은 금강을 중심으로 농경생활을 영위하였고, 청동기시대에는 한반도 동북문화의 영향으로 한국식 청동 단검문화를 소유하였다. 마한 신흔국(臣國)을 거쳐 삼국시대 백제의 우술군(雨述郡)으로 편입된 대전은 사비, 웅진 등의 수도에 인접한 지역으로 신라와 국경선을 이루고 있었다. 이러한 국지적 성격은 호전적이고 진취적인 대전인의 기질을 낳았다.

대전은 백제가 멸망한 후 통일신라시대 비풍군(比豊郡)으로 개칭되었고, 고려시대에는 공주목에 영속된 군현으로 회덕현, 진잠현, 유성현으로 분류되었다. 당시 거주하는 인원이 많지 않았던 대전은 공주의 속현으로 문화적 풍토와 성향이 공주와 비슷하였고, 조선시대에도 고려시대와 같은 작은 군현으로 존재하였다.

대전이 본격적으로 성장한 시기는 1905년 대전역이 설치되면서부터이다. 이때 대전군이 탄생하고, 대전부로 승격하여 대전시로 개칭되었다. 현대화 과정 속에 1988년 직할시로 승격되어 동구, 중구뿐만 아니라 회덕, 진잠, 대덕군이 모두 편입되었다.

일각에서는 대전이 갑작스럽게 성장하여 독자적인 특성이 희박하다고 한다. 그러나 대전은 백제부흥운동, 망이·망소이의 난, 회덕민란, 진잠민란, 유성의병운동 등을 통해 알 수 있듯 불의를 보면 참지 않는 시민으로 삼국시대 호전적 기질과 고려시대의 정의로운 기질이 근대까지 이어진 곳이다.

이와 같이 선사시대부터 근대에 이르기까지 뿌리 깊은 역사를 형성한 대전은 전통역사와 문화를 알 수 있는 대전향토사료관을 건립하여 운영하고 있다.

대전향토사료관은 1991년 12월 20일 개관한 공립박물관이다. 대전의 역사문화에 대한 시민들의 올바른 인식을 고취시켜 애향심을 키우고, 전통문화재의 훼손을 예방하기 위한 다양한 과학적 보존방법을 연구하기 위하여 설립하였다.

사료관 지상 1층에는 석기문화, 청동기문화, 백제문화, 산성유적, 고려문화를 소개하는 고고미술실과 특별전시실, 학예연구실, 수장고, 작업실, 기계실이 있다. 지상 2층에는 역사지리환경, 인문환경, 역사연표, 교육기관, 유교문화와 호서사림, 향촌사회의 대전지방, 구한말 대전지방과 관련된 자료를 소개하는 역사민속실과 작업실이 있고, 야외전시장에는 망주석, 태실, 장승과 솟대가 있다.

사료관은 대전시 관내 지표조사, 발굴 및 학술조사, 대전역사 및 복원연구 등의 학예연구와 상설 및 특별전, 박물관 강좌, 답사, 학술세미나 등의 사회교육과 소장유물 구입 및 수집, 소장유물의 체계적·과학적 수장 및 보존처리 등의 유물관리활동을 진행하고 있다.

사료관은 한밭도서관 내에 위치하고 있기 때문에 독서와 문화 감상을 함께할 수 있으며, 박물관에서 전시물을 교육하는 인력인 도슨트(해설사)가 배치되어 활동하고 있으므로 대전의 역사와 문화를 심층적으로 느낄 수 있는 문화공간이다.

16. 탄허대종사 기념박물관

탄허대종사는 현대 한국 불교계를 대표하는 승려로 유교·불교·선교를 아우르며, 불경의 어려운 뜻이 잘 통하도록 해석한 세계적인 석학이다. 독립운동가인 율재 김홍규 선생의 아들로 태어나 22세에 출가하기 전까지 기(氣)를 중시하던 기호학파의 성리학과 노장사상의 도학(道學)을 두루 섭렵하였다. 오대산 상원사에 입산한 후 월정사 주지, 동국대학교 대학선원장, 수원 용주사 동국역경원 초대원장 등을 역임하였다. 1983년 월정사 방산굴에서 법랍 49세로 입적할 때까지 끊임없이 선교일치(禪敎一致)와 불교의 대중화를 위하여 노력하였다.

이러한 탄허대종사의 뜻을 받들어 후학을 계발하여 지도하고자 강남구 자곡동에 탄허대종사기념박물관이 2010년 11월 건립되었다. 탄허대종사기념박물관은 탄허대종사의 위업을 기리고 불교경전의 심층적인 연구와 정리 및 불교학의 집대성을 목표로 활발한 활동을 펼치고 있다.

박물관은 전통사찰 건축공간을 현대건축으로 재해석하여 건설하였기 때문에 흥미로운 부분들이 많다. 먼저 박물관의 입구는 108개의 녹슨 철을 소재로 한 막대 기둥으로 이루어져 있다. 백팔번뇌를 녹여내는 수행의 중요성을 강조한 곳으로 혼탁한 물이 사라지면 청정한 물로 채워지듯이 번뇌의 망상이 사라지면 지혜광명이 빛난다는 뜻을 담고 있다.

상설전시실은 탄허대종사가 화엄경을 번역한 일소굴(一笑窟)을 상징한 녹슨 달팽이 모양의 조형물인 일소대(一笑臺)를 지나 들어갈 수 있도록 구성되어 있다. 이곳에는 대종사의 일대기와 각종 유품을 살펴볼 수 있는 실물자료와 시청각자료를 집중적으로 전시하고 있다.

특별전시실은 불단이 모셔진 박물관의 중심공간으로 동서남북 사방이 문으로 연결되어 있다. 대강당은 남쪽을 향하여 탁 트인 공간으로 조성되어 있으며, 여기에는 부처가 화엄경을 설파한 보광명전을 표현하였다.

박물관의 외벽에는 금강반야바라밀경(金剛般若波羅密經)이 새겨져 있다. 흔히 금강경이라 불리는 이 경전은 부처와 제자 수보리의 대화를 엮은 것으로 관념에 집착 없이 마음을 일으키고 실천하는 지혜의 완성을 논하고 있다. 금강경의 구절 중 무유정법(無有定法)이라는 말이 있다. 진리란 정해진 바가 없다는 뜻으로 요즘처럼 어지러운 시대 탄허대종사의 가르침과 불교의 교리를 통해 자신의 가치관을 바로 세울 수 있는 시간을 탄허대종사기념박물관에서 마련해 보길 바란다.

17. 떡 박물관

우리나라 대표적인 유래담인 '해와 달이 된 오누이'전을 보면 삼남매를 집에 두고 품팔이를 갔던 어머니가 길에서 호랑이를 만나는 장면이 나온다. 이때 호랑이는 어머니에게 "떡 하나 주면 안 잡아먹지"라고 말하며, 떡을 요구한다. 호랑이도 좋아했던 떡은 과연 어디서부터 유래되었을까?

떡은 곡물을 응용해 영양과 기호 모두를 충족시켜 주는 과학적 음식으로 '삼국유사'에 처음 등장한다.

임금이 처음에 매부인 탈해왕에게 왕위를 물려주니 탈해가 말했다.
"대개 덕이 있는 사람은 이(齒)가 많은 법이어서 잇금을 가지고 시험을 봅시다."
이에 떡을 물어 시험을 보니 왕이 이가 많았으므로 먼저 왕위에 올랐다. 이로 인하여 왕을 이질금이라고 하였다. 잇금의 칭호는 이때부터 시작되었다.

또한 "설병(舌餅) 한 그릇과 술 한 병을 가지고 좌인을 거느리고 가니 낭의 무리 백삼십칠인이 예의를 갖추고 따랐다." 등의 기록이 남아 있다.
즉, 떡은 동아시아에서 신석기시대부터 갈돌과 시루 등을 이용하여 곡식가루를 찌거나 삶아 익힌 음식으로 오랜 역사성을 지니고 있다. 여기에 나오는 떡은 이(齒)의 개수를 확인하거나 설병(舌餅)의 표현에서 알 수 있는 인절미나 절편과 같은 친 떡이다. 친 떡은 곡식을 그대로 또는 가루 내어 익힌 다음 절구로 쳐서 만든 떡으로 표면에 떡살을 이용하여 다양한 문양을 찍는 경우도 있는데, 이것이 바로 절편이다. 또한 떡은 다양한 재료를 배합하여 만들기 때문에 떡만으로도 당질과 단백질 등을 얻을 수 있는 과학적인 음식이다.

이처럼 우리나라의 떡 문화는 유구한 역사 속에 늘 그 한 자리를 차지하고 있었으며, 각종 세시풍속에서 빠지지 않고 등장하였다. 이런 떡 문화를 더욱 자세히 알 수 있는 곳이 바로 종로에 위치한 떡 박물관이다.

떡 박물관은 한국전통음식연구소 윤숙자 소장이 2002년 선조들이 남긴 삶의 흔적들을 더듬어 보고 사라져 가는 우리 것을 보호하기 위하여 개관한 떡 전문박물관이다. 박물관의 2~3층에는 부엌, 장독대, 시절떡, 시절음식, 떡 제작도구, 전통 통과의례 상차림 등을 전시하고 있으며, 1층에는 부대시설로 떡카페인 질시루가 위치하고 있다. 뿐만 아니라 직접 떡을 만들어 볼 수 있는 떡 체험교실을 통한 떡에 대한 이해도를 높이고 있다.

우리의 떡은 온갖 정성을 쏟아야만 완성될 수 있었으며, 단순한 영양섭취의 목적에 그치지 않고, 한 해의 제액초복(除厄招福)을 위해서도 만들었던 음식이다. 이처럼 떡 박물관은 우리의 전통먹거리인 떡이 가진 역사적·문화적 의미를 되새겨 볼 수 있는 매력적인 장소이다.

18. 남해 마늘박물관

우리나라 고조선 건국 신화를 보면 다음과 같은 이야기가 나온다.

이때 범 한 마리와 곰 한 마리가 같은 굴 속에서 살고 있었다. 항상 신웅에게 빌어 사람이 되기를 원하였다. 이때 신웅이 신령스러운 쑥 한 줌과 마늘 20개를 주면서 말하였다. '너희들이 이것을 먹고 백일 동안 햇빛을 보지 않으면 곧 사람이 될 것이다.' 곰과 범이 이것을 받아서 먹고 삼칠일을 조심했다. 곰은 여자의 몸으로 변했으나, 범은 조심을 못해서 사람의 몸으로 변하지 못했다. 웅녀는 혼인해서 같이 살 사람이 없으므로, 날마다 단수 밑에서 아이 갖기를 축원했다. 환웅이 이에 임시로 변하여 그와 혼인하였다. 잉태하여 아들을 낳으니 단군왕검이라 불렀다.(삼국유사)

신화에 등장하는 천체의 아들인 환웅이 범과 곰에게 쑥과 마늘을 주어 사람이 되도록 유도하였다는 내용이다. 쑥과 마늘을 의약품으로 인식하여 환웅이 범과 곰에게 사용한 것은 최초의 식이요법이라 할 수 있다.

특히, 마늘은 혈압을 낮추고 각종 피부장애에 효과가 있으며, 과거 불로장생과 정력 보강에 특효가 있는 음식으로 여겼다. 마늘의 알리신(Allicin) 성분은 체내 당질대사에 필요한 비타민 B$_1$(vitamin B$_1$; thiamin)의 흡수를 도와주어 소화율을 높이는 음식으로 당질 위주의 음식생활에 영양적이다.

이처럼 예로부터 마늘은 뛰어난 효능을 가진 최고의 음식으로 여겨왔고, 이러한 마늘의 효능을 널리 알리기 위하여 남해군에서는 남해농업테마파크 내에 남해마늘박물관을 2005년 건립 운영하고 있다.

남해마늘박물관은 제1, 2전시실과 세미나실, 조직배양실, 판매실 등으로 이루어져 있다. 제1전시실에는 국내외의 마늘모형, 마늘 농기구, 단군신화 관련 영상물 및 디오라마를 전시하고 있다. 제2전시실에는 남해마늘의 재배기원과 우수성을 소개하는 패널과 마늘을 이용한 다양한 식품을 전시하고 있다. 기타 부대시설로 마늘의 무병종구를 생산, 증식하여 농가에 보급하는 조직 배양실, 마늘 관련 서적과 상품을 판매하는 판매실 등이 있다.

또한 남해마늘박물관에서는 매년 '보물섬 마늘축제'를 개최하여 각종 마늘축제 퍼포먼스와 경연대회 이벤트 등을 마련하고 관람객과 지역주민이 함께할 수 있는 열린 문화행사를 진행하고 있다.

한반도 남단에 위치한 남해마늘박물관은 누구나 친근하게 접할 수 있는 장소로서 박물관 바로 옆에는 보물섬식물원도 있어 정보와 위락이 동시에 가능한 문화공간이다.

19. 강원탄광문화촌

영월(寧越)은 편안하게 넘어간다는 뜻을 지닌 한자어로, 그 어원처럼 태백산맥을 넘어 강원, 충북, 경북을 잇는 교통의 요충지이다. 영월은 서강과 동강의 수려함을 바탕으로 박물관 고을특구로 지정된 문화예술이 살아 숨쉬는 도시이다.

선사시대부터 현대에 이르기까지 뿌리 깊은 역사를 형성하고 있는 영월은 강원과 충북, 경북의 문화예술을 선도하고 있으며, 이러한 지역의 정체성을 바탕으로 아프리카, 곤충, 별, 화석, 지리, 차도구, 사진, 악기, 민화, 생태 등 다양한 주제의 박물관이 건립 운영되고 있다.

이 중 영월인들의 삶을 살펴볼 수 있는 공립박물관이 있다. 바로 강원탄광문화촌이다. 강원탄광문화촌은 과거 에너지 자원인 석탄과 이를 캐낸 영월 마차 사람들의 생활모습을 재조명하여 탄광근로자들의 생활을 체험할 수 있는 테마형 문화공간으로 조성하였다. 지나간 세대에게는 향수와 감흥을, 자라나는 세대에게는 사라진 탄광문화에 대한 이해와 재미를 제공하고 있다.

강원탄광문화촌은 탄광촌 생활관, 탄광갱도 체험관, 야외전시장으로 구성되어 있다.

탄광촌 생활관은 애환과 번영의 거리, 생활상 엿보기, 마차리 공동구역, 마차초등학교, 마을입구를 전시하고 있으며, 탄광갱도 체험관은 광부 작업복 체험, 작업장 가는 길, 굴진, 발파, 동발설치, 채광장비전시, 갱도사무실, 광부들의 자화상, 막장작업장, 일일광부체험 등을 살펴볼 수 있다. 야외전시장에도 채굴에 쓰였던 각종 기구인 권양기, 압축기, 인차, 광차, 후황기, 티플러, 광차, 레일 등이 전시되어 있다.

특히, 탄광촌 생활관 뒤편에는 '산업전사위령탑'이 세워져 있는데, 다음과 같은 글이 눈길을 끈다.

그대들의 피와 땀과 눈물은 세계경제대국을 이루는 자양분이었어라.
그대들의 치열한 삶과 죽음, 그리고 그 뜨거운 가슴속에 언제나 푸른 꿈과 희망이 싹트고 있었기에……
어둠 속에서 묵묵히 한 줄기 빛을 밝혀 온 그대들이 있었기에……
우리는 지금 더 나은 미래를 이야기할 수 있습니다.
결코 잊을 수 없기에 그냥 보낼 수 없기에 그 애절한 마음을 담아 위령탑을 세웁니다.
부디 편안하게 영면하소서!

처자식을 위하여 힘들어도 목숨을 걸고, 들어갈 수밖에 없었던 광부들의 애환이 서려 있는 이곳에서 산업의 역군으로 한 시대를 살아온 우리의 아버지들을 만나보기 바란다.

20. 한남대학교 박물관

대학 설립을 안정적으로 추진하기 위하여 1955년 〈대학설치기준령〉이 제정되면서 대학박물관의 설치가 권장되기 시작하였다. 이후 1961년에는 한국대학박물관협회가 조직되었고, 1967년에는 〈대학설치기준령〉이 개정되면서 종합대학 설립시 대학박물관의 설치가 의무화되었다. 이와 더불어 1970년대에는 경제발전과 맞물려 각종 유적조사와 발굴이 활발하게 진행되었고, 이러한 결과물을 바탕으로 전국에는 수많은 대학박물관이 건립되었다. 그중 대전에 위치한 한남대학교에는 고고분야의 중앙박물관과 과학분야의 자연사박물관이 자리하고 있다.

한남대학교 중앙박물관과 자연사박물관은 캠퍼스 내의 중앙도서관 건물 4·5층에 위치하고 있다.

먼저 중앙박물관은 1982년 3월에 개관한 이래 각종 문화유적 발굴조사와 연구활동을 활발하게 진행하고 있다. 또한 기독교 이념을 가진 대학인 만큼 기독교 전래과정 및 학교 발전사를 체계적으로 살펴볼 수 있는 자료를 수집, 보존, 연구, 전시, 교육하고 있다.

박물관 전시실은 종합전시실, 기와전시실, 백제토기요지실, 기독교선교자료실, 고문서실, 민속실, 기획전시실 등으로 이루어져 있다. 종합전시실은 구석기시대부터 조선시대까지 석기, 토기, 자기, 와전, 금속 등의 각종 고고유물을 전시하고 있으며, 기와전시실은 수막새, 귀면와, 치미, 전돌 등 고구려, 백제, 신라, 일본, 중국의 기와를 나라별로 전시하고 있다. 백제토기요지실은 충북 진천군 삼룡리와 산수리 일대에서 발굴한 가마터의 각종 유물과 백제 초기 토기가마를 실물크기로 복원하여 전시하고 있다. 기독교선교자료실은 100여 년 전 한국에서 활동한 선교사들의 물품과 기록물 등을 전시하고 있으며, 고문서실은 사통(私通), 기축추수기(己丑秋收記) 등의 생활문헌자료와 동학농민운동의 자료를 전시하고 있다. 민속실은 안방, 사랑방, 부엌 등의 집안을 재현해 놓고, 관혼상제에서 사용하던 용품을 전시하고 있다.

다음으로 자연사박물관은 1984년 4월에 개관하여 식물, 동물, 곤충, 화석 및 자연사 관련 자료를 수집, 보존, 연구, 전시, 교육하여 일반인과 학생들의 자연에 대한 관심을 증대시키는 한편, 수정표본 목록 작성 및 도록 발간 등의 연구 활동도 병행하고 있다.

박물관 전시실은 상설전시실, 종합전시실, 특별전시실로 이루어져 있다. 상설전시실은 과거와 현재의 자연을 비교하여 분야별·주제별 표본 전시를 하고 있으며, 종합전시실은 포유류 및 어류의 생태를 할 수 있는 해양 수족관을 운영하고 있다. 특별전시실은 자연, 동물, 생물 등을 주제로 다양한 교체전시를 진행하고 있다.

한남대학교는 대전기독교학관, 대전대학, 숭전대학으로 교명을 변경하면서 어느덧 54주년을 맞이한 대전권 명문사학이다. 한남대학교 박물관도 대학의 역사만큼 긴 역사성을 지니고 오롯이 그 자리에서 지속적인 연구활동을 바탕으로 대학박물관 본연의 의무를 다 했다고 볼 수 있다. 평일 낮시간에만 관람이 가능하다는 단점이 있긴 하지만 충청권 토기문화와 생태문화를 무료로 관람할 수 있는 유익한 문화예술공간이다.

21. 전통차박물관

현대의 박물관들은 과거에 존재하지 않았던 새로운 주제들을 계속해서 발굴하면서 복합적인 문화예술공간으로 변화하고 있다. 그중 대표적인 주제가 바로 기호식품이다. 기호식품은 오감을 자극하여 쾌감, 식욕증진 등의 효과를 내는 식품으로 오랜 세월동안 세계 각국에서 변화와 발전을 거듭하며, 하나의 중요한 문화로 자리매김하였다. 주로 차, 커피, 코코아, 담배, 알코올, 청량음료, 껌, 초콜릿, 과자류, 향신료, 사탕 등이 여기에 해당된다.

이러한 기호식품을 주제로 한 전문박물관 중 현재 차를 주제로 건립·운영되고 있는 하동차문화센터, 설록차전시관, 호안다구박물관 등을 소개하려 한다.

하동차문화센터는 2008년 하동차 문화 전시관을 리모델링하여 하동차의 역사와 문화를 널리 소개하기 위해 건립한 문화공간이다. 하동차의 우수성, 재배방법, 재배기구, 야생차 제조과정 등을 전시하는 차문화전시관과 '덖음차만들기체험'과 '하동다례체험' 등을 할 수 있는 차 체험관, 하동의 전통도예를 체험할 수 있는 도자기체험장, 다양한 명품 하동차를 구입할 수 있는 차 판매장 등으로 이루어져 있다.

설록차전시관은 2001년 녹차의 주요산지인 제주의 서광다원 입구에 건립한 박물관이다. 전시실은 선사시대부터 조선시대까지 다구(茶具) 120여 점을 전시하는 잔 갤러리와 한국차·중국차·일본차를 전시하는 차문화실, 현대 도자기작가의 다기작품을 전시하는 현대작가 작품실, 세계 각국의 찻잔실 등으로 이루어져 있다. 또한, 설록차전시관에서는 전 계층을 대상으로 '설록차 페스티벌'과 '오설록 다례교실' 등의 교육프로그램을 해마다 진행하고 있다.

호안다구박물관은 우리차문화원 차영미 부회장이 영월의 내리분교를 활용하여 차와 관련된 각종 도구를 전시하는 박물관으로 개관하였다. 전시실에는 한국과 중국의 다양한 차문화의 흐름을 살펴볼 수 있는 찻잔, 다완, 다반, 차호, 탕관, 화로 등 500여 점을 전시하고 있으며, '다소와 차 고전', '다화', '아동다예', '통과의례' 등을 주제로 한 체험교실도 운영하고 있다.

우리나라 차 문화의 시작은 불교의 유입과 그 시기를 같이한다고 할 수 있다. 하지만 고대부터 이미 야생초를 이용하여 약으로 차를 마셔왔을 것으로 추정된다. 역사서에서는 신라 흥덕왕 4년(828년)에 우리나라에서도 차를 재배하기 시작했다는 기록이 남아 있으며, 원효, 설총, 보천, 효명 등의 다인(茶人)들에 대한 이야기도 전해지고 있을 만큼 차는 신라를 거쳐 고려시대까지 널리 보급된 문화였다. 그러나 조선시대 승유억불정책으로 전통 차는 쇠퇴기에 접어들었다. 일제강점기와 현대화 과정 속에서 처음 우리 문화에 대한 소중함을 느끼던 중 웰빙 바람과 함께 차에 대한 관심이 높아지면서 전국적으로 전통차를 즐기는 인구가 다시 늘어나고 있으며, 전통차 예절지도사, 차 치료사, 티 마스터 홍차, 일본차, 중국차 등의 차 관련 자격증도 생겨나고 있다. 이와 같은 상황에 차에 대한 정보를 알 수 있는 좋은 문화공간이 바로 전통차박물관이다.

22. 한상수자수박물관

자수는 약 1만 년 전부터 돌이나 뼈로 만든 바늘을 이용하여 옷을 제작하던 풍습에서 시작된 행위로 여러 색깔의 실을 바늘에 꿰어 바탕천에 무늬를 수놓는 조형활동이다. 그동안 문명의 발달과 더불어 자수는 옷의 단조로움을 덜기 위해 더욱 화려하고 장엄하게 제작되어 왔다.

초기국가시대 부여사람들은 회(繪), 수(繡), 금(錦), 계로 지은 옷을 입고 다닐 정도로 지배층의 권력을 상징하는 수단으로 자수를 이용하였고, 이후 고려와 조선시대를 거치면서 전 계층이 두루 이용하는 민속문화로 자리하였다.

보통 자수의 색채는 오방색(五方色)과 오간색(五間色)을 사용하며, 문양으로는 학, 사슴, 거북, 원앙, 박쥐 등의 동물문과 모란, 연꽃, 국화, 석류, 천도, 불로초, 소나무, 대나무 등의 식물문, 회(囍). 수(壽), 복(福), 부귀(富貴), 다남(多男) 등의 길상문을 사용하였다. 이는 자신을 표출하려는 마음과 사회적 지위를 과시하려는 마음, 소망을 이루려는 마음을 대변한 것이다. 즉, 자수는 실용성과 예술성을 고루 갖춘 수공예품의 정점을 이룬 대표적인 문화유산이다.

이러한 우리의 소중한 자수문화를 지키고 있는 중요무형문화재 제80호인 한상수 자수장은 지난 2005년 9월 자수전문박물관인 한상수자수박물관을 건립·운영하고 있다.

한상수자수박물관은 자수장 한상수 선생이 그동안 묵묵히 지켜온 전통자수의 명맥을 여러 사람들과 공유하기 위하여 설립한 문화공간이다. 박물관은 서울 종로 북촌의 한옥마을 내에 위치하고 있으며, 전시실, 체험학습장, 휴식공간 등으로 이루어져 있다. 전시실에는 조선시대 자수 작품과 자수장의 작품을 현대 작가들의 창작품 등 총 500여 점을 전시하고 있으며, 체험학습장에서는 자수 작품을 제작하는 체험교실을 운영하고 있다.

특히, '북촌박물관 자유이용권'을 이용하여 한상수자수박물관 뿐만 아니라 주변의 가회박물관, 서울닭문화관, 동림매듭박물관, 한국불교미술박물관 등을 저렴하게 같이 둘러볼 수 있으며, KBS2에서 방영된 '1박2일 당일치기 여행' 편에서 소개된 북촌 한옥마을도 함께 볼 수 있다.

한상수자수박물관은 박물관이라는 딱딱한 이미지보단 편안한 시골 외할머니 댁을 방문한다고 생각하면 좋다. 박물관 입구에 들어서면 금방이라도 할머니가 나오셔서 반겨주실 것 같고, 안방 아랫목에 누워 있으면 된장찌개라도 끓여 "애야 밥 먹자"라고 하실 것 같다. 그리고 안방 아랫목에서 저녁을 먹고 TV를 보고 있으면 할머니는 옆에서 조각보를 만들고 계실 것 같다. 자수박물관은 바로 그런 곳이다.

23. 난고문학관

"김삿갓 김삿갓 김삿갓 김삿갓. 1807년 개화기에 태어나 어렸을 때부터 글공부를 좋아하여 10살 전후에 사서 삼경 독파 이십 세 전에 장원급제 했네⋯. 중국의 이태백 일본의 바쇼 그렇다면 보여주자 대한민국 김삿갓⋯. 외롭고 고독한 방랑의 생활 술은 삿갓의 유일한 친구 한 잔 하면 시상이 떠올라 두 잔 하면 세상이 내 것이라 한 잔에 시 한 수 또 한 잔에 시 한 수 신선의 목소리 무아의 경지로다 천재로다."

홍서범의 노래인 '김삿갓'에 등장하는 방랑시인 김삿갓의 본명은 김병연으로 조부인 김익순을 비난하는 시로 장원급제하였으나, 자신의 조부를 욕되게 한 것을 수치로 여겨 일생을 삿갓으로 얼굴을 가리고 전국 각지를 돌며 풍자와 해학을 담은 한시를 남긴 인물이다.

김삿갓은 철종 14년(1863년) 전남 화순에서 57세로 작고하였고, 작고 후 3년 뒤 차남 김익균이 영월로 묘를 이장하였다. 이후 1982년 향토사학자인 정암 박영국 선생이 이 묘를 발견하여 영월 하동면 와석리에 생가와 묘로 이루어진 김삿갓유적지가 탄생되었다.

바로 이곳에 김삿갓의 삶과 문학세계를 한눈에 조망할 수 있도록 2003년 영월군에서는 난고문학관을 건립하였다.

문학관의 기획전시실에서는 김삿갓 연구자인 박영국 선생의 연구자료 및 유물뿐만 아니라 금옥, 황녹차집, 동국시, 필휴집, 해동시선 등 서적을 전시하며, 난고문학실에서는 일제강점기부터 현대에 이르기까지 김삿갓 관련 각종 서적을 전시하고 있다. 일대기실에서는 김삿갓 생가 모형과 가계도 등을 통해 출생, 성장, 사망에 이르는 폭넓은 삶의 궤적을 살펴볼 수 있고 영상실에서는 김삿갓의 파란만장한 생애를 상영하고 있다.

난고문학관을 방문하기 위해서는 무릉계라 할 수 있는 김삿갓계곡을 지나며, 그 길에는 묵산미술박물관과 조선민화박물관이 자리하고 있기 때문에 역사·문화·예술의 아름다운 향취를 깊이 있게 느낄 수 있다.

우리나라 대표적인 시선(詩仙)인 김삿갓은 평생 수많은 시를 남겼다. 그 중 '돈'이라는 시는 다음과 같다. "천하를 두루 돌아다니며, 모두에게 그 세(勢)를 환영받는다. 나라와 집안을 흥하게 하니 가볍지 않다. 갔다가 다시 오고 왔다가 또 간다. 살리고 죽이는 것도 마음대로 한다."

김삿갓이 살았던 150여 년 전에도 돈의 가치는 지금 우리와 별반 다르지 않다. 이처럼 김삿갓이라는 위대한 시인의 자취를 느낄 수 있는 곳이 난고문학관이다.

24. 계룡산자연사박물관

계룡산은 신라시대 오악(五嶽)인 토함산(吐含山), 지리산(智異山), 태백산(太白山), 공산(公山)과 더불어 성산으로 인정받았으며, 조선시대에도 왕실에서 제사를 지내는 명산이었다. 특히, 조선시대 초기 태조 이성계는 이곳을 천도지(遷都地)로 선정하였으나, 대신들이 이를 만류하기도 하였다.

이처럼 민족의 명산인 계룡산은 지세(地勢)와 수세(水勢)가 뛰어나 광복 이후 1968년에는 국립공원으로 지정되었다.

계룡산(鷄龍山)은 능선의 모양이 닭벗을 쓴 용의 형상을 닮았다하여 명명된 이름으로 주봉인 천황봉을 중심으로 관음봉, 연천봉, 삼불봉 등 28개의 봉우리와 동학사계곡, 갑사계곡, 은선폭포 등 7개의 계곡으로 이루어져 있다.

자연적으로는 황매화, 팽나무, 느티나무 등의 식물과 노루, 너구리, 이끼도롱뇽, 호반새 등의 동물이 서식하고 있으며, 갑사 철당간 및 지주, 갑사부도 등 보물 6점, 지정문화재 15점, 비지정문화재 13점 등의 문화유산이 남아 있는 곳이다.

이와 같은 명산인 계룡산 자락에 위치한 국내 최대규모의 자연사박물관인 계룡산자연사박물관은 2004년 10월 28일 충남 제2호 박물관으로 등록하였다.

대전의 안과의사인 고(故) 이기석 선생은 "노벨상은 자연사박물관의 수에 비례한다"라는 신념으로 자연과학의 대중화 및 세계화를 위하여 계룡산자연사박물관을 설립하였다. 현재 자부인 대전보건대학 문화재과 조한희 교수가 제2대 관장으로 박물관의 수집, 보존, 연구, 전시, 교육을 활발하게 진행하고 있다.

계룡산자연사박물관은 박물관의 문을 열자마자 거대한 크기의 공룡표본과 마주하게 된다. 이 공룡은 미국 와이오밍주 모리슨 층에서 발굴된 것으로 몸길이가 약 25미터에 달하는 중생대 쥬라기 후기의 브라키오사우르스와 흡사한 용반류 공룡이다.

자연사박물관답게 이처럼 1층은 온통 공룡의 세계를 알 수 있는 표본과 디오라마로 이루어져 있다. 2층으로 올라가면 광물, 화석, 동물, 바다, 곤충 등을 주제로 한 철운석, 매머드, 흰긴수염고래 등이 전시되어 있으며 철운석(Iron Meteorite)은 직접 만져 볼 수도 있다.

이후, 3층으로 올라가면 계룡산의 자연, 인류의 진화 등에 관한 자료를 볼 수 있으며, 2004년 대전 중구 송절마을 뒷산에서 발견된 부부미라 중 학봉 장군의 미라도 볼 수 있다. 학봉 장군은 기관지확장증으로 42세에 생을 마감한 인물로 600여 년 전 우리 선조들의 삶을 가늠해 볼 수 있는 중요한 유물이다.

계룡산 자체의 빼어난 자연경관이 박물관과 어우러지며 관람객을 위한 다양한 전시와 교육 프로그램이 다채롭게 꾸며져 있는 계룡산자연사박물관은 한 사람의 집념으로 쉽지 않은 자연사라는 분야를 개척하여 만들어낸 박물관인 만큼 지금보다 앞으로가 더욱 기대되는 곳이다.

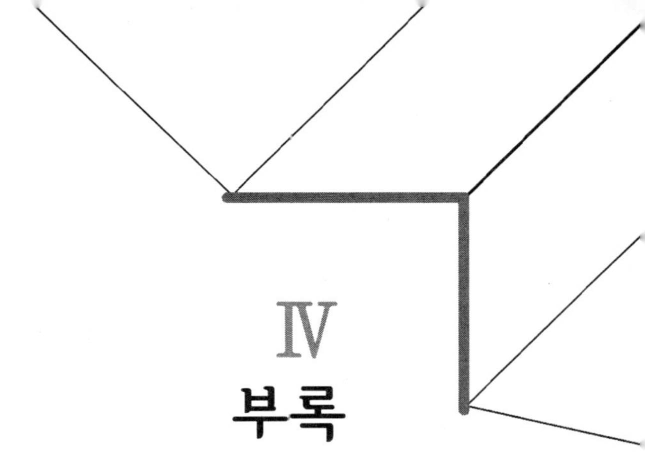

Ⅳ 부록

① 강원도 박물관 교육의 발전방안[92)]

1. 서론

박물관이 지역의 문화정보센터로 인식되면서 전국 각지에서 상당히 많은 숫자가 개관하고 있으며 이러한 추세는 앞으로 지속될 것으로 보인다. 지방 문화시대 박물관은 그 지방의 정체성을 대변해 주는 중요한 공간으로 자리를 잡아가고 있다.

지역박물관은 지역민에게 정보를 제공하고 문화를 공유하도록 하는 전문 문화기관으로 지역의 문화발전을 위해 꼭 필요한 존재이다. 이러한 인식으로 서울특별시와 경기도에 이어 우리나라 중 가장 많은 박물관을 보유하고 있는 문화관광도시인 강원도는 차후 우리나라 박물관문화를 선도해 나갈 수 있는 잠재력을 가진 지역이다.

강원도는 한반도의 동북쪽에 자리한 곳으로 남북으로 길고 동서가 짧은 단형이며 태백산맥을 중심으로 산지가 면적의 80% 이상을 차지하고 있기 때문에 불과 30여 년 전만 하더라도 산촌과 탄광촌으로 유명한 지역이었다. 하지만 최근 문화 관광도시로 변화하고 있으며, 여기에는 강원도 전역에 생겨난 다양한 박물관이 중추적인 역할을 하고 있다.

본고에서는 강원도 박물관의 현황을 조사 및 분석하고 박물관 교육의 발전방안을 제시함으로써 강원도 박물관이 문화예술공간으로 자리매김할 수 있도록 유도하고자 한다.

---

92) 윤병화, 「강원도 박물관 교육의 발전방안」, 『2010 전국 박물관·미술관 전문인력 박물관·미술관 탐방 사업』, 대전광역시 박물관협의회, 2010.(이 글은 2010년 대전광역시 박물관협의회의 답사지에 실렸던 글이다.)

2. 박물관 교육

(1) 교육 기능

박물관은 유·무형의 문화유산[93]을 수집, 보존, 연구, 전시, 교육하는 평생교육기관으로서, 박물관 교육은 박물관의 정체성을 확립하는 중요한 요소이다.[94] 박물관의 존재목적은 결론적으로 일반 대중의 흥미와 관심의 폭을 넓혀서 그들의 능력을 개발하고 궁극적으로는 교육적 효과를 거두는 데 있다.[95]

박물관의 교육대상은 성별, 계층, 연령, 지역, 교양에 따라 흥미와 관심이 서로 다르기 때문에 교육의 효율성이 늘 문제이다. 각 박물관의 특수성이나 전시내용 및 그에 따른 연구의 성과 등이 대상자의 수용태도에 따라 자유롭게 전달되며, 그 결과는 당장 그 자리에서 평가되는 것이 아니므로 결과를 판단하는 것은 매우 어렵다.[96]

박물관 교육은 전시나 학교 교육과는 달리 이용자의 보다 적극적 의지와 선택에 의해 참가 여부가 결정된다. 그러므로 박물관 교육프로그램은 가르치고자 하는 교육내용도 중요하지만 참여자 중심으로 기획되고 진행되어야 한다.[97] 박물관 교육이 학교 교육과 다른 점은 강제성을 띠기보다는 흥미 혹은 관심에서부터 출발하여 지식과 정확한 가치의 전달로 발전시킨다는 것이다. 그래서 박물관은 교육(Education)과 정보(Information)의 긴밀한 유대관계를 갖고 있어야 한다.

따라서 박물관 교육은 개방성, 사회성, 정보성, 전문성 등을 지녀야 한다.[98] 우선 박물관이 다양한 문화를 향유할 수 있는 공간이 되기 위해서는 전통문화와 대중문화를 적절하게 포용할 수 있는 개방성을 내포해야 한다. 또한 박물관은 가치나 정보를 제공할 뿐만 아니라 기호와 휴식을 제공할 수 있는 사회적인 공간을 확보하여 보다 안락한 환경에서 교육을 받을 수 있도록 해야 한다. 그리고 정보화시대 시공간을 초월한 문화 정보 네트워크를 이용하여 실시하는 교육방식을 도입하여 창조적인 문화활동을 이끌어내야 한다. 마지막으로 박물관 교육은 대상자에게 잠재되어 있던 재능을 발굴하고 창작할 수 있는 기회를 제공하여 성숙한 문화인으로 거듭날 수 있도록 해야 한다.

---

93) 한 세대에서 다음 세대로 전해지는 전통, 관습, 기술, 예술형식, 제도를 지칭한다.
94) 백령, 『멀티미디어 시대의 박물관 교육』, 예경, 2005, 26쪽.
95) 이난영, 『박물관학입문』, 삼화출판사, 1996, 21쪽.
96) 위의 책, 23쪽.
97) 백령, 『멀티미디어 시대의 박물관 교육』, 예경, 2005, 21쪽.
98) 송은주, 「경기지역 박물관·미술관 교육프로그램 개발과 지역문화공간으로서의 활성화 방안 – 부천교육박물관, 토탈야외박물관, 이영미술관 프로그램개발을 중심으로 – 」, 경희대학교 석사학위논문, 2004, 5~7쪽.

(2) 교육 종류

박물관 교육은 광의(廣義)에서 소장품 전시, 전시기획, 교육프로그램, 특별행사 등의 교육적 목적을 가진 박물관의 모든 활동을 지칭한다.[99] 유형에 따라 전시, 강좌, 현장학습 등으로 나뉜다. 전시는 일정한 공간과 장소에서 소장품을 진열하여 관람객에게 교육적 가치를 전달하려는 목적을 두고 진행하는 가장 기본적인 교육방법이다. 전시 내용의 이해를 돕기 위해 학예사, 교육사, 해설사, 자원봉사자 등의 인력이 직접 설명하는 전시안내(Guide Tours)[100], 전시실 토론(Gallery Talk)[101], 전시투어(Study Tours) 등과 기술매체를 이용하여 설명하는 오디오 가이드(Audio Guide)[102]와 비디오 프로그램(Video Program)[103] 등이 있다. 강좌는 체계적인 지식전달과 명료한 개념 전달, 흥미유발 등을 할 수 있는 것으로, 강사가 관람객을 대상으로 박물관 자료나 전시와 관련된 주제를 강의하는 정기 강좌와 외부강사를 초빙하여 실시하는 특별강좌로 나뉜다. 강좌는 집단적인 학습으로 참여자의 지적 수준을 고려하는 일이 쉽지 않고, 일방적으로 이루어지는 경향이 있기 때문에 대상을 정확하게 구분하는 것이 매우 중요하다. 현장학습은 실습 또는 문화탐방 등의 내용으로 전문 강사를 초빙하여 실습하거나 발굴 현장 혹은 유적지 등을 답사하는 문화탐방이 있다.

교육은 대상에 따라 학교, 교사, 가족, 어린이, 장애우 등으로 구분하여 진행할 수 있다. 학교 연계 프로그램(School Program)은 교사들에게 도록, 워크시트(Worksheet), 슬라이드,

---

99) Hooper-Greenhill, E. (ED.), The Educational Role of the Museum(London : Routledge, 1994, p.2), (정애리, 「박물관·미술관 교육 프로그램의 중요성에 관한 고찰-청소년 교육프로그램을 중심으로-」, 숙명여자대학교 석사학위논문, 2001, 7쪽. 재인용.)

100) 전시안내는 전시 내용의 이해를 돕기 위한 안내와 전시의 개괄적인 설명을 하는 오리엔테이션 등의 프로그램이다.

101) 전시실 토론은 특정 전시물인 작품과 작가, 시사문제 등에 관해서 학예사, 학자, 관람객이 소(小) 연구발표의 개념으로 45분가량의 발표와 10~20분 정도 토론으로 진행되는 프로그램이다. 김효경, "과학박물관의 현황과 교육적 활용방안 연구", 숙명여자대학교 교육대학원, 1999, 23쪽.(이현진, 「박물관의 교육 서비스 활성화에 관한 연구-유비쿼터스 시대 박물관 교육 서비스를 중심으로-」, 중앙대학교 석사학위논문, 2005, 22쪽, 재인용)

102) 오디오 가이드는 워크맨 카세트 플레이어나 트랜지스터라디오처럼 신호를 받는 리모컨 모양의 막대기 형식을 사용하여 이어폰을 착용하고 사용하는 도구이다. 녹음내용은 학예사가 대본을 쓰고 교육사가 관람객이 이해할 수 있도록 개념과 용어를 수정 보완하면 내레이터가 스튜디오에서 녹음한 후 편집한다. 관람객이 작품을 평가하고 전시 전반에 대해 종합적인 안목을 파악할 수 있도록 유도할 수 있으며 외국인 관람객에게 외국어 안내서비스를 제공할 수 있는 장점이 있다. 그러나 질문 등의 반론을 할 수 없고, 심리적으로 소극적인 교육적 효과를 얻게 될 수도 있다. 과거 국립박물관을 중심으로 이루어지던 오디오 가이드는 공립과 사립박물관에서도 많이 사용하고 있는 추세로 앞으로 그 이용률은 더욱 높아질 것으로 사료된다.

103) 비디오 프로그램은 박물관에 대한 소개, 교육프로그램 안내, 작품 및 작가의 삶, 제작기법 등에 관한 내용을 수록하여 전시와 교육에 효과적으로 사용할 수 있는 도구이다.

비디오와 같은 교육매체를 지원하거나, 일종의 찾아가는 박물관(Mobile Museum)[104]을 학교와 진행하는 교내 교육과 박물관 탐방이 있다.[105] 특히, 학교 연계 프로그램 중 교사 연수 프로그램(Teachers Workshop)은 교사를 대상으로 일선 교육현장에서 이론과 실기를 포함한 전문적인 지식을 습득하게 함으로써 박물관 교육의 기반조성과 지도능력의 향상을 목적으로 운영하고 있으며 교육자를 교육하기 때문에 다른 프로그램에 비하여 파급력이 크다고 할 수 있다.

가족프로그램(Family Program)은 어린이들을 동반한 가족단위 관람객을 대상으로 휴일이나 주말에 즐길 수 있는 행사 형식의 프로그램이고 어린이 프로그램(Children Program)은 전시품 관람을 바탕으로 창작활동을 통해 작품 감상능력과 창의력을 배양하고 문화적 정서함양에 목적을 두고 실시하는 프로그램이다. 장애우 프로그램(Program For The Disabled)은 신체장애우, 청각장애우, 시각장애우 등을 위하여 박물관 이용 기회를 제공하고 수화통역을 실시하며, 점자 네임텍과 설명패널, 시청각 자료를 제공하는 것이다.

(3) 교육 개발

박물관은 시간적 여유가 있는 일반인에게 다양한 교육을 제시하여 여가선용의 기회를 제공할 수 있다. 단순한 여가의 개념이 아니라 편안함과 재충전의 기회, 전문지식의 전달과 삶의 활력까지도 줄 수 있다. 박물관은 일회성 교육, 반복적인 교육이 아닌 장기간에 걸쳐 자발적인 참여를 유도할 수 있는 프로그램을 개발하여 참여자의 자기계발에 도움을 줄 수 있도록 해야 한다.

교육 프로그램의 개발은 총 4단계로 이루어져 있다. 1단계에서는 교육 프로그램 개발 및 강의 인력을 확보한다. 교육 프로그램 운영계획을 수립하기 위해서 학예사, 교육사, 해설사, 외부강사 등으로 구성된 개발팀원을 조직하고, 프로그램의 방향과 주제를 확정하고 자문회의를 거친다. 교육 프로그램의 학습자료인 학습지도안(교육방향과 학습흐름), 학습지, 강의자료(파워포인트), 강사용 강의지침서 등을 작성하고 교보재 샘플링 제작·검증 및 지도·보완 등을 실시한다. 2단계에서는 수강생 모집과 홍보를

---

104) 찾아가는 박물관은 기존의 수동적인 자세에서 벗어나 능동적으로 대형버스에 박물관 자료를 싣고 다니며 전국 각지의 관람객을 찾아 나서고자 마련된 일종의 사회교육프로그램이다. 예산여건상 국립중앙박물관, 국립현대미술관 등지에서 진행하고 있는데 이는 지역의 소규모 박물관과 연계하여 지역문화예술의 균형적인 발전과 지역주민들의 문화향수 증진에도 이바지할 수 있다.

105) 제7차 교육과정(교육과학기술부가 발족한 이래 일곱 번째로 개정된 교육과정으로 1997년 12월 30일에 확정·고시되었다.)에서 한 학기에 1회 이상 박물관을 방문할 것을 권고하면서 2000년 이후부터 재량학습시간, 특기적성학습시간, 현장체험학습 등으로 박물관에 지속적으로 방문하기 시작하였다.

진행한다. 모집대상, 방법, 수업일시 등을 결정하여 교육 정보를 홈페이지에 올리거나 전단지를 송부하여 수강생을 모집한다. 3단계에서는 교육 시범운영과 프로그램을 운영한다. 대상자에게 미리 시범운영을 하여 행동, 의식 반응조사, 설문지 조사 등을 실시하여 프로그램에 반영하고 이를 바탕으로 실질적인 프로그램을 운영한다. 4단계에서는 교육평가를 통한 차후 프로그램에 그 결과를 반영한다. 프로그램이 끝난 후 설문지 조사를 실시하여 운영결과보고서를 작성하고 설문지를 수합하여 분석하는 한편, 분석결과를 차후 프로그램에 반영한다.[106]

3. 강원도 박물관 교육의 분석

(1) 강원도 박물관 현황

2009년 12월 31일 기준 우리나라 박물관 수는 총 770개로 2011년까지 전국에 박물관을 500개 건립하겠다고 선언했던 2004년에 비하여 상당히 많은 숫자를 보유하고 있다.[107] 전국단위로 보면 공립박물관 311개, 사립박물관 234개, 대학박물관 85개, 공립미술관 33개, 사립미술관 101개, 대학미술관 6개 등이며, 시도별로는 다음과 같은 현황을 보여주고 있다.

---

106) 국립중앙박물관 어린박물관, 『박물관교육 – 어린박물관 운영사례』, 국립중앙박물관, 2007, 71쪽.
107) 문화기반시설 건립지원 현황

('04년 1월 기준)

구분	건립목표 (2011년)	운영 중	건립 중	지원기준	'03까지 지원실적	'04 지원예산	비고
박물관	500관	355관	53관	총공사비의 30%	135관/ 1,079.5억 원	33관/ 290억 원	

* 지원기준은 보조금의예산및관리에관한법률시행령 제4조에 근거(문화의 집 제외)
* 건립목표는 '98년 "새문화관광정책"에서 제시(문화관광부, 『전국문화기반시설 총람(2004)』, 2004, 261쪽.)

〈표 1〉 전국박물관 현황[108][109]

(2009. 12. 31 기준)

시 · 도	박물관 · 미술관								
	계	박물관				미술관			
		소계	공공	사립	대학	소계	공공	사립	대학
서울	133	102	20	59	23	31	2	27	2
부산	16	13	4	6	6	3	1	1	1
대구	11	9	3	3	3	2	1	0	1
인천	23	19	9	9	1	4	2	2	0
광주	12	6	4	0	2	6	1	4	1
대전	21	15	3	6	6	6	3	3	0
울산	7	7	6	0	1	0	0	0	0
경기	134	106	46	52	8	28	5	22	1
강원	69	60	42	13	5	9	3	6	0
충북	43	37	23	9	5	6	2	4	0
충남	44	39	23	14	2	5	0	5	0
전북	33	30	20	6	4	3	2	1	0
전남	46	34	24	8	2	12	2	10	0
경북	66	60	39	10	11	6	2	4	0
경남	55	50	32	13	5	5	3	2	0
제주	57	43	13	29	1	14	4	10	0
계	770	630	311	234	85	140	33	101	6

이 중 2009년 12월 31일 기준 강원도 박물관은 총 69개로 공립박물관 42개, 사립박물관 13개, 대학박물관 5개, 공립미술관 3개, 사립미술관 6개이다. 강원도 박물관은 전국에서 9%를 차지하며, 서울특별시와 경기도에 이어 많은 숫자를 보이고 있다. 특히 박물관은 영월군, 강릉시, 춘천시에서 35개를 차지할 정도로 집중적으로 분포하고 있으며, 철원군을 제외한 각 시군에는 적게는 1개, 많게는 14개의 박물관이 위치하고 있어 지역별로 편중성을 띠고 있다.[110]

---

108) 문화체육관광부, 『2010 전국문화기반시설 총람』, 2010, 3쪽.
109) 『2010 전국문화기반시설 총람』의 기록에 따르면 우리나라 박물관 숫자는 총 771개이다. 하지만 강원도 현황 중 묵산미술박물관이 박물관과 미술관에 각각 1개씩 등록되어 있었기 때문에 중복된 것을 제외하면 현재의 숫자는 770개이다.

(2) 강원도 박물관 교육의 현황 및 분석

21세기 박물관 기능 중 교육은 매우 중요한 부분으로 일부 박물관은 설립목적에서부터 사회교육을 확실하게 명시하여 교육기능을 강화하고 있다.[111] 이와 같은 흐름 속에서 강원도 박물관은 박물관 설립목적을 보존하고 계승하는 수단으로 교육프로그램을 활발하게 운영하고 있다. 강원도에 존재하는 69개 박물관 중『2010 전국문화기반시설 총람』에서 밝히고 있는 34개의 박물관 교육은 다음과 같다.

〈표 2〉 강원도 박물관 교육 현황[112]

구분	박물관·미술관	운영프로그램
국립	춘천박물관	특별6회, 어린이프로그램 등 21개 프로그램
	강릉단오문화관	전통문화교육 등 3개 프로그램
	마리소리골악기박물관	문화교실 등 3개 프로그램
	삼척시립박물관	특별전 3회, 박물관 대학 등 4개 프로그램
	속초시립박물관	특별전 1회, 전시 3회, 세시민속체험행사 등 3개 프로그램
	애니매이션박물관	특별전 2회 애니메이션 캐릭터 그리기 등 5개 프로그램
	양구방산자기박물관	기획전 2회, 상설 도자체험 등 2개 프로그램
	양구선사박물관	어린이 한자교실 등 7개 프로그램
	오산리선사유적박물관	전시 1회, 박물관강좌 등 5개 프로그램
공립	오죽헌시립박물관	특별전 1회, 박물관강좌 등 2개 프로그램
	원주시립박물관	전시 6회, 박물관 문화학교 등 5개 프로그램
	인제산촌민속박물관	민속교실 등 7개 프로그램
	춘천막국수박물관	막국수만들기 체험 등 2개 프로그램
	태백석탄박물관	사진전 2회, 지질화석 체험학습장 등 5개 프로그램
	팔랑민속관	지게전수교육 등 3개 프로그램
	화천민속박물관	산천어축제 공예놀이터 등 9개프로그럼
	DMZ박물관	특별전 2회, 찾아가는 박물관 체험학습
	강릉시립미술관	신사임당 국제초대전 등

---

110) 영월군 14개, 강릉시 13개, 춘천시 8개, 원주시 6개, 고성군 5개, 삼척시 4개, 양구군 4개, 화천군 3개, 속초시 3개, 양양군 2개, 홍천군 2개, 횡성군 1개, 정선군 1개, 태백시 1개, 평창군 1개, 동해시 1개, 인제시 1개이다.

111) 나선화,「박물관교육의 특성과 역할」,『박물관과 교육』, 문음사, 2001, 199쪽.

112) 문화체육관광부,『2010 전국문화기반시설 총람』, 2010, 210~301쪽.

사립	명주사고판화박물관	전시 2회, 숲속판화학교 프로그램
	묵산미술박물관	특별전 1회, 한국화반 실기지도
	영월화석박물관	특별전 1회, 중생대 물고기화석축제
	월정사성보박물관	전시 4회, 박물관 문학대학 등 4개 프로그램
	조선민화박물관	특별전 3회, 우리민화체험교육 등 2개 프로그램
	한얼문예박물관	특별전 1회, 전시 1회, 체험 학습 등 2개 프로그램
	호야지리박물관	특별전 2회, 지오토피아 축제 등 프로그램 6회
	하슬라아트월드 야외미술관	미술체험 등 20개 프로그램
	일현미술관	5월 어린이체험 프로그램 진행
	국제현대미술관	국제레지던스 프로그램 운영, 체험학습
	서강미술관	영월 10경 그리기 등
	석봉도자미술관	도자기 체험 학습, 방학체험 프로그램 등 6개
대학	강릉대학교 박물관	전통놀이 체험마당 프로그램
	강원대학교 박물관	전시 1회, 문화유적답사 등 6개 프로그램
	관동대학교 박물관	전시 1회, 문화유적답사
	연세대학교 원주박물관	선덕여왕과 경주 이야기 등 2개 프로그램

문화관광도시라는 강원도의 특성에 맞춰 여러 교육프로그램이 활발하게 진행되고 있으며, 이를 통하여 운영의 활성화를 이루고 있었다. 이는 박물관 교육의 내부적인 어려움을 극복하고 부단히 노력한 결과로 박물관의 성격과 연결되는 전문성이 있기에 가능한 것이다.

이들 대부분의 박물관은 상설체험과 기획체험*으로 프로그램을 운영하며, 대상은 어린이, 청소년, 성인, 가족, 다문화가정, 교사, 공무원, 학교 등으로 나눠 진행하고 있다. 단순한 강좌 중심의 프로그램에서 벗어나 병영문화학교, 어린이 문화재그리기, 숲해설사 교육, 막국수 만들기, 연구 체험장, 숲속판화학교, 지리트레킹 등 각 박물관의 설립목적을 반영한 신선한 프로그램도 실시하고 있다.

*** 박물관의 상설체험 및 기획체험**

1. 병영문화학교

병영문화학교는 춘천박물관에서 문화생활을 누리기 어려운 군 장병을 위해 개발한 프로그램으로 강원지역의 역사와 문화를 이해할 수 있는 기회를 제공하고 있으며, 병영 내에서 경험하기 어려운 문화소양 강의 및 문화체험 활동으로 구성되어 있고 자세한 사항은 아래와 같다.

소요시간	분야	구성	내용
90분 (14 : 00 ~15 : 30)	전시실 교육	전시 해설 자유 관람	학예연구사 또는 자원봉사자 전시 설명 자유관람
90분 (15 : 30 ~17 : 00)	체험학습운영 80명 이하 단체	연계체험 이론수업	계절별 주제를 담은 전통문화체험 • 봄 : 호랑이 민화가 있는 손수건 만들기 • 여름 : '초충도'를 담은 합죽선 만들기 • 가을 : 청동기 문양을 담은 나만의 암각화 만들기 • 겨울 : 전통문양을 담은 한지 액자 만들기 ※ 세부체험 내용은 박물관 사정에 의해 변경될 수 있음
90분 (15 : 30 ~17 : 00)	문화소양강의 200명 이하 단체	역사 · 문화 소양 강의	한국의 역사와 문화재에 관련된 큐레이터의 주제별 강의 • 박물관의 종류와 역할 • 미술사를 통해 본 우리 문화 • 우리 문화 속 고고학 산책

2. 어린이 문화재그리기

어린이 문화재그리기는 춘천박물관과 양구선사박물관에서 진행하는 프로그램이다. 춘천박물관에서는 강원 소재 초등학생을 모집하여 박물관에 전시된 문화재를 그림과 조소 작품으로 표현하는 기회를 제공하여 자라나는 세대가 우리의 문화유산을 올바르게 이해하도록 하고 이를 아끼고 사랑하는 정신을 심어줌으로써 전통문화 계승 발전에 기여하고자 한다. 또한 양구선사박물관에서는 우리의 문화재를 그림으로 표현해 우리문화유산을 아끼고 사랑하는 기회를 제공하고자 한다.

3. 숲해설사교육

숲해설사교육은 삼척시립박물관에서 산림자원의 보호와 관광자원화를 위해 박물관 시청각실 및 삼척지역 숲과 계곡을 답사하며 아래와 같이 진행하는 프로그램이다.

강의일자	내용	장소	강사
제1강 4월 1일	개강식, 오리엔테이션 숲해설이론과 기법	시청각실	국유림 전임강사 2명
제2강 4월 6일	숲에서의 놀이	시청각실	태백생명의 숲 사무국장 홍진표
제3강 4월 8일	전나무 숲길 탐방 제왕운기 역사 탐방	천은사(시청버스)	국유림 전임강사 2명 숲해설가 1명
토요특강 4월 10일	목본류, 초본류 특강	백봉령 옛길(시청버스)	강원자연체험학교 교감 노조현 외 전임강사 2명
제4강 4월 13일	우리지역 야생화 알아보기 나무를 심는 사람 영상물	시청각실	국유림 전임강사 2명
제5강 4월 15일	준경묘 탐방 숲치유	준경묘(시청버스)	국유림 소장
제6강 4월 20일	천연염색 체험	자연희 공방(시청버스)	황정선
제7강 4월 22일	산림교육장 방문 및 신흥사 답사	삼척국유림관리소신흥사 (시청버스)	국유림 전임강사 2명 숲해설가 1명
제8강 4월 27일	목공예 체험	시청각실	국유림 전임강사 2명
제9강 4월 29일	노추산 숲길 탐방 및 피톤치드 체험	강릉 노추산(임대버스)	김경래박사국유림 전임강사 2명 숲해설가 1명
제10강 5월 4일	돌리네 식생 답사	남산, 여삼 (시청버스)	국유림 전임강사 2명 숲해설가 1명
제11강 5월 6일	해안식생 탐방	육향산-증산 일대(시청버스)	국유림 전임강사 2명 숲해설가 1명
토요특강 5월 8일	목본류, 초본류 특강	댓재(시청버스)	강원자연체험학교 교감노조현 외 전임강사 2명
제12강 5월 11일	대관령 신재생에너지	대관령(임대버스)	국유림 전임강사 2명 숲해설가 1명
제13강 5월 13일	금강송림(울진 소광리)	울진 소광리(임대버스)	국유림 전임강사 2명 숲해설가 1명
제14강 5월 18일	응급처치	시청각실	삼척소방서
제15강 5월 20일	삼척의 자연과 문화	시청각실	김태수
제16강 5월 25일	선진지 견학	안동 산림박물관 (자체임대)	국유림 전임강사 2명
제17강 5월 27일	숲해설기법수료식	시청각실	김직영

4. 막국수 만들기

막국수 만들기는 춘천막국수박물관에서 체험틀을 활용하여 약 40분에 걸쳐 진행하는 프로그램으로 먼저 준비된 메밀전분과 물을 반죽대에 넣어 골고루 섞어준 후 10분간 반죽한다. 반죽된 면을 제면기에 넣고 물이 끓기 시작하면 제면대를 힘주어 서서히 눌러 면을 뽑아 5분 정도 삶는 면뽑기 및 삶기를 한 후 삶아진 면을 건져 찬물에 2~3회 씻는다. 만든 면에 준비된 양념을 넣어 시식장으로 이동하여 시식한다.

5. 연구체험장

연구 체험장은 태백석탄박물관에서 태백지역의 지형지질, 고생물, 역사, 환경자원을 소개하고자 지형탐사, 고생의 화석을 찾아서, 환경광해발생 현장탐방, 석탄산업 역사현장 답사 등을 진행하는 프로그램이다.

6 숲속판화학교

프로그램		분류	금액	기타
1일 체험코스 (수시체험)		목판제작 (그리고, 새기고, 찍기)	10,000원	재료비 포함, 90분 소요
		전통책 만들기	10,000원	재료비 포함, 60분 소요
		능화판 문양찍기	5,000원	재료비 포함, 8분 소요
1박 2일 체험 코스	동절기 외	10~40명	40,000원	목판화 제작, 전통책 만들기, 명상체험 다도체험, 아침산행, 1박 3식 제공
		30~40명	45,000원	
	동절기 (11.1~3.31)	20~29명	50,000원	
		10~19명	60,000원	
2박 3일 체험코스			단체일 경우 가능	

숲속판화학교는 명주사고판화박물관에서 1일과 1박 2일 코스로 목판화 제작을 비롯한 전통책 만들기, 명상체험, 다도체험 등을 진행하는 프로그램이다.

7. 지리트레킹

지리트레킹은 호야지리박물관에서 영월지역의 지리적 요소들을 직접보고 느끼며 현장답사를 통하여 교실과 교과서의 틀에서 벗어나 실질적이고 창의적인 지리학습을 진행하는 프로그램이다.

그러나 이처럼 성공적인 사례도 있었지만 공통적으로는 다음과 같은 문제점이 노출되었다.

첫 번째, 박물관의 교육인력과 재정이 부족하다. 박물관 교육의 근본적인 문제인 인력과 재정의 부재는 프로그램 개발과 기획에서 어려움을 초래하고 있다.

두 번째, 교육프로그램의 참여대상이 제한적이다. 박물관 교육프로그램의 주요대상이 어린이, 성인, 학교로 이루어지고 있기 때문에 직장인과 남성들을 위한 프로그램이 부족할 수밖에 없다.

세 번째, 교육프로그램의 수준이 차별화되지 않고 있다. 매년 반복되는 비슷한 형태의 교육프로그램은 관람객에게 외면받을 수 있으므로 장기적으로 활용할 수 있는 교육프로그램을 개발해야 한다.

네 번째, 교육프로그램의 내용이 한정적이다. 전문박물관은 고유의 특색으로 자체의 영역을 구축하여 프로그램을 운영하고 있지만 자칫하면 교육의 한정성으로 이어질 수 있다.

4. 강원도 박물관 교육의 발전방안

강원도 박물관 교육의 발전을 위한 방안은 다각도로 제시될 수 있을 것이다. 여기에서는 전문인력의 확보와 정부차원에서 이루어지는 각종 지원 사업에 적극적인 참여를 중점적으로 다루려 한다.

첫 번째, 박물관 교육은 전문인력의 능력이 무엇보다 중요하며, 수많은 전문인력 중 현재 박물관 교육을 담당하는 학예사, 교육사, 해설사 등의 역할이 원활하게 유지되어야 한다.

학예사는 박물관의 총괄적인 업무를 수행하는 인력으로 박물관의 탄생과 더불어 생겨났으며 유물이나 예술작품인 소장품에 대한 전문적인 지식을 소유한 전문가로서 작품 수집, 분류, 처분, 보존 등의 업무와 창의적인 전시, 효율적인 교육활동, 기타 행정업무를 수행하고 있다. 강원도의 대부분 박물관에서는 학예사가 교육사를 겸하거나, 교육 전반을 책임지는 경우가 많다. 하지만 관람객의 성향을 적절하게 파악하여 박물관에서 이루어지는 다양한 전시에 대한 셀프가이드 출판물 기획 및 전시실 안내 등의 전시연계프로그램과 강연, 체험, 답사 등의 이론·실기프로그램을 담당하는 인력인 교육사를 조직 내에서 확보해야 앞으로 지속적인 발전을 기대할 수 있을 것이다.

또한 교육프로그램 관리자나 개발자인 학예사와 교육사 외에 실행자인 해설사는 박물관 교육의 최전방에서 관람객과 박물관의 의사소통을 돕는 역할로서 그 의미가 자못 지대하다고 할 수 있다. 해설사는 라틴어 '가르치다'에서 유래된 용어로, 원래 대학의 강사를 지칭하던 것이 점차 작품을 설명하는 자원봉사 안내요원으로 변화하였다. 해설사는 가르치고, 설명하고, 정보를 제공하는 교육인력으로 정보전달과 박물관 자료의 해석, 전시주제와 연결된 배경지식을 전달함으로써 관람객의 학습 환경을 조성해 준다. 특히, 박물관에 대한 주인의식과 관람객의 대변인적인 태도를 지녀야 한다.

앞으로 해설사의 영역을 확대시켜 박물관 인력난을 해소하는 한편 학예사, 교육사, 해설사 등의 교육전문인력을 유기적인 협력체계로 묶는다면 박물관 교육의 질이 더욱 향상될 것이다.

두 번째, 정부와 강원도 차원에서 이루어지는 다양한 교육 지원책을 활용해야 한다. 박물관에서 이루어지는 각종 지원프로그램은 다음과 같다.

〈표 3〉 정부 지원 프로그램

시행 주체	내용
지원프로그램	
한국박물관협회	사회교육프로그램 지원
복권기금지원 사업	
국립민속박물관	민속박물관과 연계한 체험프로그램 활동
민속생활사박물관협력망 사업	교재발간사업을 통한 체험 교육
교육과학기술부	
소외계층 평생교육프로그램 지원 사업	소외계층을 대상으로 교육 프로그램 지원
한국문화예술위원회	예술보존조사연구 지원
문예진흥기금 정기공모사업	예술전용공간 지원
강원문화예술교육지원센터	교육전문인력 지원
박물관 전시해설사 양성사업	

위와 같은 사업에 지원하여 매년 단기적인 교육프로그램을 실시하는 한편, 강원도 박물관이 주민들의 자부심이 될 수 있음을 정부나 강원도에 꾸준히 건의하여 중기적인 지원책이 이루어질 수 있도록 해야 한다.

5. 결론

박물관은 문화예술교육공간으로 문화의 시대 문화향수 증진에 이바지할 수 있는 중요한 자원이다. 이러한 시대적 흐름에 맞춰 근래 박물관에서는 다양한 교육프로그램을 진행하여 일반인에게 양질의 지식과 정보를 제공하는 한편, 문화적인 욕구를 해결해주고 있다.

박물관 교육프로그램의 성공적인 진행을 위하여 다각도의 연구가 이어지고 있으나, 만족할 만한 성과가 나오지 않고 있다. 이번에는 강원도라는 문화관광도시에 존재하는 69개 박물관의 교육프로그램을 조사하여 교육이 나아가야 할 방향을 살펴보았다.

강원도 박물관은 교육인력과 재정이 부족하고, 참여대상과 프로그램이 한정적이며, 수준이 차별화되지 않고 있었다. 이는 비단 강원도만의 문제만은 아닐 것이다.

앞으로 박물관 교육과 관련된 인력을 체계적으로 양성하고 정부의 공적자금 지원정책에 적극적으로 참여하여 열악한 재정난을 극복하여 강원 박물관 교육이 한층 발전적인 방향으로 나아갈 수 있었으면 좋겠다.

② 문화예술교육을 통한 사립미술관 경쟁력 강화[113)

한국현대미술이 걸어온 길은 20세기에 들어서면서 바로 닥쳐온 주권상실과 수탈, 해방 이후의 변혁과 갈등 그리고 한국전쟁으로 인한 피폐와 그의 극복을 위한 경제발전 노력, 그리고 21세기 문화의 시대를 바라보는 시점에서 우리 민족이 극복하고 도전해왔던 역사적, 사회적 궤적을 나란히 하며 오늘에 이르고 있다.

비록 메이지 유신을 통해 서구문물을 도입한 일본을 경유하여 간접적으로 받아들인 기형적인 서구화 과정을 거치면서 한국도 근대화, 현대화의 길을 걷게 되었지만 다른 분야에 비하여 미술은 서구적 이념과 방식을 수용하면서도 고유한 전통문화의 본질을 잃지 않으려고 노력한 선구적인 작가들의 흔적이 그들의 작품에서 드러나고 있다.

근대를 거쳐 광복 이후 국내의 대학에서 미술을 전공한 한국현대미술 분야의 제1세대 작

---

113) 김성래, 「문화예술교육을 통한 시립미술관 경쟁력 강화」, 『문화예술교육의 경쟁력 강화방안』, 옛터민속박물관, 2008.(이 글은 2008년 옛터민속박물관에서 실시한 학술세미나 『문화예술교육의 경쟁력 강화방안』에 실렸던 글이다.)

가들이 본격적으로 활동하기 시작하는 1950년대 후반 이후 점차로 두터워지는 작가층과 미술애호가들이 등장하며 1960년대 국공립, 사립 미술관의 개관이 이어지면서 미술관은 점차 한국미술문화의 중심지 역할을 담당하게 되었다. 1970~80년대 경제적 성장과 함께 시민들의 문화향수에 대한 관심이 높아지면서 기존 작품의 보존과 전시 기능에만 충실하던 미술관에 대하여 문화교육에 대한 필요성이 생겨나게 된다. 이런 바탕으로 1991년 문화체육부의 박물관미술관진흥법이 제정되면서 특히 사립미술관의 설립이 본격적으로 추진되어 21세기를 맞이하는 선진국의 문화 인프라를 구축하기 위한 하나의 전기를 맞이하게 되었다.

이번에는 우리가 무심코 사용하고 있는 '미술'이라는 용어에 대한 이해를 시작으로 전공 분야의 명칭에 대한 유래를 간략하게 소개하면서 미술 분야의 발전과 함께 최초로 세워지는 사립 미술관에 대한 소개와 박물관미술관진흥법 제정 이후 본격적으로 등장하는 사립 미술관들과 주요 특징을 알아보며 최근 10여 년 간 미술관 활동의 주요 과제로 대두되는 미술관 교육, 체험학습프로그램, 교육프로그램 및 문화예술교육 아카데미 등 사립 미술관의 영역에서 다루고 있는 다양한 교육활동에 대하여 소개하고자 한다.

1. 미술에 대한 전통적 인식과 근대 미술(1945년 이전)

1910년 이전 조선시대에는 미술(美術)이라는 용어 대신 서화(書畵 : 회화)와 골동(骨董 : 조각, 공예)이라는 말을 일반적으로 사용하였으며, 메이지 유신(明治維新) 이후 일본에서 니시아마네(西周) 씨가 현대적 학술용어로 '미술'이라는 용어를 만들어 낸 것이다. 미술은 영어의 'Fine Arts'를 번역한 것으로 순수하게 색채, 모양, 구도의 조형적인 아름다움을 느끼게 하는 예술이라는 의미를 가지고 있다. 우리나라에서는 유길준의 〈서유견문(西遊見聞)〉에 미국의 미술작품을 보고 '정미수술(精美手術)'로 번역한 기록이 있다.

조선시대 말까지 미술 분야는 일부 사대부 계층의 예술적 소양을 기르기 위한 문인화적, 수묵화적 성격과 옛 도자나 조각품을 수집, 완상(玩賞)하는 골동취향의 성격을 가지고 있었다. 다음으로는 화원에서 국가행사나 초상화를 그리기 위해 양성된 화공의 활동에 의해 채색화의 명맥이 유지되고 있었으며, 도예나 쇠퇴일로를 걷고 있던 조각(특히 불교조각) 분야는 기술적 직능 위주의 장인들에 의하여 작품이 양산되고 있었다.

현재 우리나라에서 사용하고 있는 미술 분야의 전공학과 명칭은 대체로 동양화, 한국화, 서양화, 조각 등의 용어를 사용하고 있는데, 미술과 미술관을 연구하는 입장에서 전공과목에 대한 간단한 이해가 필요하다고 생각되어 약술하고자 한다.

첫 번째로 '동양화(東洋畵)'라는 장르는 1922년 일본에서 만든 용어이다. 우리나라에서 전통적으로 사용하던 '서화'를 대신하여 1922년 조선총독부에서 〈제1회 조선미술전람회(朝鮮美術展覽會 : 약칭 鮮展)〉를 개최하면서 작품응모 분야의 이름을 '동양화부(東洋畵部)'라고 명명하였다. 일본에는 전통회화인 일본화(日本畵)가 있었지만 한국의 전통회화는 일본과 달랐다. 그렇다고 합방한 나라의 이름을 되살려 조선화(朝鮮畵)라는 명칭을 붙일 수도 없어 동양화라는 이름을 사용하게 되었다. 당시의 응모분야 명칭으로 서양화는 '양화부(洋畵部)'로, 조각은 '조각부(彫刻部)'로, 서예는 '서지부(書之部)'로 명명되어 20년 이상 사용되다가 1945년 해방 이후 미술계의 혼란기를 거친 후 1949년 '대한민국미술전람회'(大韓民國美術展覽會 : 약칭 國展)이 시행되면서 동양화라는 이름이 그대로 사용되었다. 결국 우리나라의 동양화과는 한국 전통회화를 교육하는 곳이라고 할 수 있다. 동양화 전공의 명칭은 최근까지 사용되다가 1981년 5공화국 때 일제의 잔재라는 논의가 일어나면서 서울교대에서 '한국화(韓國畵)'라는 이름으로 명칭을 바꾸기로 하였다. 그리하여 1982년 4차 교과서 개정 당시 한국화라는 용어가 생겼으나 일부 서양화 분야 작가들이 한국화라는 개념에서 서양화가 배제될 수 있다는 이의를 제기하기도 하였다.

서양화라는 명칭은 일본의 메이지 유신 당시 프랑스 인상파 화풍이 일본에서 시행되면서 '양화(洋畵)'라는 말이 사용되기 시작했는데, 일본어에서 '서양화'의 발음이 어려워 '양화'로 불렸다. 결국 우리나라 근대미술의 출발은 서구의 근대 문예가 일본에 의해 취사선택된 내용을 거쳐 식민지 조선에 이식되었던 태생적 문제점을 안게 되었다.

2. 최초의 사립미술관들

1945년 해방 이후 우리나라에 세워진 대학에서 미술을 전공하는 작가들이 대한민국미술전람회를 통해 미술계에 등단하면서 한국현대미술의 제1세대를 형성하게 된다. 첫 세대의 막중한 책임감도 있었지만 한국미술의 지평을 여는 무대에서 그 이전의 역사적·사회적 중압감을 이겨내려는 창작의 열정이 수많은 미술단체를 만들어 내고 미술시장이 형성되기 시작하는 등 1세대 작가들의 활약과 더불어 1969년 경복궁 소전시관에 국립현대미술관이 개관되면서 한국현대미술의 구심점 역할을 담당하게 된다.

1980년대 이후 일반인들의 문화예술에 대한 관심 증가와 함께 일부 대기업들이 미술관을 개관하기 시작했다. 그 가운데서도 1980년부터 사진작가 문선호 선생이 고양시 벽제동에 조성하기 시작한 〈벽제야외조각공원〉과 1984년 건축가 문신규, 화가 노준의 부부가 양주시 장흥면 일영리에 개관한 〈토탈미술관〉은 이들이 우리나라 사립미술관의 본격적 활동을 알리는 계기가 되어 삶의 여유가 없이 경제발전을 위해서 매진하는 가운데서도 문화적 욕구를 충족시키고자 했던 서울 시민들과 386세대 대학생들이 즐겨 찾는 명소로 알려지면서 오늘에 이르고 있다. 미술인은 물론 미술에 대한 호기심과 문화생활을 향유하고 싶은 일반 시민들이 이제까지 찾았던 유원지나 체육관, 오락시설과는 무엇인가 색다르고 특별한, 그리고 가족과 함께 즐길 수 있는 곳으로 미술관이 등장하게 되었다.

3. 교육적 역할을 담당하게 되는 사립미술관

1988년 서울올림픽을 계기로 미술분야에서도 국제적인 규모의 미술행사들이 추진되었는데, 대표적인 예가 서울올림픽조직위원회(SLOOC)가 주최한 〈세계현대미술제(Olympiad of Art)〉와 그 부대 행사인 서울올림픽조각공원 조성사업이다. 일반 시민들에게 현대미술에 대한 이해와 관심을 증폭시키는 계기를 마련한 이곳은 1998년 국민체육공단에 의해 서울올림픽미술관으로 개관하였다. 또한 광주비엔날레의 개최와 폭발적인 관람객 증가를 통해 현대미술이 특정 계층의 문화적 전유물이 아닌 광범위한 일반 대중의 '현대인의 교양'처럼 인식되면서 미술품을 소장하려는 계층의 저변 확대와 근·현대미술과 미술사 그리고 미학 분야의 일부를 아우르는 교양강좌 등이 대학부설 미술아카데미에서 개설되면서 많은 인기를 모으기 시작하였다.

이처럼 미술문화의 저변 확대와 미술관 건립에 큰 영향을 끼치게 된 발단은 1991년 11월 〈박물관미술관진흥법〉의 제정이라고 할 수 있다. 박미법의 제정은 그동안 개인적인 기호에 의해 작품을 수집하던 소장가들이나 자신의 작업실을 가꾸어 가면서 평생 모아온 작품들을 항구적으로 보존하기를 희망했던 작가들에게 자신의 소장품을 보존함과 동시에 공익적인 성격을 가지고 지역사회에 대한 문화적 기여가 가능하다는 장점이 있어 기존에 사립미술관으로 개관한 곳은 물론 많은 작가들이 당시 문화체육부에 미술관 등록 준비를 시작하게 된다.

이렇게 작가들이나 작가의 가족들이 미술관을 설립한 경우를 예로 든다면 서울시 종로구 소재 김종영미술관(2002), 아산시 소재 당림미술관(1997), 용인시 소재 마가미술관(1997), 고양시 소재 목암미술관(1993), 서울시 종로구 소재 상원미술관(2003), 과천시 소재 선바위미술관(2004), 서울시 종로구 소재 월전미술관(1991), 광주시 소재 우제길미술관(2001), 공주시 소재 임립미술관(1996), 광주시 소재 의재미술관(2001), 인천시 소재 전원미술관(1993), 서울시 서초구 소재 치우금속공예관(2004), 서울시 종로구 소재 환기미술관(1989), 전북 부안군 소재 금구원조각전시관(2003) 등을 꼽을 수 있다.

이들 미술관은 설립자의 작품활동 분야에 따라 서양화, 한국화, 조각, 공예, 판화 등 한국 현대미술의 모든 영역을 아우르는 각기 특성화된 모습을 가지고 있는데, 이런 특성은 각 미술관의 교육프로그램에도 반영되어 학교에서는 다루기 어려운 보다 깊이 있고 다양한 내용을 제공할 수 있는 기반을 마련해 주고 있다.

이와 같이 사립미술관이 교육프로그램의 시행을 통해 얻을 수 있는 교육적 효과는 다음과 같다. 첫째, 외부 또는 상급 기관 등의 제약과 관계없이 독립적인 교육프로그램을 만들 수 있다. 둘째, 각 미술관의 주요 소장품별, 교육 환경별, 재정 상태별 특성에 맞추어 독창적인 교육을 시행할 수 있다. 셋째, 지역 사회 내의 공교육기관이나 국공립 미술관들과 연계하는 교육프로그램의 개발이 가능하다. 마지막으로, 영재미술교육이나 문화소외계층 미술교육프로그램 등 교육 대상에 따른 소규모 또는 특정 집단에 대한 맞춤형 교육의 시행이 가능하다는 점이다.

4. 사립미술관의 문화예술교육 사례

1991년 박물관미술관진흥법 제정과 1995년 광주비엔날레의 개최, 그리고 2002년 새롭게 출발한 부산비엔날레는 국공립 미술관의 문화적 위상의 제고와 함께 그에 걸맞는 문화 중심지로서의 역할을 요구하게 되었다. 또한 전국 각지에 설립되기 시작한 사립 미술관들은 지역사회의 일원으로서 그 지역의 미술문화 중심지로서의 역할을 담당하게 되었다. 이러한 배경으로 각 사립 미술관에서는 지역사회의 특성에 알맞은 다양한 체험학습 및 교육프로그램들이 개발되기 시작하였고, 2005년 1월에는 사단법인 한국사립미술관협회가 발족되면서 학술연구 및 교류사업, 미술관 정책연구, 학예사 및 미술품 전문 해설사를 위한 제반 지원 사업을 시행하면서 전국에 산재되어 있는 사립 미술관들의 교류협력망 구축사업의 준비와 함께 각 미술관이 운영하고 있는 교육프로그램에 대한 조사·연구도 진행되었다.

개관 이후 현재까지 각 사립 미술관에서 시행되고 있는 교육프로그램의 내용에 대한 간략한 소개와 특성에 대하여 살펴보자.

(1) 토탈미술관

1992년 종로구 평창동에 개관한 토탈미술관은 이듬해인 1993년 1기 아카데미 개설 이후 2008년 현재 16기까지 〈토탈미술관 아카데미〉를 개설하여 운영하고 있다. 교육 대상은 전문인을 포함한 성인, 청소년, 그리고 어린이 등 세 그룹으로 분류하여 진행되며, 그 중 성인 및 전문인을 대상으로 하는 교육프로그램은 매년 3월에서 6월, 9월에서 11월까지 진행되며, 매주 화, 수 목, 금요일 4일에 걸쳐 각 요일별로 음악(음악사, 음악이론, 음악감상, 국악, 민족전통음악), 예술비평과 철학(미술사, 미학, 조형예술론), 건축과 디자인(중세, 근대, 현대 건축, 근대, 현대 디자인), 영미문학(현대시, 현대소설) 분야를 다루고 있다. 강좌는 매주 강사를 초빙하여 오전 10시에서 12시까지 두 시간 동안 이루어진다. 각 강좌당 40명의 인원을 모집하고 입회비 10만원과 각 강좌당 50~60만원의 수강료가 있으며, 기간 중 고적답사와 작가 스튜디오 탐방이 포함되어 있다.

토탈미술관 아카데미는 교육프로그램 시행 16년간의 연륜과 문화예술 각 분야를 아우르는 폭넓은 교육과정을 채택하여 대표적인 사립미술관 교육프로그램 운영사례로 소개하였다.

(2) 환기미술관

1989년 설립하여 1993년 개관한 환기미술관은 개관 연도 이후 매년 교육프로그램을 시행하고 있다. 성인 및 전문인을 위한 강좌는 〈환기미술관 미술포럼(1993~1995)〉, 〈환기미술관 토요아트포럼(1996~1999)〉, 〈환기미술관 강좌(1997~98)〉, 〈화요포럼(1998)〉, 〈목요포럼(1998)〉, 〈문화포럼(2001~02)〉, 그리고 〈환기미술관 강좌(2005)〉, 〈환기미술관 워크샵(2005)〉 등 다양한 프로그램을 운영하고 있는데, 99년까지 시행된 환기미술관 미술포럼과 토요아트포럼은 미술이론의 학술적 연구를 통하여 한국미술이론의 발전을 기하고자 개설되었으며 비평과 매체연구, 초청대담형식의 작가연구 등으로 구성되어 있다.

청소년을 대상으로 하는 〈감상프로그램, 데생강좌(1997)〉과 〈중학생 미술캠프(1999)〉는 김환기의 데생작품을 주제로 하여 선이 가지는 리듬감을 가르치고 있으며, 현대미술작품의 감상과 토론을 통해 다양한 조형언어를 느낄 수 있도록 구성하였다.

또한 어린이를 대상으로 하는 교육프로그램은 〈어린이 미술캠프(1998~2001)〉가 4회에 걸쳐 시행되었으며, 여기서는 초등학교 3~6학년생을 대상으로 현대미술작품에 대한 이해와 감상, 음악, 판토마임, 애니메이션과의 연계, 미술품으로서의 책의 가치발견 등과 같은 내용을 다루고 있다. 2001년 이후 환기미술관 교육프로그램의 특징 중 하나는 북디자인, 아트북, 북아트 스튜디오 등 현대미술에서 작가의 작품으로 다루어지는 책에 대한 강좌와 실습에 많은 비중을 두는 것이다. 국내의 예술제본장정가와 북디자이너, 해외의 북아티스트를 초빙하여 워크숍을 통한 강의와 실습 연계 프로그램을 시행하고 있다.

(3) 당림미술관

1997년 개관한 당림미술관은 어린이를 위한 교육프로그램을 중심으로 운영하고 있는데, 그 중에서도 2001년 이후 시행되고 있는 〈어린이 열린 미술체험〉이 대표적이다. 연중 수시로 이루어지는 체험교육으로 초등학생 전 학년을 대상으로 실시되며 미술관의 주요 소장 작품에 대한 감상 및 이해를 돕는 내용과 자연 속에서 얻어지는 소재를 사용하여 그림을 그려 보는 자연 친화적 학습활동이 이루어지고 있다. 참여자들의 높은 호응에 힘입어 월 평균 400명의 인원이 참여하는 미술관의 대표적인 교육프로그램이다.

(4) 모란미술관

1990년 설립된 모란미술관은 1993년 〈제1회 모란미술관학교〉 강좌를 시작으로 하여 매년 청소년을 위한 미술교육프로그램을 시행하고 있다.

매년 여름방학 기간인 7월 말에 8일간의 일정으로 진행되며 참가대상은 주로 경기도 및 구리, 남양주 등 인접 지역의 청소년들이다. 해마다 주제를 선정하여 진행되고, 참가비는 기본적으로 무료이며 교육을 담당하는 진행강사는 현재 활발한 창작활동을 벌이고 있는 작가를 초빙한다. 한국현대미술 분야의 역량 있는 젊은 작가들의 독창성과 창의적 조형이념이 수강하는 청소년들에게 의욕적인 참여를 이끌어 낼 수 있도록 지도하고 있다. 수강생은 해당 학교장의 추천을 받은 학생들로 구성되며 정규학교수업에서 얻기 어려운 내용을 다루면서 미술작품과 자연이 어우러진 환경에서 현대미술에 대한 이해 증진과 예술적 감수성을 보다 풍부하게 할 수 있는 프로그램에 참여하게 된다.

(5) 영은미술관

2000년 설립된 영은미술관은 2003년 이후 현재까지 성인, 청소년 및 어린이 전체를 대상으로 하는 〈영은미술관 체험프로그램〉과 어린이를 대상으로 하는 〈영은어린이미술아카데미〉를 운영하고 있다. 영은미술관 체험프로그램은 연중 상설로 운영되고 있으며 크게 판화체험, 염색체험, 도예체험으로 나뉘는데, 판화체험에서는 아크릴판화, 와이어판화, 목판화시계 만들기를 진행하며, 염색체험에서는 천연염색 재료를 사용하여 체험자의 적극적인 참여로 완성될 수 있는 작업이 진행되고, 도예체험에서는 자기 얼굴 그리기, 도자기 만들기, 눈을 가리고 음악을 들으면서 자기 얼굴을 만드는 독특한 작업이 이루어지고 있다.

또한 여름방학과 겨울방학 기간에 이루어지는 영은어린이미술아카데미는 미술관 입주 작가와 초빙 작가들이 입주작가와의 워크숍을 진행하며 20명 정원의 두 반으로 교육이 진행된다. 교육내용은 주로 진행 작가의 작업과 작품을 모티브로 하여 현대미술을 자유롭게 체험하고 표현하는 데 중점을 두고 있다. 각 수업시간은 한 주에 두 번씩 2시간으로 이루어지며 총 4주 과정으로 진행되고 있다. 영은미술관 교육프로그램의 특징은 입주작가 스튜디오프로그램을 가지고 있는 미술관의 특성을 살려 입주 작가와 어린이들이 교육현장에서 직접 소통과 교감을 통해 작품을 이해할 수 있다는 것이다.

(6) 임립미술관

1996년 설립된 임립미술관은 설립 연도 이후 현재까지 성인 및 전문인(계룡화우회)을 대상으로 하는 〈유화강좌〉 프로그램이 대표적이다. 매주 목요일 관장의 직접 지도하에 이루어지는 유화실기 지도를 통하여 교육이 시행되며 미술관 자체 경비로 운영하고 있다. 또한 매년 작품발표의 장으로서 정기전이 마련되어 소수정예의 작가를 양성하는 기반을 마련하고 있다. 참여 인원은 15~20명으로 미술관이 소재한 공주시의 일간지를 통하여 수강생 모집과 홍보가 이루어지고 있다.

(7) 한국미술관

1982년 설립된 한국미술관은 설립 이후 현재까지 매년 3월에서 12월까지 성인 및 전문인을 대상으로 하는 〈미술이론반, 대화력반, 도예교실〉과 청소년을 대상으로 하는 〈체험교실, 도예교실〉, 어린이를 대상으로 하는 〈어린이 체험교실, 도예교실〉 등 도예 분야의 교육프로그램을 중심으로 운영하고 있다. 성인을 위한 도예교실에서는 문화예술 전반에 걸친 교양강의와 도예실기 그리고 현장학습이 이루어지고 있으며, 청소년 도예교실에서는 직접 만든 화분에 야생화 심기, 도자기 만들기 수업이 진행되며, 어린이 도예교실에서도 마찬가지로 직접 만든 화분에 야생화 심기와 도자기 만들기 수업이 현장학습과 실기 위주로 진행되고 있다.

이상에서 교육프로그램을 활발하게 운영하고 있는 미술관의 사례를 살펴보았다. 대부분의 미술관에서는 지역미술문화의 발전에 기여하고자 하는 사명감으로 대부분 운영이 가능한 수준에 맞춘 최저의 수강료를 책정하고 있으며, 일부는 무료로 진행하고 있기도 하다. 지역사회에서 문화적 중심지로서의 역할을 담당하기 위하여 미술관의 자체자금이나 관장 또는 설립자의 자금 출연으로 운영되고 있는 것이 현실이다. 모든 작품과 재산을 출연하여 문화부에 자신의 미술관이 공익적인 성격을 견지하면서 운영할 수 있도록 등록을 마쳤음에도 불구하고 사립미술관이라는 이유로 이들에 대한 지원이 전무하다시피 한 지금의 실정에서 볼 때 앞으로 정부와 지자체 차원에서 지원방안이 검토되어야 할 것으로 보인다. 현재 우리나라 국공립 미술관들이 감당하기 어려운 미술관 활동을 사립 미술관들이 경제적 희생을 감내하면서 서울, 경기 및 지방 각지의 문화소외지역의 문화향수권 신장을 위해 노력하고 있음을 알 수 있다.

문화예술교육을 통한 사립미술관의 경쟁력 강화를 위해서는 무엇보다도 사립미술관에 대한 정부, 지자체 및 시민들의 인식 변화가 우선되어야 한다. 등록 미술관으로서 공익적인 성격을 표방한 사립 미술관은 이미 소장품 및 건물, 부지의 등록과 일반 시민에 대한 개방, 지역 시민을 위한 자체 기획전 및 행사의 개최, 문화소외계층의 문화향수권 확대를 위한 교육프로그램 시행 등을 통하여 사유 재산으로서의 여러 가지 기득권을 스스로 내놓은 상태라고 할 수 있다. 그리고 이들은 지원을 받기 이전부터 이미 적자를 감수하면서(현장에서 직접 본 바로는 유료의 교육프로그램을 통해서도 현상유지를 위한 것일 뿐 어느 곳도 이익을 내는 곳은 없었다.) 자체에서 개발한 문화예술교육 활동을 자신의 역량 이상으로 활발하게 시행하고 있었다.

사립 미술관(사립 박물관 포함)이 현재 담당하고 있는 문화예술교육, 체험학습 및 교육프로그램은 물론 특별기획전과 작가에 대한 지원사업, 연구활동 등이 지역사회에 기여하고 있는 상황을 직시하면서 사립 미술관의 경쟁력 강화를 위해 다음 몇 가지를 제안한다.

첫째, 정부와 지자체의 재정지원으로 교육프로그램이 더욱 활성화될 수 있도록 유도한다.

둘째, 각 사립 미술관의 특성을 고려한 지원정책의 수립을 통하여 각 기관이 가지고 있는 고유한 역량을 최대한 발휘시킬 수 있도록 한다.

셋째, 지원과 아울러 공정하고 체계적인 평가시스템을 도입하여 지원에 대한 사후 관리에 만전을 기하도록 한다.

넷째, 지원사업 이외에 사립 미술관들이 학예연구활동을 활용하여 지역사회의 문화발전에 공헌할 수 있도록 공교육기관과의 연계프로그램을 개발한다.

다섯째, 사립 미술관의 교육담당(미술품 전문해설사, 에듀케이터 등) 인력의 확충과 인력에 대한 지속적인 인건비 지원을 통한 안정적 근무환경 조성으로 교육프로그램의 개발과 운영에 항시 전담 가능하도록 유도한다.

여섯째, 국공립 및 사립 미술관들의 교류협력망 구축으로 각 미술관들의 연계 교육프로그램이 활성화될 수 있도록 한다.

5. 글을 마치며

사립미술관 관장들의 모임에서 항상 나오게 되는 결론이 있다면 '우리는 영악하지 못한 사람들'이며 '셈이 느리거나 경제관념이 전무한 사람들'이지만 '미술문화를 지켜가려는 자부심과 긍지 하나만큼은 확고한 사람들'이라서 지금까지 미술관을 이루기 위해 만들어 놓은 동산(소장품)이나 부동산(건물과 부지) 등 어떤 것도 눈앞의 경제적 이익과는 바꿀 생각이 전혀 없다는 것이다. 게다가 사업성 없고 돈벌이가 안 되는 일에는 관심도 두지 않는 세대이지만 자식만큼은, 또는 자식 중 하나만큼은 미술관 일에 매달려서 설립자의 사명을 이어가길 바라는 바램을 가지고 있기도 하다.

미술관의 기능이 작품 수집과 전시에 치중되었던 지난 세기에 비하여 21세기 미술관의 역할은 보다 능동적으로 지역사회와 밀접한 관계를 가지며 시민들에게 다가갈 것이 요구되고 있다. 이를 위한 가장 효과적 활동은 문화예술교육, 미술교육프로그램 그리고 체험학습 프로그램이라고 할 수 있다.

사립 미술관은 적극적인 문화예술교육을 통하여 미술관의 풍부한 소장품을 활용한 폭넓은 교육활동 전개가 가능하며, 열린 문화공간으로서 예술적 소양을 가꾸어가는 장으로 쉽게 다가갈 수 있으며, 각 미술관의 특성을 살려 소외계층 아동이나 영재미술교육 등 다양하면서도 심화된 거의 모든 미술 분야의 교육이 가능한 장소가 바로 사립 미술관이 가지는 경쟁력이라고 할 수 있다.

현재 우리나라의 거의 모든 사립 미술관들이 고유한 교육프로그램을 자체 개발하여 시행하고 있다. 따라서 문화예술교육을 통한 사립 미술관의 경쟁력 강화를 위해서는 이미 한국 문화발전의 초석이 되고자 모든 정열을 바친 설립자와 운영자, 관장들에게 힘을 실어줄 수 있는 미술관 정책의 수립이 절실하다. 창업보다 수성이 어렵다고 하지만 사회 각 분야의 폭넓은 이해와 배려가 있을 때 비로소 설립자 관장의 후예가 미술관, 박물관이라는 멍에를 기꺼이 둘러메고 '영악하지 못하고 셈이 느리지만 문화를 지켜간다는 자부심은 확고한 사람들'의 길을 걸어갈 수 있을 것이다.

참고문헌

- 나선화, 「박물관교육의 특성과 역할」, 『박물관과 교육』, 문음사, 2001.

- 백 령, 『멀티미디어 시대의 박물관 교육』, 예경, 2005.

- 이난영, 『박물관학입문』, 삼화출판사, 1996.

- 국립중앙박물관 어린박물관, 『박물관교육 – 어린박물관 운영사례』, 국립중앙박물관, 2007.

- 문화관광부, 『전국문화기반시설 총람(2004)』, 2004.

- 문화체육관광부, 『2010 전국문화기반시설 총람』, 2010.

- 송은주, 「경기지역 박물관 · 미술관 교육프로그램 개발과 지역문화공간으로서의 활성화 방안 – 부천교육박물관, 토탈야외박물관, 이영미술관 프로그램개발을 중심으로 – 」, 경희대학교 석사학위논문, 2004.

- 이현진, 「박물관의 교육 서비스 활성화에 관한 연구 – 유비쿼터즈 시대 박물관 교육 서비스를 중심으로 – 」, 중앙대학교 석사학위논문, 2005.

- 정애리, 「박물관 · 미술관 교육 프로그램의 중요성에 관한 고찰 – 청소년 교육프로그램을 중심으로 – 」, 숙명여자대학교 석사학위논문, 2001.

- 김성래, 『미술관과 현대미술』, 목암미술관, 2004.

- 국립현대미술관, 『어린이 미술교육 분야 전문화를 위한 어린이 전시사례 자료집』, 2008.

- 문화관광부, 『2006 전국문화기반시설 총람』, 2006.

- 한국사립미술관협회, 『한국 사립미술관 교육백서』, 2005.

- 한국사립미술관협회, 『한국 사립미술관 전시기획백서』, 2006.

- 한국사립미술관협회, 『미술관 도슨트 및 자원봉사자 교육』, 2006.

- 경기관광공사, 『에듀투어의 산실 경기도는 체험학교』, 2006.

- 한국예술경영학회, 『대학 예술경영 교과목의 운영사례와 미래 과제』, 2008.

02

박물관의 복지문화

MUSEUM
a depository for collecting and displaying objects having
scientific or historical or artistic value

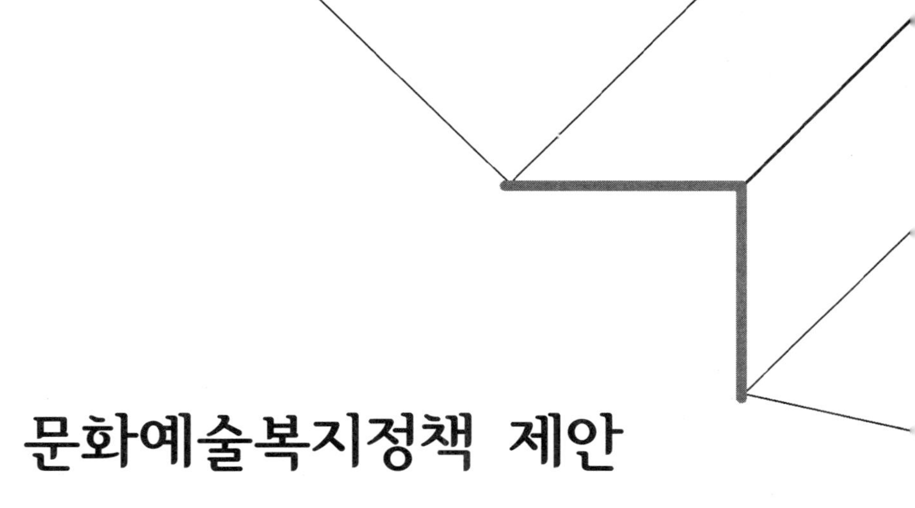

문화예술복지정책 제안

김성래

I. 글머리에

문화는 한 국가의 역량을 가늠할 수 있는 척도로서 21세기는 국가의 미래가 문화력(文化力)에 의해 결정된다고 볼 수 있다. 문화의 본질적인 가치는 시민들의 삶의 질을 향상시키고, 창의적인 미래 설계를 가능하게 해주며, 개인의 품격을 높여주는 등 국민 개인의 발전과 국가 성장의 필수 동력이라고 평가할 수 있다.

우리나라는 해방 이후 불과 60년 남짓한 기간에 지구상에서 가장 가난하고 인권탄압이 심하던 나라에서 기적적인 산업화와 민주화를 이루어 이제는 경제협력개발기구(OECD)의 회원국이라는 위상을 갖추게 되었다. 경제력과 군사력뿐만 아니라 문화력이 뒷받침되어야 선진 강국이 될 수 있는 시점에서 우리나라의 문화예술인들은 지난 반세기 넘는 기간 동안 불모지와 다름없는 환경 속에서도 아름다운 문화의 꽃을 피워냈다.

19세기 제국주의 열강의 침략이 이어지는 상황에서도 당쟁만 일삼다가 일본의 식민지가 되면서 받아들인 조선의 타율적 근대화는 우리 문화의 정체성 확립에 지금까지도 여러 문제점을 보여주고 있으나, 한국전쟁 이후 자국의 역사와 문화예술 분야는 식민사관(植民史觀)에서 탈피하여 자주성을 회복하여 문화적 자긍심을 고취하는 방향으로 활발한 창작활동이 계속되었다.

20세기 전반이 제국주의 일본의 식민지로 전락한 상태에서도 문화예술인들이 절망 속에서 희망을 찾아내고자 했던 시기라고 한다면 20세기 후반은 '한국성(韓國性)'의 발견을 목표로 고유의 문화적 독창성을 탐색하던 시기라고 할 수 있다. 이제 우리나라 문화예술인들이 각고의 노력으로 이룩한 성과를 계속 발전시켜 나가려면 문화예술복지정책이 세계경제 10위권 국가 또는 G20국가라는 경제적 위상에 걸맞는 수준으로 보완될 필요가 있다.

한국의 문화예술 분야를 선두에서 이끄는 기관 중 하나가 바로 박물관·미술관들이며, 전국 각지에서 국립, 공립, 사립 그리고 대학 박물관들이 우리의 문화예술 자원을 지키고 연구하기 위해 열성을 다하고 있는 가운데, 갈수록 그 역할과 위상이 높아지게 될 것으로 기대한다. 이번 발제문에서는 문화예술 여러 분야의 실무자들이 현장에서 체감하고 있는 문화예술복지에 대한 현장과 복지정책에 대한 제안을 중심으로 소개하고자 한다.

Ⅱ. 문화예술복지정책 제안

2011년 2월과 3월 문화체육관광부에서 '대국민 현장 업무보고'를 개최하면서 문화부의 정책 소개와 함께 문화, 관광, 체육 각 분야의 전문가를 초빙하여 현장의 목소리와 정책에 대한 제안을 경청하는 자리를 마련하였다. 당시 많은 문화예술인들이 문화정책 및 문화복지에 대한 정책을 건의하였으며 다수의 정책에 대하여 문화부에서 수용하여 정책에 반영하고자 노력한 바 있었다. 당시 문화예술 현장에서 복지와 관련된 의견을 종합하여 복지 활성화를 위한 제안을 하고자 한다.

첫째, 예술인을 위한 복지법을 별도로 제정하는 것이다. 현재 스타가 아닌 무명의 배우나 미술가들의 복지 혜택이 없다시피 한 상황에서 〈예술인 복지법〉을 제정하여 최소한의 생계가 보장되어 예술활동을 유지해 나갈 수 있는 법적 보호장치의 필요성에 대한 문제가 제기되었다. 한국 뮤지컬의 경우 배우들의 역량과 무대기술 등은 세계적인 수준에 이른 것으로 인정받고 있으나, 스타급 배우에 대한 출연료 이외에 작품 자체를 운영하는 전문스탭에 대한 육성, 복지 대책이 없어 문화적 기반이 열악한 실정을 토로하고 있다.

유명한 뮤지컬의 대부분은 외국에서 개발한 콘텐츠를 그대로 수입하여 한국 배우들이 공연만 하는 라이센스 중심으로 운영되고 있어 외국에 고가의 로열티를 지불해야 하는 문제점을 지적하였다. 이에 대한 제안으로는 세계적인 수준의 뮤지컬, 공연 작품 제작을 위하여 작곡가, 극작가 등 창작 예술인에 대한 육성과 지원이 이루어져야 할 것이다.

둘째, 지자체 또는 한국문화예술위원회 등에서 지원하는 문화예술 창작기금의 집행방식에 대한 개선 방안이 제시되었다. 전시기획 성과나 문집 간행 효과 등 계량적으로 제시하기 힘든 결과물을 정산 항목에 추가하는 등의 문제점과, 2011년부터 지자체에서 등록 박물관·미술관에 지원하고 있는 '복합문화공간 조성사업'의 경우 지원사업 기획예산 작성 시에 지원을 받는 기관의 자부담 예산을 30% 이상 책정하도록 하여 경제적으로 열악한 환경 속에서 운영되고 있는 박물관·미술관에 대한 경제적 압박이 가중된 문제를 들 수 있다. 지원정책에 대한 박물관 미술관들의 제안은 자부담 항목에 대한 삭제 또는 경감과, 지원사업의 안정적 시행 그리고 정산방식에 대한 개선으로 요약될 수 있다.

셋째, 문화예술 교육과 관련하여 문화소외계층에 대한 지원의 필요성이 제기되었다. 문화예술 교육은 조기교육의 효과가 가장 뚜렷이 나타나는 분야이며, 많은 사설 교육기관을 통한 예술교육이 이루어지고 있으나, 기초생활보장수급계층, 차상위계층 등 문화소외계층에 대한 문화예술 교육은 시행에 많은 어려움을 겪고 있다. 문화예술복지정책의 시행에 있어서 사각지대가 생겨서는 안 되며, 특히 같은 대한민국 국민으로 교육복지의 불균형한 시행과 경제적 여건으로 인한 유아·초등 교육의 차별적 수혜가 존재한다면 계층 간의 사회적 괴리는 점차 되돌릴 수 없는 상황에 이를 수 있다. 자본주의 사회의 무한경쟁에서 밀려난 부모의 경제적 무능함으로 인하여 그 후손이 가난과 신분상승의 기회가 원천적으로 박탈되는 사회구조가 굳어진다면 지금까지 한민족을 지탱하던 고유의 정신문화와 가치관이 사라지게 되어 국가(國家)의 근본이 흔들릴 수도 있을 것이다.

대안으로는 현재 문화예술 분야에서 활동 중인 작가들을 활용하여 문화소외계층 아동 및 청소년을 위한 교육인력으로 배치함으로써 예술인에 대한 경제적 지원과 소외계층을 위한 문화예술 교육의 기회 제공이라는 두 가지 효과를 거둘 수 있을 것이다.

넷째, 등록 박물관·미술관에 대한 지원 확대를 통한 문화복지의 실현을 들 수 있다. 박물관 및 미술관진흥법에 의거하여 등록된 박물관 미술관 운영의 활성화를 위한 방안으로 2004년 최초 시행 이후 해마다 삭감되고 있는 복권기금사업 예산의 증액을 통하여 전국 각지에서 문화예술 활동을 벌이고 있는 박물관에 대한 안정적 지원이 필요하다. 또한 국립, 공립, 사립 박물관 및 대학 박물관에서 근무하는 학예사, 해설사, 인턴 등의 인력지원 사업을 지속적으로 시행하여 박물관 인력이 보다 안정적인 환경 속에서 학예업무에 충실할 수 있는 기반을 마련해야 한다.

다섯째, 문화바우처 사업의 개선에 관한 제안이 있다. 문화바우처 사업을 조기에 시행하여 겨울방학 기간에도 사용할 수 있도록 하며, 연령별로 프로그램을 세분화하여 시행할 수 있는 방안을 모색한다. 2011년부터 문화바우처 카드제 실시를 계기로 프로그램 선택을 더욱 개방하여 수혜자가 보다 자유롭게 선택할 수 있도록 한다. 그리고 문화카드 사용 시 나눔티켓(미판매 공연티켓 할인제도) 구입 자격을 부여하여 국·공립 공연장이나 공연단체의 티켓 할인 혜택을 부여한다.

여섯째, 지방 문화시설 운영 활성화를 통한 문화예술 복지확대 방안이 있다. 지방에 각종 문화시설 건립을 지원하여 지역 인력 및 지역의 교육인력을 양성하는 방안을 통하여 지역 문화와 관련된 콘텐츠를 개발하고 지역 문화시설의 기획전 및 순회전, 교육 프로그램의 시행을 활성화 시킨다. 또한 고령화 사회 진입으로 인한 노령 인구에 대한 대책으로 지역의 문화원에서 다양한 문화프로그램을 개발하여 시행하면서 문화예술 인력의 확충과 노인 문화복지의 실현을 함께 이룰 수 있도록 한다.

일곱째, 문화복지사제도의 도입이다. 문화예술인의 취업난 해소 및 활동영역 확대를 위하여 문화복지사제도를 도입하여 문화바우처 사업과 연계하여 인력을 활용할 수 있는 방안을 제안한다. 문화부는 2011년 5월 현재 문화복지사제도의 도입에 대하여 수용한다는 검토 의견을 밝힌 바 있으며(《문화체육관광부 분야별 대국민 현장 업무보고 결과 자료집》, 문화체육관광부, 서울, 2011.5. p.53 참조) 문화복지사제도 관련 연구용역의 추진과 문화예술진흥법 개정안 마련과 입법 추진 계획을 밝히고 있다.

여덟째, 다문화 가정에 대한 문화예술 복지사업 시행을 들 수 있다. 다문화 가정과 그들의 다양한 문화 잠재력은 우리나라의 문화예술 발전에도 크게 도움이 될 수 있다. 다문화 가정이 가지고 있는 문화적 다양성과 언어, 콘텐츠 등을 우리의 문화교육어 활용할 수 있도록 하여, 생생한 해외 문화 체험의 기회를 마련할 수 있도록 한다.

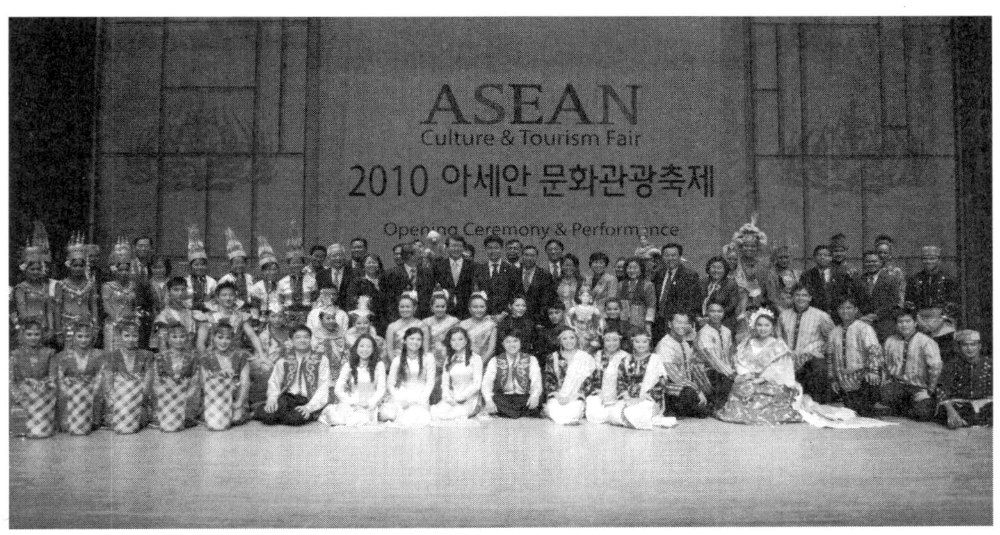

[2011 아세안 문화관광축제, 2011.10.1~10.3]

지난 2011년 10월 1일부터 3일까지 서울 신도림역 광장에서 한－아세안센터 주최로 〈2011 아세안 문화관광축제〉가 개최되었으며, 축제 기간 중 수많은 내국인과 다문화 가정 및 아세안 지역 외국인 노동자, 유학생들이 참가하여 공연 및 관광안내, 민속품 전시 등 다양한 문화행사가 개최되었다. 유난히 쌀쌀했던 날씨에도 불구하고 수많은 내외국인이 공연 마감시간까지 자리를 지키며 행사에 참여하는 모습은 한국이 점차 세계 무대로 진출하면서 필요한 해외 문화에 대한 관용과 이해의 장(場)을 마련해 준 계기라고 평가할 수 있다.

Ⅲ. 문화예술분야 단체의 문화복지정책 제안 요약

한국박물관협회

－복권기금으로 추진하고 있는 소외계층 지원사업의 국고 전환 및 증액 검토

- 공동의 자산인 문화유산의 관리를 위해 학예사, 해설사 등 전문인력에 대한 지원
- 국립중앙박물관·국립민속박물관을 거점으로 박물관협회가 협력하여, 박물관지원센터 같은 조직을 구성, 항구적인 지원시스템의 구축
- 문화부 내 박물관과 개설

한국사립미술관협회

- 미술관 학예사 자격제도 개선 : 현행 학예사 자격제도를 미술관 특색을 반영할 수 있도록 개선. 준학예사 시험과목의 개선을 통해 다양한 미술인력을 포용함
- 전시공간 지원사업제도 개선 : 한국문화예술위원회의 전시공간지원사업(문예기금)을 대안공간과 미술관의 수, 역할 등을 고려하여 예산 배정

한국화랑협회

- 국회 내 미술계-정부가 참여하는 미술문화발전 소위원회 구성
- 문화예술 기부문화 활성화를 위해 기부 우수기업 인센티브 부여
- 법인의 미술품 구입에 대한 손금산입금 상향조정

한국미술협회

- 청년작가의 전시, 발표를 위한 소규모 공공전시장 건립
- 미술관, 박물관 전시 관련 체험기회 확대와 시청, 어린이집 등 공공시설의 미술체험 프로그램 확대

Ⅳ. 글을 마치며

한국의 문화예술복지는 아직 제대로 실현되지 않았다고 할 수 있다. 정부수립 이후 지금까지 이룩한 기적적인 경제 성장의 이면에는 엄청난 고통을 감내한 노동자와 농민 그리고 열악한 환경 속에서도 예술혼을 불태운 문화예술인들이 있었다. 문화체육관광부의 역대

명칭은 1948년 정부수립 당시 공보처, 1956년 공보실, 1961년 공보부, 1968년 문화공보부 ('문화'라는 명칭이 처음 등장한다.), 1989년 문화부와 공보처로 분리, 1990년 문화부, 1993년 문화체육부, 1998년 문화관광부를 거쳐 2008년 문화체육관광부로 변경되었다. 우리나라의 문화정책을 총괄하는 부서의 명칭이 반세기 남짓한 기간에 일곱 번 이상 바뀌었다는 사실은 우리의 문화정책이나 문화예술복지정책이 그만큼 많은 역경을 거쳐 지금에 이른 것에 대한 반증이라고 볼 수 있다. 다른 관점에서 보면, 우리나라의 문화예술 발전을 위해 그만큼 많은 관심을 기울인 결과로 부서의 명칭이 여러 번 바뀐 것이라 할 수 있다.

20세기 한국의 비약적 경제발전은 칭찬받을 만하다. 하지만 21세기 강국은 문화 역량이 크게 영향력을 발휘하는 국가이다. 이제 문화예술복지는 경제협력개발기구 회원국인 우리나라에서는 선택 사항이 아니라 필수적으로 확충해야 하는 제도가 되었다. 서로마 제국이 게르만 민족의 이동과 침략으로 멸망하면서 수많은 예술가, 작가와 건축가들이 사라지고, 5세기부터 15세기 르네상스가 도래하기 전까지의 유럽 1천 년 시기를 페트라르카 (Francesco Petrarca : 1304~1374)는 중세 암흑시대(The Dark Age)라고 불렀다. 예술가들이 사라지는 국가는 문화적으로 멸망의 길을 걷는 국가이다. 예술가들이 살아남아 창작활동을 영위할 수 있도록 보호하는 최소한의 안전장치는 바로 문화예술 복지라고 할 수 있다. 후세에 우리나라가 또 다른 암흑시대였다는 평을 역사가에게서 다시 듣지 않기 위해서는 현재 힘들게 예술가의 길을 걷고 있는 작가들을 살려내야만 한다. 이것은 한국문화예술복지협회의 사명 중 하나라고 할 수 있을 것이다.

- 문화체육관광부, 『문화체육관광부 분야별 대국민 현장 업무보고 결과 자료집』, 2011.5.

- 한국박물관협회, 『2011 전국 박물관·미술관 관장 컨퍼런스』, 2011.9.

- 한국사립미술관협회, 『2011 미술관협력망사업 전국 미술관 관장회의』, 2011.11.

- http://www.aseankorea.org/program/board(한아세안협회 홈페이지/사진자료실)

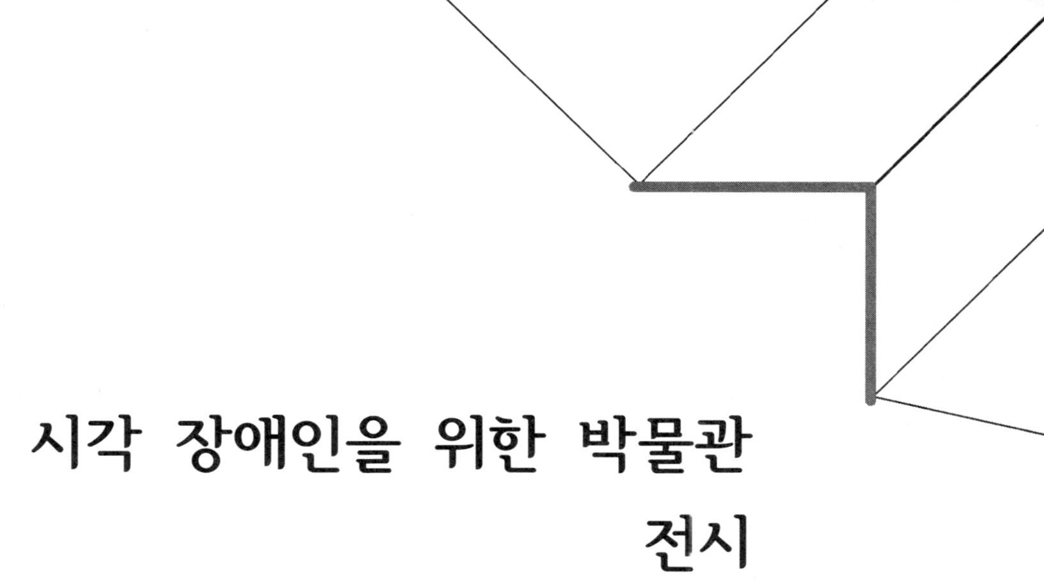

시각 장애인을 위한 박물관 전시

윤병화

I. 머리말

우리나라의 문화시설은 공연시설, 전시시설, 도서시설, 지역문화복지시설, 문화보급·전수시설, 그 밖에 문화시설로 나뉜다. 먼저 공연시설에는 공연장[114], 영화상영관[115], 야외음악당[116] 등이 있으며, 전시시설에는 박물관, 미술관, 화랑[117], 조각공원[118] 등이 있다. 도서시설로는 도서관과 문고가 있고, 지역문화복지시설로는 문화의집[119], 복지희관[120], 문화체육센터[121], 청소년 활동시설 등이 있으며, 문화보급·전수시설에는 지방문화원, 국악원[122],

---

114) 공연장은 「공연법」 제2조 제4호에 따른 종합공연장(시·도 종합문화예술회관 등 1천 석 이상의 대규모 공연장), 일반공연장(시·군·구 문화예술회관 등 1천 석 미만 300석 이상의 중규모 공연장), 소공연장(300석 미만의 소규모 공연장) 등을 지칭한다.

115) 영화상영관은 「영화 및 비디오물의 진흥에 관한 법률」에 따른 영화를 상영하는 공연장으로 「영화 및 비디오물의 진흥에 관한 법률」 제36조 제1항에 따른 영화상영관과 「영화 및 비디오물의 진흥에 관한 법률」 제2조 제10호 단서에 따른 비상설상영장 등을 지칭한다.

116) 야외음악당은 연주·연극·무용 등을 할 수 있는 야외시설로서 「공연법」에 따른 공연장 외의 시설을 지칭한다.

117) 화랑은 회화·서예·사진·공예 등의 작품을 전시·매매하는 시설이다.

118) 조각공원은 조각 작품을 전시하는 공원이다.

119) 문화의 집은 지역주민이 생활권역에서 문화예술을 이해하고 체험하며, 직접 참여할 수 있도록 하기 위한 것으로서 관련 프로그램과 지식 및 정보를 제공하는 복합문화공간이다.

120) 복지회관은 지역주민의 사회참여 기회를 확대하고 복지를 향상하기 위한 것으로서 지역사회의 발전을 위한 집회 및 강연, 그 밖에 각종 관련 행사 등이 이루어지는 시설이다.

121) 문화체육센터는 지역주민의 문화·체육활동을 향상하기 위하여 건립된 시설이다.

전수회관[123] 등이 있다. 그 밖에 위와 같은 문화시설 외의 시설로서 문화예술활동에 지속적으로 이용되는 시설 중 문화체육관광부장관이 정하여 관보에 고시하는 시설 등이 있다.

이러한 다양한 문화시설들이 존재하고 있지만 아직 장애인을 위한 문화복지 프로그램 및 장소가 상당히 미흡한 실정이다. 이에 장애인을 위하여 문화예술을 함께 체험하며, 즐길 수 있는 장소를 마련한다면 장애인들의 문화향수 증진에 크게 이바지할 수 있을 것이다.

따라서 본고에서는 전국의 수많은 문화시설 중 전시공간인 박물관에 주목하여 시각 장애인들이 자율적으로 박물관을 이동하고 체험함으로써 문화 혜택을 누릴 수 있는 방안을 모색하고자 한다. 이를 위하여 박물관 전시의 사례를 살펴보고, 향후 타박물관에 접목시켜 볼 수 있는 사항들을 제시하려 한다.

Ⅱ. 시각 장애인

우리나라 장애인의 통계는 다음과 같다.[124]

(단위 : 명, %)

구분	1999년	2000년	2001년	2002년	2003년	2004년	2005년	2006년	2007년	2008년	2009년
장애인구	697,513	958,196	1,134,177	1,294,254	1,454,215	1,610,994	1,789,443	1,967,326	2,104,889	2,246,965	2,429,547
(증가율)		(37.4)	(18.4)	(14.1)	(12.4)	(10.8)	(11.1)	(9.9)	(7.0)	(6.7)	(8.1)
등록인구	47,335,678	47,732,558	48,021,543	48,229,948	48,386,823	48,583,805	48,782,274	48,991,779	49,268,928	49,540,367	49,773,145
(비율)	(1.5)	(2.0)	(2.4)	(2.7)	(3.0)	(3.3)	(3.7)	(4.0)	(4.3)	(4.5)	(4.9)
지체	502,647	606,422	682,325	754,651	813,916	883,296	965,014	1,049,396	1,114,094	1,191,013	1,293,331
뇌병변	–	33,126	64,950	91,998	117,514	142,804	168,585	195,253	214,751	232,389	251,818
시각	46,957	90,997	115,911	135,704	152,857	170,107	189,933	196,507	216,881	228,126	241,237
청각/언어	67,890	87,387	105,711	123,823	139,325	155,382	175,587	205,155	218,206	238,560	262,050
지적	80,019	86,793	94,951	103,640	112,043	119,207	127,881	137,596	142,589	146,898	154,953
자폐성	–	1,514	2,516	4,014	5,717	7,740	9,518	10,926	11,874	12,954	13,933
정신	–	23,559	32,581	39,494	46,883	54,333	63,642	75,058	81,961	86,624	94,776
신장	–	23,427	28,118	32,094	34,884	38,175	41,823	44,571	47,509	50,474	54,030
심장	–	4,971	7,114	8,836	10,409	11,634	12,807	13,739	14,352	14,732	15,127
호흡기	–	–	–	–	7,039	9,768	11,728	13,035	14,289	14,984	15,860
간	–	–	–	–	3,108	4,072	5,160	5,875	6,329	6,968	7,730
안면	–	–	–	–	673	1,114	1,490	1,863	2,149	2,337	2,505
장루·요루	–	–	–	–	6,585	8,182	9,575	10,461	11,184	11,740	12,437
간질	–	–	–	–	3,262	5,180	6,700	7,891	8,721	9,166	9,760

---

122) 국악원은 전통 국악의 발전을 위하여 설치된 교육시설 및 전수시설이다.
123) 전수회관은 지방 고유의 무형문화재를 지속적으로 교육·전수하고 보존할 수 있는 시설이다.
124) 한국장애인고용공단 고용개발원, 『2010 장애인 통계』, 2010, 33쪽.

장애인은 2009년 12월 말 기준 2,429,000명으로 2000년 12월 말 기준 958,000명에서 약 150% 정도가 증가하였다. 이와 같은 급격한 장애인의 증가로 인하여 장애인과 관련된 전반적인 환경인 고용, 복지, 교육, 사회참여 등이 빠르게 변화하고 있다.

그러나, 장애인들의 여가활용방법(2009년) 통계를 보면, TV 시청 59.6%, 휴식 및 수면 42%, 가사일 31%, 사교 관련 활동 23.5%, PC 관련 활동 16.2%, 종교활동 14.2%. 여행 12.4%, 감상 및 관람 11.4%, 스포츠 10.3%, 자기계발 6.1% 순으로 나타났다.[125] 뿐만 아니라 예술행사의 관람률(2007년) 통계를 보면, 영화 13.3%, 미술전시회 2.6%, 대중가요 콘서트 2.6%, 연극 2.3%, 문학행사 1.9%, 전통예술 공연 1.9%, 클래식 음악회 0.9%, 무용 0.2% 순으로 나타났다.[126]

즉, 사회는 변화하고 있지만 전체 장애인들이 즐기는 여가활동은 TV 시청이나 영화관람 등으로 한정되어 있었다. 이마저도 시각이 매우 중요한 문화예술 행사인 만큼 시각 장애인들이 시청하거나 관람하기가 쉽지 않은 활동이다. 이에 시각 장애인 241,237명을 위하여 시각보다 오감을 자극하여 체험할 수 있는 문화활동을 마련하여 문화적인 혜택을 즐길 수 있도록 해야 한다.

시각 장애는 눈과 말초신경의 손상으로 인한 중심 시력 장애[127]와 시신경 교차에서부터 뇌영역까지의 신경이 손상되어 발생되는 중추성 시각 장애[128]를 말한다.[129] 대다수의 시각 장애인들은 잔존 시력이 남아 있어 아무것도 볼 수 없는 사람은 극소수이다. 하지만 시각 장애인들은 거의 대부분 공간과 형태를 제대로 포착하지 못하여 실생활이 어려운 형편이다.

이러한 상황 속에서 시각 장애인들이 감성적이며, 체험이 가능한 박물관을 지속적으로 방문할 수 있다면 인간의 정서와 사상을 형성하고, 자기 창조의 기회를 가질 수 있으며 감성이 풍부해지고 결국 삶의 활력소가 될 수 있다.

---

125) 한국장애인고용공단 고용개발원, 『2010 장애인 통계』, 2010, 214쪽.
126) 한국장애인고용공단 고용개발원, 『2010 장애인 통계』, 2010, 215쪽.
127) 중심 시력은 시야에 있는 물체를 상세한 부분까지 구분해 내는 능력을 말한다. 굴절이상으로 망막에 초점이 잘못 맺히거나 눈을 이루고 있는 여러 부분이 손상을 입으면 중심 시력 장애가 나타난다.
128) 시각 자체에는 아무런 문제가 없더라도 뇌에서 시각 정보를 처리하는 시각 피질 손상으로 시력 장애를 겪기도 한다. 이러한 시각 피질 손상은 출산 시의 산소부족, 뇌 손상, 뇌 수종, 중추신경계 감염 등으로 발생한다.
129) 위키백과 http://ko.wikipedia.org/wiki/%EC%8B%9C%EA%B0%81_%EC%9E%A5%EC%95%A0
2012년 1월 15일.

Ⅲ. 시각 장애인을 위한 전시공간

1. 시각 장애인 편의시설

장애인은 기본적으로 생활을 영위함에 있어 신체적 불편함으로 인하여 행동반경이 짧은 편이다. 그렇기 때문에 각종 건물과 시설을 이용할 때에는 알맞은 시설이 완비되어야만 한다.

장애인이 비장애인과 더불어 행복한 삶을 살아갈 수 있도록 이동의 자유, 접근의 자유를 보장해줄 수 있는 환경의 개선은 현재 매우 시급한 문제이다. 이는 생활공간 전반에 걸쳐 장애물 없는 환경인 무장애공간의 조성으로 인하여 다른 사람의 도움 없는 독립성을 확보할 수 있다.

특히, 시각 장애인을 위한 편의시설은 점자블록, 점자표지판, 점자안내 촉지도, 음성안내장치, 승강기 등 자그마한 실천으로 충분히 실용 가능한 부분들이다.

<시각 장애인용 편의시설의 종류>[130]

항목	설명
점자 블록	① 점형블록 : 주위 환기나 경고를 목적으로 보행 동선의 분기점, 대기점, 시발점, 목적지점 등의 위치를 표시하며 장애물이나 위험지역을 둘러막는 데 사용 ② 선형블록 : 목적지점까지의 유도를 목적으로 보행동선의 분기점, 대기점, 시발점에서 목적 방향으로 일정한 거리까지 설치하여 정확히 방향을 잡는 데 사용
점자 표시판	① 벽면 점자표지판 : 건축물 안 공중 이용을 주목적으로 하는 사무실 등의 출입문 옆 벽면의 1.5m 높이에 방이름을 표기한 점자표지판을 설치, 시각장애인들에게 해당 시설의 정보를 제공 ② 손잡이 점자표지판 : 계단이나 복도에 손잡이가 설치된 경우 층정보 및 방향성 등에 대한 정보를 손잡이에 점자표지판을 설치하여 제공
점자안내 촉지도	점자안내판 또는 촉지도식 안내판 : 주요시설 또는 방의 배치를 점자, 양각면 또는 선으로 간략하게 표시하여 시각 장애인에게 공간에 대한 정보를 제공
음성 안내장치	① 음성유도기 : 대중교통시설과 건물의 입구나 현관 및 목적지점 등의 특정지점이나 시설에 부착하여 음성 등의 소리를 통해 시각장애인에게 정보를 제공 ② 음향신호기 : 횡단보도의 신호등에 부착되며 신호등의 변화를 음성, 음향, 멜로디 등의 소리를 통해 횡단보도 안내를 하고 신호 안내를 하여 안전하게 횡단보도를 진입, 건너갈 수 있게 정보를 제공
장애인용 승강기	① 승강기 음성신호장치 : 승강기의 내외부에 설치되며 승강기 내부는 음성신호장치로 도착층 및 운행상황을 제공하고, 승강기 외부는 도착 여부를 음성신호로 정보 제공 ② 승강기 점자표지판 : 모든 승강기 조작버튼에 점자를 병기하여 조작반의 정보를 제공

---

130) 한국시각장애인연합회 http : //www.kbuwel.or.kr/Blind/Convenience 2012년 5월 1일.

1. 계단상하부 설치 사례
  ① 보행의 동선 유도를 위한 유도(선형) 블록을 통해 계단 하부 근처로 접근
  ② 리모콘 작동, 음성유도기 동작, 안내멘트 내용 확인 등의 과정을 통해 계단 상하부로 진입
  ③ 경고(점형)블록으로 보행 중 주위환기, 계단 시종점 확인
  ④ 핸드레일의 수평연장에 설치되어 있는 점자표지판을 통해 목적지 재확인
2. 건물의 주출입구 설치 사례
  보행의 동선 유도를 위한 유도(선형) 블록을 통해 건물의 주출입구 근처로 접근 → 리모콘 작동, 음성유도기 동작, 안내멘트 내용 확인 등의 과정을 통해 주출입구로 진입 → 경고(점형)블록으로 보행 중 주위환기, 주출입문 확인 → 보행동선 방향의 벽면에 설치된 점자표지판을 통해 목적지 재확인
3. 기타 설치 사례
  ① 승강장 연결계단 부근 점형(경고)블록 및 선형(유도)블록
  ② 주출입구 부근 점형(경고)블록과 선형(유도)블록 및 안내촉지도
  ③ 횡단보도 부근 시각장애인용 음향신호기
  ④ 충격완화를 위한 하부플랙시블 구조, 인도용 점자블록 등

2. 시각 장애인을 위한 전시공간[131]

시각 장애인을 위한 전시는 기본적으로 오감을 자극하여 문화 활동과 교육프로그램이 모두 가능하도록 해야 한다. 이를 위해 전시공간에서는 촉각, 후각, 청각 등이 반응할 수 있는 여러 장치를 제작한다.

(1) 촉각

시각 장애인은 주로 손과 발을 이용하여 공간을 인지하고 형태를 감지한다. 즉, 공간의 내부에 존재하는 바닥, 벽, 기둥 등을 활용하여 촉각의 인지성을 부여한다. 우선 바닥재질의 이질적인 처리를 통해 전시공간을 서로 다른 공간으로의 경확하게 구분해준다. 벽의 재질 차별화를 통해 방향성을 제시하고, 블록 및 핸드레일 체계를 도입하여 환경의 변화를 사전에 준비할 수 있도록 해준다.

---

131) 이미영, 「시각장애자를 위한 미술관 전시 기획」, 국민대학교 석사학위논문, 2005, 1)쪽.

(2) 후각

시각 장애인에게 방향을 제시하고 작품에 대한 이해도를 높이기 위한 수단으로 각 전시공간에 특정의 향을 적용시킨다. 후각 정보를 통해 전시공간마다 장소성 인지를 증대시킬 수 있고, 전시 공간의 진입방식에 따라 향기의 진행흐름도 같이 이어준다면 또 다른 동선을 제공할 수 있다.

(3) 청각

시각 장애인은 청각으로 방향을 감지하여 물체를 찾거나 공간의 크기를 파악하고, 방향 추적 및 위치 파악도 할 수 있다. 전시공간의 고정음을 기준으로 방향전환이 원활하게 이루어질 수 있는 한편, 해설음성, 자연음성, 인공음성 등을 사용하여 작품에 대한 이해도를 높일 수 있다.

Ⅳ. 시각 장애인을 위한 전시프로그램

시각 장애인은 촉각, 청각, 후각만으로 전시를 향유할 수는 없다. 따라서 시각 장애인을 대상으로 다양한 감각을 활용한 공감각적인 사고를 이끌어낼 수 있는 전시프로그램이 필요하다. 시각 장애인이 사회와 소통할 수 있으며, 결국 우리 사회의 일원으로 통합되기 위해서는 장애인과 비장애인의 경계를 허물 수 있는 전시를 지속적으로 실시해야 한다.

1. 감각의 확대, 관계의 확장 展

한국만화박물관은 문화체육관광부와 한국문화예술위원회 주최로 2011년 11월 15일부터 2012년 2월 26일까지 시각 장애인을 위한 〈감각의 확대, 관계의 확장〉전을 개최하고 있다.

2011년 10월 한 달 동안 진행된 교육프로그램인 "나도 만화가!"를 통해 시각 장애인이 만든 작품과 현직 만화작가들의 작품을 함께 전시한다. 작품은 대부분 헝겊, 아크릴, 석고, 털실, 솜 등의 재료로 제작하였기에 촉각으로 만화를 즐길 수 있도록 배려하였으며, 글자의 크기도 크게 하거나, 점자 안내문 등을 전시실 내부에 배치하여 전시의 이해도를 높이고 있다.

전시는 1부와 2부로 나눠 진행되는데, 1부 "다양한 감각으로 만화와 만나기"에서는 '촉각으로 만화 읽기', '오감으로 만화와 놀기', '시각을 제외한 감각으로 애니메이션 보기' 등으로 이루어져 있다. 2부 "촉각으로 만화 읽기"에서는 신명환의 〈눈사람의 꿈〉, 정은향의 〈악어 잉크의 짝사랑〉, 강일구의 〈동반자〉 등 부조, 반부조, 팝업북 등으로 제작한 작품을 선보이고 있다.

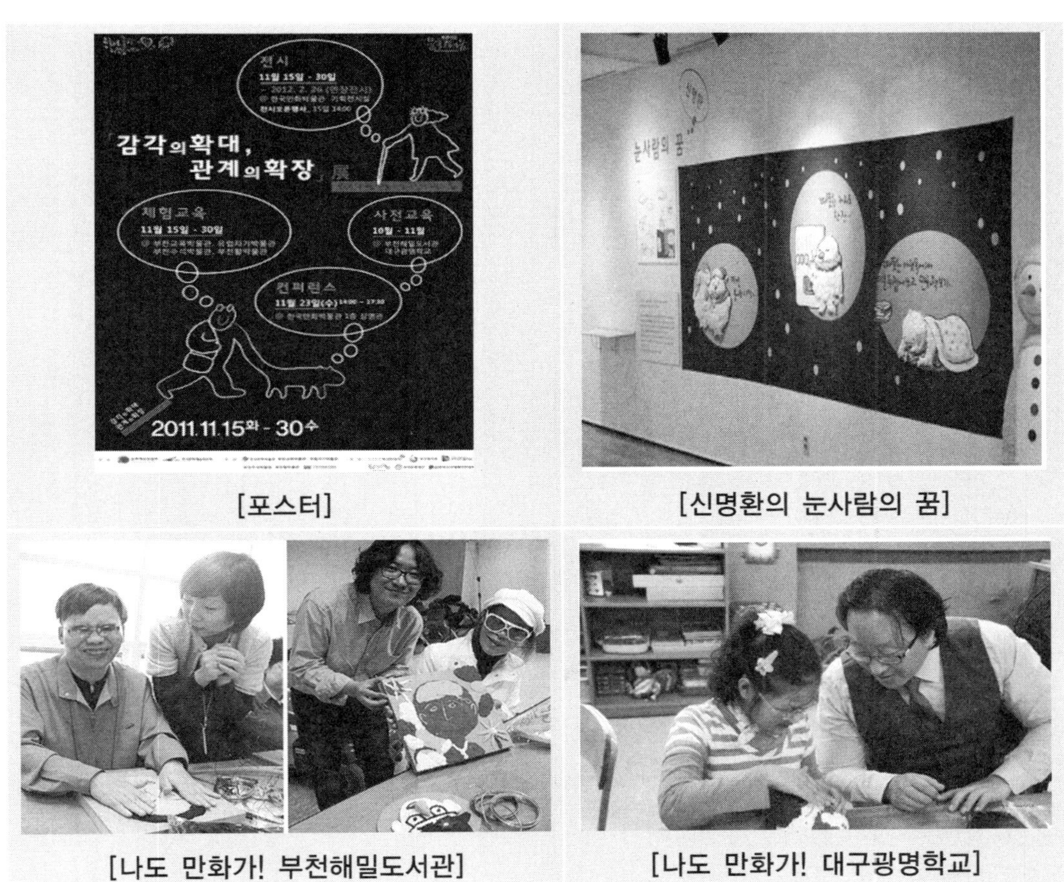

[포스터]

[신명환의 눈사람의 꿈]

[나도 만화가! 부천해밀도서관]

[나도 만화가! 대구광명학교]

2. 마음으로 보세요 展

공평갤러리에서 인천혜광학교, 청주맹인학교, 충주성모학교 등의 학생들이 제작한 80여점의 작품을 전시하는 MBC 시각 장애학생 미술전시회 〈마음으로 보세요〉전이 2011년 10월 19일부터 10월 31일까지 진행되었다.

전시는 1, 2, 3부로 나눠 진행되었는데 1부 "꿈"에서는 학생들의 꿈을 도화지 위에 그려

넣은 회화작품을, 2부 "꽃"에서는 〈꽃의 향기〉, 〈사랑이 꽃피는 항아리〉, 〈꽃들이 모여 희
망을 이야기하다〉 등의 조형작품을, 3부 "감"에서는 학생들이 느끼는 감정 그대로를 표현
한 회화, 조형작품을 전시하였다. 전시연계 프로그램으로 충주성모학교 핸드벨 연주, 점자
명함 만들기, 점자 휴대폰 고리 만들기, 시각 장애 체험 등을 진행하였다.

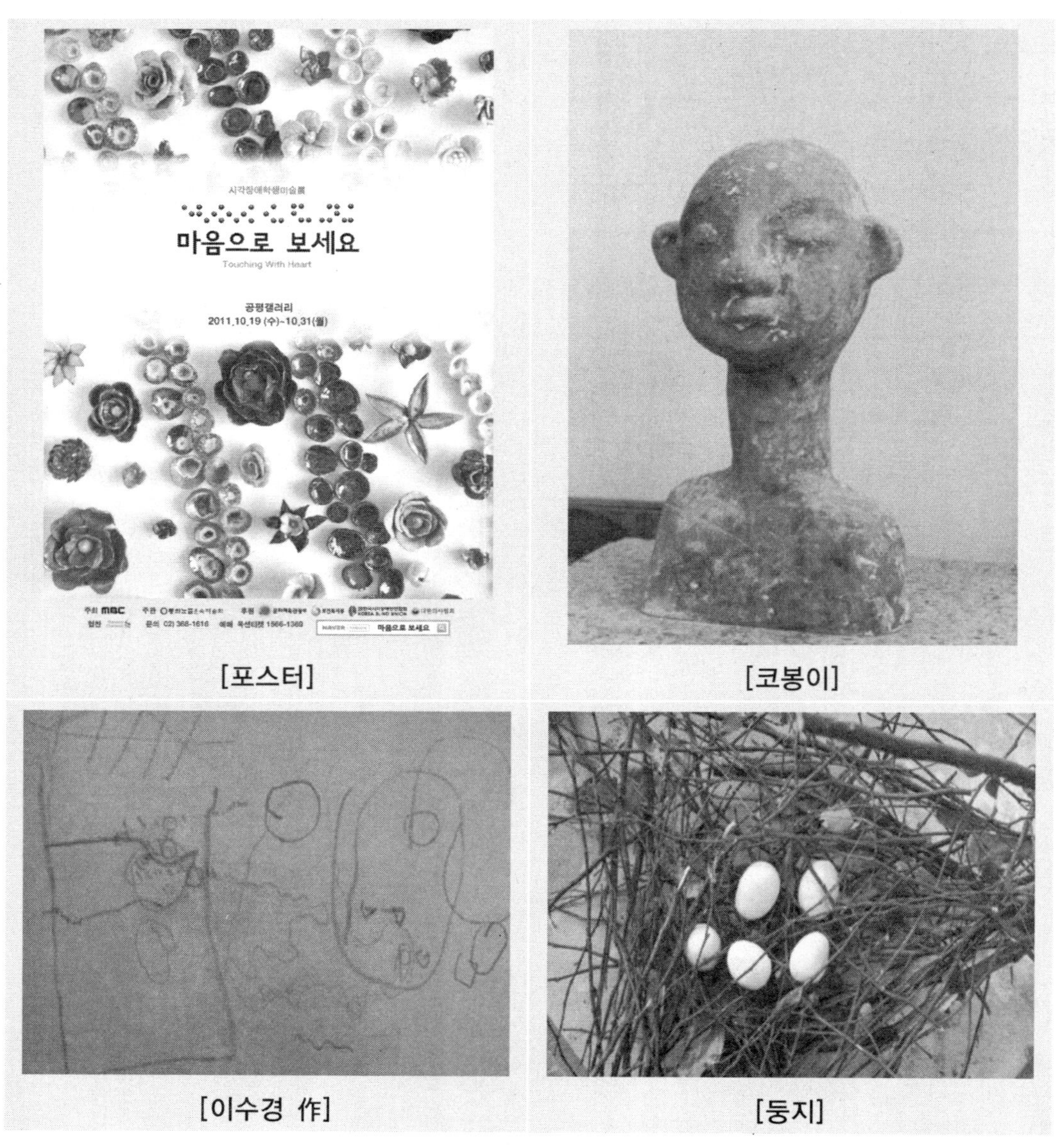

[포스터]

[코봉이]

[이수경 作]

[둥지]

3. 프리즘 프라이즈 수상작품 展

프리즘 프라이즈는 우리들의 눈 갤러리에서 주최하는 국내 시각 장애 어린이와 청소년들의 창의성 개발과 미술교육의 활성화를 위해 마련된 전문 미술공모전으로 전국 맹학교에서 출품한 50개의 작품 중 수상작을 2011년 12월 15일부터 2012년 2월 8일까지 전시하고 있다.

눈으로 보지 않고 손으로 학생들이 상상의 나래를 펼쳐 만든 〈배고픈 크끼리〉, 〈날아라 코끼리〉, 〈하츠너미쿠 블랙락슈터〉, 〈신의 제단에 올리는 의식〉 등의 조형작품을 선보이고 있다.

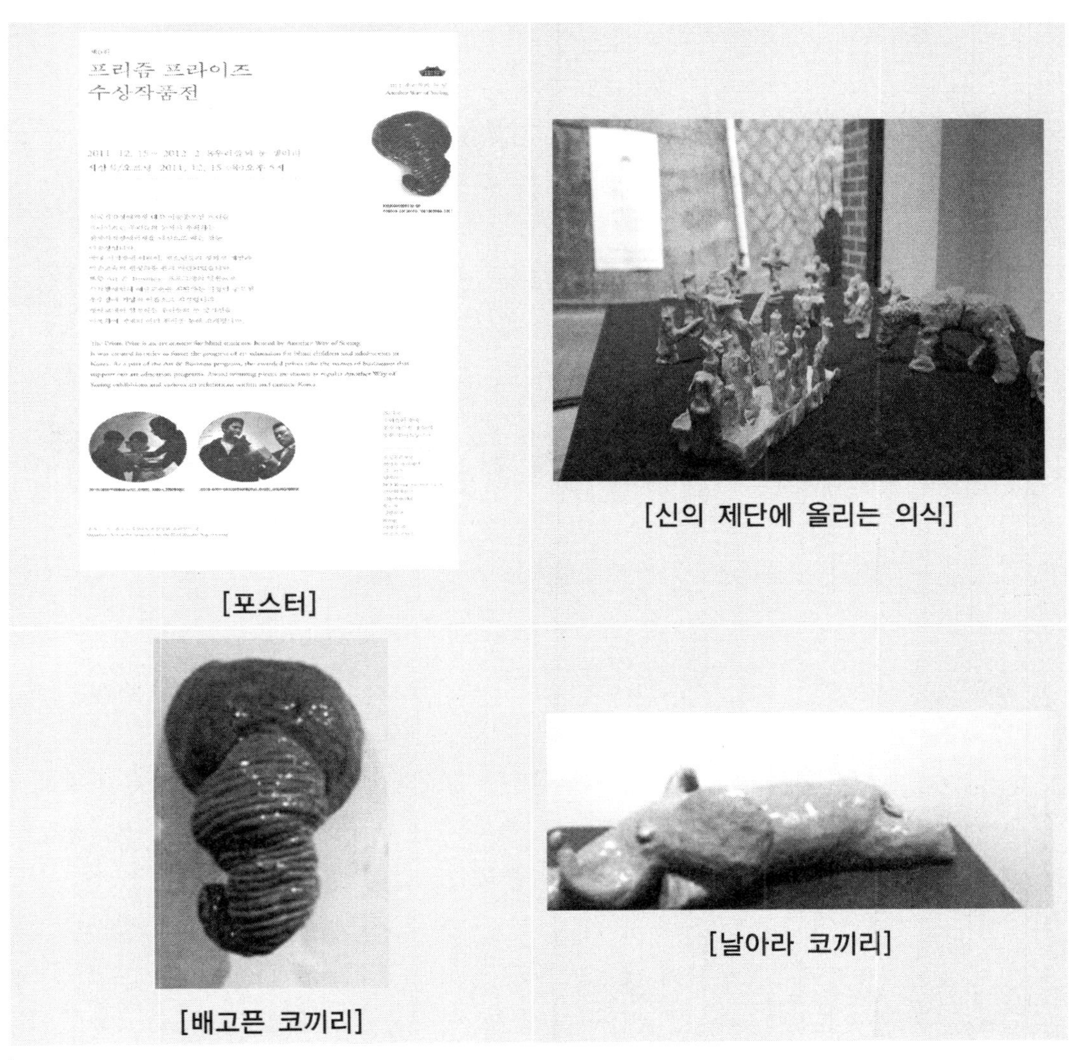

[포스터]

[신의 제단에 올리는 의식]

[배고픈 코끼리]

[날아라 코끼리]

4. 마음으로 보는 세상, 마음으로 보는 서울 展

상명대학교, 서울문화재단, (주)밀레, 서울로얄로터리클럽, (주)리서치21이 후원하고, (사)
마음으로 보는 세상, (사)한국시각장애인협회에서 주최하는 시각 장애인 사진전인 〈2011
마음으로 보는 세상, 마음으로 보는 서울〉전이 상명대 예술디자인센터 갤러리에서 2011년
11월 8일부터 14일까지 진행되었다.

상명대 영상·미디어연구소가 2011년 5월부터 6개월간 11명의 시각 장애인을 대상으로 진
행한 "시각 장애인과 함께하는 사진교실"의 결과물인 총 70여 점의 작품을 전시하였으며,
전시 후 작가당 1점씩 작품을 선정하여 2012년 달력도 출간하였다.

이들 시각장애인들은 서울 창경궁, 반포시민공원, 인사동 등의 지역에서 작품을 구상하고
촬영하였다. 보이지 않지만 소리로 듣고, 손으로 만져보고 마음으로 느끼며, 다소 어긋나
고 독특한 구조이지만 보이는 것이 전부가 아니라는 것을 몸소 보여준 전시이다.

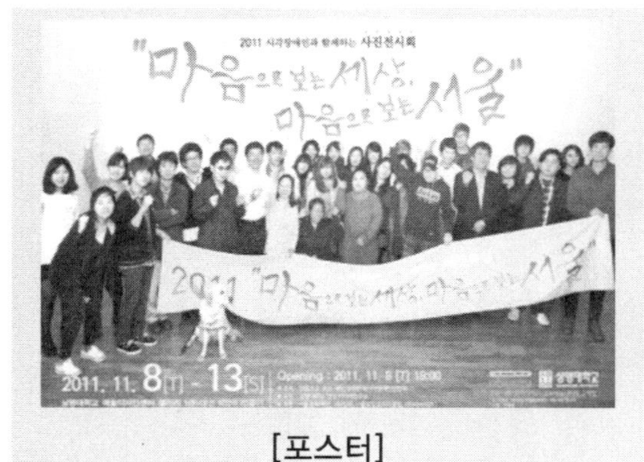

[포스터]

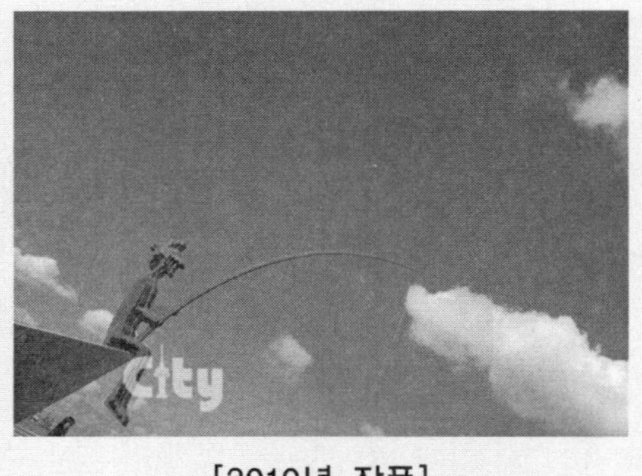

[2010년 작품]

Ⅴ. 맺는말

공공의 문화시설인 박물관은 문화 복지차원에서 시각 장애인을 위한 전시기법을 지속적으
로 개발하여 누구나 박물관을 이용할 수 있도록 해야 한다. 시각 장애인을 위한 공간과
전시가 많아질수록 문화 불평등이 해소될 수 있다.

21세기 박물관의 중요한 역할 중 하나인 사회통합적인 기능을 완성하기 위해서는 무엇보
다 다양한 계층의 사람에게 문화 혜택의 기회를 균등하게 줄 수 있는 노력이 필요한 시점
이다.

앞서 살펴본 바와 같이 시각 장애인을 위한 전시는 기본적으로 청각, 촉각, 후각에 반응할 수 있는 전시공간을 형성해야 하며, 또한 장애인과 비장애인의 벽을 없앨 수 있는 전시를 기획하여 지속적으로 장애인들이 밖으로 나와 활동할 수 있는 길을 열어줘야 한다.

- 법제처, 「공연법」

- 법제처, 「영화 및 비디오물의 진흥에 관한 법률」

- 한국장애인고용공단 고용개발원, 『2010 장애인 통계』, 2010.

- 이미영, 「시각장애자를 위한 미술관 전시 기획」, 국민대학교 석사학위논문, 2005.

- 위키백과
  http://ko.wikipedia.org/wiki/%EC%8B%9C%EA%B0%81_%EC%9E%A5%EC%95%A0

- 한국시각장애인연합회 http://www.kbuwel.or.kr/Blind/Convenience

신개념 농촌복지와
박물관의 역할

김윤수

Ⅰ. 기존 정부 주도의 농촌복지정책과 귀농·귀촌 현상에 따른
농촌복지 변화의 필요성

최근 주일 생활권의 변화로 도시를 떠나 짧게는 하루 또는 일정기간 농촌에서 즐기려고 하는 도시 거주민들이 늘어나고 있다. 이를 통해 보더라도 도시민들은 농촌에 대한 향수를 가지고 있다고 할 수 있다.

일반적으로 생각하는 '농촌'은 법적으로 어떻게 해석되어 있을까?

우리나라의 경우 지방자치법에 규정된 행정구역 구분에 의해 농촌은 인구 규모 5만 이상의 동 지역을 도시 지역이라 규정하고 있으며, 그 외의 읍 지역[132]과 면 지역[133]을 농촌으로 규정하고 있다.[134]

그러므로 농촌복지는 농촌 주민들의 생활 향상과 행복을 목표로 하는 직접적·간접적 방식이나 시설의 총체를 의미한다고 할 수 있다.

기존 국가 주도에 의해 농촌을 위한 복지정책 및 농촌지역 개발정책을 시대별로 살펴보면 1960~1970년대에는 정책적으로 복지국가 건설을 표방하는 이상촌건설운동, 지역사회개발

---

132) 인구 규모 2~5만의 지역
133) 인구 규모 2만 이하 지역
134) 박삼철, 『농촌교육복지연구』, 2011, 집문당.

운동, 복지농촌건설운동, 새마을운동[135]을 들 수 있다.

1980~1990년대에는 시군단위농촌종합개발사업, 문화마을조성사업, 농어촌민박, 농어촌휴양단지 등을 들 수 있다.

2000년대에는 「삶의질향상특별법」제정, 농촌의 자원 활용과 주민의 자발적 참여 형태의 사업이 본격적으로 추진, 오지종합개발사업, 신활력지원사업, 농어촌주거환경개선사업, 정보화시범마을사업 등을 들 수 있다.

2010년대에는 지역경쟁력을 높이고 삶의 질 향상, 자율과 창의를 기반으로 지역별 특성화 발전과 지역 간의 상호협력 증진, 초광역권·광역경제권·기초생활권별 지역발전정책추진, 포괄보조금지원으로 지역발전 예산의 자율성 및 사업추진 효율성 증대 등을 들 수 있다.[136]

위와 같이 농촌에 대한 정부의 정책은 시대에 따라 변화를 모색하였다.

실제 농촌에 거주하는 인구의 연령을 2006년 통계청 조사 자료를 통해 보면 농업에 종사하는 농가인구는 1995년 485만 1천 명에서 2005년 343만 3천 명으로 감소하였다. 반면 농가인구 가운데 64세 이상 노인의 수는 계속 늘고 있다고 할 수 있다.

반면 2012년 농림수산식품부에 따르면 2011년 귀농·귀촌 가구가 1만 503가구(2만 3415명)로 사상 최대였다고 발표하였다. 2010년 4067 가구와 비교하면 1년 사이에 2.6배 가량으로 늘어난 것이다.

농림수산식품부는 "2001년만 해도 귀농·귀촌 가구는 연간 880가구에 그쳤지만 베이비붐 세대가 본격적으로 은퇴하면서 최근 그 수가 급격히 늘었다."고 분석했다. 실제 지난 해 귀농·귀촌 인구는 40~60대가 78%로 대다수를 차지했다.

특히 농림수산식품부 관계자는 "은퇴한 베이비부머는 농어촌 공동화(空洞化) 문제를 해결할 수 있는 매우 중요한 인력"이라며 "각종 융자와 세제혜택, 교육지원을 통해 올해는 2만 가구 이상이 귀농·귀촌할 수 있도록 독려하겠다."고 말했다.[137]

---

135) 새마을운동 : 주택개량, 생산기반 정비, 도로 및 상하수도 개설 등
136) 농촌지역 문화환경 개선 방안 연구
137) 동아일보, 2012.2.24일자 참고

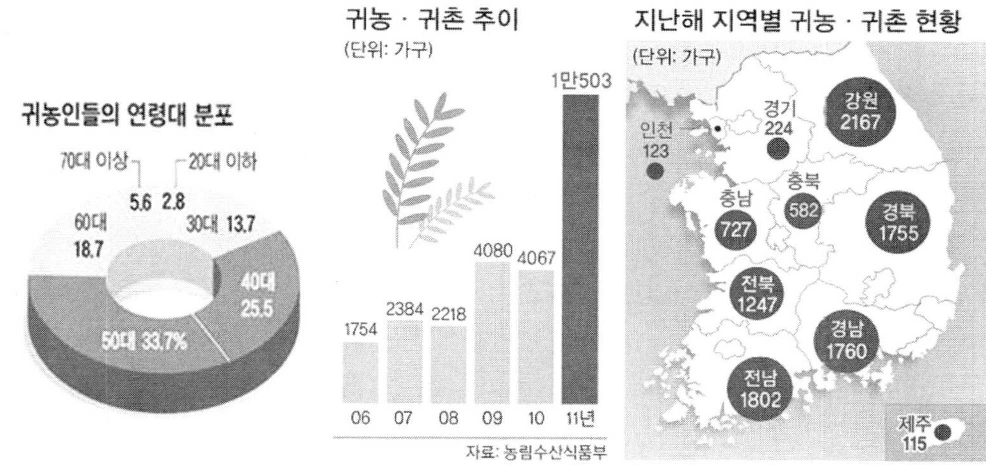

그러므로 정부의 농촌에 대한 지원정책과 함께 귀농·귀촌 인구의 증가, 지자체의 지역개발정책 등으로 향후 농촌에 대한 미래의 전망은 밝다고 볼 수 있다.

앞으로 변화하는 농촌에 맞는, 기존 농촌인들과 새롭게 유입되는 귀농·귀촌인들, 모두가 수용할 수 있는 농촌복지정책을 개발해야 할 것이다.

사회복지 차원에서의 농촌복지정책의 지원뿐만 아니라 새롭게 유입된 구농·귀촌민들이 농촌에 정착할 수 있도록 경제적 문화복지 혜택이 도시생활보다 풍요롭도록 농촌복지정책을 마련하는 것도 필요하다.

또한 기존 농촌인들과 귀농·귀촌인들 모두가 경제적 측면에서 자생력을 키울 수 있는 시스템 구축 및 복지 혜택과 경제적 풍요로움은 문화적 향유를 즐길 수 있는 토대가 될 것이다. 그들 스스로가 농촌형 문화를 창조하는 자, 즐기는 자로서 거듭날 수 있을 것이다.

동시에 농촌민과 농촌지역 소재 박물관이 주체가 되어 농촌형 문화예술 운영사업이 활성화될 수 있는 기반이 마련될 것이다.

Ⅱ. 농촌(상품사업) - 박물관(문화예술) 결합 문화예술체험사업 브랜드화

앞에서 살펴보았듯이 변화하는 농촌에 맞춰 농촌인들의 복지 향상을 위하여 수요자 중심의 농촌인 복지정책과 문화예술 향유, 타 지역민들의 농촌 알림을 높일 스 있는 농촌–박물관 결합 문화예술체험상품을 지원하고 개발해야 된다고 생각된다.

1. 농촌지역 활성화 사례(몇 가지)

(1) 정부 주도 농촌활성화 사례

① 경북 영덕군의 "꿈의 농촌한옥마을" 사업, 전남 강진군의 "이야기가 자라는 마을" 사업

② 전북 정읍시 흔랑마을의 "상상공간 프로젝트"

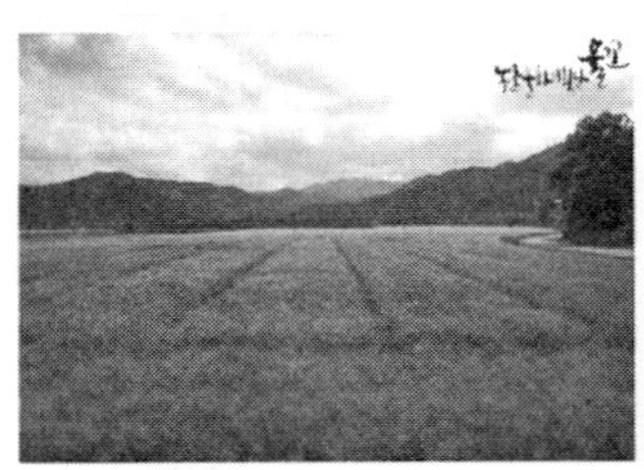
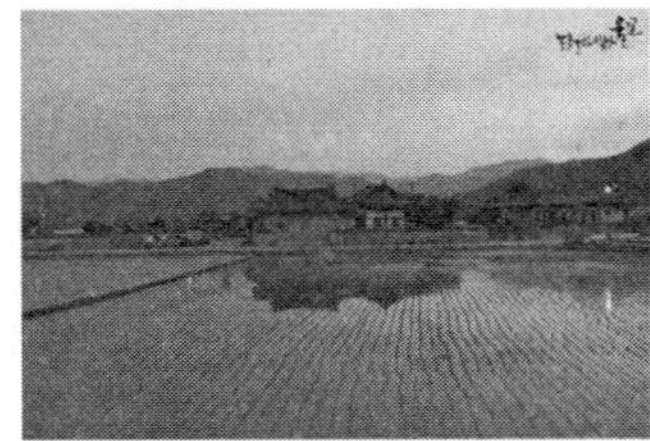
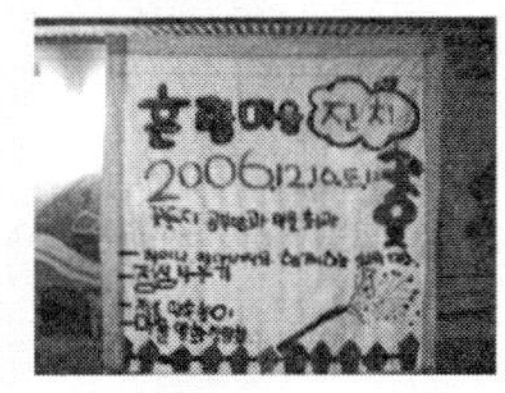
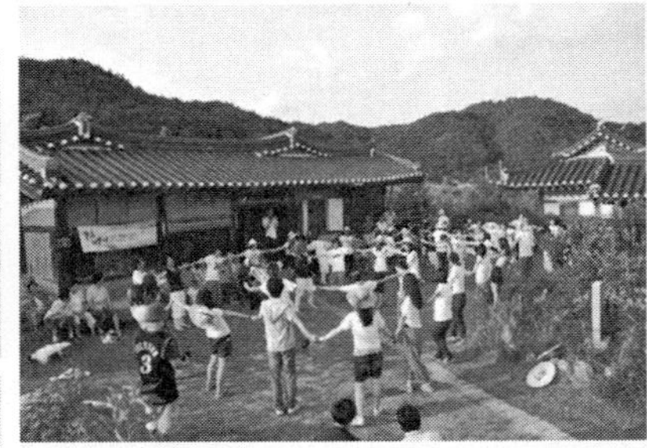
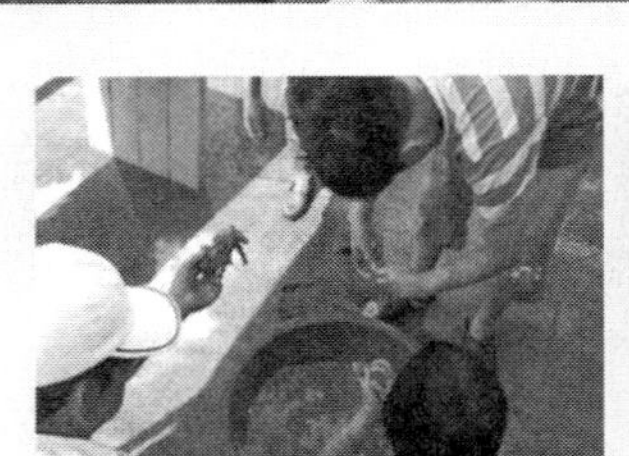
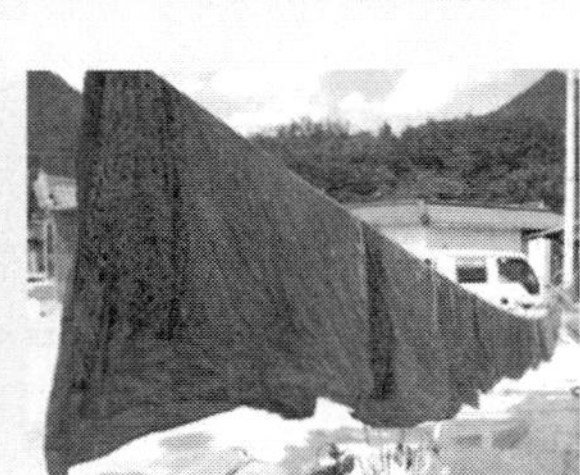

- 경북 영덕군의 "꿈의 농촌한옥마을" 사업
- 전암 강진군의 "이야기가 자라는 마을" 사업
- 전북 정읍시 흔랑마을의 "상상공간 프로젝트"

(2) 자치단체 주도 농촌활성화 사례

① 충남 공주시의 "5都 2村 주말도시육성사업"
'평일 5일은 도시에서, 주말 2일은 공주에서'라는 취지하에 공주시청 내 5도 2촌팀의 지원을 받아 마을의 리더그룹, 마을주민, 평생마을 분담직원 등이 협력체계를 구축하여 진행함

② 전남 곡성군의 "효 선양 프로그램"

곡성군의 지역문화콘텐츠와 지역문화인력 개발을 목표로 효 선양을 위한 프로그램을 연구·개발하고, 이를 시행하기 위한 주민 문화예술체험 프로그램 및 심청설화를 바탕으로 한 마당극 상설공연을 개최함

③ 충남 서천군의 "동자북놀이 프로젝트"

서천군의 어린이·청소년들을 위한 지역고유의 공연 레퍼토리를 개발하고 지속적으로 운영할 수 있도록 기획된 것으로 서천군의 지원과 문화 매개인력의 주민교육을 통해 운영함

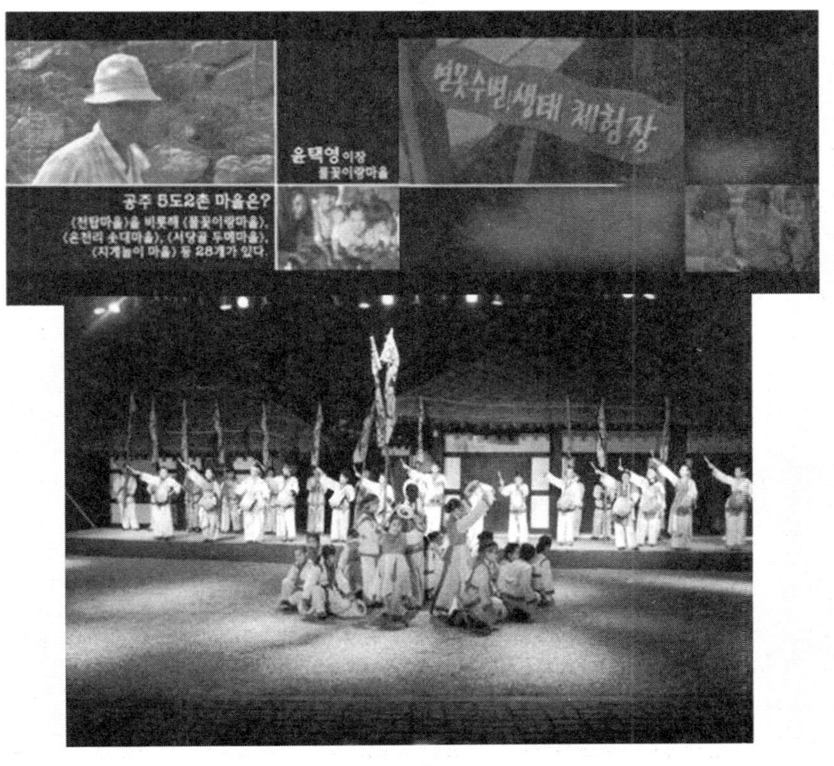

•충남 공주시의 "5都 2村 주말도시육성 사업"
•충남 서천군의 "동자북놀이 프로젝트"

(3) 민간 주도 농촌활성화 사례

① 경기도 이천시 율면의 "율면의 사계" 축제
주민자치센터와 주민 동호회의 활동성과를 발표·전시할 수 있는 기회를 마련하고, 지역의 문화자원을 널리 알리기 위해 개최된 축제

② 전남 나주시 이슬촌의 "이슬촌 해피 크리스마스" 축제
우리나라 최초로 농촌마을에서 개최된 크리스마스 축제로, 특색 있고 차별화된 마을 가꾸기 사례

③ 경북 안동시 영양군 대티골 "치유마을"
"치유마을" 브랜드를 구축하기 위해 길 걷기 프로그램, 황토민박, 건강 체험프로그램을 운영하며, 작은 산골마을의 독특한 브랜드를 구축해나가는 과정을 보여주는 사례

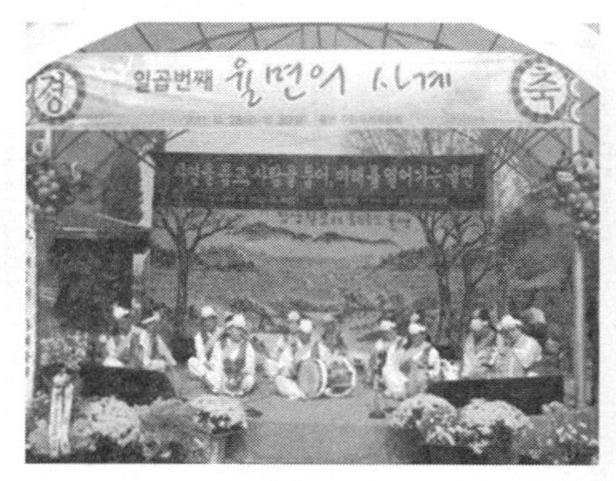

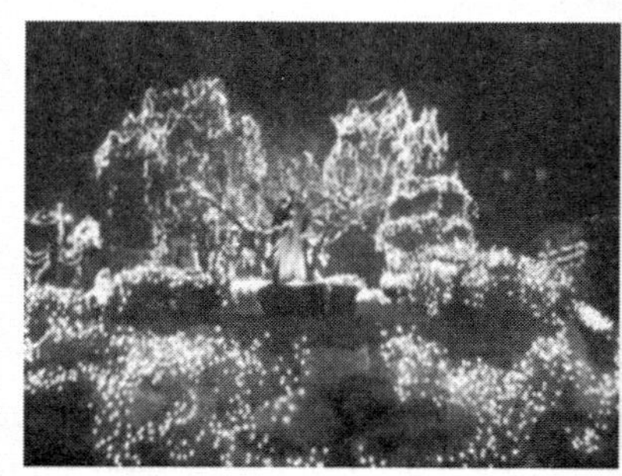

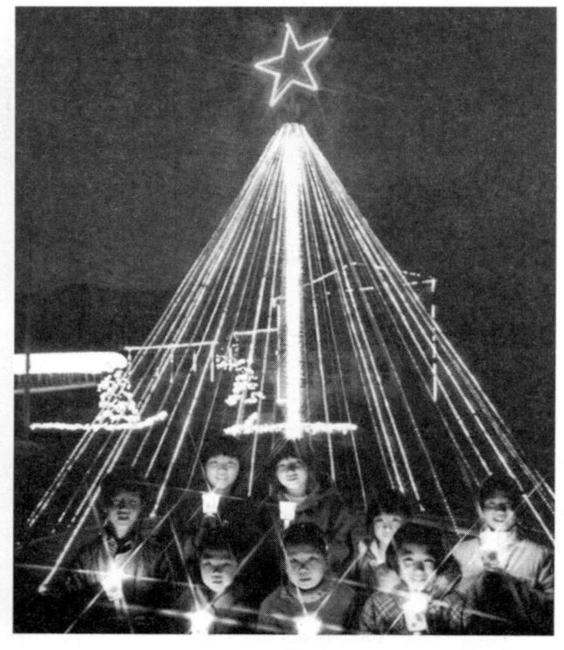

• 경기도 이천시 율면의 "율면의 사계" 축제
• 전남 나주시 이슬촌의 "이슬촌 해피 크리스마스" 축제

2. 박물관 관련 농촌 활성화 사업 사례

① 영월군에서는 박물관 고을사업을 테마로 사업을 추진함[138]

② 원주시는 지역특화생산물인 한지와 옻산업을 육성시키고 있으며, 사이버한지박물관을 운영하고 있음

③ 원주시는 토지문화재단에 학술·문화행사 및 연구, 창작, 집필활동을 지원하기 위하여 건립한 '토지문학관'과 약 3200평의 부지에 토지를 집필했던 옛집과 정원을 원형대로 보존하고 있고, 주변은 소설 『토지』의 배경을 그대로 옮겨 놓은 테마공원 평사리마당, 홍이동산, 용두레벌로 꾸며진 '토지문학공원'을 운영하고 있음

④ 강릉시는 '참소리 축음기박물관', '에디슨 과학박물관' 등 각각 전문성을 가진 특화박물관을 중심으로 노년층, 여성, 장애인, 직장인들까지 모든 시민들의 만족도를 충족시켜 줄 수 있는 프로그램을 운영하는 복합문화공간을 제공하고 있음

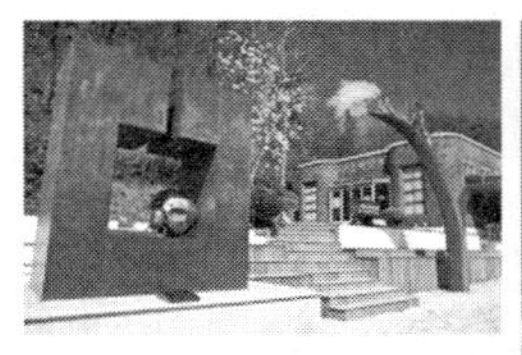
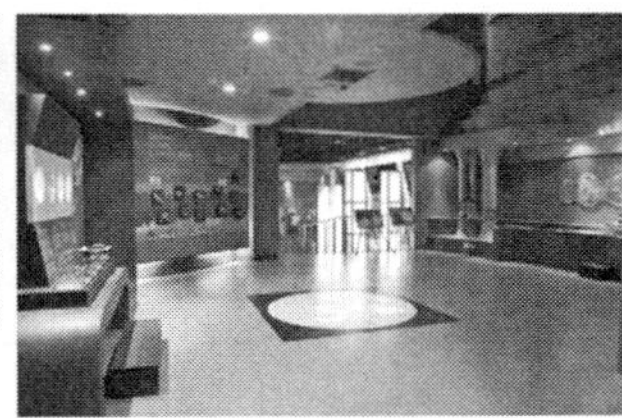
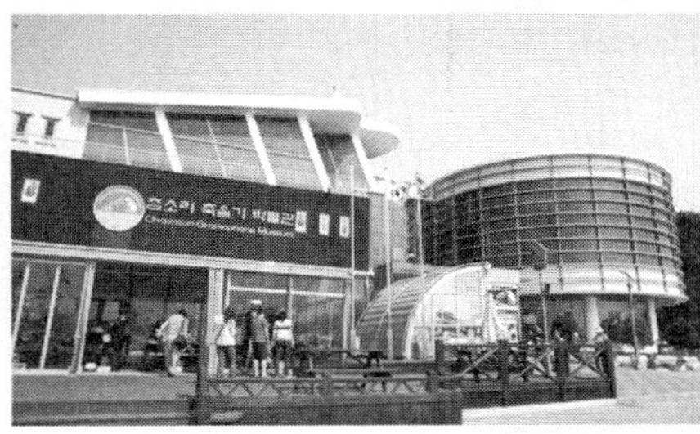
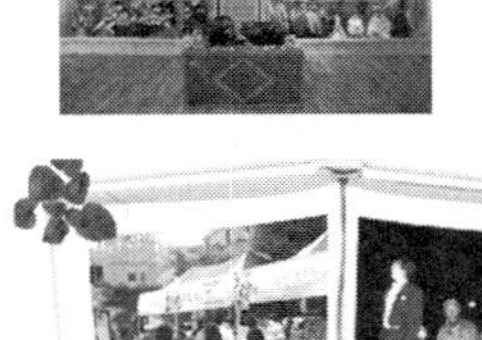
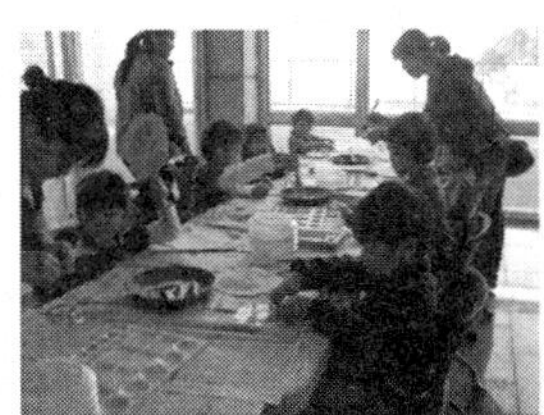
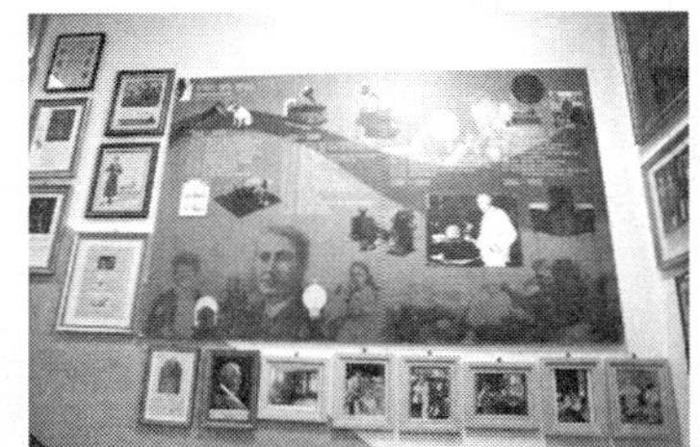

• 영월군, 박물관 고을 사업
• 원주시, 한지박물관
• 원주시, 토지문학공원

---

138) 2005년 8개에서 2010년 20개로 박물관이 늘어났고, 7개가 새로 건립 중에 있으며, 박물관 고을 특구가 지정되는 등 박물관을 새로운 문화관광상품으로 개발함. 박물관의 경쟁력이 강화되고 인지도가 높아지면서 2009년에는 유료관광객이 1백만 명이 넘은 것으로 집계됨

위 사례 외에도 더 많은 지역 특화 문화콘텐츠사업이 진행되고 있을 것이다.

이처럼 현재 농촌지역 문화예술자원의 콘텐츠 활용전략으로 대한민국의 많은 농촌 지역이 나름대로 농촌문화콘텐츠 활용을 적극적으로 이용하여 지역 특성화를 기획, 시행하고 있다. 다시 말하면 지역 전통문화유산, 생태 자연자원, 공예 및 예술자원, 인물콘텐츠 발굴, 체험프로그램 개발, 복합문화공간조성, 근대문화재활용, 문학관 조성 등을 중심으로 한 소프트콘텐츠 중심 사업이 많은 지역에서 상당 부분 이루어지고 있다.

위 사례 중에는 앞으로 지역과 박물관이 연계한 문화예술사업을 브랜드로 정착하여 농촌 지역민의 경제가 활성화되어 농촌지역민 복지 증진에 도움이 될 것으로 기대해 본다.

3. 그 외 브랜드화 사업 방안

① 지역특산물과 박물관 결합 문화예술체험프로그램 브랜드화

농촌 고유 농산품에 대한 잎맞춤 브랜드화[139]로 도시민에게 인지도가 높은 상품들이 상당부분 있다. 이러한 농산품 브랜드화 작업과 마찬가지로 지역박물관들도 문화예술체험 프로그램을 브랜드화할 수 있다. 즉, 관람객에게 특화된 농산품의 홍보와 결합된 다양한 농촌형 문화예술체험 프로그램을 개발하여 운영한다면 농촌의 경제적 발전은 물론, 박물관 홍보에도 크게 영향을 미쳐 농촌 박물관의 활성화를 이룰 수 있다. 그렇게 함으로써 자연스럽게 농촌민과 박물관의 문화적 유대관계, 농촌민들의 박물관 호응도, 타 지역 홍보효과 등도 가능해질 것이다.

② 농촌 전통한옥이나 자연환경을 이용한 박물관 전통혼례문화예술사업과 농촌친환경먹거리 마케팅사업의 브랜드화

관람객이 한국 전통혼례의 아름다움을 느끼고, 특별한 경험을 할 수 있도록 하는 등 전통문화의식 고취 차원에서 박물관이 전통혼례마케팅사업을 운영, 활성화하면 농촌지역 홍보에 큰 역할을 할 수 있을 것이다. 또한 농촌 친환경먹거리 소개 및 판매 행사를 추진하면 소비자가 안심하고 구매함으로써 생산자(농민)와의 친밀감을 높일 수 있으며, 박물관에 대한 농촌민들의 인식 변화도 도모할 수 있을 것이다.

---

139) 경기도농산물 공동 브랜드

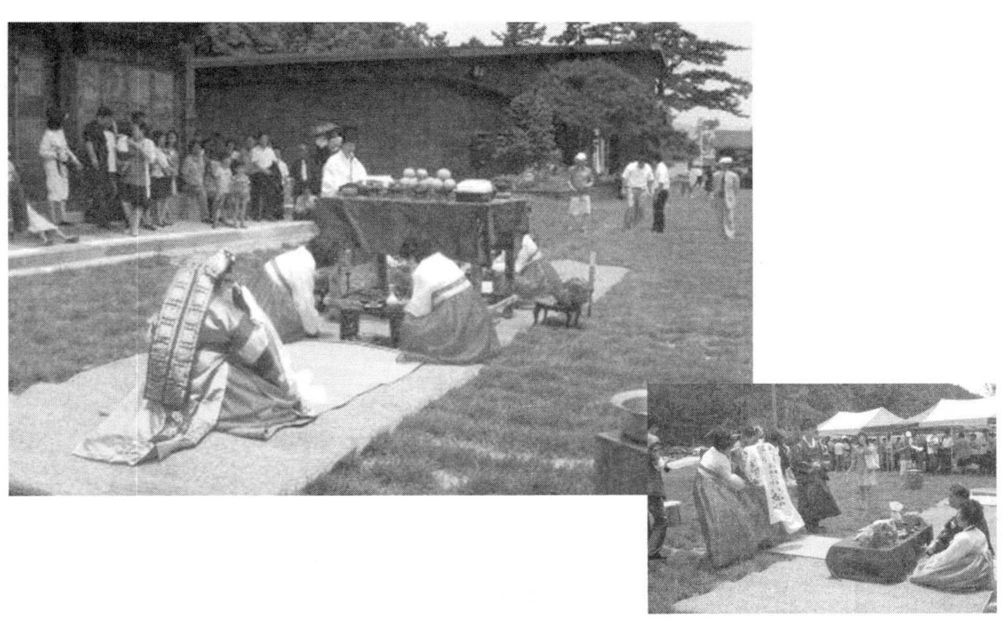

영광군, 우리삶문화옥당박물관, 융무당에서 전통혼례

위에 제시된 브랜드화 방안은 농촌지역의 브랜드 이미지를 창출시킴과 동시에 브랜드를
하나의 문화로 자리 잡게 할 수 있을 것이다.

그러므로 농촌민과 박물관이 같이 공존하면서 상생할 수 있는 길을 찾기 위해 끊임없이
새로운 아이디어를 모색해야 한다. 나아가 기존의 수많은 외국 활용 사례를 통해 지식과
정보를 유입하여 모범사례를 시행하는 전략에서 벗어나 한국 농촌의 정체성을 지키고 농
촌민들의 경제·복지향상과 해당 지역 박물관의 자생력에 도움이 되는 농촌형 문화예술운
영사업이 창출 운영사업으로 정착화하는 길을 찾아야 할 것이다.

참고문헌

- 곽권희, 「지역박물관 활성화를 위한 교육프로그램 개선방안 : 목포인근지역 공립박물관을 중심으로」, 학위논문(석사) – 국민대학교 행정대학원, 2003.

- 김덕호, 『역사학보 제144집, 산업사회 영국의 빈곤과 복지정책』, 역사학보, 1994.

- 김정옥, 이준상, 장덕희 공저, 『농촌여성단체의 사회복지활동 활성화 방안』, 경북여성정책개발원, 2000.

- 나신종, 「지역사회에 적합한 미술관 교육프로그램 연구 : 청주지역을 중심으로」, 학위논문(석사) – 홍익대학교 미술대학원 : 예술기획전공, 2004.

- 농촌진흥청, 『90년대 복지농촌 건설을 위한 지역농업 종합개발전략』, 농촌진흥청, 1982.

- 류정아, 『농촌지역 문화환경 개선방안연구』, 한국문화관광연구원, 2010.

- 박대식, 『미국의 복지개혁과 농촌복지』, 한국농촌경제연구원, 2008.

- 박삼철, 『농촌교육복지연구 : 농산어촌 다기능 교육복지 학교 만들기』, 집문당, 2011.

- 박선주, 「지역 사회에서 미술관 역할 연구 : 영은미술관을 중심으로」, 학위논문(석사) – 홍익대학교 미술대학원 : 예술기획, 2005.

- 서인석, 「지역박물관의 문화공간으로서의 역할에 관한 연구」, 학위논문(석사) – 동신대학교 사회개발대학원 : 문화산업학과, 2007.

- 아산사회복지사업재단, 『한국의 사회복지 : 현재와 미래』, 아산사회복지사업재단, 1987.

- 엄선미, 「지역작가 미술관 활성화를 위한 학교연계교육프로그램 운영 방안 연구 : 박수근미술관의 사례를 중심으로」, 학위논문(석사) – 경희대학교 경영대학원, 문화예술경영학과 박물관미술관경영전공, 2007.

- 이규천, 최경환, 『농촌지역 아동복지 실태와 정책과제』, 한국농촌경제연구원, 2008.

- 이영신, 「지역과 소통하는 열린 박물관으로의 교육방안 : 국립광주박물관을 중심으로」, 학위논문(석사) – 경희대학교 경영대학원, 문화예술경영학과 박물관 · 미술관경영전공, 2008.

- 정지웅, 『복지농촌건설과 지역사회개발 : 한국선명회 평창복지회 사례』, 교육과학사, 1990.

- 정지웅, 최병익 공저, 『농촌사회복지론』, 서울대학교 출판부, 1992.

- 최현묵, 『문화예술 교육과 지역문화 정책』, 해조음, 2011.

- 충청북도 여성정책관실, 『농촌여성 복지정책 수립을 위한 기초조사』, 충청북도, 1999.

- 통계청, 『농림어업인 복지실태조사 보고서』, 통계청, 2008.

- 한국농촌경제연구원, 『농촌복지정책의 문제와 과제』, 한국농촌경제연구원, 2007.

- 한국문화관광연구원, 『녹색의 꿈 문화의 미래 : 특성화로 성장하는 지역사례 40선』, 한국문화관광연구원, 2009.

- 한국문화정책개발원, 「문화시설의 지역 경제 및 사회문화적 효과 연구 : 박물관을 중심으로」, 한국문화정책개발원, 1997.

- 한국박물관협회, 『지역 명예교사 사업 결과보고』, 한국박물관협회, 2010.

- 한국보건사회연구원농협대학농협발전연구소, 『2천년대 농촌사회복지의 과제와 개선방향』, 농협대학농협발전연구소, 1993.

- 한국지역사회생활과학회, 『지역사회에서의 노인생활과 복지정책』, 한국지역사회생활과학회, 2001.

- 한국지역사회생활과학회[편], 『농촌생활 어제, 오늘, 그리고 내일』, 한국지역사회생활과학회, 2003.

- 홍석준, 『도서문화 제24집 도서지역의 관광개발과 지역문화 : 임자도의 사례』, 목포더학교도서문화연구소, 1983.

사회복지박물관 건립 필요성 제안

김아란

I. 들어가는 말

우리나라는 예로부터 공동체 의식이 강한 나라였으며, 그로 인해 상부상조하는 전통이 삼국시대부터 지금까지 이어지고 있다. 비록 제국주의 일본의 침략으로 국권을 상실하면서 기존의 가치관들이 근대화라는 미명하에 많이 사라지게 되었지만, 해방 이후 대한민국의 괄목할 만한 경제성장으로 인하여 점차 사회취약계층에 대한 복지정책들이 자리 잡히기 시작하였다.

우리나라는 1945년 제국주의 일본의 식민지에서 벗어나 1948년 8월 15일 정부가 수립된 이후 불과 반세기 남짓한 기간에 세계에서 가장 피폐했던 나라에서 한강의 기적으로 불리는 비약적인 경제 성장을 이룩하게 되었다. 그러나 이러한 급성장의 배경에는 최악의 근무조건에서 노동력을 착취당하다시피 했던 노동자들의 희생과 고통이 뒤따르고 있었다. 많은 시행착오를 거치면서 사회적·경제적 정의가 조금씩 실현되기 시작하여 도시와 농촌을 가릴 것 없이 모든 주민들도 사회복지 혜택을 조금씩 누리기 시작하였다. 이제 경제협력개발기구(OECD)의 회원국이 된 한국도 노동자, 농민 그리고 사회취약계층을 위한 최소한의 복지에 관심을 기울여야 할 시기가 되었으며 사회복지정책의 확대는 더 이상 미룰 수 없는 과제로 다가왔다.

또한 안정적인 사회복지 국가로의 기반을 만들어 가는 현 시점에서 사회복지박물관의 설립 필요성이 제기되고 있다. 유구한 역사의 흐름 속에서 사회적 약자에 대한 배려가 다양한 정책으로 나타났으며, 상부상조의 소중한 가치를 보전, 발전시켜나가기 위하여 항구적이며 비영리적인 문화시설로 '사회복지박물관'이 조속한 시일 내에 개관되어 우리나라의 사회복지정책과 역사 속에 빛나는 복지전통을 알려주는 상설전 및 기획전의 진행, 시민과 학생을 위한 교육 및 체험학습 프로그램의 시행, 국가 사회복지 정책 등에 대한 지속적인 자료수집 및 연구 활동, 사회복지 혜택을 널리 알리기 위한 홍보 활동, 그리고 사회복지사를 위한 특성화된 연수 교육 실시 등 한국 사회복지의 중심기관의 역할을 담당해야 한다고 생각한다.

지금부터는, 한국 사회복지의 전통에 대한 소개를 비롯하여, 사회복지박물관의 필요성 제안, 그리고 사회복지박물관의 기능에 대한 내용 등을 살펴보고자 한다. 만시지탄이 있으나, 하루빨리 우리나라의 사회복지 역사와 전통을 알리고 연구하는 〈사회복지박물관〉의 설립이 추진되기를 희망한다.

Ⅱ. 한국 사회복지의 전통

우리나라는 예로부터 인명을 소중히 생각하고, 백성의 마음을 하늘같이 중요하게 여기며, 약자를 긍휼히 여기고 보호하는 전통이 있었으며, 이런 전통은 우리나라의 건국신화에서부터 최근까지 이어져 오고 있는데, 다음과 같은 사례를 통하여 살펴볼 수 있다.

고조선과 고대 국가

단군신화를 보면 당시 국가를 세운 사람들의 이념을 알 수 있는데, 널리 인간을 이롭게 한다는 홍익인간(弘益人間) 사상으로서 하늘에서 내려온 천손(天孫)들이 인간과 더불어 살아가려는 도덕적인 모습을 알 수 있다. 하늘나라의 서자 환웅이 곰이 변하여 인간이 된 여자(웅녀)와 스스럼없이 결혼하고, 그들의 아들인 단군이 비로소 한민족의 조상이 되었다는 기록은 한민족이 전통적으로 평등사상을 중시하고 있었음을 방증하는 것이라 할 수 있다.

고조선 사회의 도덕성이 널리 중국에까지 알려져 일찍이 공자도 '뗏목을 타고 구이(九夷, 고조선)로 망명하고 싶다.'고 밝힌 바 있었다. 중국의 은(殷)왕조가 멸망하자 조선으로 망명했다는 기자(箕子)는 8조의 금법을 만들었다고 전해지는데, 그 중에서, '사람을 죽인 자는 사형에 처한다.', '남에게 상해를 입힌 자는 곡물로써 배상한다.', '남의 물건을 훔친 자는 데려다 노비로 삼는다. 단, 스스로 속죄하려는 자는 1인당 50만 전을 내야 한다.'는 조항이 알려져 있다. 여기에서 우리는 고조선 사회가 사람의 생명을 귀하게 여기며, 재산상의 침해로부터 보호하며, 상해에 대한 보상규정이 마련된 사회라는 것을 알 수 있다.

고대 국가 중에서 부여에도 4조목의 법금이 전해지고 있는데, '살인자는 사형에 처하고 그 가족은 노비로 삼는다.', '남의 물건을 훔친 자는 12배의 배상을 한다.', '간음을 한 자는 사형에 처한다.', '남편에 대하여 질투하는 아내는 사형에 처하되, 그 시체를 수도 남쪽 산 위에 버려서 썩게 한다. 단, 그 여자의 집에서 시체를 가져가려 하면 소와 말을 바쳐야 한다.' 등의 조항이다. 현대의 가치관과 거리가 먼 조항이 있으나, 대체로 고조선과 유사하게 인명을 중시하며, 사유재산을 보호하고, 가정의 도덕성을 유지하려는 모습을 살펴볼 수 있다.

삼국시대에 들어와서도 단군조선의 건국이념이 계승되어 고구려, 백제, 신라 등의 여러 나라에서 국가를 지탱하며, 백성들을 위난으로부터 보호하려는 다양한 제도가 시행된 것으로 보인다. 갑작스러운 재해나 질병이 발생했을 때 빈민에게 곡식을 나누어주던 창(倉)의 설치와 환과고독의 무의탁 빈민을 구제하던 사궁구휼(四窮救恤)이 대표적이며, 역사 기록에 남아 있는 예로는 고구려에서 2세기 후반 고국천왕이 미천한 신분 출신의 을파소를 재상으로 임명, 소농민들에게 진대법(賑貸法)을 시행하여 이들이 귀족의 노예로 전락하는 것을 방지하고 있다.

고려시대

후삼국을 통일하고 고려를 건국한 태조 왕건은 〈훈요 10조〉를 남겼는데, 그 중 제7조와 8조의 내용을 보면, '간쟁을 따르고 참언을 멀리하여 신민의 지지를 얻을 것', '농민의 요역과 세금을 가볍게 하여 민심을 얻고, 부국안민을 이룰 것' 등의 조항이 보인다. 여기서 태조는 바른 길을 걷는 정치를 하며 민심을 중요시할 것과, 농민에게 과중한 세금을 부과하지 말 것을 당부하고 있다.

고려 제4대 왕 광종은 노비안검법을 시행하여, 본래 양인이었다가 노비가 된 사람을 조사하여 다시 양인으로 해방시켰는데, 이는 통일신라 말의 혼란기에 호족들의 횡포로 불법적으로 노비가 된 사람을 구제한 것으로서 고려 초의 민생 안정에 크게 기여하였다.

고려시대에는 복지사업을 위한 기금을 마련하기 위해 보(寶)를 만들었는데, 그중 제위보(濟危寶)를 설치하여 빈민과 행려의 구호와 질병의 치료를 담당하였고, 환자의 치료와 기한자(飢寒者)와 무의탁자의 수용을 맡았던 동대비원(東大悲院)과 서대비원(西大悲院)이 개경의 동쪽과 서쪽에 설치되었으며, 민간의 질병을 치료하던 의료기관으로 혜민국(惠民局)이 있었다. 이 밖에도 구휼행정을 담당하던 구제도감(救濟都監)과 진제도감(賑濟都監), 해아도감(孩兒都監) 등이 있었으며, 평상시에 곡식을 저장했다가 흉년이 들면 그 곡식으로 빈민을 구제하던 흑창(黑倉)과 의창(義倉), 그리고 흉년에는 백성이 다치지 않게 하고 풍년으로 농민들이 손해 입지 않도록 미곡을 저장했다가 곡가(穀價)를 조절하던 기관으로 상평창(常平倉)이 있었다.

개성 개국사(開國寺)와 임진의 보통원(普通院)에는 상설급식소가 마련되어 흉년이나 춘궁기에 빈민이나 행려 걸인 등을 위하여 음식을 제공하기고 하였다.

조선시대

조선시대에는 고려시대 혜민국을 계승한 혜민서(惠民署)와 고려시대 상평창을 계승한 선혜청(宣惠廳)이 있었으며, 고려시대 동대비원과 서대비원을 계승하여 동활인서(東活人署)와 서활인서(西活人署)를 설치하였다. 흉년이 들면 백성을 보호하던 구황청(救荒廳)은 진휼청(賑恤廳)이 되었다가 상평창(常平倉)과 합쳐졌으며, 말기에는 혜민원(惠民院 : 1901 – 1904))이 설치되어 빈민 구휼에 관한 사무를 담당하였다.

고려시대 개국사와 보통원의 상설급식소는 조선시대에도 이어져 서울 홍제원(弘濟院)과 보제원(普濟院)에서는 실농하여 떠돌아다니는 굶주린 백성들을 위한 급식소가 마련되었고, 지방에서는 유랑민과 걸인을 위한 급식소가 설치, 운영되었다.

그 밖에도 민간의 상호구휼제도로 계(契), 향약(鄕約) 등을 들 수 있다.

Ⅲ. 사회복지박물관의 필요성

국제박물관협의회(ICOM : International Council of Museums)는 2007년 총회에서 박물관을 다음과 같이 재정의하였다. "박물관은 사회와 사회발전을 위해 봉사하는 비영리적이며 항구적인 기관으로서, 교육, 학습, 즐거움을 위해 인류와 인류환경의 유형·무형 문화재를 수집, 보존, 연구, 교류, 전시하여 대중에게 개방한다."

우리나라의 박물관진흥을 위해 제정된 〈박물관 및 미술관 진흥법〉에서는 박물관의 정의를 다음과 같이 명시하였다. "박물관은 문화, 예술, 학문의 발전과 일반 공중의 문화향유 증진에 이바지하기 위하여 역사, 고고(考古), 인류, 민속, 예술, 동물, 식물, 광물, 과학, 기술, 산업 등에 관한 자료를 수집, 관리, 보존, 조사, 연구, 전시, 교육하는 시설을 말하고, 미술관은 문화 예술의 발전과 일반 공중의 문화 향유 증진에 이바지하기 위하여 박물관 중에서 특히 서화, 조각, 공예, 건축, 사진 등 미술에 관한 자료를 수집, 관리, 보존, 조사, 연구, 전시, 교육하는 시설을 말한다."

한국의 박물관을 운영주체별로 구분하였을 때, 국립박물관, 공립박물관, 사립박물관, 대학박물관의 4종류로 나눌 수 있으며, 소장품에 따라 종합박물관(2 분야 이상의 소장품을 전시)과 전문박물관으로 구분할 수 있다.

우리나라에 존재하는 다양한 종류의 박물관(운영주체별, 장르별, 전시특성별) 중에서 어떤 형태로도 사회복지 분야의 박물관이 아직 설립되지 않았다는 것은 우리의 경제, 사회 규모로 볼 때 상당히 염려되는 일이라고 할 수 있다. 사회복지박물관의 설립이 조속한 시일 내에 이루어지기를 바라면서 박물관의 설립 필요성을 정리하여 보았다.

첫째, 복지국가 한국을 건설하기 위한 중심적 기관의 설립이 필요하다. 일제 강점기와 한국전쟁을 거치면서 세계적으로 가장 빈곤하고 민주화가 억압받던 나라에서 이제는 경제발전과 민주화로 인하여 어느 정도 기본적 사회안전망이 갖추어졌다. 21세기를 이끌어 가는 경제적, 문화적 대국이 되기 위해서는 고속성장으로 이룩했던 경제발전의 부작용을 치유하면서 사회복지의 사각지대가 없는 나라를 만들어야 하며, 이를 위한 중심적 기관으로 사회복지박물관의 건립이 필수적이라고 본다.

둘째, 사회복지 분야의 역사와 자료를 연구, 보존하는 박물관이 필요하다. 고대에서 대한제국시기에 이르는 사회복지 관련 사료와 일제 강점기부터 현재까지의 자료에 대한 체계적인 연구와 보존을 위한 박물관이 설립되어 한국의 사회복지 관련 아카이브를 체계적으로 관리하는 시스템이 만들어져야 한다. 이와 함께 연구실적물을 지속적으로 간행하는 학예연구 활동도 병행되어야 할 것이다.

셋째, 사회복지사의 권익을 신장하는 기관 및 사회복지정책을 홍보하는 기관으로서 박물관이 필요하다. 열악한 근무환경 속에서 자신의 소임을 다하고 있는 사회복지사에 대한 처우 개선을 비롯하여, 국민에게 현재 시행되고 있는 사회복지정책에 대한 홍보활동을 통하여 보다 많은 계층이 복지 혜택을 누릴 수 있도록 하는 역할을 담당한다.

넷째, 우리나라의 전통적 사회복지 역사와 정신적 가치를 계승 발전시키기 위한 교육기관이 필요하다. 홍익인간(弘益人間), 경천애인(敬天愛人), 인내천(人乃天) 등 수천 년 동안 우리 민족이 간직해 온 전통적인 복지 이념을 널리 알리면서, 학생과 시민들을 위한 교육의 장이 마련되어야 하며, 이를 위한 박물관의 설립과 박물관 교육활동이 이루어져야 한다.

Ⅳ. 사회복지박물관의 기능

사회복지박물관의 운영주체로는 정부(국립) 또는 지자체(공립)가 주도적으로 예산을 출연하여 설립한다면 비영리적이며 항구적인 기관으로서 박물관의 성격을 지속적으로 유지해 나갈 것으로 본다. 차선으로는 사단법인이나 재단법인을 설립하여 박물관을 건립하는 것으로 정부나 지자체의 예산지원, 기금 마련 등의 방법으로 재원을 확충하여 공익성을 확보할 수 있는 박물관으로 '사회복지박물관 설립위원회'등이 중심이 되어 설립 가능할 것으로 본다. 일본의 경우, 홋카이도 삿포로 시 남쪽에 있는 '삿포로 예술의 숲 야외미술관(札幌藝術の森 野外美術館)'은 삿포로 시와 시민들이 중심이 되어 만들어진 '재단법인 삿포로 예술의 숲'이 시민들을 위한 야외미술관과 공연장 설립을 추진하여 세계적인 현대미술관으로 성장, 홋카이도의 문화발전에 크게 기여하였다.

우리나라의 현행 〈박물관 및 미술관 진흥법〉에 따르면 시설규모에 따라 제1종과 제2종 박물관의 구분이 있는데, 전문박물관의 경우 제1종은 '박물관' 또는 '미술관' 명칭을 사용할 수 있으며, 자료(소장품) 100점 이상, 학예사 1명 이상을 갖추면서 시설로는, 가. 100제곱미터 이상의 전시실 또는 2,000제곱미터 이상의 야외전시장, 나. 수장고, 다. 사무실 또는 연구실, 라. 자료실, 도서실, 강당 중 1개 시설, 마. 화재, 도난 방지시설, 온습도 조절장치 등을 구비하여야 한다. 제2종 박물관은 '자료관, 사료관, 유물관, 전시장, 전시관, 향토관, 교육관, 문서관, 기념관, 보존소, 민속관, 민속촌, 문화 및 예술관' 명칭을 사용할 수 있으며, 자료(소장품) 60점 이상, 학예사 1명 이상을 갖추면서 시설로는, ㉮ 82제곱미터 이상의 전시실, ㉯ 수장고, ㉰ 사무실 또는 연구실, 자료실, 도서실 및 강당 중 1개 시설, ㉱ 화재, 도난 방지시설, 온습도 조절장치 등을 구비하여야 한다.

우리나라 최초로 사회복지박물관이 설립된다면, 한국 사회복지 분야를 아우르는 중심적 기관으로서의 위상에 걸맞는 규모로서 향후 기대되는 연구 및 교육활동과 효과, 그리고 사회복지 홍보 활동의 양적, 질적 내용을 보면 제1종 전문박물관 이상의 규모를 갖추어야 할 것으로 보인다.

사회복지박물관의 설립을 준비하면서 갖추어야 할 기능을 살펴본다면 다음과 같다.
- 한국 사회복지 분야의 연구 : 사회복지 분야에 대한 가장 대표적인 연구기관으로서 사회복지의 역사, 정책의 연구, 한국 사회복지 현황의 파악, 바람직한 정책의 제안을 할 수 있는 기능을 수행한다.
- 사회복지 관련 아카이브의 정리 : 역사적 가치를 지닌 자료의 보존과 수복, 아카이브의 목록화, 자료 발굴과 보존 등의 업무를 수행한다. 박물관 내 자료관을 부설한다.
- 총서의 간행 및 학술활동 : 박물관에서 연구한 내용을 집대성하여 총서로 간행한다. 이와 함께 사회복지 분야의 학술활동과 세미나, 사회복지사를 위한 워크숍 등을 개최하여 박물관 학예연구 결과에 대한 홍보효과도 제고한다.
- 특별전 기획 및 교육, 체험학습 프로그램의 개발 : 박물관의 상설전 이외에 연중 2회 이상의 특별기획전을 개최하여 시민들이 사회복지 분야에 지속적인 관심을 가질 수 있도록 환기시킨다. 그리고 시민과 학생들을 대상으로 상설전, 기획전 등과 관련된 교육 프로그램과 체험학습 프로그램을 개발하여, 관람객의 지속적 확보와 참여를 유도한다.

V. 글을 마치며

해방 이후 상전벽해의 경제발전을 이룩하며 세계의 찬탄을 받았던 우리나라는 이제 사회복지로 관심을 돌려 치열한 경쟁사회 속에 뒤쳐졌던 경제적·사회적 약자들을 보살펴야 할 시점에 이르렀다. 일찍이 사회복지 분야에서 활약하는 학계와 관련 부서 그리고 일선의 사회복지사들의 활약과 희생으로 한국의 사회복지는 많은 발전을 이룩하였다.

지금까지 이루어낸 사회복지 분야의 발전이 하나의 구심점을 향해 힘이 도아져야 하는 단계에 이르렀는데, 그것은 바로 사회복지박물관의 설립이라고 할 수 있다. 박물관은 비영리적이고 항구적인 문화기관으로서 각 분야를 대표하는 수많은 박물관들이 설립되어 국내의 박물관이 1천 관을 헤아리는 단계에 이르렀다.

이런 가운데 사회복지박물관의 설립 필요성은 아무리 강조해도 지나치지 않으며 조속한 시일 내에 건립 준비가 진행되기를 바란다. 박물관의 성격은 정부나 지자체가 운영주체가 되거나 한국사회복지협의회 등에서 박물관 건립을 위한 법인을 만들어 박물관 건립추진위원회의 구성을 통해 공익성을 가진 박물관으로 만드는 것이 바람직하다고 본다. 사회복지 분야의 위상에 맞추어 제1종 전문박물관 규모 이상의 인적·물적 시설을 갖추어 명실 공히 한국의 사회복지 분야를 대표하는 박물관으로 탄생하기를 바란다.

참고문헌

- 윤병화, 『학예사를 위한 박물관학』, 예문사, 서울, 2012.

- 윤병화, 김성래, 조원섭, 김아란, 『박물관 여행』, 예문사, 서울, 2012.

- 양옥경 외, 『사회복지역사박물관 건립의 타당성 분석 및 기본계획 수립을 위한 기초연구』, 이화여자대학교 사회복지전문대학원, 서울.

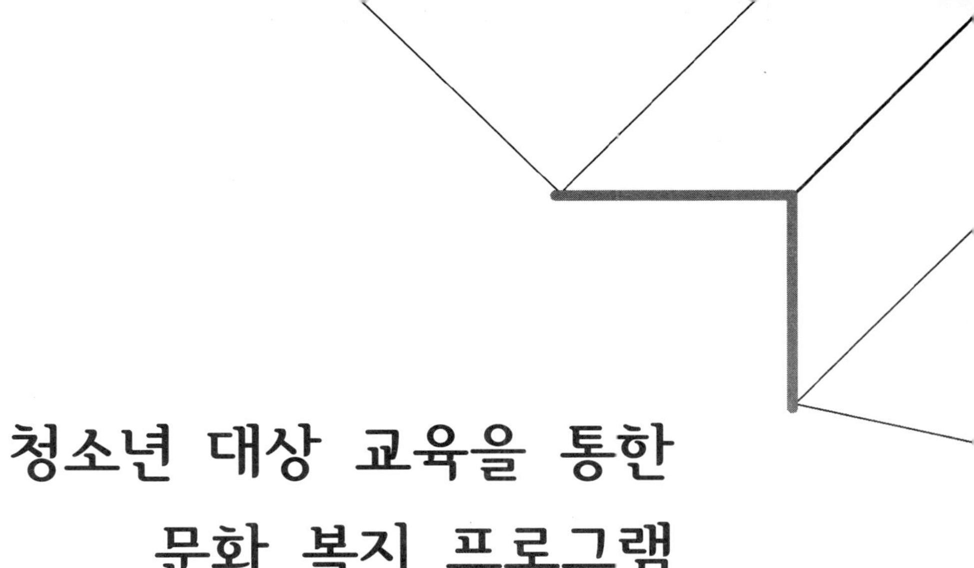

청소년 대상 교육을 통한
문화 복지 프로그램

-다례교육 속 찻잎 활용 프로그램-

공주영

I. 머리말

청소년이 지니고 있는 잠재력을 개발시켜 사회관과 국가관을 형성시키기 위해서는 사회에서의 체계적인 교육프로그램을 제공해 주어야 한다. 청소년 프로그램의 개념은 일상적 의미, 교육적 의미, 통합적 의미 세 가지로 나눌 수 있다.

첫 번째, 일상적 의미에서 프로그램이란 용어는 인간의 실존적 가치를 무시한 채 단순히 앞으로 진행될 절차, 사건, 순서, 활동만을 강조한다. 두 번째, 교육적 의미에서 프로그램이란 용어는 흔히 커리큘럼(교육과정)이라 하며, 합리주의와 논리실증주의의 전통에 근거하여 학습자가 배우고 습득해야 할 것을 외부에서 전문가가 사전에 계획하여 마련한 체계화된 교육내용을 강조하는 경향이 지배적이다. 세 번째, 통합적 의미에서 프로그램이란 용어는 교육내용, 교육방법, 교육활동, 교육매체가 하나로 통합된 교육된 실체로 규정된다.

이러한 맥락에서 볼 때 청소년 프로그램이란 한마디로 청소년의 건전한 발달과 사회적응을 조력하기 위한 목적으로 실시되는 다양한 청소년지도 활동이나 청소년이 참여하는 활동을 효율적이고 매력적으로 실현하기 위해 필요한 교육적 경험과 환경의 집합이라고 볼 수 있다.

다양한 프로그램 중 무엇보다 우리의 문화인 전통예절과 다도교육을 통한 활동이 청소년 들에게 소중한 경험과 느림의 미학을 느껴 볼 수 있는 좋은 기회라 생각된다.

여러 세대가 함께 생활하며 예절을 익힐 수 있었던 대가족제도와 달리, 핵가족 시대에는 청소년들의 예절교육을 전문 강사와 외부기관에 의존할 수밖에 없다.

본 글에서는 다도교육에서 쓰고 남은 찻잎 찌꺼기를 버리지 않고 다양한 활용법 중 우려 마시고 남은 찻잎을 말려서 모은 후 겨울의 크리스마스 때나 각종 초대장, 연하장 등의 나만의 독특한 카드를 만들어 봄으로써 새로운 다례교육의 재발견과 호기심의 시작이 될 것이라 생각한다.

Ⅱ. 다례교육 속 찻잎 활용 프로그램

차를 통한 예절교육은 말로써 하는 주입식 교육이 아니라 직접 실천해 보면서 배우는 실천 교육이 되며, 더 나아가 전인교육의 장으로서 큰 효과를 볼 수 있다고 말한다. 결국 다례교 육은 정신과 몸을 함께 다스리는 교육이다. 이렇듯 좋은 다례교육 후 우려 마시고 남은 찻잎을 그냥 버리기 일쑤이다. 연간 버려지는 음식물 쓰레기의 양이 엄청나며, 우리나라 전국에서 나오는 음식물 쓰레기는 하루 8톤 트럭의 1,880대 정도의 분량이다. 이는 전체 생활 쓰레기의 31.6%에 육박한다.

그러므로 다례교육은 단순히 차를 끓여 마시거나 대접하는 행위 말고도 차를 우려 마시는 일련의 과정을 통해 정신과 신체, 지구 환경보호 차원으로 그 중요성을 둘 수 있다.

또한 자연 친화적인 인성교육이라는 정신문화적 측면에서 많은 덕목이 내재돼 있다.

결국 다도교육은 정신과 몸을 함께 다스리는 교육이며 환경운동의 일환으로 버리면 음식 쓰레기일 수밖에 없는 찻잎을 수업 후 버리지 않고 매 번 조금씩 모아서 햇볕에 잘 말려 두었다.

바삭하게 말린 찻잎을 효율적 활용방법을 찾아 연구하던 중 입체적인 카드를 만드는 데 적용하게 되었다. 지역아동센터 초등학생들에게 적용해 활동해 보니 매우 만족스러운 반 응과 큰 호응을 얻었다.

제목	녹차카드 만들기
주요대상	청소년
방법	-A4색지를 반으로 접는다.(안에는 속지를 넣으면 더 좋다.) -한 면에 자기만의 그림을 최대한 단순하게 그린다. -그림 선 위에 목공용 본드로 칠한 후 그 위에 녹차를 뿌린다. -잠시 두면 마른다. -완성된 카드를 비닐 봉투에 담아 간다.
활동사진	

Ⅲ. 맺는말

위에서 소개한 우려 마신 찻잎 찌꺼기 활용 체험(녹차카드 만들기) 활동을 살펴보았다. 정형화된 교육, 다양성이 결여된 일반 프로그램에서 한 발 더 나아가 재활용과 환경보존 차원의 녹차카드 수업은 새로운 체험 활동으로 각광받을 수 있을 것이라 생각하며, 많은 곳에서 이 프로그램이 활성화되기를 바란다.

바라기는 여기서 머무르지 않고 또 다른 모습으로 발전된 프로그램이 나왔으면 한다. 오늘날 21세기를 이끌어갈 우리 아이들에게 아름다운 우리 문화교육이 시대에 맞는, 눈높이에 맞는 다양한 체험 활동이 풍성하여서 먼 미래를 대비한 백 년 교육의 발전으로 이어 나가길 꿈꿔 본다.

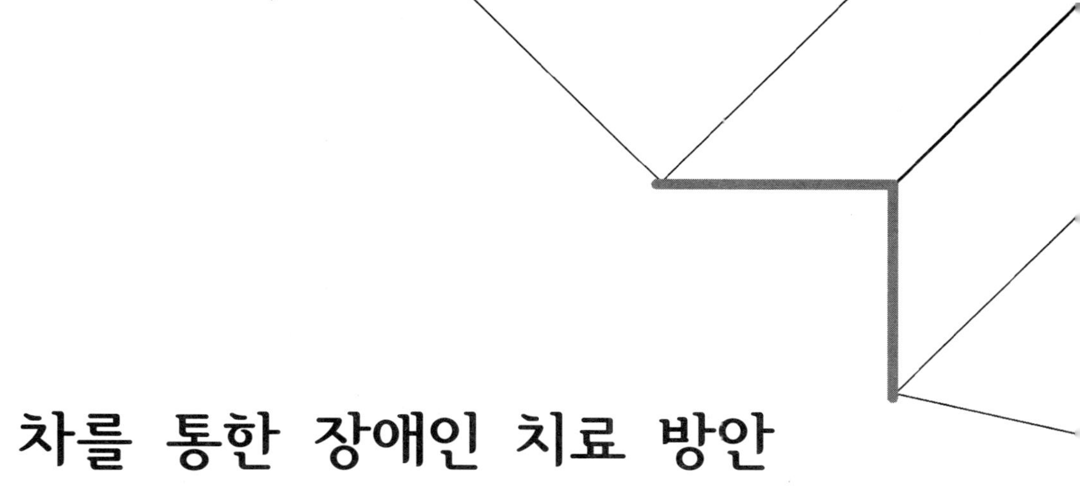

차를 통한 장애인 치료 방안

양애란

I. 서론

건강에 대해 관심이 높아지면서 현대사회는 차에 대한 다각적인 활용에 대해 매우 높은 관심을 보이고 있다. 이러한 차는 약리적으로 다양한 좋은 성분을 가지고 있다. 첫째, 차의 카페인은 대뇌를 자극하여 머리를 맑게 하기 때문에 정신적 안정에 도움을 주며, 차향은 스트레스 완화에 효과가 있다. 둘째, 항암·성인병·기억력·판단력·ㅈ구력·탐구력·기율성·예절성·감정순화 등 오랜 차생활로서만 갖추어질 수 있는 효능이 있다. 셋째, 귀와 눈이 밝아지고 입맛이 돌고, 피로를 풀어 준다. 넷째, 속을 편안하게 하고 마음을 상쾌하게 하는 효능이 있으며 불순물을 배설시켜 준다. 다섯째, 해독작용을 하며 피부를 곱게 하는 작용, 비만예방, 알코올 해독효과와 암 예방 치료에도 효과[140]가 아울러 나타난다.

또한 실제 녹차의 카테킨은 심신을 이완시켜 스트레스 해소에 효과적이며 폴리페놀, 비타민 C, 비타민 E는 세포의 돌연변이를 억제해 몸의 피로를 줄인다[141]는 결과가 나왔다. 따라서 차의 다양한 치료적 가치성과 효과성이 높이 평가되기 시작하였다. 그러나 아직까지 많은 연구가 더욱 필요하며, 이를 입증하기 위한 노력이 절실히 요구되고 있다.

그러므로 본 연구는 차를 매개로하여 장애인 대상으로 치료적 가치성을 재확인함으로써 장애인치료를 위한 차치료의 기초자료를 삼고자 하였다.

---

140) 박경희, 「다도교육이 비행청소년의 인성변화에 미치는 효과에 관한 연구」, 국제신학대 석사학위논문, 2007, 20~21쪽.

141) http://health.chosun.com/news/healthavi_view.jsp?ha_idx=43133, 《노화 촉진하는 산화스트레스를 줄이는 좋은 방법은?》, 제작 헬스 조선, 협조 인제대학교 서울백병원 포썸 프레스티지, 2012년 3월 28일.

Ⅱ. 이론적 배경

1. 차치료의 개념

치료는 어떤 질병, 장애 또는 문제를 치료, 치유, 완화하기 위해 계획된 체계적 과정과 활동 전반을 의미한다.[142] 이는 일반의 의학적인 치료도 있겠지만 약물이나 수술을 이용하지 않고 이루어지는 정신적인 질병의 치료도 포함한다. 그렇기 때문에 요즘에는 국내에서 차치료, 미술치료, 음악치료, 놀이치료, 원예치료, 언어치료 등 다양한 분야에서 치료라는 용어를 사용하며, 사람의 행동과 심리상태를 분석한 심리치료를 진행하고 있다.

이 중 차치료는 심신의 건강 회복이라는 특수한 목적을 달성하기 위하여 차를 매개로 개인의 성장과 발전을 도모하는 일련의 체계적인 과정이라고 볼 수 있다. 차는 개인의 몸과 마음을 다스려 안정된 삶은 영위할 수 있게 하는 행위로 사람이 차를 마시면 마음이 편안해지고, 기운이 생기며, 깊은 자기 내면으로 들어가 자기성찰을 할 수 있도록 해준다.

차치료는 차에 함유된 성분의 약리효과를 이용하는 것으로 다음과 같은 결과를 도출할 수 있다. 항종양 및 발암 억제, 콜레스테롤 제거, 고혈압 및 혈당강하, 항산화작용, 환경호르몬의 작용 억제, 충치예방, 중금속 제거의 효과 등이 있다.

이러한 차치료의 근본적인 목적은 다음과 같다. 먼저 치료를 받고자 하는 사람의 정확한 진단과 평가를 돕고, 이들의 일상생활이 가능하도록 돕는 데 있다. 다음으로 인간관계의 개선을 통해 개인 성장과 긍정적인 태도 및 건전한 개인적인 습관을 가질 수 있는 출구는 제공하는 한편 결국 온전한 사회의 일원이 될 수 있도록 장기적인 치료를 진행하는 데 목적이 있다.

2. 차치료의 특성[143]

1) 통합성

차치료는 다양한 분야의 이론과 실제를 접목시켜 서로 유기적인 작용을 통한 통합모형을 사용한다. 즉, 차예절과 함께 심리상담, 원예, 차훈법, 명상 등을 병행하며, 이는 차 하나만으로 얻을 수 있는 효과를 다른 분야를 끌어들임으로써 복합적인 효과를 만들어낼 수 있는 단초를 제공하는 것이다.

---

142) 네이버 지식사전 http://terms.naver.com/entry.nhn?docId=473224, 2012년 5월 1일.
143) 이진수, 『차치료 입문』, 솔디자인, 2010, 9~11쪽.

2) 무부담성 및 포괄성

현대인들은 누구나 하루에 1잔에서 10잔 이상씩 다양한 종류의 차를 즐기고 있다. 이는 선사시대부터 채집을 하며, 식물을 가까이 하던 우리 선조들의 풍습이 이어진 것이며, 결국 차문화의 역사가 오래된 만큼 이를 즐기고 향유하는 계층도 많다. 그렇기 때문에 누구나 즐기는 차를 통한 치료는 부담감이 없고 유아, 일반인, 노인, 장애인 등 대상을 한정하지 않아도 된다.

3) 오감 만족성

인간이 느낄 수 있는 오감은 시각, 청각, 후각, 미각, 촉각 등의 다섯 가지 감각이다. 차는 색과 향, 미를 느낄 수 있으며 그리고 우리는 과정에서 다구를 다루는 촉각과 찻물을 따를 때 들리는 소리 등을 통해 오감을 만족시킬 수 있다.

Ⅲ. 연구방법 및 프로그램

1. 차치료 프로그램 대상자

본 연구의 대상자는 정신지체1급(다운증후군)[144]의 장애를 갖고 있으며 20세 여자로 특수학교 대학생이다. 10회기를 통해 차치료 프로그램을 진행하였으며, 대상자의 결손영역은 일반적인 인지능력 부분이다.

2. 치료 목적

세분화된 치료목적을 살펴보면 다음과 같다. 첫째, 일반적인 인지능력의 결손 – 인지적인 접근 – 오감 자극 – 언어구사 능력 향상을 꾀한다. 둘째, 부정적 성격의 결손 – 정서적 접근 – 지속적인 칭찬 – 긍정적인 마음가짐을 갖도록 한다. 셋째, 집중력 결여 – 사회적 접근 – 반복 학습 – 집중력을 향상시킨다.

---

144) 본 연구 대상자의 특징은 정신지체 정도는 의사표현이 가능하며, 언어는 단편적인 감정표현이 가능하다. 인지능력은 7~9세 정도이다.

따라서 본 연구는 근본적인 치료 목적을 다운증후군의 장애를 갖고 있는 대상자에게 단어를 통한 단편적인 감정표현에서 벗어나 문장으로 자신의 감정을 표현할 수 있도록 하는데 두고자 한다.

3. 프로그램 진행

본 연구는 차치료 프로그램의 궁극적인 목적을 달성하기 위하여 아래 〈표 1〉과 같이 진행하였다.

〈표 1 행다를 통한 언어능력 향상〉

주제	행다
목표	행다를 통한 언어능력 향상
준비물	차도구(3인 다기세트)
진행시간	30분
도입	• 공수 배례의 인사법 시범 보이기(평절 시범) • 치료사의 나레이션에 따라 차 우리기
진행 (순서 넘어 갈 때마다 상황에 대해 문장으로 치료사가 표현하고 따라하게 하기)	• 다포 열기 • 다건 들어 탕관의 물 숙우에 따르기 　예) 탕관이 무거워요. • 다관 뚜껑 열어 예열하기 　예) 물이 뜨거워요. • 숙우에 차 우릴 물 붓기 • 다관물 찻잔에 예열하기 • 다관에 차 넣기 • 다관에 물 붓기 • 찻잔 물 버리기 • 다관의 우려진 차 찻잔에 따르기 • 차탁 가져와 찻잔 놓기 • 차 마시기 : 차 맛 이야기하기 　예) 차 맛이 써요./차 드세요. • 다포 덮기
평가	행다 한 것에 대해 느낌 문장으로 말하기 (치료사가 문장으로 느낌을 먼저 말하고 따라하게 하기)
마무리	공수 배례로 인사하기

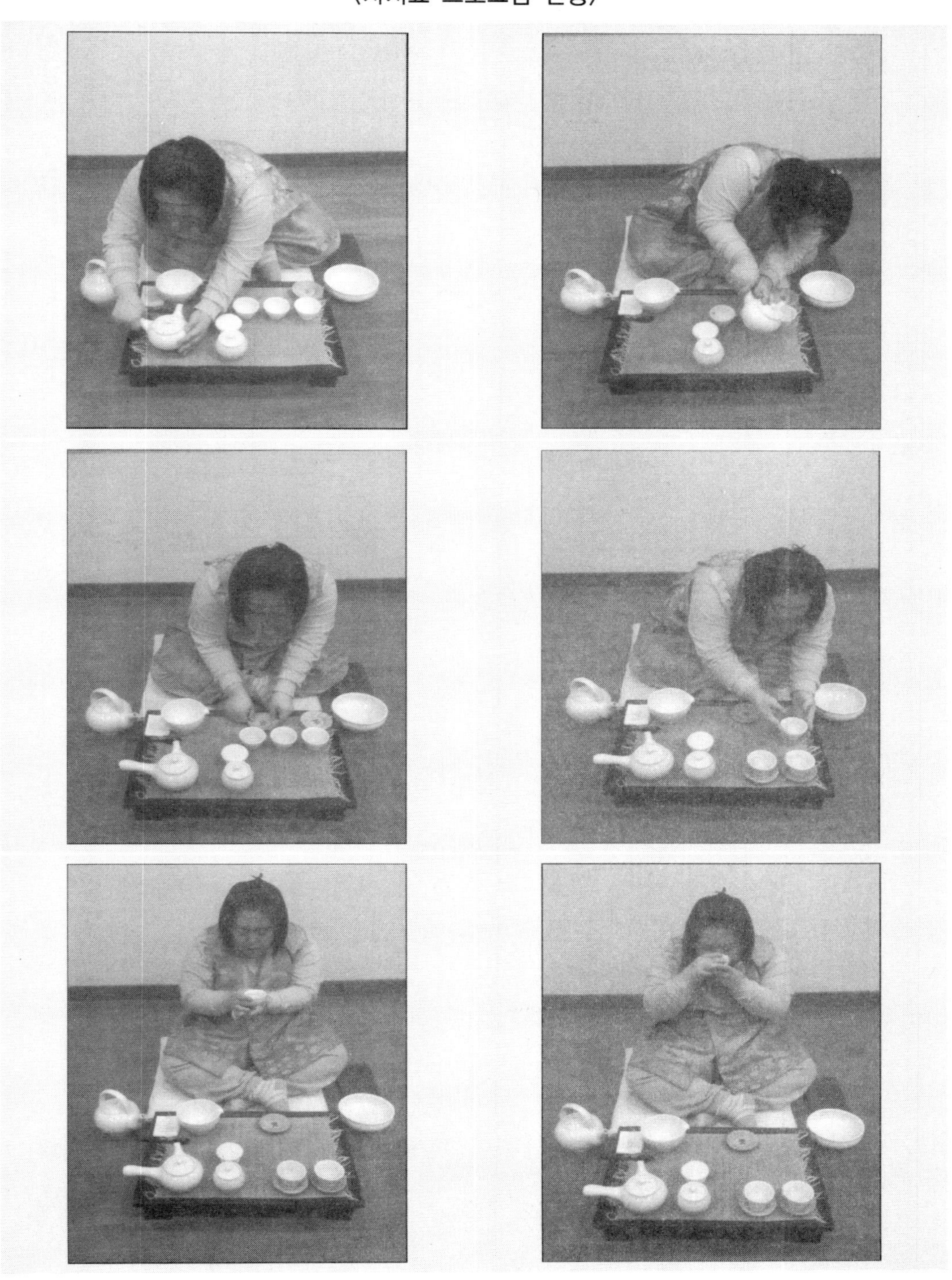

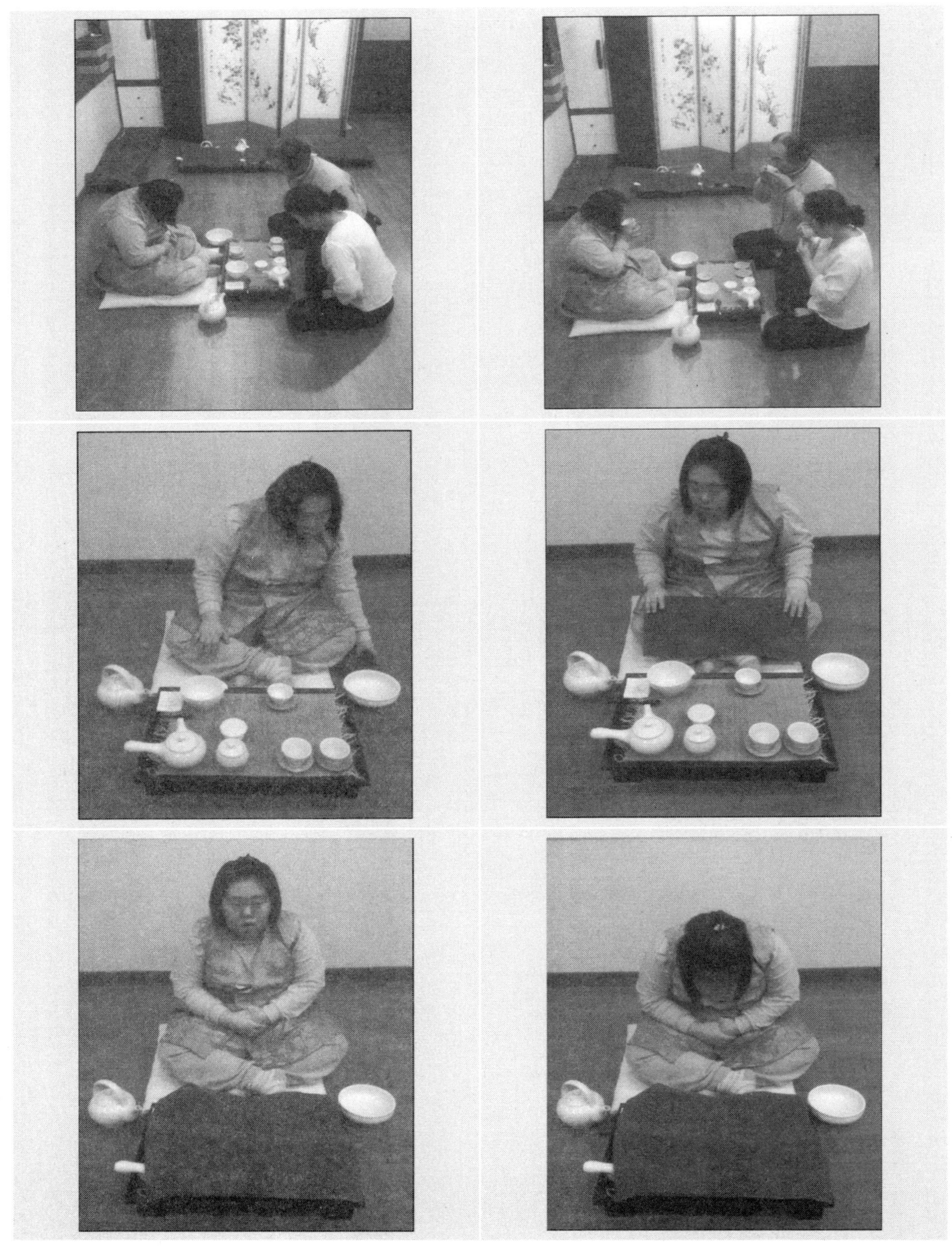

4. 프로그램 결과

본 프로그램을 진행 한 결과 대상자는 모든 프로그램의 학습에 있어 완벽할 정도로 잘 따라와 줬다. 지적장애인은 집중도가 높지 않기 때문에 모든 상황의 표현을 단순하게 해야 하며, 문장을 반복 연습할 수 있는 시간적인 여유를 갖도록 해야 한다. 또한 물을 다루는 차를 물놀이 개념으로 이해할 수 있도록 흥미롭게 시간을 꾸며야 한다. 이는 대상자의 관심과 흥미를 이끌 수 있는 학습내용이 제공될때 대상자들은 내재적 동기가 발동되어 그 내용에 인지적·감정적으로 완전히 몰입하게 되는 것이며, 이런 몰입의 상태에 있게 되면 시간이 지나는 것도 깨닫지 못할 만큼 자신이 하는 일에 깊이 있게 집중을 하게 되고 결과적으로 최적 학습의 결과를 이끌어 낼 수 있다. 그리고 이러한 몰입의 순간은 다른 말로 즐거움의 표현이라고 할 수 있다.[145]

결국 지적장애인도 차를 매개체로 한 심리적 치료를 꾸준히 진행해 준다면 문장의 구사력과 일반적인 예절, 인내력 등이 상당부분 좋아질 것으로 보인다. 하지만 가장 중요한 것은 이것이 단발적인 치료가 아닌 연속적인 치료로 이어질 수 있어야 원래 목표한 결과를 얻을 수 있다.

Ⅳ. 결론

현재 국내에서 장애인을 위한 다양한 심리프로그램들이 꾸준히 개발되고, 실제화되고 있는 현실이다. 심리치료는 영역의 특성상 장기적인 계획을 갖고 운영해야만 원하는 성과를 얻을 수 있다. 이러한 상황 속에 본 연구자는 차를 매개로 하여 장애인 다상의 프로그램을 진행하였다.

한정된 시·공간의 제약과 대상자의 인원수로 인하여 공통된 분석을 이끌어내지는 못하였지만 향후 박물관 복지 활성화를 위한 장애인 교육에서 차치료는 분명히 좋은 프로그램으로 개발될 수 있는 요소들을 내포하고 있음을 알 수 있었다.

필자는 논고를 마무리하면서 정신지체 장애인을 위한 차치료를 실제화하기 위하여 몇 가지 제언을 하고자 한다.

---

145) 최종호 외 12, 『한국박물관교육학』, 문음사, 2010, 142쪽.

첫째, 장애인은 집중도가 높지 않기 때문에 모든 상황의 표현을 단순하게 해야 한다. 따라서 문장을 반복 연습할 수 있는 시간적인 여유를 갖도록 한다. 둘째, 물을 다루는 차를 물놀이 개념으로 이해할 수 있도록 흥미롭게 프로그램을 진행해야 한다. 대상자로 하여금 호기심과 흥미를 얻을 수 있도록 한다. 셋째, 일반인도 마찬가지이나 장애를 가진 대상자들은 단기적 치료 효과를 볼 수 없는 경우가 대부분으로 꾸준하게 반복하는 방법과 장기화 치료프로그램을 진행하여야 한다. 넷째, 장애유형별 차치료 프로그램 연구가 이루어져야 한다. 장애유형에 따라 신체적 특징을 가지고 있기 때문에 장애 특성에 대한 이해와 함께 심리적 장애 특징에 맞는 프로그램 진행 연구가 필요하다.

- 이진수, 『차치료 입문』, 솔디자인, 2010.

- 최종호 외 12, 『한국박물관교육학』, 문음사, 2010.

- 박경희, 「다도교육이 비행청소년의 인성변화에 미치는 효과에 관한 연구」, 국제신학대 석사논문, 2007.

- http://health.chosun.com/news/healthavi_view.jsp?ha_idx=43133, 《노화 촉진하는 산화스트레스를 줄이는 좋은 방법은?》, 제작 헬스 조선, 협조 인제대학교 서울백변원 포썸 프레스티지, 2012.3.28.

- 네이버 지식사전 http://terms.naver.com/entry.nhn?docId=473224 2012.5.1.

저자소개

백종아

- 동덕여자대학교 큐레이터학과 석사
- 3급 정학예사
- 前 얼굴박물관 학예연구사
- 前 겸재정선기념관 학예연구사
- 前 애보박물관 학예실장
- 現 용주사효행박물관 학예연구사

김의진

- 충남대학교 행정학과 학사
- 국민대학교 대학원 미술관박물관학 석사
- 前 충북도청 학예연구사
- 前 제주특별자치도 서귀포시 학예연구사
- 現 예뿌리민속박물관 학예연구사

한정희

- 국민대학교 대학원 졸업(미술관박물관학 전공)
- 前 목암미술관 학예연구사
- 前 한가람미술관 연구원
- 現 석부작박물관 학예연구사
- 現 큐레이터에듀 전임교수

저자소개

윤병화

- 국민대학교 미술관 · 박물관학 석사
- 원광대학교 한국문화학과 박사 과정
- 現 한국박물관연구소 소장
- 現 세경대학교 박물관큐레이터과 교수

- 김혜원 · 박정희 · 정선희 · 허지현 · 김진하(박물관큐레이터과 2학년)
- 김대현 · 김서윤 · 김한희 · 김혜란 · 박상화 · 박성수 · 박윤규 · 박지희 · 손희승 · 신주섭
  안성용 · 이아미 · 장옥희 · 최근홍 · 현나원 · 석해니(박물관큐레이터과 1학년)

김성래

목암미술관 관장, 세경대학교 겸임교수

조원섭

세경대학교 박물관큐레이터과 교수

김아란

수원대, 청주대, 세종사이버대 외래교수(2급 정학예사)

저자소개

김윤수

한국식기박물관 학예연구사

공주영

상림예다원 원장

양애란

국제차문화교류협력재단 대전교육원 교육부원장

소통하는 박물관

발행일 / 2013년 1월 10일 초판 발행

저 자 / 백종아·김의진·한정희·윤병화·김성래
        조원섭·김아란·김윤수·공주영·양애란

발행인 / 정용수

발행처 /  예문사

주 소 / 경기도 파주시 교하읍 문발리 498-1(파주출판도시 내)
T E L / 031)955-0550
F A X / 031)955-0660

등록번호 / 11-76호

정가 : 18,000원

ISBN 978-89-274-0224-4   13060